부패의 언어

DEATH'S ACRE
Copyright © 2003 by Dr. Bill Bass and Jon Jefferson
All rights reserved.
Published in agreement with the author, c/o BAROR INTERNATIONAL, INC., Armonk,
New York, U.S.A. through Danny Hong Agency, Seoul, Korea
Korean translation copyright © 2025 by Wisdom House, Inc.

이 책의 한국어판 저작권은 대니홍 에이전시를 통한 저작권사와의 독점 계약으로
㈜위즈덤하우스에 있습니다.
신저작권법에 의해 한국 내에서 보호를 받는 저작물이므로 무단전재와 복제를 금합니다.

죽음의 진실을 연구하는
법의인류학자의 시체농장 이야기

부패의 언어

윌리엄 배스
대첼 제퍼슨 지음

Death's Acre: Inside the Legendary Forensic Lab
the Body Farm Where the Dead Do Tell Tales

김성훈 옮김

윌로드하우스

모든 살인사건의 피해자,

그 죽음을 슬퍼하는 모든 이,

그리고 그들을 대신해서 정의를 추구하는 모든 사람에게

이 책을 바칩니다.

◆ 차례 ◆

프롤로그 | 죽은 자들이 사는 땅 ··· 008

1 〉〉 12개의 작은 뼈 ··· 012
2 〉〉 2000년을 기다린 인디언 ··· 030
3 〉〉 뼈의 증언: 법의인류학 입문 ··· 059
4 〉〉 초원에 홀로 남겨진 아이 ··· 077
5 〉〉 머리 없는 시신 ··· 094
6 〉〉 불타버린 집이 말해준 진실 ··· 112
7 〉〉 시체농장, 탄생하다 ··· 134
8 〉〉 구더기는 알고 있다 ··· 148
9 〉〉 죽음의 악취가 퍼지는 거리 ··· 166
10 〉〉 뚱보 샘과 캐딜락 조 ··· 179
11 〉〉 자기 집 바닥에 묻힌 남자 ··· 194
12 〉〉 동물원 사나이 연쇄살인사건 ··· 212
13 〉〉 불에 탄 시신, 토막 난 뼈 ··· 251

14	〉〉	죽음을 모방한 예술	… 277
15	〉〉	시체농장, 논란에 빠지다	… 290
16	〉〉	어떤 아내의 죽음	… 302
17	〉〉	우연을 가장한 설계자	… 322
18	〉〉	순수한 악의 심연	… 343
19	〉〉	재가 되지 못한 시체들	… 368
20	〉〉	그리고 내가 죽는 날	… 397

부록 I | 사람의 골격을 구성하는 뼈 … 404
부록 II | 법의인류학 용어 해설 … 407

감사의 말 | … 414
주 | … 419

◆ 프롤로그 ◆

죽은 자들이 사는 땅

국내외의 법의학 학회에 참가하는 사람들은 대부분 발표 자체보다는 어느 방에서 어떤 발표가 진행되고 있는지 찾느라 보내는 시간이 더 많다. 호텔 안에서도 길을 잃기 일쑤인 나는 너무 늦는 바람에 들어야 할 15분짜리 슬라이드쇼와 강의를 놓치고 인쇄물조차 받지 못했다.

조식 모임을 놓치기는 힘들다. 하루 세 번 식사를 하는 식당에서 열리기 때문이다. 이 모임은 보통 오전 7시 30분에 시작해서 적어도 한 시간 정도 이어진다. 이 시간은 모두가 피곤할 때고 숙취로 고생하는 사람도 더러 있을 테지만, 모두 상어, 곰, 악어에게 물려 죽은 사람이나 민간 항공기 추락사고로 죽은 사람, 특이한 이유 때문에 특이한 방식으로 시신이 토막 난 사람들, 또는 압축공기 해머나 석궁처럼 예상치 못했던 창의적인 수단을 이용해서 자살을 시도한 사람들의 슬라이드를 열심히 들여다본다(한 슬픈 사건에서는 석궁으로 자살을 시도했던 사람이 그래도 죽지 않자 가슴에서 화살을 빼내 다시 시도한 경우도 있다).

경험 많고 용감한 사람들은 선혈이 낭자한 끔찍한 장면과 소리에도 끄떡없이 베이컨과 계란 요리를 맛있게 먹었고, 나도 종종 그런 사람들 사이에 끼어서 전문가다운 여유를 지키며 기죽지 않고 필기를 하곤 했다. 어느 끔찍한 이른 아침에 이 분야의 전설인 윌리엄 배스 박사가 한쪽 겨드랑이 밑에는 삐딱하게 슬라이드 박스를 끼고, 반대쪽 겨드랑이 밑에는 노트를 퍼덕이며 들어오기 전까지는 말이다. 그날 조식 모임의 주제는 '시체농장Body Farm'이었다. 세상에 하나뿐인 이 인체 부패 연구소의 이름을 내가 지었다는 소문이 퍼져 있지만, 그것은 사실이 아니다. 겸손하고, 재미있고, 똑똑한 배스 박사를 처음 만났을 때만 해도 나는 시체농장에 대해서는 한 번도 들어본 적이 없었다. 그리고 의도한 바는 아니었겠지만 그로부터 한 시간 후에 그는 덜 익힌 스크램블 계란, 기름진 베이컨, 엉겨 붙은 옥수수가루 요리에 대한 내 입맛을 완전히, 남은 평생토록 망쳐놓았다.

예전에 본 적이 있었던(아마도 볼티모어에서였을 것이다) 장면이 처음부터 슬라이드로 나오는 것을 보고 나는 간담이 서늘해졌다. "맙소사. 식사 중인데 이런 슬라이드를 보여주다니 정말 믿을 수가 없네요!" 배스 박사가 천천히 슬라이드를 한 장 한 장 넘기며 여름의 미국 남부 지역처럼 아주 무덥고 습한 환경에서는 시체가 얼마나 신속하게 백골화하는지 설명하는 동안, 버지니아의 수석 검시관chief medical examiner 마르셀라 피에로Marcella Fierro 박사는 나를 무시하고 롤빵에 버터를 발라 먹고 있었다. 사람들이 들어찬 실내를 둘러보니 법의과학자와 법의병리학자 들이 모두 빵에 버터를 바르거나 커피를 젓고 있었고, 일부는 강연을 받아 적고 있었다.

배스 박사가 구더기를 집중적으로 보여주기 시작하자 나는 접시를 밀며 말했다. "세상에. 조식 모임에서 이런 걸 보여주는 게 말이 돼요?" 그때 피에로 박사가 팔꿈치로 내 옆구리를 슬쩍 찌르며 말했다. "쉿!"

이후로 나는 여러 해 동안 그런 조식 모임과 시체농장에 대한 것은 모두 피하고 살았다. 하지만 종종 과학자들이 테네시 녹스빌에 있는 배스 박사의 연구소에 찾아가 보라고 재촉했다.

그럼 나는 이렇게 말했다. "싫습니다."

"꼭 가보셔야 합니다. 거기는 부패하는 시신과 구더기 같은 것만 보는 데가 아니에요. 사망 시각을 어떻게 판단하는지, 시체가 죽은 후에 이동됐는지, 이동되기 전에는 어떤 곳에 있었는지, 죽은 사람이 누구인지, 그 사람이 어떻게 죽었는지 등등을 연구하는 곳입니다."

배스 박사는 농담 삼아 시체농장의 '시장'으로 불린다. 나는 결국 그곳을 찾아가게 됐는데, 초창기에는 꼭대기에 철조망을 두른 나무 울타리 바로 안쪽으로 인류학자들이 서로에게 쪽지와 메시지를 남기는 용도로 사용하는 우편함이 놓여 있었다. 사람의 살이 썩어가는 냄새를 따라 시체들이 사는 땅으로 처음 발을 디뎠을 때, 빨간 깃발이 달린 그 우편함이 나를 반기는 것을 보고 정말 이상한 기분이 들었다.

"물론 이곳 거주민(시신)들을 위한 우편함은 아닙니다." 마치 내가 우편함을 보고 여기저기 흩어져 있는 죽은 시신들이 집에 소식을 전하려고 편지라도 쓰는가 보다 생각했으리라 여겼는지 배스 박사가 소심하게 말을 꺼냈다. "여기는 전화기가 없어서요."

전화기는 아직도 없다. 나처럼 과학자들은 휴대폰을 가지고 갈 수 있지만 지저분한 장갑, 고무장화, 수술용 마스크를 쓰고 있는 상태에서 휴대폰을 꺼내는 사람은 별로 없다. 그리고 시체농장에서 무언가 바쁘게 하고 있는 동안에는 어떤 이유로든 누군가에게 전화를 걸 생각은 거의 나지 않는다.

나는 작가로 활동하는 동안 줄곧 내 소설의 주인공 케이 스카페타Kay Scarpetta 박사 같은 법의학 전문가는 죽은 자의 말을 들을 수 있다고 강조했다. 죽은 자는 할 말이 아주 많다. 그리고 특별한 훈련을 받고 특별한 재능을 갖춘 특별한 사람만이 그 이야기에 끈기 있게 귀를 기울일 수 있다. 감각 기관들은 고생을 좀 하겠지만 말이다. 특별한 사람만이 살아 있는 사람들 중 오직 소수만이 관심을 보이고 이해하는 그 언어를 해석할 수 있다.

윌리엄 배스 박사의 시체농장에 오신 것을 환영한다. 이 시체농장은 지금 이 순간에도 테네시의 언덕에 자리한 어느 병원 뒤쪽의 죽음이 깃든 한 숲속에 실재한다. 말 없는 그의 손님 중에는 본인의 이타적인 선택으로 이곳에 도착하는 사람이 많다(이들은 몇 달, 심지어 몇 년 앞서서 자기 시신을 배스 박사가 진행 중인 예사롭지 않은 연구를 위해 기증하겠다고 예약하는 경우가 많다). 매일 상처 입고, 너덜너덜해진 시신들이 흙 속으로 녹아서 사라지고, 새와 곤충, 혹은 다른 포식자들에게 뜯어 먹힌다. 이 동물들은 그저 먹이사슬의 일부로서 제 역할에 충실할 뿐이다.

한때는 인간의 살이었던 것에 일어나는 변화는 단순한 그림자의 변화처럼 사소한 것일 수도 있고, 시체농장 여기저기에 놓여 있는 낡고 녹슨 자동차 안에서 일어난 큰 불처럼 극적일 수도 있다. 세월이 흐르면서 죽은 자들은 재와 뼈만 남고, 배스 박사의 끈기 있는 번역은 사악한 자들을 단죄하고, 죄 없는 자들을 자유롭게 하는 데 도움이 되는 비밀스러운 언어에 유창함을 더해주고 있다.

— 퍼트리샤 콘웰(범죄소설 작가, 《시체농장》의 저자)

1

12개의 작은 뼈

12개의 작은 뼈가 내 손바닥 위에 올려져 있었다. '세기의 재판'이라 불린 사건에서 남은 것이라곤 누렇게 변색된 신문 기사 스크랩, 지직거리는 뉴스 영상, 고통스러운 기억을 제외하면 사실상 이것밖에 없었다.

'세기의 재판'이라는 수식어가 남발되는 것 같기는 하지만, 이 경우는 진짜 세기의 재판이라 할 만했다. 스코프스Scopes의 '원숭이 재판Monkey Trial'(1925년 7월 10일에서 7월 21일까지 미국에서 진행됐던 창조론 대 진화론 재판 - 옮긴이)이 있고 7년 후, 그리고 O. J. 심슨O. J. Simpson 사건(1994년 6월 12일 미식축구 선수 O. J. 심슨의 이혼한 전처 니콜 브라운 심슨과 식당 종업원 론 골드먼이 피살체로 발견됐고, 증거로 미루어 O. J. 심슨이 범인일 가능성이 컸지만 결국 무죄 판결로 풀려났다 - 옮긴이)이 있기

반세기 전이었던 당시, 미국은 전 세계 신문의 헤드라인을 장식했던 한 범죄 수사와 살인사건 재판에 매혹되어 있었다. 이제 나는 과연 정의가 실현되었는지, 아니면 무고한 사람이 억울하게 사형을 당했는지 판단해야 할 처지가 됐다.

해당 사건은 '린드버그 아기Lindbergh baby'로 널리 알려져 있는 찰스 린드버그 주니어Charles Lindbergh Jr.라는 어린 아기의 납치와 사망에 관한 것이었다.

1927년에 전직 곡예비행가 겸 항공우편기 조종사였던 찰스 린드버그Charles Lindbergh가 소형 단발엔진 비행기 '스피릿 오브 세인트루이스Spirit of St. Louis'를 타고 대서양을 가로질렀다. 그는 무선통신이나 낙하산, 육분의sextant도 없이 잠도 자지 않고 꼬박 33시간을 날았다. 그가 프랑스 해안에 도착할 즈음, 그의 비행 소식이 파리에 전해졌고, 파리 시민 수천 명이 그를 환영하기 위해 비행장에 모여들었다. 뉴욕에서 5800킬로미터를 날아온 비행기의 바퀴가 파리 비행장에 내려앉는 순간 세상이 변했다. 그리고 찰스 린드버그의 삶도 변했다. 이 업적으로 그는 명예와 재산, 그리고 두 개의 별명을 얻게 됐다. 그가 싫어했던 '행운의 린디Lucky Lindy', 그리고 그의 단독 비행과 혼자 있기를 좋아하는 성격을 모두 반영한 '고독한 독수리Lone Eagle'였다.

그가 세상의 이목을 끌고 난 5년 후 린드버그와 그의 아내 앤Anne은 뉴저지의 외딴 저택에서 살고 있었다. 이들에게는 20개월 된 아들이 있었다. 부모는 아이에게 찰스 주니어라는 이름을 붙여주었지만 기자들은 이 아이를 '새끼 독수리Eaglet'라 불렀다. 당시만 해도 선정적인 저널리즘이 판을 칠 때였고, 영악한 기자와 출판사에서는 린드버그의 이야기가 신문 매출을 올리는 확실한 방법이라는 것을 알고 있었다. 따라서 찰스 린드버그와 이름이 같은 그의 후계자가 납치되자, 언론의 광기가 폭발했다. 기자들은 제1차 세계대전보다 이 사건에 더 관심을 쏟았다. 범인은 처음에는 몸값으로 5만 달러를 요구했다가 나중에는 7만 달러로 올렸다. 이 몸값은 그대로 신문 1면과 뉴스 영화를 통해 중계됐다. 그리고 미국 곳곳에서 린드버그의 아기가 건강한 모습으로 발견됐다는 주장이 들려왔다. 하지만 납치사건 두 달 후에 그런 주장과 희망의 목소리들은 모두 잠잠해지고 말았다. 린드버그의 저택에서 몇 킬로미터 떨어진 숲에서 작은 아기의 시체가 발견된 것이다. 시신은 부패가 심했다. 왼쪽 다리가 무릎 아래로는 사라져 보이지 않았고, 왼쪽 손과 오른쪽 팔도 마찬가지였다. 동물에게 씹어 먹힌 것으로 보였다.

시신의 크기, 옷, 그리고 남은 발에서 뚜렷하게 보이는 기형(발가락 세 개의 중첩)을 토대로 그 유해가 린드버그 아기의 시신임이 신속하게 확인됐다. 시신을 화장한 다음 날 찰스 린드버그는 찢어지는 마음을 안고 다시 한번 혼자 대서양 위로 날아가 아들의 유해를 바다 위에 뿌렸다. 이제 아무도 그를 '행운의 린디'라고 부르지 않았다.

결국 경찰은 브루노 하웁트만Bruno Hauptmann이라는 독일 이민자를 체포했다. 목수였던 그의 차고 서까래가 린드버그 저택의 2층 아기 방으로 들어가는 데 이용한 임시 사다리를 만드는 데 사용되었던 것으로 추측되었다. 경찰은 몸값 중 상당 부분이 그에게로 흘러든 것을 추적한 후에 그를 체포했다. 그는 납치 및 살해 혐의로 기소됐다. 아기의 두개골이 골절되어 있었고, 이 부상은 높은 곳에서 떨어져 생긴 것일 수도 있었다. 납치 과정에서 사다리가 부러졌기 때문이다. 그에게 불리한 증거 중 일부가 의심스럽다거나 조작되었다는 주장이 있었지만 하웁트만은 유죄 판결을 받았고, 1937년 4월에 전기의자에서 처형됐다.

범죄가 있고 50년 후인 1982년 6월에 브루노 하웁트만의 아내 안나Anna의 변호사가 내게 접촉을 해왔다. 사형 집행이 있고 난 후로 내내 하웁트만 부인은 남편의 오명을 씻으려 애쓰고 있었다. 그녀의 희망은 12개의 작은 뼈밖에 없었다. 이 뼈는 아기의 시신을 화장한 후에 범죄 현장에서 찾아내어 뉴저지 주립경찰청에서 보관하고 있던 것이었다. 하웁트만 부인 측 변호사의 요청으로 나는 이 흩어져 있던 뼛조각 몇 개로 시신의 신원 확인에 오류가 있었는지, 그리하여 판사의 성급함으로 끔찍한 사법적 판단이 이루어진 것인지 여부를 검증하기 위해 뉴저지 트렌턴으로 차를 몰았다. 하웁트만 부인은 분명 그 뼈가 더 어리거나 나이가 많은 사내아이의 뼈이길, 아니면 나이에 상관없이 여자아이의 뼈이기를 간절히 기도했을 것이다. 그녀의 처지에서는 그저 찰스 린드버그 주니어의 뼈만 아니면 됐다.

교통체증에 시달리며 통행료 요금소에서 뉴저지 주립경찰청 본부로 가는 길을 묻고 있던 작은 소도시의 과학자인 내가 그녀에게는 마지막 희망이었다.

나를 이곳 트렌턴으로 이끈 길은 길고도 매력적이었다. 뉴저지 턴파이크New Jersey Turnpike 도로를 말하는 것이 아니다. 나를 이곳으로 이끈 이 길은 무사평온하게 상담이나 하면 되는 일로 이어져 있다가 어느 날 갑자기 방향을 틀어 시체와 범죄 현장, 법정으로 이어지는 길로 갈라져 나왔다.

내가 법의학의 길을 걷게 된 것은 1954년 겨울에 켄터키 프랭크퍼트 외곽에서 아침 일찍 일어난 교통사고 때문이었다. 어느 안개 낀 습한 날에 2차선 고속도로에서 트럭 두 대가 충돌하며 화재가 났다. 불을 끄고 보니 누군지 도저히 알아볼 수 없는 시신 세 구가 차량 안에서 발견됐다. 운전자 두 명의 신원은 쉽게 확인할 수 있었지만 세 번째 시신의 신원은 오리무중이었다.

순전한 우연이지만 중요한 어떤 일이 일어나는 바람에 그 교통사고가 있고 몇 달 후 《새터데이 이브닝 포스트 Saturday Evening Post》에 1940년대와 1950년대의 가장 유명한 '뼈 탐정'이었던 윌턴 M. 크로그먼 Wilton M. Krogman에 관한 기사가 실렸다. 크로그먼은 자연인류학자 physical anthropologist(주로 인간의 생물학적 측면을 연구하는 인류학 분야 - 옮긴이)로, 스미스소니언협회에 있는 동료 두 명과 함께 사실상 '법의인류학'이라는 분야를 창시한 인물이었다. 그가 법의학의 위대한 권위자로 여겨졌기 때문에 제2차 세계대전 동안 미국 정부에서는 아돌프 히틀러의 시신 신원 확인을 위해 그를 대기시켜놓기도 했다. 그런데 히틀러의 뼈가 있는 불탄 벙커를 미국보다 러시아가 빨리 확보하는 바람에 크로그먼은 히틀러의 유해를 볼 기회를 얻지 못했다. 하지만 그는 경찰에서 FBI까지 온갖 다양한 법의학 사건으로 늘 바빴다.

《새터데이 이브닝 포스트》 기사에서 크로그먼은 사람 골격 유해의 신원 확인을 전문으로 하는 다른 몇몇 과학자에 대해 언급했다. 그리고 그가 지목한 사람 중에 찰스 E. 스노 Charles E. Snow 박사가 있었다. 그는 켄터키대학교 인류학 교수였고, 나는 그곳에서 상담학 석사 과정을 밟고 있었다. 켄터키대학교와 스노 박사 그리고 나는 모두 그날 아침 트럭 충돌사고 현장에서 불과 50킬로미터 정도 떨어진 렉싱턴에 자리 잡고 있었다. 당시의 나는 짐작도 못 하고 있었지만, 나는 곧 내 미래와 정면충돌을 하려는 참이었다.

그 기사를 읽은 렉싱턴의 한 변호사가 스노 박사라면 화재 충돌사고 세 번째 희생자의 신원을 확인할 수 있을지도 모르겠다고 생각했다. 그는 스노 박사에게 전화를 걸었고, 스노 박사는 기꺼이 그 유해를 조사해보겠다고 했다. 당시 나는 그냥 재미로 스노 박사의 인류학 강의를 수강 중이었다. 변호사의 전화를 받은 후 스노 박사는 나에게 신원 확인을 하러 가는데 함께하지 않겠느냐고 물었다. 이것은 내가 그때까지 글로만 배웠던 과학 기술을 현실 세계에 적용해볼 수 있는 기회였다. 그는 왜 다른 학생들을 놔두고 하필 내게 함께 가자고 했을까? 어쩌면 이제 막 싹트기 시작한 나의 총명함을 알아보았기 때문일 수도 있고, 어쩌면 내게 그를 태워줄 자동차가 있었기 때문일 수도 있다. 이유야 어쨌든 나는 냉큼 그 기회에 올라탔다.

시신은 몇 달 전에 매장되어 있었기 때문에 변호사가 묘지 발굴에 필요한 서류 작업을 모두 마쳐놓았다. 1955년 4월의 어느 따뜻한 봄날에 스노 박사와 나는 켄터키 중동부의 한 시골 교회 옆 작은 묘지로 차를 몰았다. 우리가 도착할 즈음에는 무덤을 파내고 관의 뚜껑을 열어놓은 상태였다. 봄비로 지하수면이 거의 지면 높이까지 차오른 상태라서 관이 물속에 잠겨 있었다. 묘지 트럭으로 관을 무덤에서 들어 올리자 관의 틈새 곳곳에서 물이 쏟아져 나왔다.

시신은 불에 타고, 부패하고, 침수되어 있었다. 내가 대학교 뼈 해부학 실험실에서 공부했던 티끌 하나 없이 깨끗한 뼈 표본과는 너무도 대조적이었다. 전통적인 인류학 뼈 표본은 깨끗하고 건조하다. 하지만 법의학 사건에서 접하는 뼈는 젖어 있고, 냄새 나는 경우가 많다. 하지만 삶과 죽음의 비밀을 품고 있는 과학적 퍼즐이 나를 기다리고 있다고 생각하면 그 지적 호기심을 억누르기가 힘들다.

두개골의 크기가 작고, 골반의 입구가 넓고, 눈썹 부위 융기가 매끄러운 것으로 보아 경력이 부족한 내가 보기에도 분명 여성의 뼈였다. 나이를 추정하기는 조금 까다로웠다. 사랑니가 완전히 형성된 것을 보면 성인은 맞는데, 연령대는 얼마나 될까? 봉합suture이라고 하는 두개골의 지그재그 이음선은 대부분 융합되어 있었지만 분명하게 눈에 보였다. 그렇다면 30대나 40대라는 의미였다.

알고 보니 경찰에서는 이미 그 시신이 누구의 것인지 감을 잡고 있었다. 스노 박사는 그냥 그런 잠정적 신원 확인을 인정하거나 부인만 하면 됐다. 그 사고 직후부터 켄터키 동부의 한 여성이 실종 상태였다. 더군다나 그 사고가 있기 전날 밤 이웃 사람 중에 그녀가 한 트럭 운전사의 차를 타고 루이빌로 갈 거라 말한 것을 엿들은 이들이 있었다. 이 여성은 그 트럭 운전사와 오래전부터 관계를 맺고 있었다.

스노 박사에게 도움을 요청한 변호사는 이미 실종 여성의 의료 기록과 치과 엑스레이 사진을 확보해놓고 있었다. 이런 정보들로 무장한 스노 박사는 그 여성의 치아와 치아 충전물을 엑스레이 사진에 나온 것과 신속하게 비교해볼 수 있었다. 스노 박사가 이 여성의 신원을 확인해준 덕분에 변호사는 그 여성의 가족들을 대신해서 책임 청구에 대한 확고한 법적 근거를 마련할 수 있었다. 이 여성과 그 남자친구는 다른 트럭이 고속도로 중앙선을 넘어와 정면으로 충돌하는 바람에 사망한 것으로 보였다. 이 두 사람을 죽음으로 이끈 트럭은 전국적인 슈퍼마켓 체인점인 그레이트 애틀랜틱 앤드 퍼시픽 티 컴퍼니The Great Atlantic & Pacific Tea Company, 줄여서 A&P의 소유였다. 따라서 법정에서 두둑한 보상금을 받아낼 가능성이 컸다.

이 사건에서 스노 박사가 받은 상담료는 25달러였다. 그는 자동차를 운전한 수고비로 나에게 그중 5달러를 건넸다. 아무래도 그 변호사는 A&P와의 협상보다는 스노 박사와의 협상에서 돈을 더 많이 챙긴 것 같다.

그날 나는 부자가 되지는 못했지만, 그 일에 확실히 푹 빠져들었다. 나는 불타고 부러진 뼈로 희생자의 신원을 확인하고, 오랫동안 풀리지 않던 수수께끼를 확인하고 사건을 종결하는 과정을 지켜보며 큰 매력을 느꼈다. 그 순간부터 나는 법의학에 중점을 둬야겠다고 마음먹었다. 나는 상담학 공부를 접고 전공을 인류학으로 바꿨다. 그리고 그때까지 잃어버린 시간을 만회하기 시작했다.

1년 후인 1956년에 나는 하버드대학교 인류학 박사 과정에 합격했다. 하버드대학교 인류학과는 미국 최고로 여겨지는 곳이라 합격 그 자체로 큰 영광이었지만, 나는 입학을 거절했다. 내가 원하는 것을 배울 수 있는 곳은 한 곳밖에 없었다. 유명한 '뼈 탐정' 윌턴 M. 크로그먼 아래서 배울 수 있는 필라델피아였다.

그해 9월 나는 필라델피아에 도착했고, 펜실베이니아대학교에서 박사 과정을 시작했다. 스미스소니언협회에서 수백 개의 아메리카 원주민 골격을 분석하면서 여름을 보내고 이제 막 돌아온 상태였다. 그리고 이제 스물일곱 살이 되어 있었다. 나는 한국전쟁 당시 육군으로 3년을 복무했고, 똑똑하고 젊은 아내 애나Anna와 가족을 새로 꾸리고 6개월 된 아들 찰리Charlie도 두고 있었다. 아내도 나중에 식품영양학과 박사학위를 땄다. 돈을 절약하려고 애나와 나는 필라델피아 시내에서 서쪽으로 몇 킬로미터 떨어진 곳에 작은 아파트를 세내어 살았다.

학기가 시작하고 얼마 지나지 않아 크로그먼 박사가 집 계단에서 굴러떨어지는 바람에 왼쪽 다리가 부러지고 말았다. 그는 보통 시내버스로 캠퍼스에 통근했지만, 엉덩이까지 올라온 깁스 때문에 버스 정류장까지 가는 것도, 버스에 타는 것도 거의 불가능했다. 크로그먼도 도시 서쪽에 살고 있었기 때문에 나는 그에게 골절에서 회복하는 동안에는 내가 차로 그를 통근시켜주겠다고 제안했다. 나는 두 달 정도만 카풀을 하면 될 줄 알았다. 하지만 결국 그 후로 2년 반 동안 우리는 함께 차를 타고 다녔다. 골절에서 회복하는 데 그렇게 오래 걸린 것은 아니었다. 그가 깁스를 풀 즈음에 나는 이미 그의 새로운 제자가 되어 있었고, 그는 나의 새로운 스승이 되어 있었기 때문이었다.

놀랍게도 내가 펜실베이니아대학교에서 크로그먼 교수에게 들은 강의는 하나밖에 없다. 하지만 함께 차를 타고 다니던 그 모든 시간이 세계 최고의 뼈 탐정의 개인강습 시간이었다. 소크라테스 대화의 자동차 시대 버전이라고 할까? 하지만 플라톤과 달리 나는 이 위대한 스승을 독차지했다.

크로그먼은 내가 읽어볼 만한 자료들을 골라주었고, 차를 타고 오가면서 우리는 그것에 대해 논의했다. 그는 저자 이름, 출판연도, 자료의 제목뿐 아니라 그 글에 담긴 자세한 내용들까지 놀라울 정도로 잘 기억하고 있었다. 여러 출처에서 모은 지식을 통합해서 법의학적 문제 해결에 적용하는 그의 능력은 경이로웠다.

크로그먼이 차를 타는 동안에만 개인강습을 해준 것은 아니었다. 그는 법의학 신원 확인 사건을 맡아서 검시관이나 FBI 요원들이 보내온 뼈를 받아볼 때마다 나를 자신의 연구실로 불렀다. 그는 먼저 뼈를 조사하고 그 나름대로 분석 결과를 내놓은 상태에서도 내게는 한마디도 하지 않았다. 나에게 뼈를 들여다보고 나름의 결론을 내려보라고 했다. 그리고 서로의 결론을 비교할 때는 해당 주제에 관한 최신 과학 자료를 인용해서 내 주장의 근거를 제시하고 기록할 것을 요구했다. 그가 간과했던 것을 내가 발견할 때면 크로그먼은 늘 감탄했다. 자주 있는 일은 아니었지만 그럴 때마다 그는 무척 뿌듯해했다.

크로그먼의 교육 방식은 놀라울 정도로 효과적이었다. 내가 자료를 기억하는 데 도움이 됐을 뿐 아니라 적대적인 변호사들의 법정 신문에도 대비할 수 있게 해주었다. 당시에는 미리 내다보지 못하고 있었지만 그것은 그 후로 내가 여러 차례 겪게 될 상황이었다. 당시에는 그저 크로그먼 교수가 사건 하나하나, 뼈 하나하나를 통해 나를 경이로운 길로 이끌고 있다는 것만 알 수 있었다.

하지만 너무 일찍 갈림길이 나왔다. 나는 펜실베이니아대학교를 떠나 1960년 1월에 네브래스카대학교에서 9개월 동안, 그리고 이어서

11년 동안 로런스에 있는 캔자스대학교에서 교편을 잡았다. 하지만 크로그먼 교수와의 관계는 전혀 멀어지지 않았다. 우리는 개인적으로나 직업적으로나 긴밀하게 연락을 유지하고 있었다. 그리고 1982년 6월에 붉은 벽돌로 지어진 뉴저지 주립경찰청 본부의 계단을 걸어 오르며 내가 윌턴 M. 크로그먼의 발자취를 다시 걷고 있다는 사실을 깨달았다.

크로그먼은 뉴저지주 법무장관의 요청으로 5년 앞선 1977년에 그 뼈들을 조사한 적이 있었다. 린드버그 사건에 해소되지 않은 의문이 남아 있었기 때문에 주에서 재수사를 고려했던 것이다. 하지만 크로그먼의 소견을 바탕으로 주에서는 재수사를 하지 않기로 결정했다. 그리고 유죄 선고를 받아 사형당한 살인자의 아내를 대신해서 같은 문제를 가지고 나는 다시 그곳으로 발걸음을 옮기고 있었다.

이즈음 나는 전문가로서 나름대로 입지를 다진 상태였다. 잘나가는 테네시대학교 인류학과의 학과장으로 있었고, 나중에 '시체농장'으로 알려지게 될, 인체의 부패를 전문적으로 연구하는 세계에 하나밖에 없는 법의학시설도 설립한 상태였다. 나는 미국법의과학회American Academy of Forensic Sciences 회원으로 이름이 올라가 있고, 그 학회 자연인류학 부문의 장으로도 활동하고 있었다. 나는 수천 개의 골격을 조사해보았고, 내 손을 거친 법의학 사건은 100건이 넘었다. 하지만 이 모든 성취에도 불구하고 나는 초조하고 움츠러드는 기분이 들었다. 거인의 발자국 속에서 걷고 있는 난쟁이 같은 기분이었다. 나는 그저 그 유명한 린드버그의 뼈를 조사하도록 허가를 받은 두 번째 인류학자였다.

나는 경찰청 건물 지하로 안내를 받아서 들어갔다. 몇 분 후에 한 직원이 판지로 된 증거물 보관 상자를 가지고 왔다. 그 안에는 유리병 다섯 개가 들어 있었고, 그중 하나는 금이 가 있었다. 유리병들 모두 투명테이프로 묶어놓은 상태였다. 이 유리병들은 원래 비싼 시가 담배에서 향이 빠지지 않게 보관하는 용도지만 지금은 코르크 마개로 봉인되어 12개의 작은 뼈가 분실되거나 깨지지 않도록 보호하고 있었다. 이 뼈는 죄 없는 영혼의 때 이른 죽음과 나이 든 부인의 마지막 희망을 모두 상징했다.

그중 두 개는 분명 동물의 것이었다. 아마도 뇌조나 메추라기처럼 제법 크기가 되는 새에서 나온 5센티미터 정도의 갈비뼈, 그리고 아마도 같은 새에서 나왔을 작은 척추뼈였다. 두 뼈 모두 이빨 자국이 나 있었다. 아마도 숲에 숨겨져 있던 죽은 아기의 손을 뜯어 간 그 개의 소행일 것이다.

남은 10개의 뼈 중 가장 큰 것은 왼쪽 발의 발꿈치뼈calcaneus로, 직경이 3센티미터 정도였다. 훈련받지 않은 사람이라면 자갈이라 생각하고 지나쳤을지도 모른다. 그리고 왼쪽 발에서 나온 뼈가 네 개, 왼손에서 나온 것이 두 개, 오른손에서 나온 것이 네 개였다. 반세기나 지났음에도 아직 몇 개의 뼈에는 부패한 조직, 먼지, 심지어 털도 몇 가닥 달려 있었다.

뼈들은 손상이 없이 온전해서 외상의 흔적은 보이지 않았고, 그것으로는 사망의 원인도 알 길이 없었다. 사망의 원인을 말해주는 유일한 골격 증거인 골절된 작은 두개골은 찰스 린드버그가 시신이 자기 아들임을 확인하고 몇 시간 만에 화장해서 사라지고 없었다. 내가 손에 들고 있는 10개의 작은 손발 뼈는 시신이 발견된 이후로 며칠 동안 숲 바닥을 갈퀴질해서 모은 양동이 10개 분량의 나뭇잎과 잔가지들을 체로 걸러서 찾아낸 것이었다. 경찰에서는 사망에 사용한 무기, 지문 등 누가 아이를 유괴했고, 어쩌다 이 지경까지 왔는지 말해줄 해답을 찾기를 희망했다. 하지만 이 한 움큼밖에 안 되는 작은 뼛조각들만으로는 밝혀낼 수 있는 것이 거의 없었다.

50년이 지난 후에도 여전히 알아낼 수 있는 것은 별로 없었다. 아동기 골격은 양쪽 성의 특성을 모두 갖고 있다. 골격의 성별을 판별할 방법이 없다는 의미다. 이 경우는 자신이 조사하고 있는 뼈를 측정해서 신원이 파악된 다른 표본의 크기 및 발달 상태와 비교해보는 수밖에 없다. 그런 비교를 위해 나는 그 분야 최고의 참고서적 두 권을 가지고 갔다. 《발과 발목의 골격 발달 방사선학 도감 *Radiographic Atlas of Skeletal Development of the Foot and Ankle*》과 자매 서적인 《손과 손목의 골격 발달 방사선학 도감 *Radiographic Atlas of Skeletal Development of the Hand and Wrist*》이었다. 두 서적 모두 아동의 손과 발 엑스레이 사진을 바탕으로 이루어진 꼼꼼한 연구의 결과였다. 이 연구에 나온 측정치에 따르면 유리병에 담긴 손과 발의 뼈는 18개월 남아의 것보다는 살짝 크고, 24개월 남아의 것보다는 살짝 작았다. 나는 한 시간도 지나지 않아 나보다 5년 앞서 찾아왔던 나의 스승 크로그먼 박사와 동일한 결론에 도달했다. 뼈 자체만 봐서는 이 뼈가 20개월 된 코카서스 백인 남아의 유해라는 주장을 반박할 만한 근거가 없었다. 이 뼈가 20개월 된 찰스 린드버그 주니어라는 이름의 남아, 즉 '새끼 독수리'의 뼈라는 주장에는 모순이 없었다.

뼈를 다시 유리병에 담고 코르크 마개를 꽉 닫으면서 남은 것이 얼마나 보잘것없나 생각하니 마음이 무거워졌다. 찰스 린드버그 주니어를 기다리고 있던 빛나는 약속과 밝은 미래의 상실을 나타내는 흔적이라 하기에 이것은 너무도 초라하고 처량했다. 아이가 자라면서 유명한 아버지와 맺어갔을 관계, 아들이 자라 날개를 펴고 비행기, 어쩌면 우주선을 조종하는 모습을 지켜보면서 그 아비가 느꼈을 자부심 등을 생각하니 마음이 아렸다.

1982년에 나는 각각 스물여섯, 스물, 열여덟 살의 건강한 아들 셋을 두고 있었다. 폭력적인 죽음에 어린 아들을 잃은 것이 찰스 린드버그의 영혼에 얼마나 큰 상처를 남겼을지 감히 상상하기도 어려웠다. 하지만 아들이 아니어도 다른 사랑하는 이를 무의미하고 폭력적인 때 이른 죽음으로 잃는 것이 어떤 상처를 남기는지는 나도 잘 알고 있었다. 그리고 그런 일이 얼마나 빨리 일어날 수 있는지도 말이다. 뉴저지에서 임시변통으로 만들어 사용하던 사다리가 부러지면서 갑자기 납치 사건이 살인사건으로 바뀐 것도 순식간이었고, 한 똑똑하고 젊은 변호사의 집게손가락이 방아쇠를 감싸는 순간 총알 하나가 사람들의 삶에 학살의 얼룩을 남긴 것도 순식간이었다. 그 총알은 내 삶에도 얼룩을 남겼다.

그 일은 1932년 3월에 일어났다. 브루노 하웁트만이 못을 박으며 치명적인 결함이 있는 그 조잡한 사다리를 만들던 바로 그달에 일어난 일이었으니 참으로 기묘한 우연이다. 나는 린드버그의 아기보다 두 배 많은 세 살 반의 나이였다. 내 아버지 마빈Marvin은 버지니아 스탠턴의 전도유망한 젊은 변호사였다. 아버지는 똑똑하고 미남이었다. 아버지는 어린 시절의 연인이었던 제니Jennie와 결혼했다(그보다 20년 전에 두 사람은 5월 축제에서 왕과 여왕으로 뽑히기도 했다). 아버지는 정치 분야에서도 장래가 촉망되는 사람이었다. 이미 한 번 연방검사 자리를 노리기도 했다. 결국 승리하지는 못했지만 서른 살이라는 젊은 나이였기 때문에 기회가 많이 남아 있었다. 적어도 모두 그렇게 생각했다.

우리는 시내 중심가에서 몇 킬로미터 떨어진 리 스트리트Lee Street의 사과 과수원 옆 2층짜리 하얀 집에서 살았다. 그 시절에 대한 기억은 몇 개 되지도 않고 가물가물하지만, 아버지와 나에 대한 한 가지 기억만큼은 너무도 생생하게 남아 있다. 그날은 토요일 아침이었다. 아버지와 나는 커다란 검정색 차 닷지Dodge를 몰고 신문을 사러 갔다(아버지가 어른이 되었을 때는 포드의 모델 T 차량이 전성기를 누리던 시절이었지만, 아버지는 포드 차는 깡통, "그것도 아주 형편없는 깡통"이라는 이야기를 할아버지한테 수도 없이 들으며 자랐다).

닷지가 길모퉁이에 멈춰 섰다. 신문 더미 옆에 한 남자가 서 있었다. 아버지가 내 쪽으로 몸을 기울이고 유리창을 내리더니 내게 동전을 주면서 그 남자에게 신문값을 내라고 했다. 무서웠기 때문일까, 부끄러웠기 때문일까? 나는 고개를 흔들면서 싫다고 말하고 아버지에게 안겼다. 아버지는 인자한 미소를 지으면서 동전을 다시 받아 들고 신문판매원에게 그 동전을 건넸다.

나는 내게 성을 물려준 이 잘생기고 젊은 변호사의 사진들을 갖고 있다. 어떤 사진에서는 아버지가 나를 무릎 위에 앉혀놓고 있고, 어떤 사진에서는 어머니 옆에 서 있다. 대부분의 사진에서 아버지는 미소를 짓고 있다. 내가 기억하는 한 당시에 우리 가족은 행복했고, 아버지도 행복했다.

하지만 내 기억이 그리 정확하지 못했나 보다. 다음에 올 것을 예상하지 못했기 때문이다. 우리가 토요일에 신문을 사러 다녀오고 얼마 지나지 않은 어느 수요일 오후 아버지는 법률사무소 문을 걸어 잠그고 총으로 목숨을 끊었다. 이른 봄이었다. 과수원의 사과나무들이 막 꽃을 피우려는 참이었고, 미국의 농산물 가격이 마침내 오르고 있었다. 그리고 아버지는 자기 머리에 총알을 박아 넣었다.

수십 년 후에 어쩌다가 아버지의 자살에 대한 얘기가 잠깐 나왔을 때 어머니에게 넌지시 들은 말이 있다. 아버지가 일부 법률 고객을 대신해서 돈을 투자해달라는 부탁을 받았는데 주식시장이 붕괴하면서 돈을 잃었다고 한다. 어쩌면 아버지는 돈을 잃어버린 고객의 얼굴을 차마 마주할 자신이 없었거나, 어쩌면 자기 자신과 마주할 자신이 없었던 것일지도 모르겠다. 누가 알겠는가? 아버지가 자살했을 때의 나이보다 40년 더 산 지금에 와서 그때를 되돌아보니 이런 생각을 지울 수 없다. 시간이 다 해결해줄 문제였다고 말이다. 아버지가 조금만 더 버텼다면 결국 어떻게든 일이 풀렸을 것이다. 하지만 어떤 이유에서인지 아버지는 버틸 방법을 찾지 못했고, 그렇게 자신의 목숨을 내려놓았다.

방아쇠를 당기는 순간 아버지는 나와 잡고 있던 손을 놓고 우리 모두에게서 미끄러져 나갔고, 오늘날까지도 우리가 닿을 수 없는 곳에 있다. 나는 아직도 아버지가 그립다. 나는 내가 자라면서 아버지와 함께했었을 일들을 상상해본다. 내가 살인사건의 증인석에서 적대적인 신문을 받아야 할 상황에서 아버지가 변호사로서 조언을 해주었다면 얼마나 좋았을까 생각해본다. 나는 이제 70대가 됐지만 그 길모퉁이 신문 가판대에서 그 남자에게 돈을 건네지 못하고 피했던 모습을 생각하면 아직도 어린아이처럼 울음이 나온다. 내가 그 남자에게 돈을 건넸더라면! 어쩌면 아버지는 그 모습을 보며 기뻐했을지도 모른다. 어쩌면 어린 아들의 용감한 모습에 미소를 지으며 기분이 조금 가벼워지고, 조금이나마 용기가 생겼을지도 모를 일이다.

참 역설적이다. 그런 이른 나이에 죽음을 접한 사람이라면 이미 죽음에 대해서는 충분히 겪어보았으니 나머지 인생은 죽음을 멀리하려 애쓰며 살아갈 만도 한데 말이다. 하지만 나는 매일 죽음과 만나고 있다. 나는 수십 년 동안 열심히 죽음을 찾아다니고, 아예 죽음에 푹 빠져서 살았다.

어쩌면 나는 죽음이 아버지와 나를 갈라놓고 수십 년의 세월이 지난 지금까지도 아버지에게 나의 용기를 증명해 보이려 분투하는 것인지도 모르겠다. 아니면 죽은 이들의 뼈를 손에 쥘 때마다 나는 영원히 손에 잡히지 않을 한 남자를 어떻게든 붙잡으려 애쓰는 것인지도 모르겠다.

1982년 그날 뉴저지 주립경찰청 본부 지하실에 앉아 나는 그 유리병 다섯 개에서, 그 10개의 작은 뼛조각에서 린드버그 아기에 대해 내가 몰랐던 새로운 사실을 아무것도 찾지 못했다. 브루노 하웁트만의 살인사건 재판에 제출된 증거를 반박할 만한 것도 찾지 못했다. 그리고 그 아내의 마음속에 반세기 동안 자리 잡고 있던 희망을 입증해줄 만한 것도 하나도 찾지 못했다.

안나 하웁트만도 린드버그처럼, 그리고 나처럼 소중한 사람을 잃었다. 사랑받는 남편이었지만 유죄 선고를 받은 살인자인 그는 계속해서 아내의 손이 닿지 않는 곳에 비켜서 있을 것이다. 아내 역시 주변 사람들을 뒤로하고 마침내 자신이 함께 살며 사랑했던 그를 뒤따를 날이 올 때까지는 말이다.

어쩌면 그날 비로소 그녀는 마침내 남편을 온전히 붙잡을 수 있을지도 모른다. 그리고 머지않은 어느 날 나도 함께 살고, 사랑하고, 잘 알고 지내던 사람들과 멀어지는 순간이 찾아올 것이고, 그럼 오랫동안 못 보고 살았던 아버지를 다시 만나게 될지도 모른다.

그때까지는 죽은 이들 사이에서 다른 사람들을 찾으며 살아야 한다. 고대 인디언에서 현대의 살인사건 피해자에 이르기까지 나는 수천 명의 다른 사람에게 손을 내밀며 살고 있다.

2

2000년을 기다린 인디언

사우스다코타 평원 위의 하늘은 짙은 푸른색이었다. 어찌나 푸른지 위쪽으로는 거의 보라색에 가까웠다.

서쪽으로는 우뚝 솟아오른 적운이 거친 회색 커튼처럼 비를 쏟아붓고 있었지만, 그 비는 땅에 닿기 한참 전에 증발해버렸다. 지상 3킬로미터 높이에서 나는 비행기 유리창 너머로 광활한 구릉의 대초원을 훑어볼 수 있었다. 풀과 덤불은 이미 대부분 갈색으로 변해 있었다. 미주리강은 더 짙은 갈색이었다. 그 흙탕물이 북서쪽에서 구불구불 이어지며 남동쪽으로, 더 짙은 갈색을 띤 흙탕물이 되어 흘러가고 있었다. 내가 듣기로 초록색 구간은 우리보다 북쪽 어디쯤 강둑을 따라 서 있는 언덕에 둥글고 작게 점점이 모여 있는 풀밭밖에 없다고 했다. 그 풀밭이 고대 아리카라족Arikara 인디언들의 마을이 있던 자리를 표시해준다. 때는 1957년 여름, 광활한 새로운 지평선이 내 앞에 펼쳐지고 있었고, 내 안에서는 흥분이 고조되고 있었다.

그러다 엔진의 속도가 줄어들더니 프런티어 항공Frontier Airlines DC-3 항공편이 난기류를 뚫고 요동치며 하강하기 시작했다. 그러자 새로운 감각이 느껴졌다. 내 평생의 아킬레스건인 비행기 멀미가 시작된 것이다. 다행히도 아침에 먹은 식사가 올라오기 전에 비행기는 땅 위로 착륙했다.

우리는 오전 늦은 시간에 피어Pierre에 착륙했다. 몇몇 승객이 몸을 수그리고 비행기 동체의 타원형 출입구로 나가서 계단을 내려가 하얗게 칠해놓은 원룸형 터미널로 향했다. 나는 밥 스티븐슨Bob Stephenson을 찾아 주변을 둘러보았다. 그는 나를 태우러 온다고 약속한 스미스소니언협회의 고고학자다. 그가 보이지 않았다. 머지않아 다른 승객들은 모두 떠나고 집에서 한참 떨어진 이 텅 빈 대기실에 나 혼자 남았다.

공항 관제실은 기둥 위에 만들어놓은 나무 위 오두막처럼 생겼다. 나는 좀 더 기다리다가 관제실로 기어 올라가 관제사에게 혹시 도시 외곽에서 일하는 고고학자를 아느냐고 물었다. 그리고 스티븐슨 박사가 나를 현장에 데려다주러 오기로 했다고 설명했다. 그 관제사는 이렇게 말했다. "아, 아마도 어딘가에서 진흙탕에 빠졌을 겁니다. 어젯밤에 비가 많이 왔거든요. 비 온 날에는 여기저기 많이 미끄럽습니다." 스티븐슨은 진흙에 뒤덮여 미안한 표정으로 오후 늦게 나타났다. 아니나 다를까 세 시간이나 진흙탕에 갇혀 있었다고 한다. 당시에는 몰랐지만 나도 그 후로 무려 14번의 여름을 여기에 갇혀 있을 참이었다. 누가 억지로 시킨 것도 아닌데 말이다.

　미육군 공병대, 스미스소니언협회, 그리고 지구의 마지막 빙하기가 (첨언하자면 이 마지막 빙하기는 내가 태어나기 한참 전에 끝났다) 힘을 합쳐 나를 이곳 사우스다코타로 데리고 온 것이었다. 2만 년 전에 두터운 빙하가 아메리카 대초원을 가로질러 남쪽으로 가차 없이 쓸고 내려갔다. 그리고 그 과정에서 빙하는 자기 앞에 놓여 있던 흙과 바위를 밀었고 돌을 가루로 갈아 충적토를 만들어내며 지구 표면 수백만 평방킬로미터의 모양을 바꾸어놓았다.

　지금은 공학자, 고고학자, 인류학자로 구성된 부대가 빙하처럼 가차 없이 이 평원으로 내려와 제 나름대로 변화를 만들어내고 있었다. 공학자들은 이곳에 물을 채우기 시작했고, 나머지 사람들은 새로 댐이 들어선 미주리강의 상승하는 수면에 맞서 필사적으로 경주를 벌이며 땅속에 묻혀 있는 고고학 보물을 찾으려고 미친 듯이 흙을 파서 체로 거르고 있었다.

　미주리강은 세상에서 제일 저평가된 강일 것이다. 이곳 미국에서는 미시시피강보다 못한 대접을 받고 있지만, 내 생각에는 대단히 불공정해 보인다. 오해하지는 말자. 미시시피강은 위대한 강이다. 미네소타의 이타스카호Lake Itasca에서 루이지애나 삼각주까지 3800킬로미터를 흘러가는 미시시피강은 미국의 심장부를 가로지르는 거대한 물줄기임에 틀림없다.

　불공정한 것은 바로 이름이다. 미시시피강 상류 이타스카호에 떨어진 미네소타의 비 한 방울을 생각해보자. 이 호수의 바위투성이 배출구는 물을 헤치고 건너갈 수 있을 정도로 작다. 여기서부터 그 빗방울은 3800미터를 흘러가다가 멕시코만의 얕은 바닷물로 유입된다. 반면 로키산맥 동쪽 사면의 샘물 위로 떨어진 몬태나의 비 한 방울은 마주리강을 따라 3700킬로미터를 흘러가서야 겨우 세인트루이스에서 미시시피강과의 합류 지점에 도착한다. 그리고 거기서 다시 2250킬로미터를 가서야 멕시코만에 도착한다. 총 6000킬로미터에 이르는 여정이다. 세계에서 이보다 더 긴 강은 나일강과 아마존강밖에 없다. 따라서 적어도 길이로만 따지면 미주리강이 본류고, 미시시피강은 지류에 해당한다.

미주리강은 다른 측면에서 봐도 놀랍다. 내가 아는 한 미주리강은 대륙적인 규모에서 마음을 고쳐먹은, 즉 자신의 목적지를 바꾼 가장 큰 강이다. 사실 미주리강은 마지막 빙하기 전에는 북동쪽 캐나다로 흘렀었다. 그래서 그 물을 허드슨만의 차가운 바다에 쏟아부었다. 그러다 빙하가 거대한 불도저처럼 쓸고 지나가며 땅의 형태를 바꾸어놓자 미주리강은 열린 틈새를 발견하고 방향을 남쪽으로 틀어 멕시코만의 따뜻한 물을 향해 달렸다. 그래서 원래의 배출구보다 3200킬로미터 정도 떨어진 곳에 새로운 배출구가 생겼다.

세월이 흐르면서 미주리강은 거대한 물줄기를 따라서 서식하는 생명체의 구성에 극적인 변화를 겪었다. 1억 년 전 즈음에는 공룡들이 몬태나와 다코타를 거닐었다. 그리고 그 뒤를 이어 치타, 낙타, 털매머드, 거대한 검치가 달린 고양잇과 동물 등 일련의 온혈동물들이 나타났다. 우리 인류는 상대적으로 신참에 해당한다. 아메리카 대초원에 처음 살았던 이들은 약 1만 2000년 전에 아시아에서 베링육교를 건너온 사람들일지도 모른다.

오랜 세월 아메리카 원주민들은 유목민으로 살았다. 그러다 약 2000년 전 즈음에 대부분 한 장소에 정착해서 곡물을 키우기 시작했다. 이들은 대초원의 뜨거운 여름과 추운 겨울을 이기기 위해 땅을 둥글게 파낸 다음 그 위에 나무로 돔 모양 틀을 만들고, 다시 그 위에 흙을 덮어 단열하는 흙집을 만들어 마을을 이루었다. 오늘날이었다면 이 집을 '흙막이 주택'이라 불렀을 테지만 대초원 인디언들은 그냥 '집'이라고 불렀다.

하지만 이런 흙집earth-lodge 마을은 지속 가능하지 않았다. 대초원에서는 나무가 귀하다. 나무는 '1층 단지段地, terrace'(범람했을 때의 수위에 따라 계단식 논밭처럼 층을 달리해서 생기는 경사면 위의 평평한 땅을 말한다 - 옮긴이)로 불리는 제일 지대가 낮은 강 범람원에서 주로 자란다. 그래서 한두 세대가 지나면 몇 킬로미터에 달하는 마을 상·하류 강둑에는 나무가 남아나지 않기 때문에 땔감과 집짓기 재료를 구하는 임무를 담당한 여성들이 나무를 구하러 점점 더 고되고 먼 길을 걸어야 했다. 그럼 결국 이들은 이렇게는 못 살겠다고 판단하고 미루나무가 우거진 새로운 땅을 찾아 수십 킬로미터 정도 상류나 하류로 이동해서 새로 정착했다. 100년쯤 지나 떠나왔던 범람원에 다시 숲이 생기면 이들은 예전에 선조들이 버렸던 마을이 있는 곳으로 되돌아가기도 했다.

1700년대에 아메리카 대초원은 수많은 인디언 부족의 고향이었다. 유목 생활을 유지하던 무시무시한 수족Sioux, 그리고 정착생활을 하던 만단족Mandans, 히다차족Hidatsa, 아리카라족 등 네 개의 주요 부족이 북쪽 대초원을 두고 싸움을 벌이며 살았다. 지금의 중앙 사우스다코타에 해당하는 곳에서는 아리카라족이 수백 가구의 집과 웅장한 의식용 건물을 아우르는 거대한 흙집 마을을 구축했다.

그러다 미래가 파도처럼 그들을 덮쳤다. 백인 탐험가와 모피 상인들이었다. 메리웨더 루이스Meriwether Lewis와 윌리엄 클라크William Clark도 여기 포함되어 있었다(루이스와 클라크는 미국 대통령 토머스 제퍼슨의 명령으로 1804년에서 1806년에 걸쳐 동부에서 시작해 미국을 가로질러 태평양에 이르는 경로를 탐험하고 돌아갔다 - 옮긴이). 하지만 이들이 첫 번째 주자는 아니었다. 루이스와 클라크 탐사대에서 중추적 역할을 했던 '발견 부대Corps of Discovery'가 1804년에 만단족 마을에 닻을 내렸을 때 그들은 금발머리에 파란 눈을 한 만단족 사람들과 만났다. 토착 원주민 여성과 프랑스의 탐험가나 덫 사냥꾼 사이에서 태어난 자식들이었다.

미국이 프랑스로부터 사들인 루이지애나준주(1805년부터 1812년까지 존재한 미국의 행정 구역. 오늘날 미주리·캔자스·네브래스카 등 중서부 지역을 포함했다 - 옮긴이)를 향해 강을 거슬러 올라가면서 루이스와 클라크는 아리카라족과 만단족을 포섭해서 미국 정부와 삼자 동맹으로 수족에 대항하려 했지만 아리카라족이 동맹 결성에 저항했고, 실제로 상류로 여정을 이어가던 탐사대와 짧게 교전을 벌이기도 했다. 탐사대는 만단족과는 훨씬 사이가 좋았다. 발견 부대는 그해에 만단족과 함께 겨울을 나면서 만단족 남성들과는 무역과 사냥을 함께하고, 만단족 여성들이 베푸는 성적 호의를 나누었다. 이것은 그 여성들의 남편이 부추겨서 이루어지는 경우가 많았다. 그들은 아내가 백인들의 '마법'을 받아서 자기에게 전달해주리라 믿었다. 하지만 안타깝게도 보통은 마법 대신 매독을 전달받았다.

1806년에 강을 따라 하류로 돌아오는 과정에서 루이스와 클라크 탐사대는 다시 한번 아리카라족과 충돌했다. 루이지애나준주의 주지사 재직 기간이었던 1809년에 루이스는 500명 정도의 백인과 인디언으로 구성된 군대를 미주리강으로 보내면서 아리카라족이 싸움을 걸어오면 몰살시킬 것을 명령한다.

하지만 아리카라족은 허세를 부리고 있었을 뿐, 이미 몰살 직전의 위태로운 상황에 처해 있었다. 루이스와 클라크의 탐사 이후 반세기도 지나지 않아 아리카라족은 수족, 정착민, 천연두에 희생되어 거의 사라지고 없었다. 부족이 몰살하면서 미주리강 2층 단지, 3층 단지 지역에 텅 빈 흙집 수백 채와 무덤 수천 기가 남았다.

1957년, 아리카라족 문명의 마지막 흔적이 차오르는 물에 수장될 위험에 빠지자 스미스소니언협회에서는 나를 보내서 얼마 남지 않은 시간 동안 최대한 발굴의 진행을 돕게 했다.

국립자연사박물관National Museum of Natural History은 워싱턴 D.C.의 내셔널 몰National Mall을 에워싸고 있는 거대한 스미스소니언박물관 중 하나다. 로비 층에는 거대한 원형 홀 아래로 커다란 아프리카코끼리가 보초병처럼 서 있다. 그 위로 몇 층을 올라가면 원형 홀의 4층과 5층, 6층을 둘러싸고 있는 발코니에 아메리카 원주민의 골격이 가득 들어 있는 캐비닛과 서랍장, 선반이 자리 잡고 있다. 적어도 내가 알던 예전에는 그랬다.

요즘에는 무덤을 발굴해서 뼈를 수집하는 활동에 대한 사람들의 생각이 극적으로 변했다. 1990년에 아메리카 원주민 부족들이 열심히 로비를 벌인 끝에 의회에서 아메리카 원주민 유골의 수집을 금지하는 법안을 통과시켰다. 또한 이 법은 박물관이나 다른 기관들이 소유하고 있는 아메리카 원주민의 유골이 현재도 남아 있는 부족의 것이라면 그 부족에게 돌려줄 것을 요구하고 있다. 그 밑바탕의 철학은 간단하다. 죽은 자의 유골은 성스러운 유물이지 수집품이나 전시물이 될 수 없기 때문에 선조들의 땅으로 돌려보내 경외심을 가지고 묻어주어야 한다는 것이다. 영적인 측면에서 보면 완벽하게 합리적인 이야기다.

하지만 과학적인 측면에서 보면 스미스소니언협회의 발굴과 수집을 비롯한 이런 활동들이 인류 전반, 특히 아메리카 원주민의 역사와 문화 그리고 진화 전반을 밝히는 데 결정적인 역할을 한 것이 사실이다. 과학자들은 수천 명 개인의 뼈를 서로 비교함으로써 신체 크기, 힘, 식생활, 평균 수명, 유아 사망률, 그리고 그 외의 풍부한 정보 등 아메리카 원주민들에 대해 정확한 그림을 그릴 수 있었다. 그리고 1950년대 말과 1960년대 초반에는 그런 뼈들이 스미스소니언협회의 과학자들이 처리하기 벅찰 정도로 많이 쏟아져 들어오고 있었다.

그것이 나에게는 행운이었다.

나는 버지니아대학교 학부생 시절 마지막 2년 동안에 인류학을 발견했다. 그즈음 나는 전공이었던 상담학은 필수과목을 대부분 이수한 상태였고, 마침내 선택과목이 몇 자리 열렸다. 개설 강좌들을 훑어보다가 '인류학'이라는 과목이 제일 먼저 내 눈을 사로잡았다(당연히 그 목록은 영어 알파벳순이었다. 그러니 인류학anthropology이 먼저 눈에 들어올 수밖에. 만약 위쪽이 아니라 아래쪽부터 읽기 시작했다면 동물학zoology을 수강했을지도 모른다).

사실 버지니아대학교에는 인류학과가 없었다. 그냥 클리퍼드 에반스Clifford Evans 교수 한 명만 있어서 사회학과에 뭉뚱그려 소속되어 있었다. 하지만 에반스는 모험심이 강한 현장 연구자이자 영감을 불어넣는 교사였다. 그는 브라질의 선사시대 마을 발굴에 참가했다가 최근에 돌아온 상태였다. 강의 시간에 그는 슬라이드와 이야기로 그 고대의 거주지에 다시 생명을 불어넣었다. 나는 에반스 교수의 강의를 빠지지 않고 들었다.

1956년 봄에 켄터키대학교에서 인류학 석사학위를 마무리할 무렵, 나는 에반스 교수에게 편지를 써서 그 사실을 알렸다. 나는 그의 학부생 제자 중에 인류학으로 석사학위를 받은 학생은 나밖에 없을 테니 그 사실을 알고 그가 기뻐하리라 생각했다. 하지만 그즈음 그는 버지니아대학교를 떠나 스미스소니언박물관에 고고학 큐레이터로 일하게 된 상황이었다.

에반스는 곧바로 답장을 보냈다. 그는 나를 잘 기억하고 있었고 내 진척 상황을 들어 아주 기쁘다고 했다. 그리고 덧붙여서 스미스소니언박물관에서는 대초원에서 홍수처럼 쏟아져 들어오는 아메리카 원주민 골격들을 분석할 인력이 간절한 상황이라며 내게 일자리를 제안했다. 이것은 기가 막힌 타이밍에 들어온 황금 같은 기회였다.

쏟아져 들어오는 이 골격들은 미육군 공병대에서 방출한 것이었다. 이 공병대는 툭하면 범람이 일어나는 강과 전쟁을 벌이기 위해 창설되었고, 전쟁은 아주 맹렬했다. 1940년대 말이 되어서는 미시시피강 대부분 지역에서 댐과 제방의 설치가 마무리되었기 때문에 공병대는 다른 강으로 활동 무대를 옮겼다. 그리고 1950년대에는 미주리강을 따라 상류로 올라가며 작업을 진행했다.

이들이 사우스다코타 중심부에 도착했을 즈음에는 아주 엄청난 규모로 작업이 이루어지고 있었다. 피어로부터 10킬로미터 상류에서 이들은 거의 75미터 높이에 3.2킬로미터 길이로 흙 능선을 쌓기 시작했다. 수족의 의회 사무소에서 이름을 따온 오아헤 댐Oahe Dam은 1948년에 착공할 당시 미국에서 가장 큰 토사 충전 댐이었고, 아직까지도 그렇다.

이 댐을 통해 굉장한 크기의 저수지가 물로 채워질 예정이었다. 상류로는 360킬로미터 정도 뻗어가고 제일 넓은 곳의 폭은 32킬로미터에 이르는 오아헤호Lake Oahe는 미국에서 가장 큰 인공 호수 중 하나가 될 것이었다. 그리고 이 호수에 수백 평방킬로미터의 대초원, 그리고 수없이 많은 아메리카 원주민의 고고학 유적지가 잠길 운명이었다.

공병대에서는 댐 건축 비용 중 일부를 고고학 연구와 발굴에 배정했고, 과학 연구의 진행은 스미스소니언협회와 계약을 맺었다. 그 예산은 댐 건설 전체 예산 중 0.5퍼센트에 불과했다. 하지만 댐이 크고, 그 예산도 워낙 컸기에 고고학 분야의 일반적 기준으로 보면 스미스소니언 유역 탐사Smithsonian River Basin Surveys로 명명된 이 프로젝트는 규모와 예산 면에서 대단한 것이었다. 공병대가 강의 물줄기를 막기 위해 흙을 쌓기 시작할 때, 소규모의 고고학자와 이들이 고용한 조수들(학부생과 대학원생)은 침수 예정지를 발굴하는 작업에 나섰다. 시작점은 댐 바로 상류에 있는 아리카라족 주요 유적지였다. 이곳이 제일 먼저 물에 잠길 예정이기 때문이었다. 이곳은 그 유적지가 자리 잡은 카운티의 이름을 따서 그냥 설리 유적지Sully site로 불렸다. 미주리강의 2층 단지(강의 범람원 바로 위쪽에 자리 잡은 선반 지형)에 아리카라족은 지금까지 발견된 것 중 가장 큰 흙집 마을을 건설했었다.

    이곳이 풍성한 고고학적 유적지임을 알려주는 주요 단서는 직경이 5.5미터에서 18미터까지 다양하게 나타나는 일련의 원들이다. 이것이 흙집이 있었던 자리를 알려준다. 집이 불에 타거나 무너지면 대초원에 얕게 파인 함몰 부위가 남았다. 지면 아래로 몇십 센티미터 정도 땅을 파내고 지었기 때문이다. 이 지역은 비가 귀해서 연간 강수량이 평균 38센티미터 정도에 지나지 않는다. 그래서 이 함몰 부위에는 땅 위를 흐르는 빗물이나 땅에서 스미어 나온 지하수가 모인다. 그 덕분에 이곳은 갈색의 대초원에 점점이 찍힌 초록색의 작은 오아시스가 됐다(연간 강수량이 12센티미터 정도만 더 많았어도 평원은 초원이 아니라 숲이 되었을 것이다). 이 작은 초록색 원들은 수백 가구에 해당하며, 각 가구는 무려 15명에서 20명의 구성원으로 이루어져 있었다. 몇 개의 아주 큰 원은 공동체나 의식용 건물이었다. 많은 아리카라족 흙집 마을과 마찬가지로 설리 유적지도 서기 1600년 즈음부터 여러 번에 걸쳐 사람들이 살았었다. 근처의 나무들을 모두 베어서 사용하고 나면 버리고 다른 곳으로 갔다가, 강둑에 다시 숲이 울창해지면 이들도 돌아와 다시 정착했다. 고고학자들이 발견한 인공물의 연대를 추적한 결과, 이 마을은 적어도 세 번에 걸쳐 사람들이 거주하다가 1750년 즈음에 영원히 버려졌다.

    땅 위에서는 흙집 함몰을 눈으로 보고 파악하기가 어렵지만 몸으로는 쉽게 느낄 수 있다. 농부나 고고학자가 지프나 트럭을 타고 대초원을 가로질러 가다 보면 살짝 함몰된 부위로 차가 내려갔다가 다시 올라오는 것이 느껴진다. 설리 유적지에는 이런 함몰이 굉장히 많기 때문에 그곳을 차로 가로지를 때는 큰 롤러코스터를 타는 기분이 든다.

마을이 워낙 크고 아주 오랜 기간 사람들이 살았기 때문에 요리용 기구, 농사 도구, 무기, 보석, 뼈 등 온갖 귀중한 유물들이 발굴되고 있었다. 뼈가 수천 개씩 나오는 바람에 몇 안 되는 스미스소니언협회의 인류학자들이 분류하고 측정할 수 있는 양을 한참 넘어서고 있었다.

그런 상황에서 내가 그 그림 속으로 첫발을 내디딘 것이다. 나는 원형 홀 아래 코끼리 박제를 지나 뼈를 분류하며 보내게 될 나의 첫 여름 시즌으로 뚜벅뚜벅 걸어 들어갔다. 전화기도 배정받지 못하고, 나만의 소중한 프로젝트도 없고, 쓰거나 검토해야 할 학술지 논문도 없고, 고상한 과학자들이 감당해야 할 잡다한 업무도 없는 하찮은 대학원생 신분이었던 나는 해가 뜰 때부터 해가 질 때까지 실컷 뼈만 분석할 수 있었다. 나는 한 해 여름을 꼬박 그 일을 하며 보냈고, 다음 해 여름도 거의 그랬다. 그러다 1957년 늦여름에 이 프로젝트의 감독자가 나를 사우스다코타로 호출했다.

나는 전에 미시시피강 서쪽으로는 한 번도 가본 적이 없었고, 비행기를 타본 적도 없었다. 그래서 사우스다코타로의 여행이 내게 새로운 거대한 세상을 열어주었다. 땅속에 묻혀 있는 오래된 뼈 속에서 나를 가르쳐줄 교훈들이 기다리고 있었다. 어떤 교훈은 미주리강 단지의 열기와 먼지 속에서 힘들게 작업하던 젊은 학생들이 전해주었다. 또 어떤 교훈은 우리와 함께 평원에 굴을 파고 들어갔던 개미와 방울뱀이 전해주었다. 여기서 배운 교훈 하나하나가 나중에 내가 오래전 죽은 사람들로부터 배운 비밀을 최근에 살해당한 사람들의 이야기를 이해하는 데 적용하기 시작할 때 큰 도움이 되어주었다.

1957년 8월에 사우스다코타에 도착했을 즈음에는 여름이 거의 끝나 있었다. 불과 2주 후면 프로젝트가 중단되고, 교수와 학생들은 학교로 돌아갈 수 있을 것이다. 그리고 그 짧은 2주 동안에 스티븐슨은 내 도움을 받아 지난 2년 동안 그를 당혹스럽게 만들고 있던 의문에 대한 해답을 찾기를 바라고 있었다. 아리카라족은 죽은 사람의 시신을 어디에 숨겨놓았을까?

그는 발굴된 흙집의 개수로 보아 마을의 인구가 수백 명 정도였고, 그 자리에서 수십 년 동안 살았음을 알 수 있었다. 하지만 그때까지 스티븐슨의 대원들이 찾아낸 사람의 유해는 몇십 구뿐이었다. 그럼 나머지는 대체 어디 갔을까?

수족을 비롯한 일부 인디언 부족에서는 죽은 사람의 시신을 지면보다 높게 올린 단 위에 놓고 야외에서 그대로 부패하게 두었다. 그래서 오래된 수족의 골격을 찾는 경우는 드물었다. 코요테, 콘도르, 혹은 다른 청소 동물에 의해 뼈가 흩어지는 경우가 많았기 때문이다. 하지만 아리카라족은 매장 관습을 일관되게 유지했던 것으로 보인다. 무덤을 파는 것은 보통 여성의 일이었고, 들소의 견갑골, 즉 어깨뼈로 만든 괭이로 땅을 팠다. 원시적인 도구로 하기에는 힘든 일이었기 때문에 무덤을 최대한 작게 만들어야 그나마 감당할 수 있었다. 그들은 약 1미터 정도의 둥근 구덩이를(아동이나 여성의 시신이면 더 작게) 파고 태아처럼 무릎을 가슴에 안은 자세로 만들어 시신을 그 안에 내렸다. 그리고 청소 동물들이 접근하지 못하게 시신의 위쪽을 잔가지, 통나무, 덤불 등으로 덮고, 그 위에 다시 흙과 뗏장(흙이 그대로 붙어 있는 상태로 뿌리째 걷어낸 잔디나 풀의 조각 - 옮긴이)을 덮어 구덩이를 채웠다.

두 번째 여름의 8월이 되자 스티븐슨의 낙담은 더욱 커졌다. 그들이 찾아낸 유골로는 마을의 인구를 설명하기에 불충분했을 뿐 아니라 아리카라족의 삶과 죽음에 대해 알아낼 수 있는 것도 많지 않았다. 스티븐슨은 똑똑한 사람이라 근처 어딘가에 아리카라족의 묘지가 분명 있으리라는 것을 알고 있었다. 하지만 빨리 찾아내지 않으면 그 기회를 영영 놓치게 될 것이었다.

고고학적 발굴 작업은 격자 패턴으로 이루어진다. 유적지에 5피트(152.4cm) 크기의 정사각형으로 격자를 그려 나눈 다음, 흙을 아주 얇게 한 번에 한 층씩 제거하면서 발굴을 진행한다. 각각의 격자에는 식별 번호를 부여해서 발굴 과정이 한 격자에서 다음 격자로 넘어갈 때 거기서 발견된 유물이나 유골이 어느 격자에서, 그리고 그 격자 안에서 수평적, 수직적으로 어느 위치에서 발견됐는지를 정확하게 기록할 수 있게 한다. 이것은 아주 질서정연하고, 정확하고, 미칠 정도로 느린 과정이다. 때로는 격자 하나를 발굴하는 데 일주일 이상 걸리기도 한다. 그래서 40피트에서 50피트 크기의 정사각형에 불과한 영역을 발굴하는 데 한여름이 꼬박 걸리기도 한다. 우리는 훨씬 짧은 시간 동안에 훨씬 넓은 땅을 발굴해야 했다. 스티븐슨은 나에게 학생 10명을 배정하고 8월이 끝나기 전에 아리카라족 사람들의 시신을 찾는 일을 맡겼다.

사우스다코타의 8월은 불볕더위가 기승을 부렸고, 대초원은 탐색하기엔 엄청나게 넓은 곳이었다. 이 일을 신속하게 처리하려면 일꾼으로 이루어진 소규모의 부대가 필요했다. 그런데 알고 보니 우리에게는 작은 일꾼이 아주 대규모로 있었다. 대초원에서 땅굴을 파는 수십억 마리의 개미들이었다.

아메리카 대초원의 흙을 뢰스 황토loess라고 부른다. 이것은 '느슨하다'는 의미의 독일어에서 나온 말이다. 더스트볼Dust Bowl(모래바람이 빈번하게 생기는 북아메리카 대륙 로키산맥 동쪽에 있는 사발 모양의 대초원지대 - 옮긴이)에 먼지를 쌓는 것이 밀가루처럼 고운 이 흙이다. 물론 이것은 건조한 상태였을 때의 얘기다. 여기에 물만 조금 추가해주면 흙의 성질이 극적으로 변한다. 젖은 뢰스 황토는 우주에서 가장 미끄러운 물질이 아닐까 싶다. 이것이 지구에서 두 번째로 미끄러운 물질이라 할 수 있는 젖은 셰일shale(이판암 - 옮긴이) 위에 올라와 있으면 아주 재미있는 일이 일어난다. 물리학의 법칙을 무시하듯 마찰력이(따라서 견인력도) 완전히 사라져버린다. 가엾은 밥 스티븐슨이 첫날 나를 데리러 오다가 그렇게 늦어진 것도 이 때문이다.

뢰스 황토가 개미에게는 안성맞춤이다. 이 흙은 부드러워서 쉽게 파고 들어갈 수 있지만, 서로 잘 달라붙어 있기 때문에 일단 일개미가 그 속에 터널을 뚫고 나면 당분간은 그 터널이 무너질 걱정은 하지 않아도 된다.

성실한 개미의 처지에서 보면 아무도 손댄 적이 없는 뢰스 황토보다는 누군가 건드려서 느슨해진 뢰스 황토가 훨씬 파기 쉽다. 무덤을 파냈다가 다시 채워 넣은 황토가 그런 경우다. 이 개미는 무덤으로 땅굴을 파고 가면서 이렇게 생각할 것이다. '야, 여기는 땅이 물러서 파기가 편하네. 어라? 잠깐만. 난데없이 나타난 이건 대체 뭐지?' 너무 커서 움직일 수 없는 것을 만나면 개미는 그 물체를 돌아서 간다. 하지만 끌고 나올 수 있는 것이면 땅 위로 끌어올려서 바깥에 버린다.

땅을 파는 일꾼에게는 쓰레기인 것이 다른 누군가에게는 소중한 보물이 될 수 있다. 사우스다코타에서 보낸 첫 며칠 동안 나는 반쯤 쭈그린 자세로 풀과 덤불이 낮게 자라 있는 대초원 지역을 걸어 다니며 많은 시간을 보냈다. 개미총anthill은 대부분 그냥 개미들이 파낸 황토 흙더미에 작은 자갈 몇 개가 들어 있는 것이 전부였다. 하지만 결국에는 다른 물체들이 눈에 들어오기 시작했다. 더 가까이 들여다보니 작은 손가락뼈, 세월에 시달린 발목뼈, 그리고 놀랍게도 밝은 색깔의 반짝이는 물건들도 보였다. 보석으로도 사용하고, 2세기 전 장사꾼과 대초원 인디언들이 화폐로도 사용했던 파란 유리구슬이었다. 이런 몇몇 개미총 바로 아래를 30센티미터 정도 파냈더니 무덤을 덮는 데 사용했던 목재들이 나왔다. 옳거니! 마을에서 부채꼴 모양으로 퍼져 나가면서 우리는 개미들이 만든 이 작은 무덤 표시가 가장 밀집된 장소들을 표시했다. 그런 다음 마을 유적지에서 바깥을 향해 테스트용 격자를 줄지어 파기 시작했다. 이번에는 격자들이 나란히 이웃하지 않고 1.5미터씩 떨어져 있었고, 때로는 전 격자와 6미터에서 10미터까지 떨어져 있기도 했다.

그렇게 미친 듯이 밀어붙이다가 막바지에는 대원들을 거의 죽일 뻔했다. 하지만 일을 모두 마무리하고 보니 우리가 거대한 아리카라족

묘지를 발견했음을 알 수 있었다. 테스트용 격자 구간에서 찾아낸 무덤만 해도 수십 기여서 분명 여기에 무덤이 수백 기쯤 있으리라는 것을 짐작할 수 있었다.

하지만 시간이 촉박했다. 이들을 발굴하려면 다음 해 여름까지 기다려야 할 참이었다.

나는 사우스다코타의 성실한 개미들이 정말 고마웠고, 지금도 고마워하고 있다. 하지만 똬리를 틀고 있던 방울뱀들에게는 그렇지 않다. 사실 1959년 여름이 다가오면서 내가 두려워하던 것이 하나 있었으니, 바로 그 빌어먹을 방울뱀들이었다.

대초원은 뱀들에게 이상적인 서식지다. 그곳에는 생쥐, 토끼, 새, 그리고 기타 작은 사냥감들이 넘쳐난다. 개미와 마찬가지로 뱀들도 황토가 굴을 파기 편하다는 것을 안다. 그래서 대초원의 방울뱀 개체밀도는 처음부터 높았다. 그런데 거기에 서식지 감소라는 추가적인 압박이 가해졌다. 1957년 오아헤호에 물이 차기 시작하면서 강을 따라 저지대가 물속으로 사라지기 시작했다. 그래서 어떻게 됐을까? 방울뱀들이 고지대로 꼼지락꼼지락 올라오기 시작했다. 아무 경계심 없는 한 무리의 인류학자들이 풀밭을 기어다니고, 무덤에 몸을 기대고, 구덩이에 빠진 모종삽이나 붓을 찾으려고 보이지 않는 곳으로 손을 뻗던 그 단지로 말이다.

대초원 방울뱀들은 방울뱀치고는 크기가 작은 편이다. 180센티미터가 넘는 길이에 몸통도 무덤 파는 사람의 팔목만 한 굵기로 자랄 수 있는 다이아몬드방울뱀diamondback rattle snake과 달리 대초원 방울뱀들은 길이가 90센티미터를 넘는 경우가 드물다. 하지만 이 녀석들은 공격적이고 성미가 고약한 작은 악마 같은 놈들이라, 일단 먼저 공격하고 생각은 나중에 한다. 나는 이것이 우리에게도 훌륭한 전략이 될 수 있다고 판단했다.

한 명의 과학자로서 나는 방울뱀이 중요한 생태적 지위를 차지하고 있다는 것은 잘 이해하고 있다. 이들은 먹이사슬에서 핵심적인 연결고리이며, 대초원에 생쥐와 다른 설치류들이 들끓지 않게 막아주는 가장 중요한 포식자다. 머리로는 이런 사실을 아주 잘 이해하고 있다. 하지만 본능과 감정에 따라 생각하면 나는 이 끔찍한 것들을 생각만 해도 무섭다. 못 할 소리이긴 하지만, 나는 착한 방울뱀은 죽은 방울뱀밖에 없다고 생각한다. 살아 있는 방울뱀과 만났을 때 내가 취한 태세는 주로 이런 식이었다. "이 대초원은 우리 둘이 함께 있기에는 너무 좁아." 머지않아 나는 서부에서 권총, 아니 삽을 제일 빨리 뽑는 '삽잡이'로 명성을 떨쳤다.

인류학과 학생 대원들이 아침마다 치르는 의식 중 하나가 삽 끝을 날카롭게 가는 것이었다. 삽이 날카로우면 무딘 경우보다 흙에 훨씬 잘 박힌다. 뱀 역시 더 신속하게 절단 낼 수 있다. 매일 아침 나는 우리 삽들을 살펴보며 바위에 이빨이 깨져나간 부위를 줄로 다듬어 면도날처럼 날카롭게 연마했다. 삽이 정말로 날카롭게 갈렸는지 확인하는 방법이 있었다. 팔뚝 털이 삽의 날에 잘려나가는지 보는 것이다. 면도를 건너뛰는 날은 있어도, 내 팔뚝만큼은 아침마다 아기 엉덩이 피부처럼 털 하나 없이 반질반질해졌다. 만약 대초원 방울뱀을 한 마리 처치할 때마다 삽자루에 금을 하나씩 새겼다면, 금만 남고 삽자루는 남아나지 않았을 것이다.

  뱀 애호가라면 포로 따위는 살려두지 않는 나의 정책에 섬뜩함을 느낄 것이다. 하지만 한발 물러나서 넓게 생각하는 것이 중요하다. 첫째, 저수지 수위가 오르면서 서식지가 줄어들고 있었는데 남은 서식지에 비해 방울뱀의 수가 너무 많아서 어떤 식으로든 그 개체 수가 그대로 유지될 수는 없었다. 둘째, 사실 내게는 이것이 훨씬 중요한 부분이었는데, 나에게는 나와 함께 작업하는 인류학과 학생들의 안전을 책임져야 할 의무가 있었다. 모두 합하면 나는 사우스다코타에서 발굴을 하며 14번의 여름을 보냈다. 내가 필라델피아에서 박사 과정 학생으로 있다가 네브래스카대학교에서 객원강사로 일하고, 캔자스대학교에서 종신교수 자리를 얻을 만큼 큰 변화가 있던 긴 세월이었다. 그동안 대초원에서 나와 함께 일했던 학생이 거의 150명쯤 된다. 그 기간에 꽤 많은 대초원 방울뱀들이 인간과의 조우로 죽어갔다. 하지만 내 학생 중에서는 한 명도 죽은 사람이 없다.

  슬프게도 다른 학생들은 실제로 죽기도 했다.

  대초원은 변덕스러운 날씨로 악명이 높다. 여름에는 특히 그렇다. 그 많은 풀이 대량의 수증기를 내놓기 때문이다. 태양이 내리쬐면 수증기가 증발해서 상승하다가 응결해서 때로는 솜털 같은 구름이, 때로는 몇 킬로미터 높이로 솟아올라 번개 치는 먹구름이 된다.

  외딴 마을 유적지에서 고고학 대원으로 활동했던 학생 넷이 보트를 타고 집으로 돌아가다가 폭풍우에 휘말렸다. 학생들도 폭풍우가 다가오는 것을 보고 서둘러 움직이려 했지만, 대초원의 폭풍우는 화난 방울뱀만큼이나 신속하고 무자비하게 공격해올 수 있다. 태풍 같은 바람과 바다 규모의 파도에 휩쓸려 보트는 뒤집어지고 말았고, 네 명 모두 익사했다. 보트에는 구명조끼가 마련되어 있었지만, 영원히 살 것만 같았던 그 젊은이들은 아무도 구명조끼를 착용하지 않았다. 일단 배가 뒤집어지고 난 후에는 너무 늦어버렸다.

가끔은 내가 너무 안전에 신경을 써서 학생들이 얼굴을 찡그리기도 하지만, 나는 조심하는 것이 중요하다고 항상 믿어왔고, 그런 태도는 언제나 그 값어치를 했다. 나는 심각한 부상을 당한 적이 한 번도 없었고, 내 학생들도 마찬가지다.

우리는 1958년 여름에 미주리강의 2층 단지로 돌아와 수십 기의 아리카라족 무덤을 발굴했다. 고고학의 기준으로 보면 대단히 생산적인 작업이 맞다. 그리고 여러 해에 걸쳐 계속 돌아와 발굴할 수 있는 유적지였다면 분명 더 그랬을 것이다. 하지만 설리 유적지, 그리고 미주리강 유역을 따라 360킬로미터에 걸쳐 흩어져 있는 다른 유적지들을 모두 발굴하기에는 시간이 얼마 남지 않았다는 것을 우리는 알고 있었다. 오아헤 댐이 수문을 막 닫아서 수위가 상승하기 시작했다. 작업 진행 속도를 높여야 했다.

그보다 10년 앞서 대학 학부생이었을 때, 나는 여름방학이면 새아버지의 채석장에서 불도저와 덤프트럭을 운전하는 일을 했다. 여름에

하기는 딱 좋은 일이었다. 다 큰 아이가 거대한 중장비를 장난감처럼 가지고 노는 기분이었다.

나는 속도에는 별 흥미를 느낀 적이 없다. 속도 빠른 자동차에는 별 매력을 못 느낀다. 하지만 힘이라면 말이 달라진다. 묵직한 수동기어에 거대한 디젤 엔진이 달린 트럭 하나면 세상이 다 내 것 같다.

채석장에서 여름을 보낼 때 나는 상사의 아들이라는 이유로 구박을 좀 받았다. 그중에는 악의 없는 구박도 있었지만, 그렇지 않은 것도 있었다. 특히 빼빼 마르고 못된 40대 남자 인부 한 명이 그랬다. 그 남자는 나를 고생시키려고 아주 작정을 한 것 같았다. 어느 날 나는 두 건물 사이의 좁은 차선에서 운전을 하다가 평상형 트럭을 몰고 반대편에서 다가오던 그 남자와 정면으로 마주쳤다.

채석장에서는 이런 경우에 관해 도로 사용 규칙이 꽤 구체적으로 정해져 있다. 짐을 실은 트럭에 항상 우선권이 있다. 내 트럭은 15톤의 바위를 싣고 있었고, 그의 평상형 트럭은 비어 있었다. 서로 지나쳐 갈 수 있는 공간도, 차를 돌릴 수 있는 공간도 없었다. 그가 후진을 해야 할 상황이었다. 하지만 그는 후진을 하지 않았다. 나는 기다렸고, 그는 나를 보고 웃으며 앉아 있었다. 내가 경적을 울려보았지만, 그는 더 크게 웃기만 했다.

여름 내내 나는 그 남자에게 친절하게 하려고 노력했었건만, 분명 다 헛수고였던 것 같았다. 그가 분명 선을 넘었다. 나는 기어를 1단에 놓고 클러치를 밟고 있던 발에서 살짝 힘을 풀었다. 내 트럭의 범퍼가 그의 트럭에 닿자, 그의 눈이 휘둥그레졌다. 하지만 여전히 후진을 하지 않았다. 그래서 내가 가속 페달을 밟자 큰 덤프트럭이 앞으로 휘청

거리며 평상형 트럭을 뒤로 밀어냈다.

처음에 나는 덤프트럭의 범퍼가 평상형 트럭의 범퍼보다 30센티미터 정도 높다는 것을 몰랐다. 하지만 곧 그 사실이 분명하게 드러났다. 그의 평상형 트럭 그릴이 부서지고 방열기가 터지면서 증기가 앞쪽에서 뿜어져 나오는 것을 보고 아차 싶었다. 하지만 이왕지사 이렇게 일이 벌어졌으니 차라리 계속 밀어붙이는 게 낫겠다 싶어 그를 내 길에서 밀어냈다.

그 바람에 새아버지한테 호되게 야단은 맞았지만, 그때부터 나보다 나이 많은 채석장 인부들이 나를 대하는 태도가 달라졌다. 그리고 그 빌어먹을 남자도 나를 피했다. 그 후로 나는 속도보다는 힘에 더 가치를 두었다.

하지만 사우스다코타에서는 상승하는 미주리강의 수위보다 앞서 가려면 속도가 필요했다. 그 후로 두 번의 여름에 걸쳐 이 문제를 두고 조바심을 내다가 결국 그럴듯한 해답이 머리에 떠올랐다. 어쩌면 속도의 핵심은 바로 힘일지도 모르겠다는 생각이었다.

1960년 6월의 어느 시원한 아침에 평판트레일러를 끌고 트럭 한 대가 덜컹거리며 설리 유적지로 왔다. 그 위에는 불도저와 도로 그레이더(땅 고르는 중장비 - 옮긴이)가 실려 있었다. 나는 미국국립과학재단National Science Foundation에 중장비를 대여해서 발굴하는 것에 대해 허가 신청을 했다. 재단 측도 미묘한 기분이었겠지만 결국 실험 삼아 시도해보는 데 동의했다.

나는 토양이 가진 한 가지 특성에 대해 확신하고 있었다. 사람의 손을 거쳤던 아리카라족 무덤의 흙은 손을 댄 적이 없어서 밀도가 더 높은 그 주변 흙보다 색깔이 더 진하고 푸석했다. 그래서 잘 훈련된 눈으로 보면 무덤의 원형 윤곽을 알아보기가 어렵지 않았다. 적어도 토양의 표토를 손으로 조심스럽게 제거할 경우에는 그랬다. 하지만 땅을 고르는 중장비를 이용해서 30센티미터 깊이로 표토를 긁어낸 경우에도 그럴까? 무덤의 나무 덮개와 분명한 원형 윤곽을 찾아낼 수 있을까? 아니면 중장비의 날과 바퀴가 모든 것을 흙과 뼛조각이 뒤섞인 뭉텅이로 뭉개버릴까? 그런 일이 벌어진다면 내게는 받아 마땅한 역설적인 형벌이 될 것이다. 나는 사우스다코타로 그 뼈들을 보호하러 왔지, 뭉개러 온 것이 아니기 때문이다.

우리는 개미총과 우리의 발굴 덕분에 무덤 발견 가능성이 높아진 곳에서 시작했다. 운전사가 25미터를 직진하며 5센티미터 깊이로 땅을 긁어냈지만 뗏장과 가루가 고운 뢰스 황토밖에 나오지 않았다.

그렇게 몇 번 더 흙을 깎았는데도 여전히 아무것도 보이지 않았다. 말도 안 되는 아이디어였나 생각하며 중단하려던 찰나, 그것이 눈에 들어왔다. 스크래퍼scraper(땅을 고르는 중장비 - 옮긴이)와 불도저가 지나간 자리, 30센티미터라는 그 마법 같은 깊이에서 색이 어둡고 푸석푸석한 원형의 토양이 명확하게 드러난 것이다. 나는 아리카라 전사들도 자랑스러워했을 법한 함성을 내질렀다.

그해 여름 중장비의 힘을 빌려 우리는 300기가 넘는 아리카라족 무덤을 발굴했다. 그 전해에 손으로 발굴했던 것보다 10배나 많은 양이었다.

이즈음이 되니 우리는 사우스다코타의 여름 단골이 되어 있었다. 처음에는 유적지의 텐트에서 야영을 했지만, 2년 정도가 지난 후에는 대원들이 머물 집 하나와 우리 가족을 위한 집을 또 하나 빌렸다. 이제 배스 가족에는 나와 아내 애나, 그리고 찰리와 더불어 빌리(윌리엄 배스 4세 William M. Bass IV)가 새로 합류했다. 나의 대원은 항상 학생 10명과 요리사 한 명으로 구성됐다. 요리사는 모두를 잘 먹이려고 열심히 일했다(가끔은 정부 보급품 땅콩버터만 가지고 요리를 해야 할 때도 있었다. 40년이 지난 지금도 나는 이 음식을 입에 대지 못한다).

집에는 가구가 거의 없어서, 모두 곧 부러질 것 같은 목재 프레임에 캔버스 천을 걸어놓은 군용 간이침대에서 잤다. 그런데 처음부터 이 간이침대에 문제가 생겼다. 계속 부러진 것이다. 수백만 명의 병사가 이런 간이침대에서 잠을 자고 있지만 부러지는 일은 없었는데 몇 명 되지도 않는 학생이 자는 간이침대에서 이런 일이 벌어진다는 것이 이상했다. 하지만 머지않아 그 문제의 정체가 분명하게 드러났다. 섹스였다. 두 사람이 그 위에서 뒹굴면 간이침대의 약한 관절이 그 힘을 버틸 수가 없었다. 그래서 나는 여름 대원들이 반드시 지켜야 할 규칙을 만들었다. 첫째, 간이침대 위에서는 섹스를 하지 말 것. 그러자 더는 침대가 부러지지 않았다.

두 번째 규칙은 마찬가지로 간단했지만 훨씬 진지한 것이었다. 절대 경찰에 체포되는 일이 없도록 할 것. 과속이든, 음주든, 폭력이든, 치안 교란행위든, 도보에 침을 뱉는 경범죄든, 체포되면 그것으로 아웃이었다. 우리는 강물의 수위 상승으로 이미 큰 압박에 시달리고 있었다. 그러지 않아도 작업이 힘든 상황인데 여기서 지역 주민들의 반감을 사서 일을 더 복잡하게 만들 여력이 없었다. 2번 규칙을 집행해야 했던 경우는 한 번밖에 없었고, 다행히도 1번 규칙을 위반한 경우는 생기지 않았다.

땅고르기 장비를 사용했음에도 발굴 작업은 여전히 힘들었다. 이제 훨씬 더 넓은 땅을 커버하고 있었지만, 여전히 많은 양의 흙을 수작업으로 옮기고 있었다. 대원들이 지치지 않게 나는 게임과 시합을 열었다. 예를 들면 이제 곧 물에 완전히 잠기려는 나무의 가지에 삽으로 푼 흙을 던져 맞히는 게임 같은 것이었다. 누가 들으면 실없는 짓으로 보이겠지만, 그 덕분에 대원들의 사기를 높게 유지할 수 있었다. 고되고 무더운 여름이었지만, 대원들은 그 속에서 즐거움을 찾았다.

과학적으로 드러난 사실들도 있었다. 우리가 발굴한 무덤의 수가 수백 기 단위로 늘어나면서 대초원의 땅에서 놀라운 그림이 등장하기 시작했다. 대초원 고고학의 역사 중 처음으로 출생에서 노년에 이르기까지 부족 전체의 골격 유골을 대규모 표본으로 확보하고 기록하게 된 것이다. 우리는 아리카라족의 삶이 가혹하고, 거칠고, 수명도 아주 짧은 경우가 많았음을 알게 됐다. 유아나 아동의 유골이 들어 있는 작은 무덤을 놀라울 정도로 많이 찾아냈다. 전체적으로 통계를 내보면 전체 인구 중 거의 절반이 만 2세가 되기 전에 사망했고, 만 6세에는 사망률이 55퍼센트에 달했다. 흥미롭게도 그 후로는 사망률이 정체됐다. 6세와 12세 사이에는 사망이 거의 없었다. 보아하니 아동기 초기에 살아남으면 사춘기까지는 그대로 생존할 가능성이 큰 것 같았다. 그러다 약 만 16세부터 삶이 다시 위태로워졌다. 여성들은 아이를 낳기 시작하고, 남성들은 버팔로 사냥과 전쟁을 시작했다. 아주 거칠고 위험한 생활방식이었다.

아리카라족 자체는 정착 생활을 했지만 이들의 이웃이자 적인 수족은 그러지 않았고, 아리카라족을 자주 공격했다. 남성의 골격 중에는 화살을 맞은 상처에서 남은 깊은 흉터가 많았다. 특히 골반과 가슴 쪽에 집중되었다. 이 상처는 치명적인 경우가 많았지만, 가끔은 화살촉 주변 뼈에서 치유의 흔적이 보였다. 이 전사가 수족의 화살촉이 몸에 들어 있는 채로 여러 해를 살았음을 보여준다.

남자와 여자 모두에서 일부 두개골이 으스러져 있었다. 돌로 만든 곤봉이 잔혹할 정도로 효율적이었다는 뜻이다. 그리고 잘린 흔적이 남은 두개골도 있었다. 이런 흔적은 보통 이마의 머리 선에서 제일 뚜렷하게 보였다. 이곳부터 절개해서 머릿가죽을 벗긴 것이다. 머릿가죽이 벗겨진 이 희생자의 두개골에 아직 부싯돌 부스러기가 남아 있는 경우도 있었다. 몇몇 으스스한 사례에서는 두개골에서 치유가 일어난 증거가 보이기도 했다. 이 희생자는 머릿가죽을 벗기는 잔혹한 사건에서 살아남아 다른 사람들에게 그 끔찍한 참상을 이야기해주었을 것이다.

설리 유적지에서 총탄은 발견하지 못했다. 이 마을은 1750년을 마지막으로 버려졌다. 당시만 해도 백인과 그들의 무기는 그저 먼 호기심에 지나지 않았다. 하지만 50년이라는 짧은 시간에 극적인 변화가 찾아온다. 아리카라족에게는 비극적인 변화였다.

설리 유적지는 아리카라족 마을 중 가장 규모가 크다. 하지만 가장 가슴 저미는 유적지는 320킬로미터 떨어진 상류에 있는 리븐워스 유적지Leavenworth site였다. 이곳은 1800년 즈음에 아리카라족이 한데 모여 수족, 백인, 그리고 눈에도 보이지 않는 치명적인 적에 맞서 마지막으로 저항한 곳이다. 따로 살던 12개의 아리카라족 무리가 머릿수를 모으기 위해 한곳에 모였다. 현재의 노스다코타주 경계 바로 남쪽에서 그들은 미주리강 1층 단지에 몇백 미터 거리를 두고 한 쌍의 마을을 구축했다. 기분 좋게 흐르는 작은 개울이 두 마을을 나누는 곳이었다.

루이스와 클라크가 아리카라족을 만나 접전을 벌였던 곳이 바로 여기다. 그곳에서 부도덕한 모피 회사의 중개인들이 아리카라족을 상대로 생물학전을 벌었다. 이들은 세인트루이스에서 천연두 바이러스에 오염된 담요를 고의로 가지고 왔다. 이 바이러스를 접해본 적이 없는 인디언들의 면역체계는 손쉬운 먹잇감이 될 수밖에 없었다. 그리고 1823년 8월 9일에 헨리 리븐워스Henry Leavenworth 대령과 거의 300명 정도의 미육군 병사, 미주리 민병대, 수족 전사들이 소총, 활, 곤봉, 포함gunboat을 가지고 마을을 공격했다. 8월 14일 밤, 남아 있던 아리카라족은 박살 난 마을에서 빠져나왔다.

1965년 여름 즈음에는 오아헤호의 수위가 해발 465미터까지 올라갔다. 강의 원래 수위보다 30미터나 높은 것이었다. 불어 오른 물에 리븐워스의 아리카라족 마을 두 곳이 수면 아래로 잠겼다. 그나마 다행히도 두 곳의 주요 묘지는 마을보다 거의 15미터 높은 단지에 위치하고 있었고, 그래서 우리에게는 아직 발굴할 시간이 더 남아 있었지만, 심리적 압박이 휘몰아쳤다.

하지만 1966년 7월에는 작업 속도가 확실히 수위에 따라잡히고 있었고, 우리가 발굴을 진행하고 있는 동안에도 무덤 구덩이가 물로 채워지고 있었다(새로운 의미의 수장이었다). 그즈음 우리는 리븐워스 유적지에서 거의 300기에 달하는 이라카라족 무덤을 발견해 발굴해놓은 상태였다. 우리는 차오른 물 바로 앞에 있는 언덕을 오르며 작업을 계속 이어갔다. 하지만 그때부터 아무것도 나오지 않았다. 묘지의 주요 지역에서 점점 더 멀리 떨어진 곳까지 중장비를 이용해서 땅을 파고, 심지어 손으로 땅을 파는 구식 방법에도 기대보았지만 그 무엇도 발견할 수 없었다. 그렇게 해서 1966년 7월 18일에 우리는 143년 전 아리카라족이 그랬던 것처럼 리븐워스 유적지를 강물에 버리고 물러났다.

여러 해 후에 한 인디언 활동가가 신문 인터뷰에서 나를 "세계 제일의 인디언 무덤 도굴범"이라고 지칭했다. 맞는 말이다. 14번의 여름에 걸쳐 나는 아메리카 대초원에서 4000기에서 5000기 정도의 인디언 무덤을 발굴했다. 내가 아는 한 이것은 세상 그 누구보다도 많은 숫자다.

하지만 나는 그 14년 동안 아메리카 원주민과 단 한 번도 충돌하지 않았다. 그 이유는 두 가지로 설명할 수 있다. 첫째, 식품영양학자인 아내 애나는 여름이면 사우스다코타 '스탠딩록 인디언 보호구역Standing Rock Reservation'의 수족 인디언을 대상으로 영양 개선을 위한 활동을 하면서 보냈다. 애나는 수족에서 당뇨병 발병률이 높은 것을 주제로 박사학위 논문을 썼고, 그들에게 친구로 인식되고 있었다. 그래서 수족 인디언은 애나의 남편인 내가 하는 일에 대해서는 '뭐 이유가 있어서 하는 일이겠거니' 하고 믿어주었다. 둘째, 나는 현대의 수족이 고대 아리카라족과의 원한을 갚을 수 있게 돕고 있었다. 그들의 표현에 따르면 그들의 '마지막 쿠데타'를 도운 셈이었다.

하지만 1960년대가 막바지에 오면서 변화가 다가오고 있음이 분명해졌다. 오아헤호의 물이 채워지고 있었고, 스미스소니언 유역 탐사도

서서히 막을 내리고 있었다. 저수지에 물이 채워지기 시작하기 전에 확인된 고고학 유적지 수백 곳 중에 발굴이 이루어진 비율은 변변치 않았다. 더 진행할 수 있는 시간, 돈, 인력이 충분하지 않았다.

하지만 우리가 나날이 상승하는 수위하고만 싸운 것은 아니었다. 우리는 새로이 등장한 강력한 문화적 흐름도 거스르고 있었다. 시민권 운동, 베트남전쟁 등 광범위한 사회 대격변의 시대였던 1960년대 후반에는 아메리카 원주민들이 자신들의 문화, 유산, 유물에 대한 권리를 주장하기 시작했다. 과학과 문화적 가치 사이의 커다란 충돌이 시작되고 있었다. 1960년대를 대변하는 밥 딜런의 포크송은 시대의 변화와 수위의 상승에 대해 이야기하며 이렇게 충고하고 있었다. "헤엄치는 게 좋을 거야. 아니면 돌처럼 가라앉을 테니까you better start swimming or you'll sink like a stone." 미주리강의 흙탕물이 내 발목 높이까지 차오르는 것을 보면서 나는 헤엄치기 시작할 때가 됐다고 결심했다.

그 결정적인 순간에 테네시대학교에서 연락이 왔다. 그리고 그렇게 법의인류학도 함께 찾아왔다. '세계 제일의 인디언 무덤 도굴범'으로서의 내 경력은 이제 끝났다. 그리고 법의과학자로서의 나의 진정한 소명이 막 시작되려 하고 있었다.

3
뼈의 증언: 법의인류학 입문

40년 동안 관계를 이어온 사람이 있다면 그에 대해 많은 것을 알게 된다. 하지만 모든 이에게는 무덤까지 안고 가는 비밀이 있다.

  1962년 가을학기가 시작될 때 나는 내 오랜 교육 파트너를 처음으로 만났다. 나는 이제 막 학위를 딴 신선한 박사학위 소지자였고, 여름에 사우스다코타에 가서 발굴을 하는 사이사이에는 로런스 캔자스대학교에서 학생들을 가르치고 있었다. 반면 내 파트너는 리븐워스 외곽 미주리강 근처의 도로에서 얼마 전에 찾아낸 그리 신선하지 못한 상태의 시신이었다. 비둘기 사냥꾼 세 명과 새 사냥개 한 마리가 발견한 이 시체는 범람원 낮은 지대에 묻혀 있었다. 지역 주민들이 '바닥'이라고 부르는 이곳은 가끔씩 일어나는 홍수에 토사가 침전되어 생긴 곳이라

흙에 모래가 많고 부드럽다. 살인사건이 일어났을 당시는 여름이라서 흙을 파기가 쉬웠다.

법의인류학자로 일하다 보니 나는 상태가 좋지 않은 오래된 시신을 자주 접하게 된다. 부풀어 올랐거나, 폭발로 찢어지거나, 불에 탔거나, 벌레가 꼬였거나, 부패했거나, 톱질을 당했거나, 동물이 갉아먹었거나, 흐물흐물 액화했거나, 미라가 되었거나, 토막 난 시신 등등. 심지어 어떤 것은 백골화해 맨 뼈만 남은 것도 있다. 이런 맨 뼈라도 그 안에는 여러 데이터가 가득 들어 있다.

살은 썩지만 뼈는 남는다. 살은 오랜 상처를 용서하고 깨끗이 잊어버린다. 하지만 뼈는 치유는 될지언정 자신이 겪었던 일을 영원히 기억하고 있다. 어린 시절에 높은 곳에서 떨어졌던 것도, 술집에서 벌어졌던 싸움도, 권총 손잡이로 관자놀이를 가격당했던 것도, 갈비뼈 사이를 찌르고 들어왔던 칼날도 모두 기억하고 있다. 뼈는 그런 순간들을 포착해서 기록으로 보존해두었다가 드러낸다. 잘 훈련된 사람은 그 풍부한 시각적 기록을 보고, 죽은 자가 내뱉는 희미한 속삭임을 들을 수 있다.

얼마 전에는 테네시대학교 메디컬센터 영안실에 갔다가 금속 트레이 위에서 너무도 가슴 아픈 장면을 보았다. 생후 3개월밖에 안 된 갓난아이의 뼈였다. 이렇게 심하게 구타당한 경우를 본 적이 없었다. 팔 한쪽과 다리 한쪽이 부러져 있었고, 작은 갈비뼈들도 거의 다 부러져 있었다. 가장 끔찍한 점은 사망 당시에 생긴 얼마 안 된 골절 말고도 다양한 치유 단계에 있는 다른 골절도 수없이 많았다는 것이다. 이 가엾은 아이는 거의 태어나는 순간부터 학대를 당했지만, 여기저기 부러진 그 여린 몸뚱이는 어떻게든 스스로 고쳐보려고 애쓰고 있었다. 절반의 기회라도 주어졌다면 이 아기는 회복했을 것이다. 몸의 회복탄력성은 믿기 어려울 정도이기 때문이다. 일부 사람에서 보이는 잔인함의 깊이 또한 그렇다. 슬픈 위로이기는 하지만 이 엄마가 살인죄로 기소되어 재판을 기다리고 있다는 글을 읽고 그나마 마음이 좀 나아졌다.

1962년 그날 내가 조사했던 성인 희생자는 맨 뼈만 남은 상태는 아니었다. 그는 내 교육 파트너가 될 사람이었다. 맨 뼈만 남은 상태였다면 조사 과정이 훨씬 더 즐거웠을 것이다. 이 유해는 판지 상자에 담겨 검은 세단 트렁크 뚜껑에 노끈으로 묶인 채 지독한 악취를 내며 도착했다. 캔자스 수사국Kansas Bureau of Investigation의 요원 두 명이 자동차 트렁크에 악취가 배는 것이 싫어 이렇게 묶어서 끌고 온 것이었다. 이들은 손에도 악취를 묻히기 싫어했다. 그중 한 명은 이렇게 말했다. "저는 만질 생각 없습니다. 선생님이 알아서 하세요." 그래서 나는 주차장으로 가서 노끈을 자르고 내 사무실이 있는 캔자스대학교 자연사박물관 옆 뜰로 그 상자를 가지고 갔다. 상자를 풀밭 위에 올려놓고 비닐봉지를 꺼낸 다음, 묶어놓았던 매듭을 풀고 썩어가는 유해를 한 조각씩 꺼냈다.

내 용감한 인류학 수강생 몇 명이 주변에 모였다. 가을학기가 불과 몇 시간 전에 시작된 상태였고, 그날은 노동절(미국의 노동절은 9월 첫째 월요일로 공휴일이다 - 옮긴이) 다음 날이라 캠퍼스에는 이미 활력이 돌고 있었다. 섬뜩한 광경이었지만 인류학도에게 이제 막 흙에서 파낸 살인사건 희생자를 관찰하는 것은 흔치 않은 학습 기회였다. 심지어 교수들에게도 모두 이런 기회가 찾아오는 것은 아니다.

나는 학생들에게 법의학 사건에서 시신을 조사할 때 궁극적인 목표는 '신원 확인'이라고 말했다. 그리고 가능하다면 사망의 원인도 판단할 수 있다(엄밀히 말하면 사망의 원인에 대한 판단은 검시관medical examiner만 할 수 있다. 우리 인류학자들은 칼에 찔린 자상이나 총상 같은 것을 '사망의 종류manner of death'라고 부른다).

하지만 시신이 누구의 것이고 어떻게 죽었는지 밝히기 전에(항상 밝힐 수 있는 것도 아니지만) 먼저 확인해야 할 4대 항목이 있다. 성별, 인종, 나이, 신장이다.

사람의 시신을 조사할 때마다 나는 먼저 시신이나 뼈를 얼굴이 위로 향하도록 해부학적 순서대로 배치하고 시작한다. 이 경우는 그리 오래 걸리지 않았다. 캔자스 수사국이 내게 가져온 뼈가 세 개밖에 없었기 때문이다. 넙다리뼈femur, 대퇴골, 아래턱뼈mandible, 하악골, 머리뼈skull, 두개골였다. 1962년만 해도 인류학자가 직접 범죄 현장으로 찾아가 유해의 발굴이나 수습을 돕는 경우가 드물었다. 그 대신 경찰이 할 수 있는 데까지 발굴을 진행해서(때로는 꼼꼼하게, 때로는 서투르게) 이 경우처럼 머리뼈를 가져오거나, 부러진 뼈나 잘린 갈비뼈를 가져와서 자기가 이해 안 되는 부분에 대해 묻고는 했다. 마치 자동차정비 기술자에게 차 전체를 보여주지 않고 그냥 카뷰레터(기화기)나 얼터네이터(발전기)만 뜯어와 보여주며 머플러에서 폭발음이 들리는 이유가 뭐냐고 묻는 것이나 진배없었다. 어쨌거나 그때는 그랬다. 다행히도 시간이 지나고 경찰들과 일할 때 관계가 가까워지면서 시신이 발견되자마자 내가 범죄 현장으로 불려 가 직접 유해를 수습하는 기회가 늘어났다.

학생들이 더 가까이 보려고 몸을 앞으로 기울이고, 몇몇은 악취 때문에 숨을 참고 있는 가운데 우리는 넙다리뼈를 자세히 들여다보았다. 뼈에는 아직도 신체 조직이 꽤 많이 붙어 있었다. 넙다리뼈 머리[엉덩관절(고관절)의 관절오목에 들어가는 공처럼 생긴 부분], 그리고 정강뼈tibia, 경골와 만나 무릎을 이루는 아래쪽 관절면의 각도로 보아 우리가 들고 있는 것이 오른쪽 넙다리뼈임을 알 수 있었다. 나는 그 뼈를 풀밭 위 가상의 볼기뼈hipbone, 관골 옆에 올려놓았다. 그리고 그 사이 어디쯤에 머릿속으로 골반, 척추, 팔 두 개, 흉곽을 그려보았다. 그리고 가상의 척추 꼭대기에 머리뼈와 아래턱뼈를 내려놓았다.

얼굴은 사라지고 없었다. 머리 옆쪽과 뒤쪽으로 썩어가는 피부와 근육 조각이 달라붙어 있는, 기름진 얼룩투성이 머리뼈가 풀밭에 누워 음흉한 얼굴로 우리를 바라보고 있었다. 뼈 담당자bone man(당시는 법의인류학자라는 용어가 만들어지기 전이었다)인 내 처지에서는 얼굴에 살이 남아 있지 않으면 오히려 일이 단순해졌다.

그럴 만한 이유가 있다. 시신의 피부는 사람을 기만할 수 있다. 신체가 부풀어 오르면 얼굴 조직이 부풀어 성별을 판단하기가 더 어려워진다. 성기 절단, 부패, 동물의 포식 등에 의해 사라졌거나, 연조직이 심하게 부패한 경우에는 뼈 자체의 생김새가 가장 신뢰할 수 있는 정보다.

이 머리뼈는 크기가 작아서 어린아이나 여성이라는 것을 바로 짐작할 수 있었다. 구강은 좁고, 턱이 뾰족했다. 여성임을 보여주는 추가적인 특성이다. 이마는 가냘픈 느낌을 주었다. 특히 이마와 눈썹 융선이 매끄러운 유선형이었다. 나는 학생들에게 이것이 여성의 머리뼈에서 나타나는 교과서적인 형태라고 말해주었다.

나는 이렇게 말했다. "몸집이 거대한 네안데르탈인 원시인 남성의 만화를 본 적이 있을 겁니다. 그 남성은 눈썹 융선이 커다랗게 튀어나와 있었습니다. 그래서 다른 네안데르탈인이 털매머드의 넙다리뼈로 후려쳐도 안 아팠습니다." 이 말에 학생들이 웃음을 터뜨렸다. 학생들을 오래 가르치다 보니 유머가 학생들의 학습을 돕는다는 것을 알게 됐다. 그래서 나는 기회가 있을 때마다 농담을 던져서 내가 설명하고 있는 내용을 그들의 머리에 각인시킨다. "우리 남자들이 지난 2만 년 동안 진화를 못 했다는 말은 아니지만, 현대 남성의 머리뼈는 현대 여성의 머리뼈보다는 네안데르탈인의 머리뼈를 더 많이 닮았죠."

학생들이 더 잘 볼 수 있게 머리뼈를 높이 치켜들어(안타깝게도 냄새도 더 심해지겠지만) 눈 위에 있는 눈썹 융기를 보여주었다. 남성의 것처럼 눈썹 융선이 발달하지 않은 여성의 머리뼈는 이마와 눈확orbit, 안와의 경계가 더 예리하다. 마지막으로 머리뼈를 돌려서 두개골의 밑면에 있는 뒤통수뼈occipital bone, 후두골를 보여주었다. 남성의 경우 여기에 바깥뒤통수뼈융기external occipital protuberance, 외후두융기라는 부위가 혹처럼 튀어나와 있다. 이 두개골에는 그것이 없었다. 분명 남자의 것은 아니었다.

학생들에게 질문을 던졌다. "하지만 이것이 성인 여성인지, 열두 살짜리 사내아이인지 어떻게 확신할 수 있을까요?"

한 학생이 추측으로 말했다. "치아?"

내가 말했다. "정답입니다. 치아죠."

우리의 미스터리 희생자는 위쪽 사랑니 한 쌍을 포함해서 30개의 치아를 온전히 갖고 있었다. 아래쪽 사랑니는 나지 않았다. 동물의 뼈를 갉아먹는 것을 포기하면서 우리 인류는 진화적 변화를 겪고 있다. 제3대구치, 즉 사랑니가 점점 사라져가고 있는 것이다. 어떤 사람은 사랑니가 평생 나지 않는다. 이것은 절대 발아하지 않는 씨앗과 비슷하다. 따라서 사랑니가 없는 머리뼈를 발견했다고 해서 그것이 꼭 성인이 아니라는 의미는 아니라고 설명했다. 하지만 사랑니가 난 경우는 18세 이상의 성인임이 거의 확실하다고 강조했다. 따라서 나는 이 머리뼈가 성인 여성의 것이라고 확신했다.

그것을 확인하는 가장 좋은 방법은 골반을 검사하는 것이라고 덧붙여 말했다. 하지만 안타깝게도 골반은 확보하지 못했다.

성인의 골반은 척추 밑에 달린 엉치뼈sacrum, 천골와 두 개의 볼기뼈, 이렇게 세 개의 울퉁불퉁한 뼈가 융합되어 생긴 공학적으로 복잡한 구조물이다(볼기뼈를 생긴 것이 특이하다고 해서 '이름이 없는', 혹은 '이름을 붙일 수 없는' 뼈라는 의미로 무명뼈innominate라고도 한다. 앞에서 보면 볼기뼈가 성난 코끼리 귀처럼 펼쳐져 나온다. 그리고 그렇게 펼쳐진 귀 모양 밑으로는 텅 빈 눈확처럼 구멍이 뚫린 손잡이 두 개가 이어져 있다. 그리고 앞에서는 두 갈래의 뼈가 잘못 자란 상아처럼 다시 합쳐진다).

엉치뼈는 척추라는 하나의 기둥에 실린 무게를 오른쪽 볼기뼈와 왼쪽 볼기뼈를 통해 다리라는 두 개의 기둥으로 분산시키는 역할을 한다. 하지만 볼기뼈 자체도 머리뼈처럼 여러 개의 뼈가 융합해서 형성된 복잡한 구조물이다.

사춘기 전에는 각각의 볼기뼈가 엉덩뼈ilium, 장골, 궁둥뼈ischium, 좌골,

두덩뼈pubis, 치골라는 별개의 세 뼈로 구성되어 있다. 엉덩뼈는 볼기뼈에서 제일 높고, 넓은 부분이다. 허리 바로 아래서 코끼리 귀처럼 퍼져 나가는 뼈 부위가 이 엉덩뼈의 꼭대기 부분이다. 궁둥뼈는 딱딱한 나무 의자에 앉아서 엉덩이를 꼼지락거릴 때 느껴지는 뼈 구조물이다(두터운 지방 때문에 딱딱한 뼈가 느껴지지 않는 사람도 있겠지만 분명 그 자리에 뼈가 존재한다). 두덩뼈는 배꼽에서 10센티미터 정도 아래 복부 앞쪽에 걸쳐져 있는 뼈다.

사춘기가 되면 여러 면에서 골반 부위에 흥미로운 변화가 생긴다. 그중에는 골격적인 변화도 있다. 아이를 낳을 때 아기의 머리가 통과할 수 있도록 여성의 볼기뼈가 넓어진다. 그리고 두덩뼈가 길어지며 앞으로 훨씬 더 기울어져서 산도에 더 많은 아치가 형성된다.

남성의 골반은 현저히 좁기 때문에 넙다리뼈가 볼기뼈에서 거의 직하방으로 내려간다. 반면 성인 여성은 넙다리뼈가 골반 밑에서 살짝 안쪽으로 기울어져 있다. 이런 골반과 넙다리뼈의 형태적 차이 때문에 남성과 여성이 앉고, 일어서고, 걷는 방식에서 과학적으로도 관찰 가능하고 심미적으로도 보기 좋은 차이가 생겨난다.

얼마 전에 땅에서 파낸 이 살인사건 피해자의 경우, 골반이 있었다면 머리뼈가 여성의 것임을 쉽게 확인할 수 있었을 것이다.

골반이 있었다면 피해자의 나이를 파악하는 데도 도움이 됐을 것이다. 머리뼈의 봉합처럼 왼쪽 두덩뼈와 오른쪽 두덩뼈가 몸의 중심선에서 만나 이루는 두덩결합pubic symphysis, 치골결합은 나이를 측정하는 훌륭한 기준이 되어준다. 청소년기 말에서 50세 정도까지 두덩결합의 뼈 표면은 점진적이고 일관된 일련의 변화를 거친다. 이런 변화가 처음 연구되고, 분류된 지도 80년이 넘었다. 이 부위는 여성의 10대 말에는 물결처럼 주름이 지거나 울퉁불퉁하다가, 20대와 30대에는 매끈하게 펴지고, 40대에 들어서면 침식이 시작되면서 스펀지처럼 구멍이 숭숭 뚫린 모양이 된다. 치아, 머리뼈 봉합, 빗장뼈clavicle, 쇄골의 끝부분이 뼈 몸통과 융합된 정도 등 다른 골격적 특성과 이 두덩결합의 변화를 함께 고려하면 인류학자는 사람의 나이를 놀라울 정도로 정확하게 추정할 수 있다. 피해자의 실제 나이와 한두 살 차이로 맞히는 경우도 많다.

하지만 인종을 파악하는 데 필요한 것은 모두 머리뼈 속에 들어 있다. 나는 다시 학생들의 관심을 여성의 구강으로 돌렸다. 이 여성의 치아는 앞으로 날카롭게 돌출되어 있었다. 그 치아가 박혀 있던 아래턱뼈 부위도 마찬가지였다. 이런 특성을 하악전돌prognathism(고대 그리스어로 말 그대로 '앞으로 튀어나온 턱', 즉 '주걱턱'이라는 의미다)이라고 한다. 초보 인류학자가 봐도 이것이 니그로이드 인종Negroid(아프리카 사하라사막 남쪽에 사는 흑색인종을 가리키는 구식 분류법 - 옮긴이) 흑인의 머리뼈에서 전형적으로 나타나는 특징임을 쉽게 알아볼 수 있을 것이다.

나는 학생들에게 하악전돌을 쉽게 검사해볼 수 있는 방법이 있다고 말하고, 내 손에 든 머리뼈로 시연해보았다. 연필을 하나 가져다가 한쪽 끝을 위쪽 입술과 코의 밑면 사이에 대고 누른다. 그 상태로 연필을 갖다 댄 상태에서 그 점을 축으로 삼아 연필을 아래로 회전시킨다. 연필이 입술과 치아에는 닿지만 턱에는 닿지 않으면 그 머리뼈는 하악전돌이고, 니그로이드 인종일 가능성이 크다. 연필이 콧구멍 밑면과 턱끝에 모두 닿는다면 해당 머리뼈는 정악orthognathic이고, 코카서스 인종Caucasoid 백인일 가능성이 크다.

우리의 머리뼈는 연필 검사에서 확실한 하악전돌로 나왔다. 이 여성의 아래턱뼈 형태는 니그로이드 인종의 구조를 보여주는 교과서적인 사례였다. 치아를 보니 더욱 확실해졌다. 상대적으로 매끈한 백인의 치아와 달리 이 여성의 큰어금니(대구치)는 윗면에 올록볼록 기복이 심했다. 인류학자들은 이런 형태를 무딘 톱니 모양crenulated이라고 한다.

인종에 대해 잠깐 살펴보고 가자. 근래에 들어 인종이라는 개념 자체가 공격받고 있다. 최근에 등장한 한 학파에서는 인종은 객관적인 신체적 특성이나 유전적 특성이 아니라 문화적 구성물에 불과하다고 주장한다. 한편으로 보면 인종의 의미에 대한 우리의 개념에 의문을 제기하고 다시 생각해보는 것이 유용할 수 있다. 하지만 또 한편에서 보면, 나는 거의 반세기에 걸쳐 수만 개의 머리뼈를 조사해보았는데 그들의 특성은 시각적으로도 뚜렷한 차이가 있고, 수치로 측정도 가능하고, 통계 내서 그래프로도 작성할 수 있는 수준이다. 이런 특성들이 니그로이드 인종(흑인), 코카서스 인종(백인), 몽고 인종Mongoloid(황인) 세 가지 주요 인종 집단과 꽤 일관되게 맞아떨어진다(인류학적으로 몽고 인종은 아시아인, 에스키모인, 아메리카 원주민의 선조를 지칭한다). 전 세계 사람들이 점점 더 뒤섞여 살다 보면 전통적인 인종 구분이나 꼬리표가 희미해지다 결국 사라질지도 모른다. 하지만 그때가 올 때까지 나는 그런 구분을 고수하려고 한다. 죽은 자의 신원을 파악하고 경찰이 살인자를 잡는 데 도움이 되기 때문이다.

이 정도면 학생들은 뜨거운 오후 한낮에 배운 것치고는 충분한 분량의 지식을 흡수했고, 악취도 맡을 만큼 맡았다. 나는 머리뼈와 넙다리뼈를 다시 비닐봉지에 넣고, 상자에 담아 내 차로 가져갔다. 캔자스 수사국 요원들과 달리 나는 상자를 트렁크에 담았다. 유해를 사람이 타는 좌석에 올려놓을 생각은 없었지만, 우리 집 부엌으로 가져가서 애나의 가스레인지 위에 올려놓고 끓일 생각은 있었다.

　나이를 더 정확하게 추정하고 여성의 신장을 판단해보려면 뼈에서 나머지 조직을 제거할 필요가 있었다. 머리뼈와 넙다리뼈를 야외에 두어 곤충과 청소 동물이 뼈를 깨끗하게 청소하게 만들 수도 있지만, 그렇게 하려면 과정이 엄청나게 느리고 대머리수리나 코요테 같은 청소 동물에게 아래턱뼈나 넙다리뼈를 잃어버릴 위험도 있었다. 이 뼈를 깨끗하게 청소하는 방법은 딱 하나, 뚜껑을 닫아놓고 하루 종일 찜통에 끓인 다음 부드러워진 조직을 칫솔로 문지르는 것이었다(혹시나 해서 말하지만 내가 양치질에 사용하는 칫솔은 아니다).

　애나는 식품영양학자였다. 그래서 아내는 자신의 요리와 부엌에 아주 진심이었다. 당연한 말이지만 애나가 집에 도착했을 때 집 안에 살이 익는 악취가 진동하고, 자신의 8리터 대용량 주전자에 썩어가는 사람의 머리뼈와 넙다리뼈가 들어 있는 것을 보고 기뻐할 리는 없었다. 애나가 이런 광경을 처음 보는 것은 아니었다. 내 사무실을 비롯해서 캔자스대학교 인류학과 중 일부는 자연사박물관 안에 입주해 있었다. 이곳은 웅장하고 오래된 건물이지만, 오래되어 바싹 마른 뼈를 보관하려고 만든 곳이지, 죽은 지 얼마 안 되어 살점이 붙어 있는 뼈를 처리하는 용도로 만든 곳은 아니었다. 애나 자신도 과학자였기에 내가 어떤 식으로든 일을 마무리해야 한다는 것은 알고 있었다. 결혼 생활이란 무릇 타협을 바탕으로 유지되는 법이다. 그래서 우리는 머리를 맞대고 고민해서 현실적인 타협안을 내놓았다. 아내는 내가 가끔씩 자기 가스레인지 위에서 유해를 처리하는 것은 눈감아주기로 했다. 그 대신 아내의 냄비와 솥은 절대 손대지 않기로 했다. 냄비는 내 것을 따로 마련해야 했다.

옛말 중에 틀린 말은 없다. 지켜보고 있는 냄비는 절대 끓지 않는다. 하지만 신경을 끄고 있는 냄비, 적어도 사람의 뼈와 썩어가는 살점으로 채워진 냄비는 금방 끓어 넘친다. 나는 냄비를 불에 올려놓고 잠깐 화장실에 다녀왔다. 그리고 돌아왔더니 뇌를 끓인 수프가 거품을 내며 다른 악취 나는 성분들과 함께 냄비 가장자리 너머로 흘러넘쳐 애나의 가스레인지 구석구석으로 스며들고 있었다. 이제 결코 예전으로 돌아갈 수는 없었다. 그날부터 가스레인지에 불을 켜거나 오븐 스위치를 켤 때마다 똑같은 악취가 스멀스멀 올라와 부엌을 가득 채우게 될 것이다. 나의 놀라운 과학적 추론 능력을 발휘한 결과, 내가 가스레인지 앞에서 저지른 실수를 매일 떠올리게 하는 것은 결코 화목한 부부 생활에 도움이 되지 않으리라는 결론에 신속하게 도달했다. 그리고 머지않아 아내는 새로운 가스레인지를 장만하고 뿌듯해했다.

한편 나는 뼈에서 살점을 더 긁어내고 9월 초 햇볕에 내놓아 말렸다. 연조직을 모두 깨끗하게 긁어낸 머리뼈는 매끄러운 상아 같은 광택으로 반짝였다. 이것은 니그로이드 인종의 머리뼈에서 보이는 또 하나의 전형적인 특성이다. 이들의 뼈가 백인의 머리뼈보다 더 치밀하기 때문이다. 머리뼈의 윤곽을 왜곡하는 연조직이 남지 않으니 구강의 하악전돌이 훨씬 두드러져 보였다. 콧구멍도 넓어서 위턱에 수직으로 홈통 같은 것이 나 있었다. 이것은 코카서스 백인의 콧구멍 바닥에서 보이는 수평의 창틀 혹은 '댐' 같은 구조와 분명한 차이를 보여주었다(니그로이드 인종에서 콧구멍이 방해물 없이 넓게 뚫려 있는 것은 더운 기후에서 신속한 공기 교환을 촉진해 체온을 식히기 위해서 진화한 특성이다. 반면 코카서스 백인에서 보이는 좁은 콧구멍과 댐 같은 구조물은 차가운 유럽의 공기가 폐 속으로 너무 빨리 들어오는 것을 막기 위해 진화했다).

따라서 이제 나는 이 뼈가 흑인 여성의 것이며, 그 여성이 성인이라는 것을 알게 됐다. 하지만 나이는 얼마나 될까? 18세일까, 80세일까? 그래서 나는 머리뼈 봉합을 살펴보았다.

대부분의 사람은 머리뼈가 돔처럼 생긴 단일 구조물이라고 생각한다. 손으로 머리 꼭대기를 만져봐도 분명 하나의 조각으로 느껴진다. 하지만 사실 머리덮개뼈cranial vault는 일곱 개의 뼈가 복잡하게 조립되어 있는 것이다. 이마를 이루는 이마뼈frontal bone, 전두골, 머리뼈의 옆면과 뒷면을 형성하는 한 쌍의 마루뼈parietal bone, 두정골, 양옆 아래쪽을 차지하고 있는 관자뼈temporal bone, 측두골, 머리뼈의 바닥과 옆면의 일부를 이루는 나비뼈sphenoid bone, 접형골, 머리뼈의 두터운 뒷면과 밑면을 이루고, 1번 목뼈cervical vertebra, 경추 위에 얹혀서 목으로 척수를 이어주는 뒤통수뼈occipital bone, 후두골다(머리뼈의 명칭이 나온 그림은 뒤쪽의 〈부록 I. 사람의 골격을 구성하는 뼈〉를 참고하기 바란다).

머리뼈를 구성하는 일곱 개의 뼈가 만나는 관절을 '봉합'이라고 부른다. 봉합은 그 생김새를 지칭하는 이름이다. 봉합은 프랑켄슈타인 박사의 괴물을 한 땀 한 땀 봉합해서 이어 붙인 것처럼 톱니, 또는 지그재그 모양으로 맞물려 있다. 태어날 때는 이 관절들이 연골로 이루어져 있지만 나이가 들면 연골이 골화하면서, 즉 뼈로 바뀌면서 봉합이 매끄러워지고, 노년이 되면 거의 사라지다시피 하는 경우가 많다.

머리 꼭대기를 가로지르는 이 여성의 관상봉합coronal suture은 막 융합되기 시작한 상태였다. 이것은 이 여성이 적어도 28세 정도는 되었다는 의미다. 일반적으로 이 봉합은 제일 마지막에 융합되는 관절이기 때문이다. 하지만 관상봉합이 부분적으로만 융합된 것으로 보아 이 여성은 서른 살을 크게 넘지 않았을 것이고, 많아야 34세 정도일 것으로 추정됐다.

여기까지는 문제가 없었다. 4대 항목 중 성별, 인종, 나이는 알아냈다. 그럼 남은 것은 하나, 신장이다. 여러 세기에 걸쳐 화가와 과학자들은 사람의 키나 체격은 모두 제각각이지만, 예를 들어 총 신장 대비 다리의 길이 비율은 거의 동일하다는 것을 알고 있었다. 원과 정사각형 안에 나체의 남성을 그려 인체의 비율을 표현한 레오나르도 다빈치의 그림이 유명하다. 이 남자는 팔도 네 개(한 쌍은 옆쪽 수평으로 뻗어 있고, 또 한 쌍은 손끝이 머리 꼭대기와 비슷한 높이가 되도록 뻗고 있다), 다리도 네 개로(한 쌍은 발을 모으고 서 있고, 다른 한 쌍은 발을 벌리고 서 있다) 그려졌다. 다빈치는 자신의 트레이드마크인 거울 필체(그의 글씨는 거울에 비추어야 제대로 보였다 - 옮긴이)를 동원해서 건축가 비트루비우스Vitruvius가 개발한 인체 비율을 바탕으로 관찰한 내용을 그림 아래 추가로 적어 넣었다. "사람이 양팔을 펼친 길이는 키와 같다. 제일 넓은 어깨 폭은 키의 4분의 1에 해당한다. 팔꿈치부터 손끝까지의 길이는 키의 5분의 1에 해당한다. 그리고 팔꿈치부터 겨드랑이까지의 길이는 키의 8분의 1에 해당한다. 손 전체는 키의 10분의 1에 해

당한다."¹

 1950년대에 인류학자 밀드레드 트로터Mildred Trotter와 통계학자 골딘 글리저Goldine Gleser는 인체 비율이라는 이 오래된 개념을 가지고 광범위하게 골격 연구를 진행해서 그 정확도를 개선했다. 수백 개의 골격을 측정한 끝에 트로터와 글리저는 사람 몸에 있는 이른바 긴뼈long bone, 즉 팔(위팔뼈, 노뼈, 자뼈)과 다리(넙다리뼈, 정강뼈, 종아리뼈)의 뼈 길이로부터 신장을 구하는 공식을 고안해냈다. 넙다리뼈를 측정했을 때의 결과가 제일 정확했다. 아마도 캔자스 수사국 요원이 넙다리뼈를 가지고 온 이유도 그 때문이었을 것이다.

 그 뼈를 뼈 길이 측정판osteometric board(미끄러지며 움직이는 북엔드 두 개를 자로 연결해놓은 모양의 도구)에 올려보니 47.2센티미터가 나왔다. 나는 이 수치를 트로터와 글리저가 니그로이드 인종 여성에 맞춰 만든 공식에 넣어보았다. (47.2 × 2.28) + 59.76. 그랬더니 167.38센티미터가 나왔다. 피트 단위로는 5피트 6인치였고, 오차는 1인치 내외 정도다.

 그럼 이제 성별은 여성, 인종은 흑인, 나이는 30~34세, 키는 5피트 6인치 정도로 4대 항목을 모두 알아냈다. 그다음으로는 확실히 답하기 어려운 질문이 남아 있었다. 이 여성은 누구일까? 보통 치아가 온전히 보존된 머리뼈가 나온 경우는 신원이 확인될 가능성이 꽤 크다. 그 비결은 기존에 존재하는 치과 엑스레이 사진과 환자의 구강에 존재하는 치아 충전물이나 브리지 보철물, 또는 치아의 형태, 구조, 배열 같은 독특한 특성을 비교해보는 것이다. 물론 그러려면 시신과 연령대, 성별, 인종이 일치하는 실종자의 치과 엑스레이 사진을 확보해야 한다. 이것이 늘 가능한 것은 아니지만, 치과의사를 통해서 확보한 기록 덕분에 수월하게 신원을 확인하는 경우가 놀라울 정도로 많다.

하지만 이 경우는 문제가 있었다. 이 여성의 치아에 치과 치료의 흔적이 전혀 없었던 것이다. 이 여성은 누가 봐도 치과 치료가 필요한 상황이었다. 큰 충치가 아래쪽 치아 두 개, 위쪽 치아 다섯 개에 있었다. 그리고 다른 치아에도 대부분 작은 충치들이 있었다. 더 심각한 문제는 위쪽 사랑니에 농양의 흔적이 잡힌 것이었다. 이 지경이었는데도 치과 치료를 받지 않았다는 것으로 보아 가난한 여성이란 판단이 들었다. 한편으로, 이런데도 지금까지 치아를 유지하고 농양의 고통을 견딘 것을 보면 강단 있는 여성이었을 것이다. 이 여성의 치열에서 두드러진 특징이 하나 더 눈에 띄었다. 아래턱뼈를 머리뼈에 맞춰보았는데, 아래턱이 위턱과 고르게 정렬되지 않았다. 아래턱이 오른쪽으로 6밀리미터 정도 비틀어져 있어서 약하지만 뚜렷한 반대교합crossbite(아랫니가 윗니보다 더 밖으로 튀어나와 있는 부정교합 - 옮긴이)이 생겼다. 이 여성이 환하게 미소를 지을 때마다 반대교합이 드러났을 것이다.

치과 치료의 흔적도, 치과 진료 기록도, 엑스레이 사진도 없으니 시신의 신원을 확인할 길은 없었다. 하지만 신원을 예측할 수는 있었다. 3주 전인 8월 10일에 시신이 발견된 곳에서 30킬로미터쯤 떨어진 작은 도시 캔자스 애치슨에서 한 여성의 실종 신고가 들어왔다. 이름은 메리 루이스 다우닝Mary Louise Downing이었다. 이 여성은 흑인에 나이는 32세, 키는 5피트 6인치였다. 내가 갖고 있는 머리뼈와 넙다리뼈가 그 여성의 것이라고 100퍼센트 확언할 수는 없었지만, 내가 조사한 내용 중에 그 추측과 모순되는 내용도 분명 없었다. 사실 나는 이 유해가 메리 루이스의 것이라는 데 새로 구입한 가스레인지 가격만큼의 돈을 걸 의사도 있었다.

9월 8일 토요일 나는 보고서를 타이핑해서 이 사건을 담당하는 캔자스 수사국의 수석 요원에게 우편으로 보냈다. 그리고 캔자스주의 주도 토피카에 있는 캔자스 수사국 책임자에게도 복사본을 한 장 보냈다. 행간 여백 없이 타이핑을 해서 두 장을 채우지 못한 보고서였다.

결국 내가 이 여성에 대해 캔자스 수사국에 말해줄 수 있는 건 성별, 인종, 나이, 신장, 그리고 빈약한 치아 건강 말고는 별로 없었다. 머리뼈와 넙다리뼈는 그 여성의 사망의 종류에 대해 아무것도 말해주지 않았다. 하지만 보아하니 캔자스 수사국 측에서는 나보다 정보를 더 많이 갖고 있었나 보다. 내가 보고서를 제출한 후에 캔자스 수사국에서는 메리 루이스의 시신이 맞다고 확신했다. 외딴 강바닥에 시신이 숨겨져 있었던 것으로 보아 살해된 것으로 추정했다.

하지만 그것으로 끝이었다. 누가 그 여성을 죽였고, 어디서, 언제, 왜 죽였는지는 살인자와 메리 루이스, 두 사람만 아는 비밀이었다. 그리고 두 사람 모두 말이 없었다.

보고서를 우편으로 보낸 후에 나는 그 여성의 머리뼈를 다시 들여다보았다. 머리뼈 정중선에서 양쪽으로 4센티미터 정도 떨어진 위치에 광대뼈와 아래턱뼈를 뚫고 네 개의 작고 깔끔한 구멍이 나 있었다. 이 구멍은 뇌에서 나온 안면신경이 지나가던 구멍이다. 그 가느다란 전기화학섬유 다발이 이 여성이 내면에 품고 있는 슬픔을 해석해서 외부에 찡그린 표정으로 표현하고, 순수한 행복은 반대교합 때문에 살짝 옆으로 치우친 미소로 표현해주었을 것이다. 이 여성은 누군가의 딸이었고, 누군가의 아내였고, 누군가의 어머니였다. 하지만 이제 그녀는 하나의 사건으로, 결코 해결되지 않을 미제 사건으로만 남았다.

8월 그날 그 여성이 사라졌어도 지역 신문에서는 일언반구도 없었다. 그리고 9월 초에 시신이 발견됐을 때도 토막 기사 하나가 짤막하게 나오고 말았다. 메리 루이스는 살았을 때처럼 죽어서도 아무도 알아주는 사람 없이, 아무도 신경 쓰는 사람 없이 그냥 잊힐 운명이었나 보다.

하지만…… 하지만…… 메리 루이스와 나는 지금까지 40년을 함께 해왔다. 그녀는 내가 발을 들였던 거의 모든 강의에서 나와 함께했고, 미국 전역의 세미나와 학회에도 나와 동행했다. 그리고 버지니아 콴티코에서 열리는 FBI 아카데미에도, 6개 주에서 열리는 주류·담배·화기 및 폭발물 단속국Bureau of Alcohol, Tobacco and Firearms 훈련에도, 하와이 호놀룰루에서 열리는 미육군 중앙식별연구소U.S. Army Central Identification Laboratory에도 동행했다. 살아 있는 동안에 메리 루이스는 아마도 애치슨에서 멀리 벗어난 적도 없고, 사람의 이목을 끌 만한 업적도 남기지 못했을 것이다. 하지만 죽어서는 지구 반 바퀴를 여행하고, 수천 명의 학생을 가르치고, 수백 명의 법의인류학자, 살인사건 수사관, 과학수사연구소 기술자, 검시관을 훈련시키는 데 도움을 주었다.

메리 루이스의 살인범은 아마도 영원히 잡히지 않을 것이다. 하지만 그녀 덕분에 다른 살인자들은 잡힐 것이다. 아마 이미 잡힌 범인도 있을 테다. 그것만으로도 이미 나에게 그녀는 놀라운 여성이고, 법의학의 영웅이다.

이 부분에 대해서는 한 치의 의심도 없다.

4

초원에 홀로 남겨진 아이

1970년 12월 로런스 캔자스대학교 자연사박물관의 내 사무실 앞에 보안관보가 나타났다. 6개월 후면 보안관보는 캔자스에서 나를 찾을 수 없을 것이다. 나는 이미 녹스빌 테네시대학교의 새로운 일자리를 받아들인 상태였고, 다가오는 5월에 옮길 계획을 세우고 있었다.

보안관보가 지난 10년 동안 내가 가을, 겨울, 봄을 보냈던 책상에서 나를 찾아냈다. 그 기간에 캔자스대학교에서는 미국 최고의 자연인류학 프로그램을 개설했다. 젊고 혁신적인 자연인류학자 세 명이 교수진에 합류하면서 우리는 전문성을 갖춘 법의학과로 널리 알려지고 있었다. 이제 나는 작은 보안관 사무실에서 캔자스 수사국까지 다양한 법 집행기관의 법의학 사건을 맡았고, 그래서 캔자스 수사국의 부국장 해럴드 니에Harold Nye와도 친구 사이가 되어 있었다.

그즈음 법집행기관들 사이에서 해럴드는 일종의 연예인 같은 존재였다. 그는 1959년에 캔자스 서부에서 네 명의 가족을 살해한 전과자 두 명을 추적하는 데 핵심적인 역할을 했다. 클러터Clutter 가족의 살인, 그리고 캔자스 수사국의 살인자 추적으로 이어졌던 이 사건은 논픽션 범죄 소설 분야에서 불멸의 고전 중 하나인 트루먼 커포티의 《인 콜드 블러드》가 1965년에 세상에 나오는 계기가 됐다.

커포티는 해럴드가 그 사건의 살인자였던 전과자 딕 히콕Dick Hickock과 페리 스미스Perry Smith를 잡는 데 걸린 6주 동안 좀처럼 떨어지지 않는 독감에 시달려야 했던 이야기를 들려주었다. 해럴드는 고열을 견디며 사건에 배정된 캔자스 수사국 요원 네 명과 한 팀을 이루어 지치지 않고 일했다. 그는 페리 스미스의 흔적을 쫓아 라스베이거스의 싸구려 여관을 찾아갔다. 이곳은 페리 스미스가 살인을 저지르기 얼마 전에 머무른 곳이었다. 더 중요한 점은 해럴드가 여관 주인에게서 스미스가 맡겨둔 상자를 찾으러 돌아온다고 했다는 얘기를 들은 것이다. 살인자들이 범죄를 저지른 후 들렀던 많은 장소 중 한 곳인 멕시코시티에서 해럴드는 그들이 클러터 가족의 집에서 훔쳤다가 몇 달러를 받고 전당포에 맡겼던 안경과 트랜지스터라디오를 찾아낼 수 있었다. 이것은 재판에서 중요한 증거가 되어주었다. 그 두 남자가 사건 현장에 있었다는 것을 입증하는 데 도움이 되었기 때문이다.

해럴드는 살인 현장에서 또 다른 핵심 증거도 확보했다. 너무 희미해서 사람의 눈으로는 알아차리기 힘든 신발 자국이 해럴드가 클러터 가족의 집 지하에서 촬영한 사진에서 나타난 것이다. 살인자들이 체포

될 당시 신고 있던 신발의 바닥 무늬가 사진 속 신발 자국과 정확히 일치했다. 해럴드와 다른 캔자스 수사국 요원들의 치밀한 수사 덕분에 이 두 살인자는 1급 살인으로 유죄 선고를 받고 교수형을 당했다.

해럴드는 이 사건의 이야기를 다룬 트루먼 커포티의 소설이 별로 맘에 들지 않았다. 그는 이 책이 사실을 너무 제멋대로 고쳐서 썼다고 생각했다. 그는 커포티 본인에 대해서도 별로 탐탁지 않게 생각했다. 해럴드가 인터뷰를 하러 그의 호텔 방으로 찾아갔을 때 커포티가 레이스가 달린 얇은 여성용 실내가운을 입고 자신을 마중 나왔던 것이다. 고지식한 해럴드는 그 모습에 분명 적잖이 충격을 받았지만, 그는 먼 훗날까지 이 일을 비밀로 간직하고 있다가 커포티의 전기를 쓰고 있던 작가 조지 플림턴George Plimpton을 만나 그 이야기를 들려주었다.

당시에는 우리 둘 다 모르고 있었지만, 해럴드는 결국 '시체농장' 설립에 영감을 주게 된다. 1964년 어느 봄날에 그가 전화를 해서 특이한 질문을 했다. 골격만 검사해서 사망 이후의 시간을 추정할 수 있느냐는 질문이었다. 알고 보니 그 뼈는 소의 것이었다. 가끔 가축도둑이나 반달족이 초원에 죽어서 훼손된 소를 남겨놓고 가는 경우가 있다. 캔자스는 사람보다 소가 더 많은 곳이다 보니 캔자스 수사국은 소도둑을 수사하며 보내는 시간이 꽤 많았다. 이 경우는 도둑이 소를 통째로 훔쳐가지 않고 그냥 죽여서 뼈는 남기고 고기만 수습해서 가져간 상태였다.

나는 그의 전화를 받고 며칠 후에 대학교 고생물학자에게 이중으로 확인을 한 다음, 해럴드에게 편지를 보냈다. "소가 도살된 후로 얼마나 시간이 지났는지 알아낼 방법은 모르겠습니다. 사망 당시 소의 나이는 말씀드릴 수 있지만, 죽고서 얼마나 시간이 지났는지는 알 방법이 없습니다."

하지만 그의 요청 덕분에 떠오른 생각이 있었다. 나는 이렇게 말을 이었다. "그런데 한 가지 제안이 있습니다."

당신도 알다시피 우리가 아는 한, 이 영역에서는 지금까지 진행된 연구가 없습니다. 만약 이 일에 관심이 있어서 소를 죽여 내버려두겠다고 할 농부가 있다면 살의 부패 속도를 확인하는 실험을 진행할 수 있을 것이고, 이 영역에서 정보 구축을 시작할 수 있을 것입니다. 하지만 여름과 겨울의 부패 속도가 다르기 때문에 완전한 데이터를 얻으려면 적어도 두 마리 이상의 소를 희생해야 할 것 같습니다.

해럴드는 나의 제안을 따르지 않았다. 아무래도 그에게는 이 제안이 트루먼 커포티가 여성용 실내가운을 입고 문으로 마중 나온 것의 과학 버전에 해당하는 예가 아니었나 싶다. 그냥 그의 취향에는 맞지 않았던 것이다. 하지만 나도 그 문제를 굳이 서두르지는 않았다. 사실 나는 그 일에 대해 거의 40년 동안 잊고 있었다. 그러다 얼마 전에 먼지 쌓인 서류철에서 그 편지를 우연히 발견했다. 다 삭아가는 엑스레이 사진 뒤에 꽂혀 있었다.

내가 비록 그 짤막한 과학적 제안이 담긴 편지를 서류철에 담아놓고 잊어버리기는 했지만, 내 무의식 어딘가에는 씨앗이 하나 심겨 있었다. 15년쯤 후에 싹을 틔워 과학적 결실을 맺게 될 씨앗이었다. 그런데 이 결실은 죽은 소가 아니라 사람의 시체에서 양분을 받아서 열렸다. 시체농장의 시신으로부터 말이다.

너무 앞선 이야기를 꺼낸 것 같다. 이때는 1970년 12월이었고, 시체 농장은 여전히 아주 먼 미래의 일이었다. 로런스에서 남동쪽으로 40킬로미터 정도 떨어진 근처 소도시 올레이스Olathe에서 온 형사가 판지로 된 증거 상자를 들고 내 사무실로 들어왔다. 그 안에는 작고 슬픈 골격 유해가 담겨 있었다. 어린아이의 뼈라는 것을 한눈에 알아볼 수 있었다. 아마도 두세 살을 넘기지 않았을 것이다. 보안관보인 제리 풋Jerry Foote 형사는 일주일 전에 초원에서 메추라기 사냥꾼이 발견한 것이라고 말했다. 뼈는 대부분 사라져 있었다. 아마도 동물이 가져갔거나 먹어서 그런 것이리라 추측했다. 다행히도 머리뼈는 대부분의 치아가 없는 것을 제외하면 비교적 온전한 상태였다.

나는 사무실에서 곧바로 초기 검사를 진행하면서, 거기서 관찰한 내용을 풋 형사에게 설명해주었다. 대부분의 경찰이 수사 기법에 대해 배울 기회가 생기면 아주 열심이라는 것을 일찍이 알고 있었다. 그들은 초기 수사 단계에서도 내가 시신이나 골격에 대해 검사하며 무언가 설명해주면 고마워했다.

이 작은 머리뼈를 조사해보니 풍화에 시달린 정도를 감안할 때 몇 달 정도 야외에 있었음을 알 수 있었다. 거기에다 머리뼈 왼쪽은 거의 하얗게 탈색되어 있었다. 머리가 오른쪽을 바닥에 대고 누워 있었다는 의미다. 그래서 왼쪽이 햇빛과 비에 그대로 노출되어 탈색된 것이다. 오른쪽에서 이마에 붙어 있는 가는 금발 머리카락 몇 가닥을 찾아냈다. 머리뼈 밑면과 목뼈에도 몇 가닥 있었다. 내가 머리뼈의 형태를 통해 바로 짐작했던 것을 이 머리카락이 확인해주었다. 이 아이는 아마도 백인일 것이다.

치아는 대부분 빠지고 없었지만 이 아이의 치열이 제1유구치(첫 번째 젖니 어금니)를 포함해서 거의 완성되어 있었음은 분명했다. 이 유구치는 여전히 달려 있었다. 하지만 유견치(젖니 송곳니)의 치근(치아 뿌리)이 아직 완성되지 않았다. 그럼 생후 36개월, 즉 세 살 미만이라는 의미였다. 대부분의 아이에게 이 나이는 동요를 흥얼거리고, 동물 인형과 크레파스를 갖고 놀고, 숨바꼭질을 할 나이였다. 하지만 이 아이에게는 죽음의 나이가 되고 말았다. 아마도 살인에 의한 사망일 것이다.

남자아이일까, 여자아이일까? 청소년기가 되면 신원 확인이 되지 않은 골격의 성별을 골반을 통해 쉽게 판단할 수 있다. 여성은 분만에 유리하게 골반의 구조가 더 넓고, 두덩뼈가 현저하게 더 길다. 하지만 아동기에는 남성의 골반과 여성의 골반 사이에 사실상 아무런 차이가 존재하지 않는다. 연령에 상관없이 어린 여자아이는 남자아이보다 체구가 살짝 작지만, 나이를 확실히 알기 전에는 성별을 가늠할 근거가 없다. 하지만 나이를 안다는 것은 이미 신원을 알고 있다는 의미다.

풋 형사는 그 아이의 신원에 대해 확실히 짐작 가는 부분이 있다고 했다. 8개월 전에 만으로 두 살 반 정도인 리사 일레인 실버스Lisa Elaine Silvers의 실종 신고가 접수됐다고 한다. 1970년 4월 22일, 부모가 영화를 보러 간 사이 그 아이의 스물한 살 삼촌 제럴드 실버스Gerald Silvers가 리사와 그 여동생을 돌봐주고 있었다. 제럴드가 경찰에 말한 바에 따르면 자신은 깜박 잠이 들었고, 낮잠에서 깨고 나니 리사가 사라져 보이지 않았다. 경찰과 이웃들이 수색에 나섰지만 아이의 흔적을 찾을 수 없었다.

신문 조사 후에 제럴드는 예고도 없이 경찰차를 타고 캔자스를 떠나 캘리포니아로 향했다. 리사가 사라지고 난 다음에 일상적으로 진행하는 배경 조사 중에 풋 형사는 젊은 삼촌 제럴드가 캘리포니아주에서 2급 강도와 뺑소니 사고로 수배된 사람임을 알게 됐다. 나라면 이런 유형의 삼촌에게는 절대 아이를 맡기지 않았을 것이다. 하지만 그렇다고 그가 살인자라는 의미는 아니었다. 사실 내 책상 위 증거 상자에 들어 있는 내용물만 가지고는 그 뼈가 리사의 것인지 확신할 수도 없었다. 골격의 성별을 판단하기도 불가능했을 뿐 아니라, 리사의 의학 기록에 남아 있는 엑스레이 사진으로 확인 가능한 치유의 흔적도 없었다. 게다가 치과에 가보았을 나이가 아니라서 치과 진료 기록도 없었다. 바로 내 앞에 50개 정도의 뼈가 놓여 있었지만, 단서가 될 만한 것은 하나도 없었다. 나는 찾아낸 내용들을 그 자리에서 바로 서류로 작성해서 풋 형사에게 건네고 행운을 빌어주었다.

몇 달 후에 보니 풋 형사에게 아주 큰 행운이 따랐던 모양이었다. 캘리포니아에서 제럴드 실버스와 함께 방을 쓰던 수감자 두 명이 그에 대해 밀고했다. 그가 자기 조카를 강간하고 죽였다고 자랑을 했다는 것이다. 캔자스 대배심은 제럴드를 기소하고 올레이스로 데려와 법정에 세웠다. 하지만 첫 공판이 다가오자 풋 형사가 완전히 당황한 목소리로 나에게 전화를 했다. 우리가 그 시신이 리사의 것이라고 신원 확인을 하지 못하는 바람에 제럴드의 변호사가 검사의 주장을 맞받아치기 쉬워졌다는 얘기였다. 시신은 있었지만, 배심원 측에서 그것이 리사의 시신이라거나 아이가 삼촌에게 강간당하고 살해됐다고 믿을 특별한 이유는 없었다.

풋 형사가 애원하다시피 말했다. "어떻게든 신원 확인을 할 다른 방법이 없을까요?" 내가 리사의 얼굴 구조에서 머리뼈와 관련지을 수 있는 명확한 특성이 있지 않을까 하여 이렇게 물어봤다. "리사의 사진이 있습니까?" 그는 있다고 했고 곧 내게 그 사진을 보내주기로 했다.

편지가 도착하자 뜯어서 열었다. 사진을 보니 행복한 얼굴의 예쁜 금발머리 꼬마 소녀가 카메라를 보며 자랑스럽게 미소 짓고 있었다. 치아가 내 시선을 사로잡았다. 그 이유를 꼬집어 말할 수는 없었지만 어쩐지 그 밝은 미소 속에서 살짝 희망의 빛이 보였다. 나는 풋 형사에게 전화를 걸었다.

"시신이 발견된 장소에 대해 좀 더 말해주세요." 풋 형사가 말하기를 그 사냥꾼이 올레이스에서 16킬로미터 정도 떨어진 외곽에서 목초지를 가로지르는 좁고 얕은 개울을 건너다가 시신을 발견했다고 한다. 내가 말했다. "유구치뿐 아니라 나머지 치아들도 필요해요."

풋 형사의 목소리에 의심이 녹아 있었다. 자신이 그곳을 몇 시간 동안 샅샅이 뒤져서 그나마 이 정도의 골격이라도 찾아낸 것이라고 했다. 그렇게까지 했는데 설마 못 찾은 것이 있겠냐는 것이었다. 하지만 나는 그때까지 인류학자로 일하면서 수천 개의 유해를 발굴했었기 때문에 뼈와 치아를 찾는 일에는 이골이 나 있었다. 그 골격들은 대부분 아무도 손을 댄 적이 없는 인디언 무덤에서 나온 것들이었다. 하지만 꽤 많은 치아와 뼈가 동물, 폭풍우, 침식, 사람의 침입 등 어떤 이유로든 주변에 흩어져 있었다. 그렇게 찾은 것이 적어도 수백 개는 된다. 이런 경우는 흩어지는 패턴이 있다. 나는 이번 사건에서도 그런 패턴이 적용될 수 있기를 바랐다. 내가 그에게 말했다. "그 치아들이 시신이 발견된 곳에 있을 겁니다. 다시 돌아가서 찾아봅시다."

때는 메추라기 사냥꾼이 개울을 건너다가 작은 머리뼈를 우연히 발견한 지 다섯 달이 지난 4월 중순이었다. 우리는 울퉁불퉁한 초원길을 달려 개울둑에 차를 댔다. 나는 가을 이후로 개울 바닥을 건넌 존재가 아무도 없었기를 바랐다. 까마귀 떼가 진흙 속을 밟고 다니기라도 했다면 무언가를 더 찾아내기는 사실상 불가능할 수도 있었다. 다행히도 소가 지나간 흔적은 없었고, 봄 날씨가 꽤 따뜻하고 건조했기 때문에 개울물의 깊이가 몇 센티미터밖에 되지 않았다. 낙관적인 마음이 다시 돌아오는 것이 느껴졌다.

굳이 과학을 들먹이지 않아도 개울에 들어 있던 뼈가 하류로 쓸려 내려갔으리라는 것은 누구나 짐작할 수 있었다. 다만 얼마나 먼 하류로 흘러갔을지 알아내기가 어려울 뿐이었다. 일반적으로 작고 가벼운 뼈는 머리뼈나 긴뼈보다 더 멀리 떠내려간다. 그리고 멀리 떠내려갈수록 옆쪽으로도 밀려났을 가능성이 크기 때문에 그림이 더 복잡해진다. 이것을 도표로 그려보면 가는 날카로운 끝을 제일 상류 쪽에 둔 눈물 방울 모양의 분산 패턴이 나온다. 개울이 크고 유속이 빠를수록 눈물 방울 영역의 크기가 커진다.

나는 머리뼈와 나머지 대부분의 뼈가 발견된 지점에서 하류로 13미터쯤 내려갔다. 거기부터 물살을 거슬러 상류로 되짚어갈 참이었다. 예상되는 분산 패턴의 경계선 바깥에서 탐색을 시작하면 실수로 뼈를 밟아 부러뜨리거나 발로 밟아서 진흙 더 깊은 곳으로 묻어버릴 가능성이 줄어든다. 그리고 상류로 걸어가면서 발로 진흙탕을 훑으며 뒤지는 과정에서 일어난 흙탕물이 하류로 쓸려갈 테니 시야를 방해할 일도 없다. 생각해보면 당연한 사실이지만, 훈련을 받지 않은 조사자가 마구잡이로 물속을 걸어 다니며 흙탕물을 일으켜놓는 경우가 예상외로 많다.

머리뼈의 위치에서 9미터쯤 떨어진 하류 지역의 진흙 속에서 작은 자갈들이 느껴지기 시작했다. 아니 자갈이 아니라 작은 뼈들이었다. 손뼈, 발뼈, 그리고 척추뼈였다. 치아도 있었다. 모두 14개나! 아래쪽 전치(앞니) 두 개만 못 찾았다. 마치 노다지를 발견한 기분이었다. 로런스의 사무실로 돌아가면서 나는 부디 이 뼈와 치아 중에 "내가 리사 실버스예요"라고 말해줄 무언가를 찾을 수 있기를 빌었다.

이 치아들이 있으니 적어도 죽은 아이의 나이에 대한 추정치는 더 정확히 나올 것이라 확신할 수 있었다. 하버드대학교의 치과 연구자 집단이 유치(젖니)의 종류별 형성 단계를 도표로 정리해놓은 것이 있었다. 나는 하악 유견치, 하악 제1유구치, 하악 제2유구치를 엑스레이로 촬영하고, 이 엑스레이 사진을 하버드대학교 연구 자료에 나온 사진과 비교해보았다. 그랬더니 2.1세라는 추정치가 나왔다. 다른 연구에서 나온 기준으로 보니 뼛속에서 발달 중인 하악 제1대구치 사진으로는 2.9세에서 3.9세 사이로 나왔다. 그리고 또 다른 치과적 기준으로 따지면 2.5세에서 3세가 나왔다.

물론 법의치의학에서 가장 확실한 결정타는 치과 진료 기록과 일치하는 치과 치료의 흔적을 찾아내는 것이다. 안타깝게도 리사는 치과에 가본 적이 없어서 치과 진료 기록이 없었다. 반면 그 치아들 중에 치료를 받은 것은 없었으니 이것이 리사의 것이 아니라는 증거도 없었다.

이때쯤 나는 이미 몇 시간째 그 치아들을 들여다보고 있었다. 눈을 감아도 그 윤곽이 눈에 보일 정도였다. 그리고 내가 과학적으로 확인하지 못하고 빠뜨린 부분은 없다고 확신하면서도 내 손에서, 내 마음속에서 계속 그 치아를 이리저리 돌리며 바라보고 있었다. 치아에 자꾸만 눈이 갔다. 거기에는 내가 알 것 같으면서도 모르는 무언가가 있었다. 어쩌면 내가 너무 가까이서 보고 있는지도 모르겠다는 생각이 들었다. 밤하늘의 별을 관찰하다가 희미한 별빛은 중심시central vision보다 주변시peripheral vision에 더 잘 보인다는 것을 느꼈던 사람이 있을 테다. 그래서 희미한 별을 찾을 때는 있을 거라 생각하는 지점에서 살짝 벗어난 곳을 바라보는 것이 요령이다.

그렇다면 초점을 새로 맞추거나 시선을 조금 고쳐보면 정면으로 보았을 때는 보이지 않았던 것이 드러날지도 몰랐다. 그래서 나는 조금 뒤로 물러났다. 그리고 치아를 개별적으로 자세히 들여다보는 대신, 그 치아들을 아래턱 이틀dental socket(치아가 박혀 있는 뼈. 치조와 - 옮긴이)에 끼운 후 머리뼈에서 가까워졌다 멀어졌다 하면서 살아서 미소 짓고 있는 리사 실버스의 사진과 비교해보았다. 그리고 내가 전에는 놓치고 있던 두 가지를 발견했다. 첫째, 상악 중절치(가운데 앞니) 사이에 살짝 공간이 벌어져 있었다. 치아를 이틀에 끼워 넣은 후에야 이것이 보였다. 사진에도 그 공간이 있었다.

그리고 두 번째로 훨씬 눈에 더 잘 띄는 특성이 있었다. 치아를 모두 제자리에 끼워놓고 보니 상악 전치 네 개 모두 각각 한쪽 구석에 살짝 파인 홈이 보였다. 이것은 치아가 깨져나간 것이 아니라 처음부터 그렇게 생긴 것이었다. 이것은 유전적 기형의 일종이기 때문에 시신의 신원을 확인하는 데 결정적인 열쇠가 될 수도 있었다. 다시 사진으로 시선을 돌리니 마음속에서 흥분이 느껴졌다. 나는 풋 형사에게 전화를 걸어서 말했다. "리사 실버스의 신원을 확인했습니다."

그게 4월에 있었던 일이다. 그 후로 두 달 동안 많은 일이 있었다. 나에게 가장 큰 변화는 5월 말에 테네시로 이사를 간 것이었다. 나는 캔자스에 머무는 동안에 엄청나게 성장했다. 현장에서 보낸 여름은 힘들었지만 흥미진진했다. 그리고 학기 중에는 경찰과 캔자스 수사국과 함께 법의학 사건을 해결하는 즐거움과 매일 강의를 하는 스릴을 함께 맛볼 수 있었다. 1학년 대학원생이든, 인류학 박사 과정 세미나든, 새로 들어온 FBI 훈련생이든, 어르신이든 내 앞에 한 무리를 앉혀놓기만 하면 내 안에서 아드레날린을 뿜어내는 스위치가 탁 하고 켜지는 것 같았다. 나는 골격의 작동방식을 설명하기 위해 우스꽝스러운 동작을 하기도 하고, 농담을 치기도 했다. 보통은 좀 상스러운 농담이라 한 학기에 적어도 한 번 정도는 위에 불려가서 주의를 받기도 했다. 하지만 대다수 학생들은 나의 교육 스타일을 인정하고 좋아해주는 것 같았다. 캔자스에서 나의 '인류학 입문' 강의는 가을학기마다 수강생이 1000명이 넘었기 때문에, 밀려드는 학생들을 감당하기 위해 학장이 강의실로 대학 대강당을 내주어야 했다.

하지만 인류학과의 저면에는 깊은 불화의 기류가 흘렀다. 1960년에 내가 캔자스에 도착했을 때는 인류학 교수진이 오로지 고고학자와 문화인류학자로만 구성되어 있었다. 그러다 자연인류학자가 연거푸 세 명이 들어왔다. 그리고 머지않아 이 세 사람은 법의학 연구로 전국적인 명성을 쌓았고, 인류학 강의 수강생들도 대부분 가르치게 됐다. 그러자 문화인류학자들이 우리를 원망하기 시작했다. 갈등이 너무 심해지다 보니 자연인류학 교수들 모두 새로운 일자리를 구하기 시작했다.

제일 먼저 배에서 뛰어내린 사람은 나였다. 테네시대학교에서는 우리가 캔자스에서 시작했던 것 같은 전국 단위 인류학 프로그램을 구축하려 하고 있었다. 그래서 그들은 내게 그 프로그램의 수장 자리와 내가 선택해서 교수 두 명을 더 고용할 수 있는 기회를 제안했다. 나로서는 도저히 거절할 수 없는 좋은 제안이었다.

그리고 1년 안으로 나머지 두 자연인류학자도 조건이 더 좋은 곳, 또는 적어도 교수들끼리 더 평등한 곳을 찾아 나처럼 캔자스를 떠났다. 그 바람에 캔자스는 10년이나 걸려서 구축한 핵심 전문 인력을 잃고 말았다.

1971년 6월 1일 녹스빌에 도착해보니 꿈에 그리던 그런 자리로 보이지는 않았다. 그때까지만 해도 몇 명 안 되는 인류학자들이 대학에서 운영하는 작은 고고학 박물관에 자리를 잡고 있었다. 학과를 개설해서 대학원 프로그램도 운영하려면 더 많은 공간이 필요했다. 그것도 아주 많은 공간이. 사용 가능한 유일한 공간이 이제 막 생긴 상태였다. 사우스이스턴 콘퍼런스Southeastern Conference 대학미식축구연합의 거대한 성지이자 미국에서 세 번째로 큰 경기장인 네이랜드 스타디움Neyland Stadium의 관중석 밑에 자리 잡고 있던, 귀신이 나올 것 같은 건물이었다.

1940년대에 추가로 건설된 이 음침한 건물은 원래 대학교 미식축구 선수와 다른 종목 선수들이 사용하는 공간이었다. 그러다 이 건물이 운동선수들이 사용하기에는 너무 낡고 오래되자 대학 측은 새로운 운동선수용 기숙사를 짓고, 운동선수가 아닌 학생들을 그 관중석 아래 공간으로 옮겼다. 그러다 그 공간이 이제는 운동선수가 아닌 학생들이 살기에도 너무 낡아버리자 학교 측에서는 자비롭게도(?) 그 시설을 교수진에게 내어주었다. 우리 교수진에게 말이다.

하지만 진짜 중요한 것은 어떤 공간에서 일을 하느냐가 아니라, 그 공간에서 무슨 일을 하느냐였다. 제2차 세계대전 중 핵폭탄을 개발하기 위해 경주를 벌였던 맨해튼 프로젝트Manhattan Project도 축구 경기장 밑에서 시작된 것이었다. 시카고대학교에 있는 스태그필드Stagg Field 관중석 아래 건물에서 엔리코 페르미Enrico Fermi가 이끄는 물리학 연구진이 조잡한 핵분열 원자로를 만들어 우라늄 연료를 임계질량까지 끌어올린 다음 연쇄 핵반응을 일으켰다. 그리고 그것으로 세상이 바뀌었다.

우리는 녹스빌에서 여덟 칸짜리 사무실을 가지고 시작했다. 그곳은 사무실 한 칸의 바닥에 놓인 전화기 한 대를 빼고는 완전히 텅 빈 공간이었다. 책상도, 의자도, 선반도, 파일 캐비닛도 없었다. 나는 그곳에 도착한 순간부터 미친 듯이 가구, 장비, 보급품을 얻어오고, 구걸하고, 빌려오기 시작했다. 우리는 절대로 멈추지 않았다. 우리는 언제나 지급된 예산에 비해 더 큰 성장을 보여주었다. 그리고 이제 여덟 개의 사무실로 시작했던 인류학과는 150개가 넘는 사무실을 쓸 만큼 규모가 커졌다. 이곳은 이제 1971년 6월 당시보다도 더 오래되고 낡았지만, 그 관중석 아래에는 여전히 임계질량을 초과하는 인류학 전문지식이 넘쳐나고 있고, 여전히 강력한 연쇄반응이 이어지고 있다.

리사 실버스가 실종되고 오래지 않아 리사의 삼촌 제럴드는 캘리포니아 트레이시의 법정에 서서 몇 년 전 저질렀던 강도와 뺑소니 범죄로 듀얼 직업학교Deuel Vocational Institute에서 복역하라는 부정기형indeterminate sentence(형의 기간을 확정하지 않고 선고하는 자유형 - 옮긴이)을 선고받았다.

처음부터 캔자스 경찰에서는 제럴드가 하는 이야기를 의심했다. 리사는 전에 한 번도 밖에 나가 길을 잃었던 적이 없었다. 그리고 부모도 없이 어두운 시간에 그랬을 리는 만무해 보였다. 경찰들은 또한 대부분의 아동 학대를 피해자의 친척이나 지인이 저지른다는 사실도 알고 있었다. 수사를 진행할수록 그들은 제럴드의 유죄를 점점 확신했다. 듀얼 직업학교에서 그와 같은 방을 쓰던 수감자 두 명이 형사들에게 제럴드가 아주 어린 아기를 강간하고 죽였음을 실토했다고 말하자, 경찰들은 자기네가 제대로 짚었다는 것을 알았다.

재판은 6월 16일 캔자스 올레이스에서 열기로 예정되어 있었고, 담당 검사인 마크 베넷Mark Bennett은 내가 금요일인 6월 18일에 법정에 나와 증언하도록 일정을 잡았다. 그는 내게 이렇게 편지를 보냈다. "비행기로 오실 거면 비행기 편명과 도착 시각을 알려주십시오. 차로 모셔올 사람을 보내겠습니다." 나는 이사용 트럭에 싣지 못해 가져오지 못한 짐을 담은 상자도 몇 개 가져와야 하니 직접 차를 몰고 가겠다고 답장했다.

나는 짐 가방을 풀고 테네시주 녹스빌의 새로운 보금자리에 자리를 잡기도 전에 다시 차에 올라타 캔자스로 장거리 운전을 해야 했다. 새로운 일자리를 구하고 승진도 한 것을 기념해서 나 자신에게 선물로 사준 '그래버 블루Grabber Blue색' 머스탱 컨버터블을 몰고 40번 주간고속도로를 타고서 서쪽으로 향하는 동안 이 슬픈 사건에 대해 생각해볼 넉넉한 시간이 있었다.

나는 17일 오후에 그곳에 도착했다. 12시간을 운전한 탓에 지치기도 하고, 내 증언이 어떻게 진행될지 긴장도 됐다. 나는 내가 쓴 보고서를 검토하고 캔자스의 주민들로 구성된 배심원에게 부담이 되지 않게 과학 자료를 설명하는 연습도 머릿속으로 해보았다.

다음 날 일정에 따라 나는 증인 선서를 했다. 마크 베넷은 나와 함께 내가 발견한 내용들을 검토하며 내가 나이를 판단하는 데 사용한 다양한 방법을 간략히 설명했다. 그리고 앞니에 나 있는 틈새와 파인 홈이 리사의 사진과 정확하게 일치한다는 점에 초점을 맞추어 설명을 이어나갔다.

변호인 측에서 내가 리사 시신의 신원을 확인한 것에 대해 의문을 제기하지 않아서 안도감을 느꼈다. 하지만 변호사는 검사의 주장에서 분명하게 드러나는 몇 가지 약점을 물고 늘어졌다. 나도 충분히 예상했던 부분이었다. "이것으로 사망의 원인을 판단할 수 있습니까?" "아니요, 저는 못 합니다." "폭력이나 외상의 흔적이 있었습니까?" "아니요, 없었습니다." "리사가 강간당했는지 여부를 알 수 있습니까?" "아니요, 못 합니다." 나는 그 여자아이의 시신이 누구인지 알고, 그 여자아이가 오랫동안 개울물 속에 있었다는 것을 알고, 그것이 인간적인 비극이며 부끄러운 일이라는 것은 알았지만, 딱 거기까지였다.

재판은 일주일 동안 이어졌다. 재판이 끝날 즈음 나는 다시 녹스빌로 돌아와 짐을 더 풀고, 사무실 가구를 얻으려고 필사적으로 여기저기를 돌아다녔다. 마크 베넷 검사가 《캔자스 시티 스타Kansas City Star》 신문에 실린 1면 기사를 보내주었다. "조카의 죽음에 대해 무혐의로 풀려난 실버스." 변호인단은 제럴드가 리사를 강간하고 죽였다고 인정했다고 증언한 두 수감자의 신뢰성을 공격했다. 변호인 측 증인들은 두 수감자 모두 동성연애자라고 증언했다.

리사의 아버지 얼 실버스Earl Silvers는 재판 후에 제럴드의 변호사를 칭찬했다. 얼은 지역 신문기자에게 이렇게 말했다. "아주 훌륭한 변호사였습니다. 일주일에 7일, 매일 밤 9시, 10시까지 쉬지 않고 일했죠." 리사의 할아버지 찰스 실버스Charles Silvers는 제럴드가 듀얼 직업학교에서 형기를 마치고 고향 캔자스로 돌아오면 좋겠다는 희망을 피력했다. 그는 이렇게 말했다. "캘리포니아는 새로운 인생을 살기에 좋은 곳이 아닙니다."

리사의 유해는 재판이 끝나고 머지않아 매장됐다. 만약 리사가 살아 있었다면 지금은 30대 중반이 되었을 것이다. 어쩌면 자기 아이를 두었을 수도 있다. 그리고 어쩌면 그 아이는 가는 금발머리에 앞니 사이가 살짝 벌어지고, 크고 환한 미소를 지을 때면 가운데 치아에 나 있는 파인 홈이 눈에 들어오는 예쁜 여자아이였을지도 모르겠다.

5

머리 없는 시신

그 일만 없었다면 분명 변변한 기삿거리 하나 없는 정말 조용한 날이 되었을 것이다. 내 작은 계산 착오에 언론이 폭발적인 관심을 보인 이유를 그것 말고는 다르게 설명할 방법이 없다.

  사실 2주 정도는 정말 조용했다. 적어도 처음에는 그랬다. 그 모든 것은 크리스마스와 새해 첫날 사이, 시간이 느리게 흘러가던 녹스빌에서의 그 한 주 동안에 시작됐다. 대학은 크리스마스 연휴로 문을 닫았다. 학생들은 대부분 가족을 만나러 집으로 갔다. 내 큰아들 찰리는 연휴를 테네시에서 보내러 애리조나대학교에서 집으로 왔다. 찰리는 당시 스물한 살이었고, 애리조나대학교 대학원 1학년생이었다. 전공? 인류학이 아니면 무엇이겠나? 그것도 법의학에 방점을 둔 인류학을 전공하고 있었다(이때는 찰리가 평생 쥐꼬리만 한 교수 월급을 받으며 살고 싶지 않다는 사실을 아직 깨닫지 못한 시절이었다).

1977년 12월 29일 목요일 오후 늦게 윌리엄슨 카운티 보안관 사무실에서 전화가 왔다. 나는 테네시주의 법의인류학자이자 배지를 착용하고 다니는 테네시 수사국Tennessee Bureau of Investigation의 특별자문위원이었기 때문에 테네시주 전역의 보안관과 경찰관은 우리 집 전화번호를 알고 있었다. 그래서 우리 집 전화는 밤낮 가리지 않고 울려대기 일쑤였고, 통화하기 부적절한 시간에 걸려온 전화일수록 시신을 검사하는 데 내가 필요하니 누군가가 연락한 것일 가능성이 컸다.

이번에는 그 누군가가 형사반장 제프 롱Jeff Long이었다. 내슈빌에서 남쪽으로 50킬로미터 정도 떨어진 프랭클린에서 온 전화였다. 당시 프랭클린은 인구가 몇천 명 정도인 작은 도시였지만 컨트리음악 스타나 내슈빌의 의사 중에서 그곳에 말 농장과 대저택을 소유한 사람이 많았다. 그래서 상대적으로 부유하고 교육 수준이 높은 사람들이 사는 도시였다.

그중에서도 가장 부유하고 교육 수준이 높은 두 사람이 바로 의사인 벤 그리피스Ben Griffith와 그의 아내 메리 그리피스Mary Griffith였다. 그리피스 부부는 남북전쟁 전에 만들어진 사유지인 투 리버스Two Rivers라는 곳을 이제 막 구입한 상태였다. 롱 형사반장의 말에 따르면 크리스마스이브 오전에 그리피스 부인은 친구에게 집과 땅을 구경시켜주다가 갑자기 무언가 이상한 것을 발견했다.

집 뒤쪽에는 작은 가족 공동묘지가 있었고, 그 저택의 원래 소유주였던 샤이Shy 가문 사람 여덟 명이 1800년대에서 1900년대 초반 사이에 묻혀 있었다. 그리피스 부인은 그중에서도 가장 눈에 띄는 무덤에 누가 손을 댄 흔적이 있는 것을 보았다. 100년도 넘은 그 무덤의 묘비에는 이렇게 쓰여 있었다. "아메리카 연합국(남군) 제20테네시 보병부대 윌리엄 샤이 대령, 1838년 5월 24일 출생, 1864년 12월 16일 내슈빌 전투에서 사망."

묘비 아래로는 1미터 정도의 깊이로 얼마 전에 흙을 뒤집었던 흔적이 보였다. 그리피스 부인은 무덤 도굴꾼이 아마도 남북전쟁의 유물을 찾고 있었나 보다 생각했다. 땅 위에도 무덤 아래서도 관의 흔적은 보이지 않았다. 아마도 도굴꾼이 무덤에 닿기 전에 겁이 나서 물러난 것 같았다. 하지만 어쨌거나 그녀는 플레밍 윌리엄스Fleming Williams 보안관에게 전화를 했다.

당연한 이야기지만 윌리엄스 보안관의 보안관보들도 나머지 대부분의 사람들처럼 가족과 연휴를 즐기고 있었다. 그래서 보안관이 직접 나와서 일단 대충 둘러보았다. 그러고는 아주 급한 일은 아닌 듯 보였기 때문에 그리피스 부인에게 크리스마스 연휴가 지나고 다시 오겠다고 말했다. 그는 작은 옛날 묘지의 무덤에서 얼마 전 파낸 흔적이 보이는 것이 뭐 대수겠냐고 생각했다.

하지만 12월 29일에 돌아온 그는 생각이 바로 바뀌었다. 최근에 손을 댄 흔적이 남아 있는 흙의 표면 바로 밑에서 최근에 살해된 희생자로 보이는 시신이 한 구 발견됐기 때문이다. 더 정확하게 말하자면 한 구가 아니라 거의 한 구였다. 시신에 머리가 없었다.

윌리엄스 보안관은 윌리엄슨 카운티의 코로너 검시관coroner(사망자를 조사하는 지방 공무원. 의학 자격이 없는 경우도 있다-옮긴이) 클라이드 스티븐스Clyde Stephens를 무전기로 호출했고, 그는 서둘러 그리피스 부부의 저택 뒤뜰로 찾아왔다. 보안관보들도 신속하게 모여들고 있었다. 코로너 검시관의 지휘 아래 보안관보들은 살인 재판에서 필요할지도 모르는 증거가 파괴되지 않도록 아주 조심스럽게 발굴을 이어갔다.

시신은 턱시도 비슷한 옷으로 우아하게 차려입은 젊은 남성이었다. 시신은 꽤 부패하기는 했지만 전체적으로는 여전히 온전한 상태였고, 피부에 아직 분홍빛이 돌고 있었다. 그 사람이 누구든지 간에 사망한 지 길어야 몇 달이라는 데 비공식적으로 의견이 모였다. 하지만 이 사람의 시신이 전체든 부분이든, 왜 최근에 이 오래된 남북전쟁 무덤에 묻히게 된 것일까?

코로너 검시관은 어려울 것 없는 문제라 생각했다. 시신을 숨기기에 무덤보다 더 좋은 장소가 어디 있겠는가? 물론 그 무덤의 두 번째 시신이 되겠지만 말이다. 이것은 무언가를 눈에 잘 띄는 곳에 숨기는 상투적인 수법을 섬뜩하게 비틀어놓은 버전일 뿐이었다. 하지만 보아하니 살인자는 희생자를 묻다가 중간에 겁이 나서 달아난 듯싶었다. 무덤을 훼손하는 사건과 살인사건은 완전히 다른 문제였다. 보안관과 코로너 검시관은 무덤 옆에서 서둘러 회의를 하고 유해를 발굴할 전문가의 도움이 필요하다고 판단을 내렸다. 그때 롱 형사반장이 내게 전화를 한 것이다.

나는 롱 형사반장에게 다음 날 아침 보안관 사무실에서 만나자고 하면서 내 아들 찰리를 조수로 데려가겠노라고 했다. 찰리의 애리조나 대학교 친구들이 스키를 타고 파티를 열며 노는 동안, 찰리는 살인사건 수사를 도우며 소중한 현장 경험을 하게 될 것이다. 인류학자를 꿈

꾸는 사람이라면 마땅히 부러워할 만한 크리스마스 보너스였다.

우리는 이른 시간에 머스탱 컨버터블을 타고 40번 주간고속도로를 따라 서쪽으로 향했다. 춥고 비오는 날이었기 때문에 당연히 차 지붕은 열지 않았다. 내가 차를 구입하고 몇 달쯤 지났을 즈음에 나와 달리 속도감을 좋아하고 당시 10대였던 찰리는 초원의 도로를 달리다 농부의 차량이 가로막자 추월하려고 왼쪽 차선으로 튀어나갔는데, 하필이면 그때 그 상대방 차가 좌회전을 하려고 핸들을 틀었다. 그 머스탱은 그 후로 돌이킬 수 없이 변해버렸다.

이 흐린 12월 아침에는 내가 운전대를 잡았다. 찰리의 운전을 믿지 못해서는 아니었다. 나는 직접 운전대를 잡지 않으면 차멀미가 나기 때문이었다. 프랭클린으로 세 시간가량 운전을 하면서 나는 찰리와 애리조나대학교에서의 공부에 대해 대화를 나누었다. 찰리의 주임 교수인 월터 버크비Walter Birkby는 캔자스대학교에서 내가 처음으로 받았던 대학원생이었기 때문에 나는 찰리의 진척 상황만이 아니라 월터가 어떻게 경력을 이어가고 있는지에 대해서도 들어볼 수 있었다. 그렇게 시간은 순식간에 지나갔다.

우리는 오전 10시 30분경에 프랭클린에 도착했고, 롱 형사반장을 따라 투 리버스 저택으로 향했다. 지은 지 얼추 125년이 지난 2층 집이어서 당장이라도 손을 볼 필요가 있었지만, 빨간 벽돌, 검은색 셔터, 양쪽 끝에 있는 키 큰 굴뚝 등이 여전히 인상적인 건물이었다. 앞뜰은 커다란 참나무와 단풍나무들이 채우고 있었다.

집 뒤쪽의 땅은 하페스강Harpeth River을 향해 경사져 있었다. 집과 강의 중간쯤 완만하게 솟아오른 땅에 모여 있는 묘비들이 그곳이 샤이 가족의 묘지임을 알려주고 있었다. 샤이 대령의 묘비 바로 뒤쪽으로 참나무가 한 그루 있었다. 그 바로 앞쪽 땅에 진흙탕 구덩이가 눈에 들어왔다. 무덤을 향해 다가가다가 땅을 덮고 있던 뗏장을 조심스럽게 걷어내어 옆으로 치워둔 것이 보였다. 이 구덩이를 판 사람이 누군지는 몰라도 이 뗏장으로 나중에 자신의 흔적을 철저하게 덮어놓을 계획이었나 보다. 그러다 무언가에 겁을 먹고 황급히 달아난 것 같았다. 갑자기 개가 짖어서 그랬을 수도 있고, 생각지도 않았던 현관 등이 켜졌기 때문일 수도 있고, 때마침 그때 그리피스 부인이 친구에게 집과 정원을 구경시켜주러 나왔기 때문일 수도 있었다.

구덩이는 넓이가 0.25제곱미터 정도, 깊이가 1.2미터 정도의 크기였다. 그 안을 보니 노출된 살과 뼈가 보였다. 찰리의 도움을 받아서 나는 누군가 건드렸던 그 흙을 깨끗하게 치워 시신을 노출시키기 시작했다. 흙이 젖어서 구덩이는 진흙탕이었다. 처음에 우리는 무덤 가장자리에 깔아놓은 베니어판 위에 엎드리고 모종삽을 구덩이 안으로 넣어 흙을 퍼냈다. 건드린 지 얼마 안 된 흙이어서 추운 날씨와 비를 제외하면 일은 대체로 쉬웠다. 구멍이 깊어지자 나는 그 안으로 기어 내려갔다. 오랜 시간 대초원에서 내가 발굴한 인디언 무덤을 모두 세어보니 대략 5000기 정도였다. 아마도 내가 죽으면 비공식 기록이 하나 남지 않을까 싶다. '무덤 속을 가장 많이 들락거렸던 시신'으로 말이다.

롱 형사반장이 전화로 말해주었던 것처럼 시신은 상당히 부패가 진행된 상태였다. 지금은 관절들의 상태가 더 망가져 있었다. 다리는 골반과 분리되어 있었고, 팔은 상체에서 떨어져 나와 있었다. 하지만 무릎과 팔꿈치는 아직 온전했고, 대부분의 상체와 마찬가지로 옷이 아직 덮여 있었다. 검은 정장 재킷과 주름 장식이 된 흰색 셔츠를 입고 있는 것으로 보아 피해자가 내슈빌이나 프랭클린의 고급 레스토랑 웨이터가 아니었을까 싶었다. 아니면 너무 눈치 없이 신부 들러리한테, 또는 신부한테 치근거리던 결혼식장의 신랑 들러리였는지도 모를 일이었다.

시신은 1864년에 묻힌 구식 관 위에 앉은 자세로 있었다. 1950년대와 1960년대에 아메리카 대초원에서 아메리카 원주민의 무덤 수천 기를 발굴해보니 시신을 수평으로 눕히는 것보다는 구부린 자세로 묻는 것이 흙을 덜 파도 된다는 것을 알게 됐다. 이것은 누군가가 범죄를 숨기려고 급하게 서둘렀음을 보여주는 또 하나의 신호였다.

땅을 더 깊이 파 들어가면서 시신을 더 노출시키다가 오래된 관 꼭대기에 작은 구멍이 뚫린 것을 보았다. 관은 주철cast iron로 만들어진 것 같았다. 1860년대 당시 장례식에서 사용하는 주철 중에는 최고급 재질이었다. 30센티미터 곱하기 60센티미터 정도 되는 이 구멍은 그렇지 않아도 잘 부러지는 금속을 삽이나 곡괭이로 힘껏 내려치는 바람에 생겼을 수도 있다. 그러다 건드려놓은 질척한 흙이 급하게 파묻은 희생자 주변으로 주저앉으면서 골반과 아래쪽 척추가 그 구멍을 통해 낡은 관 속으로 떨어졌을 것이다. 그래서 유해를 발굴하는 데 어려움을 겪었다.

나는 신체 부위와 옷에 묻어 있는 흙을 조심스럽게 털어낸 다음 찰리에게 건네주었고, 찰리는 그것들을 합판 위에 해부학적 순서대로 올려놓았다. 일단 내가 찾을 수 있는 신체 부위는 모두 수습하자 찰리는 그 조각들을 증거 보관용 종이봉투에 담고 라벨을 붙였다. 시신 말고도 담배꽁초 두 개를 찾아냈는데, 그것도 찰리가 봉투에 담았다.

오랫동안 일하면서 나는 살인자들이 범죄 현장에서 담배를 많이 피운다는 것을 알게 됐다. 훔친 자동차를 분해해서 뜯어낸 부품을 팔아먹는 가게 주인이 그 사실을 고발한 사람을 사냥용 소총으로 쏜 사건에서도 그랬다. 나는 살인자가 몇 시간 동안 숨어 있던 자리에서 담배꽁초 한 무더기를 찾아냈다. 그 담배꽁초에는 플라스틱 팁이 달려 있었는데, 범인이 어찌나 세게 물고 있었는지 거기에 치아 자국이 남아 있었다. 다행히도 나는 그 치아 자국을 나중에 그 범인의 치아로 본을 떠서 만든 모형과 비교해서 둘이 서로 일치하는 것을 확인할 수 있었다. 그런 상황에서 줄담배를 피우는 것이 놀랄 일은 아니다. 아마도 살인범은 극도로 긴장하고 있을 가능성이 크고, 흡연은 긴장할 때 나오는 습관이다. 하지만 그렇게 긴장을 해소하는 것이 그리 똑똑한 처사는 아니다. 종이 담배꽁초라도 지문이나 타액에 들어 있는 DNA가 남을 수 있으니까 말이다. 이 증거 때문에 사형을 선고받을 수도 있다(흡연자 경고: 흡연이 당신의 목숨을 앗아갈 방법이 하나 더 늘었다).

발굴을 하다 보니 구덩이가 점점 더 깊어졌다. 시신을 대부분 수습했을 즈음에는 남북전쟁 당시에 묻은 관의 꼭대기 부분까지 내려가 있었다. 나는 보안관보에게 손전등을 빌려달라고 한 다음, 찰리와 그 보안관보에게 내 발목을 잡고 있으라고 했다. 그리고 구덩이 속에 거꾸로 매달려서 관의 뚜껑에 난 구멍 안쪽을 들여다보았다. 그 안에는 바닥에 깔려 있는 찐득찐득한 얇은 물질층 말고는 특별한 것이 보이지 않았다. 하기야 한 세기 넘게 지난 그곳에 무언가 남아 있으리라 기대하지도 않았었다. 그보다 몇 년 전에 나는 이와 비슷한 시기인 1800년대 중반에서 후반에 만들어진 묘지를 발굴한 적이 있었다. 그 묘지에는 거의 20기의 무덤이 있었지만 묘지 전체에서 수습한 뼈의 양은 한 손바닥 위에 모두 넉넉히 올릴 수 있는 수준이었다. 테네시의 축축한 땅속에서 완전히 바스러져버린 것이다. 남북전쟁 당시 만들어진 무덤에서 겪은 일을 알고 있었던 터라, 만약 손전등을 비추었을 때 샤이 대령의 뼈가 보였다면 오히려 그 때문에 놀랐을 것이다. 끙끙거리며 신호를 보내자 찰리와 보안관보가 나를 무덤에서 잡아당겨 올려주었다.

그즈음 찰리와 나는 모두 뼛속까지 흠뻑 젖어 추위에 몸이 오들거리고 있었다. 우리는 진흙투성이가 된 점프슈트를 벗어서 시신의 유해와 옷과 함께 머스탱 트렁크에 실었다. 시신의 옷은 시신에서 벗겨내어 따로 봉지에 담아둔 상태였다. 녹스빌로 돌아가기 전에 길을 조금 돌아서 내슈빌 근처에 있는 주립 과학수사연구소에 들러야 했다. 그곳에 가서 시신의 옷과 담배꽁초를 전달하면 테네시 수사국 기술자들이 더 자세히 조사해서 희생자와 살인자의 신원을 파악할 단서가 있나 찾아볼 것이었다.

우리는 연구소가 문을 닫기 직전, 늦은 시간에 도착했다. 시신의 옷이 젖어서 냄새가 많이 나다 보니 주립 과학수사연구소 직원들이 두 팔을 벌려 우리를 환영해주지는 않았다. 건물 전체에 그 냄새가 밸까 봐 결국 그들은 그 옷을 난방을 튼 차고에 펼쳐놓고 말리면서 환기시키기로 했다.

찰리와 나는 그 금요일 밤늦게 녹스빌로 들어왔다. 차는 차고에 세워놓았다. 다행히 차고가 집과 분리되어 있어서 시체 냄새를 맡을 일은 없을 것이었다. 우리는 집으로 들어와 샤워를 하고, 잠을 자고, 대학 미식축구 경기를 보면서 주말을 보냈다. 머스탱 차량에 실어놓은 그 사람이 누군지는 모르겠지만, 내가 자동차 열쇠를 갖고 들어왔으니 차를 몰고 어디 갈 수는 없을 것이었다.

월요일 아침에 나는 그 유해를 미식축구 경기장 밑에 있는 인류학과 사무실로 가지고 가서 큰 냄비 몇 개에 물을 끓이고 그 안에 넣었다. 살을 물러지게 해서 조직을 쉽게 제거하기 위한 것이었다(이때는 여러 해를 거치면서 가스레인지를 두 번이나 해먹어 새로 교체해주고 난 후였기 때문에 아무래도 이것은 집에서 할 짓이 아니라는 것을 배운 상태였다). 완전한 골격은 아니었지만 뼈를 분류하고, 깨끗하게 씻고, 조사하는 과정은 이틀 정도 걸릴 예정이었다. 머리뼈만 실종된 것이 아니었다. 두 발도 없었고, 손도 한쪽이 없었다. 야외에서 수습한 시신에서는 흔히 있는 일이다. 개, 코요테, 대머리수리, 너구리 같은 동물이 시체를 먹는 경우가 많고, 손과 발은 포식자들이 제일 쉽게 떼어내서 끌고 갈 수 있는 부위이기 때문이다. 하지만 이 경우는 시신이 적어도 부분적으로는 땅속에 묻혀 있었기 때문에 이것을 어떻게 판단해야 할지 확신이 들지 않았다. 흥미롭게도 남아 있는 한쪽 손은 발견 당시에 여전히 하얀색 장갑을 낀 상태였다. 그것을 보고 희생자가 상류층이 애용하는 식당의 웨이터였거나 결혼식 들러리였을지 모른다는 짐작이 더 강해졌다.

이 시신이 남성이라는 것은 처음부터 꽤 확신하고 있었다. 하지만 성기 부위의 부패가 상당히 진행되어 있었기 때문에 성별을 확인하려면 골반이나 골격 지표를 이용해야 했다. 두덩뼈는 길이가 짧고 각도가 예리했다. 분만에 유리한 골반 형태가 아니었다. 신원불명의 이 시신은 분명 남성이었다.

빗장뼈와 복장뼈(흉골)가 만나는 빗장뼈의 복장뼈 쪽 끝은 완전히 융합되어 있었다. 그럼 적어도 만 25세는 되었다는 의미였다. 두 개의 두덩뼈가 복부 앞쪽에서 만나는 관절인 두덩결합의 표면은 거칠고 울퉁불퉁했다. 그래서 아마도 20대 중반에서 후반 사이라는 것을 알 수 있었다. 내가 내린 결론을 확인해보기 위해 대학원생 여섯 명을 불러서 이 남성의 나이를 추정해보라고 했다. 이제 학생들도 연휴를 마치고 꾸역꾸역 학교로 돌아오고 있었다. 여섯 명 모두 26세에서 29세 사이로 추정했다.

넙다리뼈의 꼭대기에서 관절을 이루는 둥근 돌기인 넙다리뼈머리 femoral head는 직경이 50밀리미터 정도였다. 전형적인 남성의 크기다. 왼쪽 넙다리뼈의 길이는 490밀리미터 정도였고, 오른쪽은 492밀리미터였다. 1958년에 밀드레드 트로터와 골딘 글리저가 만든 공식을 이용해 계산해보니 이 피해자의 키는 175.3센티미터에서 182.8센티미터 정도였다는 결론이 나왔다. 그러니까 아직 머리가 달려 있었을 때의 키 말이다.

뼈를 깨끗이 정리해서 검사해보았지만 사망의 종류를 보여주는 흔적은 찾을 수 없었다. 곳곳에서 연조직이 부패해 있었기 때문에 찔린 상처가 있었다고 해도 찾아낼 수 없었을 것이다. 뼈 그 자체에는 베인 상처나 다른 골격 외상의 흔적이 없었다. 부패 상태로 보아 사망 이후 추정 시간은 몇 달이나 그 이상은 되었겠지만 여전히 분명 1년 미만일 것으로 나는 추정했다.

윌리엄슨 카운티와 내슈빌의 경찰에서는 지난 1년 동안에 접수된 실종 신고를 확인해보았다. 윌리엄슨 카운티에는 실종 신고 자체가 없었고, 내슈빌에서 실종 신고가 들어온 사람 중에는 유해의 신체 조건과 일치하는 사람이 없었다. 유해는 20대 중반에서 30대 초반에 키가 178센티미터 정도인 백인 남성이었다.

크리스마스와 새해 첫날 사이의 잠잠한 시기에 군침 도는 기삿거리를 찾아다니던 지역 신문사에서 미스터리의 냄새를 맡고 관련 기사를 내보내기 시작했다. 1월 1일 자 한 신문의 헤드라인에 이런 제목이 실렸다. "프랭클린에서 머리 없는 시신 발견." AP 통신사를 통해 발송된 이 이야기는 샤이 대령의 관 위에서 앉아 있는 자세로 발견된 시신에 대한 이야기를 전하고 있었다. 이 기사는 또한 '턱시도 형태의 셔츠, 조끼, 외투'를 설명하고, 사망 후 경과시간에 대한 나의 예측도 함께 인용했다. 나는 이렇게 말했다. "이 남성은 사망한 지 2개월에서 1년 정도 된 것 같습니다. 1년은 좀 과한 추정일 수도 있습니다." 나는 다른 기자에게는 범위를 좁혀 2개월에서 6개월 사이라고 말했다.

하루이틀 후에 한 진취적인 기자가 최근에 일어난 다른 사망사건들을 조사해서 녹스빌에서 유사해 보이는 사건을 하나 찾아냈다. 약 두 달 전에 목이 잘린 남성이 녹스빌 바로 외곽의 한 시골 지역에서 발견됐다. 그 두 사건이 연관되어 있을까? 연쇄살인범의 짓인가? 나는 그 기자에게 그렇지 않을 것 같다고 말했다. 녹스빌 사건의 희생자는 사지가 토막 나고 훼손되어 있었다. 머리와 목이 잘려나가 있었고, 팔과 다리 아래쪽도 잘렸고, 심지어 성기까지 잘려 있었다. 프랭클린에서 나온 시신은 적어도 우리가 알고 있는 한 그런 흔적은 남아 있지 않았다. 그래서 신문에는 이런 헤드라인이 실렸다. "몸통 시체 사건은 참수된 다른 시체 사건과 관련이 없다."

그러다 1월 3일에 이야기를 복잡하게 만드는 일이 일어났다. 윌리엄슨 카운티의 보안관보가 머리뼈와 턱뼈를 들고 도착한 것이다. 코로너 검시관과 보안관보가 다시 무덤으로 가서 발굴을 더 해보다가 관 안쪽에서 머리뼈를 찾아냈다. 코로너 검시관이 UPI 통신사 기자에게 이렇게 말했다. "대령의 관에 만들어진 구멍에 머리부터 밀어 넣은 것이 아닌가 생각합니다." 그날 신문 헤드라인은 이랬다. "더욱 커진 대령 무덤의 미스터리." 그 보도는 이렇게 시작했다. "당국에서는 남군 장교의 무덤에서 발견된 신원 미상 시신의 머리, 발, 팔을 대령의 관 안쪽에서 수습했다고 발표했다."

이제 사망의 원인은 더 이상 미스터리가 아니었다. 엄청난 파괴력을 가진 탄환이 왼쪽 눈 5센티미터 위 이마를 뚫고 들어가 머리뼈바닥 근처의 뒤통수에서 빠져 나왔다. 머리뼈라고는 했지만 사실 정확한 표현은 아니다. 탄환의 힘이 얼마나 강력했던지 이 가엾은 남성의 머리가 17조각으로 산산이 조각나 있었다. 나는 탄환의 사입구와 사출구를 찾기 위해 이 뼈들을 모두 접착제로 이어 붙여야 했다. 파괴의 정도로 판단할 때, 이 남성은 구경이 큰 총에 아마도 가까운 거리에서 맞았을 것이었다. 우리의 미스터리 남성은 그 자리에서 즉사했다.

그런데 나머지 몸과 달리 그 머리뼈는 사실상 살점이 하나도 붙어 있지 않고 내가 사우스다코타에서 발굴했던 고대 인디언의 머리뼈와 마찬가지로 초콜릿처럼 어두운 갈색이었다. 치아에는 충전물이 하나도 없이 충치가 많았고, 그중에는 꽤 큰 것도 있었다. 그리고 왼쪽 아래 사랑니는 거의 농양이 잡히려 하고 있었다. 이 신사는 옷은 우아하게 차려입었지만 치과에 발을 들였던 경험이 한 번도 없었고, 치과 치료를 받았던 흔적도 없어 보였다. 어쨌거나 현대적인 의미의 치과 치료의 흔적은 없었다.

불편한 의심이 스멀스멀 스미어 올라오기 시작했다.

바로 그때 전화벨이 울렸다. 내슈빌에 있는 주립 과학수사연구소 기술자의 전화였다. "배스 박사님, 가져다주신 이 옷에서 뭔가 이상한 것을 발견했습니다. 섬유가 모두 천연 목화와 실크입니다. 합성섬유가 전혀 없어요." 그리고 옷에 아무런 라벨도 달려 있지 않아서 추적도 불가능했고, 옆쪽을 끈으로 묶도록 되어 있는 바지의 다리 부분은 전에는 한 번도 본 적이 없는 스타일이라고 했다. 코를 네모지게 만든 신발은 몇 년 전부터 인기를 끌고 있는 스타일이기는 했지만 한 세기 전에도 흔했던 것이었다.

그의 마지막 질문은 내가 그의 입에서 튀어나올까 봐 두려워했던 바로 그 질문이었다. "이 시신이 샤이 대령일 가능성은 없을까요?"

"그럴지도 모르겠다는 생각이 들기 시작했습니다." 나도 인정할 수밖에 없었다. 내 얼굴이 민망함에 빨개지는 것을 그가 보지 않아서 다행이었다. "답을 구해야 할 몇 가지 의문이 여전히 남아 있기는 합니다. 예를 들면 그 신발에 들어 있는 것 같은 고무줄이 1864년에도 있었을까요? 하지만 그럴 가능성이 점점 커지는 것 같네요."

'오캄의 면도날'이라는 유서 깊은 철학자의 격언이 있다. 사실과 부합하는 설명들 중에서 가장 단순한 설명이 보통 옳다는 것이다. 오랫동안 살인사건에서 기괴한 반전이 일어나는 경우를 많이 보았기 때문에 오캄의 면도날이 때때로 엉뚱한 방향으로 향할 수 있음을 알고 있었지만, 이 경우는 오캄의 면도날이 옳은 것 같았다. 내 연구실에 있는 시신이 윌리엄 샤이 대령이라고 하면 많은 의문이 풀린다. 어째서 충치를 치료하지 않았을까? 입고 있던 옷이 그냥 격식만 차린 옷이 아니라 그렇게도 특이해 보였던 이유가 무엇이었을까? 어째서 옷에 합성섬유도, 라벨도, 추적 가능한 다른 인공물도 전혀 없었을까?

관 위에 앉아 있는 시신을 발견했을 때는 무덤 위에 추가로 가져다 놓은 시신처럼 보였지, 관 뚜껑에 난 작은 구멍으로 끄집어낸 시신 같지는 않았다. 이렇게 그 시체가 무덤에 추가로 묻힌 시신이라 가정하고 나니 당연히 그것은 살인사건 피해자, 그것도 최근에 일어난 사건의 피해자라는 것이 논리적으로 자명해 보였다. 그리고 19세기 묘지에서 작은 뼛조각만 발굴했던 내 기존의 경험에 비추어 이리저리 머리를 굴려보니 관 속에 시신이 없는 이유를 설명하기도 어렵지 않았다(클라이드 스티븐스 코로너 검시관은 샤이 대령의 시신이 애초에 그 관에 들어가 있었는지 의심하며 시신이 없었던 이유를 다른 식으로 설명했다. 그는 내슈빌의 한 기자에게 이렇게 말했다. "그럼 벨트 버클이나 단추 같은 것이 있을 것이라 생각했을 테지만, 우리는 아무것도 찾지 못했습니다").

적어도 우리가 찾으리라 예상했던 것은 아무것도 찾지 못했다. 모든 관련자 아니면 적어도 언론에 이름이 올랐던 사람들에게는 참으로 민망한 일이었지만, 눈에 잘 띄는 곳에 숨겨져 있던 사람은 바로 샤이 대령 그 자신이었다는 사실이 분명해졌다. 최근에 살해당한 희생자를 관 속으로 욱여넣다가 만 것이 아니라, 오래된 군인의 시신을 거의 관 밖으로 끄집어냈는데, 무덤 도굴꾼이 시신으로 줄다리기를 하다가 머리와 팔다리의 일부가 떨어져 나간 것이었다. 이렇게 새로운 관점에서 생각하면 두개골이 산산조각 나 있는 것도 완벽하게 이해가 된다. 제20테네시보병부대는 안전한 곳을 찾아 언덕 꼭대기로 갔지만 북군의 부대가 그곳을 완전히 포위해서 괴멸했고, 그 과정에서 샤이 대령은 전사했다. 대령은 치열한 백병전 끝에 이마에 갖다 대고 쏜 58구경 미니에탄minié ball에 맞았다.

이쯤 되자 이 이야기는 지역에서 발생한 범죄 이야기에서 인간사 이야기로 바뀌어 AP 통신사를 통해 전 세계로 급속히 퍼져 나갔다. 한 수수께끼의 시신이 발견되어 경찰을 당황하게 만들고, 그래서 저명한 과학자에게 자문을 했는데 그 과학자가 큰 실수를 저질렀고, 이 옛 군인이 최후의 웃는 자가 되었다는 이야기. 내가 받은 수많은 편지와 전화로 보아하니 곳곳의 신문사에서 이 이야기를 받아 적었나 보다. 예전에 가르쳤던 한 학생은 태국 방콕에서 발행하는 영자 신문을 한 부 내게 보내주었다.

몇 주 후에 샤이 대령은 자신의 무덤에 다시 안장됐다. 지역 장례식장에서 새 관을 기증했고, 100명이 넘는 남북전쟁 재연 배우가 복장을 완전히 갖춰 입고 나와 샤이 대령의 장례식을 완전히 군대식으로 치러주었다. 목사가 추도사를 마치자 번개가 번쩍이고, 천둥이 치고, 사람들 머리 위로 우박이 쏟아졌다. 역사에 기록된 대령의 113년 전 첫 장례식과 완전히 일치하는 장면이었다! 아마도 이번에는 이 남군 군인이 편안하게 눈을 감을 수 있을 것 같다.

하지만 나는 편하지 못했다. 시신이 샤이 대령인 것으로 밝혀지면서 몇 가지 의문은 해소되었지만 커다란 새로운 의문이 생겼다. 어떻게 내가 사망 후 경과시간을 무려 113년이나 빗나가게 판단할 수 있었을까?

알고 보니 이 의문에 몇 가지 해답이 나와 있었다. 가장 간단한 첫 번째 해답은 조직 표본의 화석 분석을 통해 나왔다. 알고 보니 이 시신은 방부 처리가 되어 있었다. 1860년대에는 요즘만큼 흔한 일이 아니었지만, 그가 부유하고 사회적 지위가 있는 장교이자 신사였음을 생각하면 그리 놀랄 일도 아니었다. 샤이 대령 정도로 지위가 있는 사람이라면 최고의 의복을 입혀서 매장했을 것이다. 우리는 나중에 1860년대 초에 촬영한 샤이 대령의 마지막 사진에서 시신이 입고 있던 것과 똑같은 검정 재킷과 주름 셔츠를 알아볼 수 있었다.

그다음 퍼즐 조각은 금속학과 화학을 동원한 탐정 수사를 통해 나왔다. 그의 관이 주철로 만들어져 있었던 것을 기억할 것이다. 이것은 아주 튼튼해서 한 세기 넘게 물이 관 속으로 스며들지 않게 막아주었다. 이것은 또한 관 파리coffin fly도 막아주었다. (관 파리는 각다귀 크기의 아주 집요한 파리 종류로, 땅속 깊이 파고들어 나무 관에 구멍을 낼 수 있고, 금속 관에 작은 틈새만 있어도 파고들 수 있다.) 그리고 이 관은 용접으로 밀봉이 되어 있어서 세균이 사람의 연조직을 소화할 때 사용할 산소가 거의 없었다. 그래서 사후 2개월에서 6개월밖에 안 된 것 같은 분홍색 기운이 피부에 돌았던 것이다.

이것은 내가 스스로에게 던졌던 골치 아픈 질문에 대한 단편적인 해답일 뿐이었다. 포괄적 해답을 구하려 할수록 더 불편한 해답으로 이어졌다. 사람의 목숨이 끝났을 때 시작되는 사후 과정에 대해 내가 제대로 아는 것이 없다는 사실이었다. 그리고 나만 그런 것도 아니었다. 그것에 대해 충분히 아는 사람이 없었다. 인류학자, 병리학자, 코로너 검시관, 경찰 등 우리 모두 죽은 후에 시신에서 무슨 일이, 어떻게, 언제 일어나는지에 대해 딱할 정도로 모르고 있었다.

샤이 대령은 몇몇 신문기자와 내 가벼운 주둥이의 기막힌 도움을 받아, 법의학 지식에 대한 나의 깊은 무지와 커다란 간극을 드러내 보여주었다. 나는 개인적으로는 망신스러웠고, 과학적으로는 흥미를 느꼈다. 무엇보다도 나는 이것에 대해 무언가 행동을 해야겠다고 마음을 먹게 됐다.

그리고 그 순간부터 모든 것이 변했다. 내가 한 번도 상상해보지 않았던 방식으로 말이다.

6

불타버린 집이 말해준 진실

그 이유는 모르겠지만 갑자기 법의학이 텔레비전에서 아주 뜨거운 주제가 됐다. 밤이면 밤마다 끝없이 새로운 희생자들이 연달아 살해당하고, 또 밤이면 밤마다 그 살인사건들이 신속하고 똑똑한 방식으로 해결된다. 적어도 대부분의 텔레비전 드라마에서는 법의학자들이 엄청난 지능과 온갖 현란한 기술로 무장한 사실상의 신처럼 묘사된다.

인정하기는 싫지만 나는 텔레비전에 나오는 슈퍼 탐정들만큼 똑똑하지 못하다. 그리고 외람된 말이지만 법의학을 하는 내 동료들도 마찬가지다. 우리는 천재가 아니다. 그리고 우리의 장비가 모든 질문에 답하고, 모든 범죄자를 족집게처럼 잡아낼 수도 없다. 텔레비전이 살인사건 수사의 신속성과 확실성에 대해 비현실적인 기대를 끌어내기도 하는 것이 사실이지만, 어떤 프로그램은 살인자들을 정의의 심판대에 올리는 데에 법의학자가 맡는 역할을 재조명하는 일에 큰 역할을 했다. 특출하지 않은 평범한 현실의 법의학자라도 말이다. 그리고 이런 프로그램이 아주 정확히 짚고 있는 부분이 있다. 범죄를 해결할 때는 범죄 현장 조사가 엄청나게 중요하다는 사실이다.

놀랍게도 내 동료 법의인류학자 중에는 범죄 현장에 한 번도 나가보지 않은 사람이 많다. 열에 아홉은 그렇다. 그들은 실험실 탁자 위나 현미경 아래 놓인 뼈를 조사하는 데 만족할 뿐, 현장의 배설물이나 진흙탕, 또는 핏물에 손이나 신발을 더럽히는 일이 없다. 그렇게 하면 깨끗하고 뽀송뽀송한 상태를 유지할 수야 있겠지만, 살인 희생자에게 일어난 사건의 진실을 밝혀줄 수많은 증거를 놓치는 셈이다. 제임스 그리즐James Grizzle 같은 희생자의 경우, 범죄 현장에서 짜 맞춰본 그의 이야기는 내가 접해본 가장 기괴하고 충격적인 이야기 중 하나였다.

1월의 어느 쌀쌀한 아침, 나는 테네시 호킨스 카운티 보안관 사무실의 한 형사로부터 전화를 받았다. 그 형사는 일주일 전이나 그 전에 자택에서 불에 타 죽은 것으로 추정되는 한 남성의 시신 수색을 도와줄 수 있는지 물어왔다. 나는 그러겠다고 하고 내 대학원생 중 제일 똑똑한 스티브 심스Steve Symes, 팻 윌리Pat Willey, 데이비드 헌트David Hunt 이렇게 세 명을 불러 다음 날 아침에 호킨스 카운티로 160킬로미터를 달렸다.

그즈음 나는 테네시주에서 10년 동안 범죄 현장과 사망사건 현장을 수색해왔기 때문에 효율적인 일처리 방식을 확립해두고 있었다. 법집행기관으로부터 사람의 유해를 찾고, 수습하고, 신원 확인을 하는 데 도움을 달라는 요청을 받을 때마다 나는 네 명 단위의 법의학 대응팀을 꾸린다. 교수 한 명(당시에는 내가 맡았지만, 지금은 다른 교수들도 돌아가면서 법의학 사건을 맡고 있다)과 뼈 해부학osteology 및 사람 뼈 신원 확인을 훈련받은 학생 세 명, 이렇게 넷이 한 팀이다.

더 이상 내 차를 이용하지는 않았다. 인류학과에는 이제 픽업트럭이 한 대 마련되어 있었다. 이 트럭에는 현장 작업에 필요한 장비들이 항상 실려 있다. 땅을 파는 데 쓰는 삽과 모종삽, 흙에서 작은 뼈와 뼛조각을 걸러내는 데 사용하는 철망 체, 트럭 뒤에 시신을 실어서 운반할 때(트럭 화물칸은 덮개형 캐노피를 씌워놓았다) 사용하는 시체 운반용 부대 세 개, 흩어져 있는 뼈, 탄피, 담배꽁초, 맥주병, 칼, 그리고 우리가 수습한 다른 증거물을 수집할 때 사용하는 증거 보관용 종이봉투, 시신이나 뼈가 나무, 전신주, 건물 등의 고정된 지형지물과 얼마나 가까이 있었는지 측정할 때 사용하는 30미터 줄자, 증거가 되는 뼛조각이 발견된 곳을 모두 표시하기 위한 빨간색이나 주황색의 표시 깃발, 그리고 적어도 두 대의 카메라 등이다.

나는 카메라가 우리 장비 중에서 가장 중요한 것이라 생각했다. 카메라는 현장, 수색 과정, 특히 사람 유해의 수습 과정을 기록하는 데 필수적이다. 내가 아는 과학연구 중 자신의 연구 대상을 완전히 파괴해야 하는 연구는 딱 두 가지가 있다. 고고학 유적지 발굴과 사망사건 현장 수사다. 연구가 끝날 무렵에는 현장이 완전히 해체되어 사라져버리기 때문에 반드시 그 모든 과정을 동영상으로 샅샅이 기록해두어야 한다. 뭔가 간과하고 넘어간 것이 있다고 해서 다시 돌아가 확인해볼 수가 없다. 얕은 무덤 위에 발자국이 남아 있었다 해도 당신이 그 위를 밟고 지나갔거나 땅을 파낸 후에는 더는 남지 않는다.

내게 범죄 현장 수사에서 가장 중요한 교훈을 가르쳐준 사람은 캔자스 수사국의 살아 있는 전설인 법집행관 해럴드 니에였다. "들어갈 때도 찍고, 나올 때도 찍어라." 걸핏하면 도끼를 휘두르는 깡패 얘기가 아니다. 여기서 찍는다는 것은 사진 찍는 것을 말한다. 그는 이렇게 말했다. "현장에 도착해서 차에서 내릴 때 집이든, 차든, 현장의 모든 것을 사진으로 찍으세요. 그리고 현장에 다가가는 동안에도 사진을 찍으세요. 땅을 밟고 걷기 전에 그 땅을 사진으로 찍어두세요. 그리고 그 땅 위에 누가 서 있었는지도 찍고, 현장의 경찰들이 어떤 신발을 신고 있었는지도 찍으세요. 시신을 옮기거나 만지기 전에도 찍어두세요."

해럴드는 클러터 가족의 시신이 발견되던 날 밤 그 집에 들어가면서 사진을 찍어두었다. 만약 그 사진을 찍어두지 않았다면, 그리고 해럴드가 그 집의 먼지 수북한 바닥을 촬영하기 전에 그나 수사와 관련된 다른 사람이 거기에 먼저 발을 들여놓았다면, 캔자스 수사국은 범인의 발자국을 보지도, 필름에 보존하지도 못했을 것이고, 그 발자국이 살인자의 것임을 입증할 수도 없었을 것이다. 해럴드가 집으로 들어가면서 사진을 찍어둔 덕분에 결정적 단서가 된 발자국을 필름에 담아 범인의 유죄 판정을 끌어낼 수 있었다.

사람의 생명이나 사법정의에 가격을 매기기는 힘들다. 반면 필름은 아주 저렴하다. 수십 년 동안 나는 범죄 현장에서 사진을 수십만 장

찍었지만 그중 단 한 장도 괜히 찍었다고 후회한 적이 없다. 카메라가 점점 더 정교해져서 적외선과 열도 촬영할 수 있고, 고해상도 디지털 이미지 촬영도 가능해지고, 경도와 위도로 정확한 위치까지 자동으로 기록해주는 GPS 수신기도 장착이 가능해졌다. 이런 사진 촬영이 범죄 현장 수사의 초점을 더욱 선명하게 가다듬어줄 것이다.

네 명의 법의학 대응팀 중 한 명은 항상 사진사 역할을 맡는다. 호킨스 카운티의 불탄 집 수색에서는 대학원생 중 한 명인 스티브 심스가 촬영을 담당하기로 했다. 스티브는 범죄 현장 사진 촬영에 놀라운 재능을 보여주었다. 그의 사진은 경찰서나 보안관 사무실에서 나온 공식 사진사가 촬영한 것보다 훨씬 자세한 부분까지 드러내 보여주는 경우가 많았다. 당시에는 나도 모르고 있었지만, 그날 스티브는 심각한 핸디캡을 안고 고생스럽게 촬영에 임해야 했다. 수색 날 아침 그는 지독한 숙취에 시달리며 흠뻑 젖어 뼛속까지 추위에 떨면서 잠에서 깼다. 스티브가 술에 취해 잠들어 있는 동안 밤중에 그의 물침대에서 물이 새면서 그의 집 바닥과 아랫집 천정까지 온통 물바다가 된 것이다. 다행히도 그가 사용하던 전기담요의 전선은 방수 처리가 되어 있었다. 그렇지 않았다면 그는 전기구이 신세가 되었을지도 모른다. 안 그래도 최악의 컨디션이었는데 거기다 테네시 동부의 기복 심한 산악 도로를 달려야 하니 상황이 더욱 좋지 않았다.

녹스빌에서 로저스빌에 있는 호킨스 카운티 보안관 사무실까지 차로 가는 데 90분 정도가 걸렸다. 거기부터는 수사를 지휘하고 있던 앨비스 윌모트Alvis Wilmot 부서장의 뒤로 홀스턴강Holston River 북쪽 지류를 따라 나 있는 구불구불한 도로를 따라갔다.

인구 4000명의 로저스빌에서 시골로 나가면 정말 주변에 아무것도 없다. 도시 외곽으로 40킬로미터 정도 자갈길을 따라 달리니 외딴 강 계곡에 도착했다. 인구가 워낙 희박하고 외부인을 경계하는 곳이다 보니 집 주인의 가족이 버지니아에서 차를 몰고 들어와 집이 쑥대밭이 된 것을 발견하기 전까지는 화재 신고도 들어가지 않았다. 땅은 나무가 우거져 있고, 동쪽으로 홀스턴강 북쪽 지류의 맑고 푸른 강물을 향해 가파르게 기울어져 있었다. 우리는 모두 차에서 내려 다리를 스트레칭했다. 스티브는 특히나 깊게 심호흡을 했다.

윌모트 부서장의 말로는 8일 전에 화재가 났었다고 한다. 제일 가까운 이웃과 면담한 내용으로 추측해보면 화재는 새벽 2시 정도에 시작된 것 같다. 집이 완전히 불타고 난 후에 남은 것은 불에 그을린 사각형의 돌무더기와 그 주위를 뒤죽박죽 둘러싸고 있는 검게 그을린 벽돌밖에 없었고, 커다란 돌무더기가 굴뚝이 서 있던 중심부 근처의 한 지점을 가리키고 있었다.

이 집과 땅은 제임스 그리즐이라는 버지니아 사람이 한 달쯤 전에 구입한 것이었다. 그는 이곳보다 산이 더 많고 인구도 적은 지역 출신이었다. 그리즐은 집의 리모델링을 시작하려고 12월에 이곳으로 이사했다. 불은 1월 15일에 일어났다. 6일 후 그리즐의 아버지는 아들한테서 아무런 소식이 없어 직접 확인하려고 이곳에 왔고, 집이 불탄 것을 보자마자 보안관에게 전화를 걸었다. 우리의 목표는 불타고 남은 이 잿더미 속 어딘가에 그리즐의 시신이 누워 있는지 판단하는 것이었다.

법의학적으로 보면 화재 현장은 상황과 과제의 흥미로운 조합을 제시한다. 부패된 시신이나 뼈와 관련된 여느 사망 현장과 마찬가지로 이 경우도 사람의 유해를 모두 찾아 수습하는 것이 중요하다. 하지만 화재 현장에서는 뜨거운 불길 속에서 인체가 겪는 극적인 변화 때문에 그것이 쉽지 않다.

제일 먼저 팔과 다리가 불타서 사라진다. 상대적으로 굵기가 가늘고 산소로 둘러싸여 있는 팔다리는 불쏘시개 같아서 불이 쉽게 붙고, 빨리 탄다. 겨우 몇백 도 온도에도 피부가 짧은 시간 안에 검게 변하고, 피부 아래 지방이 지글지글 끓기 시작하며, 몇 분 만에 피부가 갈라져 열리면서 그 아래 살이 타기 시작한다. 그리고 그 과정에서 무언가 놀랍고 섬뜩한 일이 일어난다. 팔다리가 움직이기 시작하는 것이다. 손과 발이 주먹을 쥐듯 오그라들고, 팔은 어깨를 향해 말려들고, 다리는 무릎이 구부러지면서 살짝 벌어진다. 이것은 생물역학과 근력 때문에 일어나는 현상이다. 팔과 다리를 구부리는 근육인 굽힘근flexor이 팔다리를 펴는 폄근extensor보다 힘이 더 강하다. 근육과 힘줄tendon, 건이 열기에 익어 말라가면서 석쇠 위에 올린 고기처럼 수축하는데, 굽힘근이 폄근을 이긴다.

그렇게 해서 만들어지는 자세가 링 위에 선 권투선수의 모습과 흡사하다. 그래서 우리는 이 자세를 투사형 자세pugilistic posture라고 부른다. 목을 매단 희생자에게서 피부가 보라색으로 변하고 혀가 부어오르는 모습이 일관되게 등장하는 것처럼, 희생자의 팔다리가 자유롭게 구부릴 수 있는 상태에 있다면 이런 자세가 아주 뚜렷하고 일관되게 등장한다. 반면 팔이 등 뒤에 묶여 있거나 고정되어 있으면 이렇게 웅크리는 자세가 나오지 못한다. 그래서 불에 탄 시신의 팔이 곧게 뻗어 있다면 이것은 희생자가 어떤 식으로든 어디에 갇혀 있었거나 속박되어 있었음을 보여주는 중요한 단서가 될 수 있다.

정말로 극적인 또 다른 변화가 머리에서 일어난다. 머리뼈는 기본적으로 밀봉된 그릇이나 마찬가지다. 그 안에는 액체와 촉촉한 뇌 조직이 채워져 있다. 불에 노출되면 오래지 않아 그 수분이 끓는점에 도달하고, 머리뼈 내부에 압력이 발생한다. 불이 뜨거울수록 압력도 높아진다. 만약 그 압력이 빠져나갈 구멍이 있다면, 예를 들어 머리뼈에 총상으로 구멍이 나 있다면, 그 압력이 머리에 아무런 해를 입히지 않고 빠져나갈 수 있다. 하지만 그렇지 않은 경우에는 머리뼈가 말 그대로 터지면서 뼈가 동전 크기 정도의 수많은 조각으로 쪼개진다. 화재 현장에서 머리뼈 조각을 수습해서 재건하는 일은 법의인류학자들이 마주해야 할 일 중에서도 가장 지루한 일이다. 그렇게 조각을 찾아서 다 이어 붙인 후에도 어려움은 여전히 남아 있다. 화재 때문에 무수히 많은 골절선이 나 있고, 중간에 가끔 빠진 조각도 있다 보니 그 안에서 둔기에 의한 외상이나 날카로운 힘에 의한 외상의 흔적을 찾기가 어려울 수 있다.

하지만 시신을 완전히 다 태우기는 어렵다. 범죄 현장을 수사하는 사람 처지에서는 참 다행스러운 일이다. 화장을 하는 경우에도 뼈가 상당히 많이 남기 때문에 기계로 빻아 가루를 내야 한다. 하지만 다리의 넙다리뼈와 정강뼈, 팔의 위팔뼈humerus, 상완골처럼 몸에서 가장 크고 튼튼한 뼈도 화재에 심하게 손상을 입을 수 있다. 화재의 온도가 꽤 낮은 경우에는 긴뼈가 검은색이나 캐러멜 같은 갈색으로 변할지언정 구조적으로는 비교적 온전한 상태를 유지한다. 하지만 휘발유나 다른 가연성 촉매제를 이용해서 방화를 한 경우에는 온도가 섭씨 1100도까지 올라갈 수 있다. 그런 극단적인 온도에서는 뼈가 화학적·구조적 변화를 겪는다. 뼈에는 나머지 신체 부위와 마찬가지로 탄소가 들어 있고, 극단적 고온에서는 탄소가 타서 뼈 밖으로 빠져나올 수 있다. 그 뒤로 남은 것을 소성燒成 뼈calcined bone라고 하는데, 산호초가 그것을 구축한 생명체가 죽은 다음에도 형태를 그대로 유지하듯이 이 소성 뼈도 형태는 그대로 유지할 수 있지만, 무게가 엄청 가벼워지고, 색깔은 회색 기운이 돌고, 열 골절heat fracture이 여기저기 나 있고, 아주 약해져서 손으로 잡기만 해도 바스러질 수 있다. 발로 밟으면 분명히 바스러질 것이다(최근에 살인사건의 재심리를 준비하던 한 변호사로부터 연락을 받았다. 그가 말하길 희생자의 머리뼈가 불타서 생긴 소성 뼛조각이 검찰 측의 핵심 증거였는데, 그 뼈가 사고로 바닥에 떨어졌고, 판사가 다시 그것을 밟는 바람에 완전히 가루가 되어버렸다고 한다).

파괴력이 그처럼 강력하지만, 불은 놀라울 정도로 많은 양의 정보를 뒤에 남긴다. 단, 그 증거를 어디서 어떻게 찾을지 알고 있어야 한다. 사실 나는 화재 현장이 타기 전에는 어떤 모습이었을지 머릿속에서 재구성해보는 과학 퍼즐을 즐기게 됐다. 잿더미 속에 단추와 똑딱단추, 호크 단추, 황동 리벳, 지퍼 같은 게 묻혀 있다고? 쉽다. 셔츠와 브래지어, 청바지 같은 옷들이 잔뜩 들어 있던 서랍장이 있었을 것이다. 새까맣게 탄 샹들리에 옆에 깨진 유리와 도자기 조각이 쌓여 있다고? 주방의 그릇 장식장이 있었을 것이다.

불탄 집의 예전 모습을 머릿속에서 재구성하는 데서 가장 중요한 열쇠는 천장과 지붕이 타고 남은 몇 센티미터 두께의 재를 꼼꼼하게 살펴서 추려내는 것이다. 그 층 밑에는 예전의 모습에 대한 풍부한 정보가 담겨 있다. 예를 들어 가정집에 있는 대부분의 의자는 나무로 만들어져 있지만, 보통은 다리마다 작은 금속 받침이 달려 있다. 이것으로 화재 당시 의자의 위치를 알 수 있다. 책상이 타는 경우에도 종이 클립이나 스테이플러 같은 것으로 그 위치를 알 수 있다. 바늘, 핀, 가위 같은 것들이 모여 있다면 반짇고리에 들어 있던 것일 수 있다.

내가 화재 현장에서 발견한 것 중 값이 제일 많이 나가는 것은 1만 2000달러짜리 다이아몬드 목걸이였다. 이것은 한 여성이 저택에서 일어난 의심스러운 화재 때문에 죽기 한 달 전에 남편에게 받아서 포장을 풀어본 크리스마스 선물이었다. 목걸이는 벽 아래 쌓인 재 밑에서 찾았고, 그 주변에 안전핀이 고정되어 있었다. 안전핀이 고정되어 있는 것도, 목걸이가 발견된 장소도 이상하게 느껴져서, 뭔가 단서를 찾으려고 가족들에게 물어보았다. 가족 말로는 그녀가 자기 보석들을 커튼의 접힌 곳에 핀으로 꽂아두기를 좋아했다고 한다. 커튼을 닫으면 보석이 전시되고, 커튼을 열면 보석이 감춰진다. 아니나 다를까 내가 목걸이를 발견한 곳도 유리창 바로 아래였다. 설명이 우리가 현장에서 발견한 내용과 정확히 맞아떨어졌다.

때로는 화재 현장에서 찾지 못한 것이 찾아낸 것만큼이나 많은 정보를 주기도 한다. 한번은 경찰과 방화사건 수사관이 이미 조사했지만 의심스러운 것이 전혀 나오지 않은 화재 현장을 내가 발굴한 적이 있었다. 그 집에서 가장 인상적인 부분은 불에 탄 시신을 수습하면서 보니 부엌에 나이프, 포크 등의 은식기류가 하나도 없고, 옷장에는 옷걸이가 하나도 없고, 벽에도 그림 액자가 없었다는 점이다(그림 자체나 나무 액자는 타겠지만, 금속 액자 또는 나무 액자 뒤쪽에 있는 작은 나사나 못, 철사 등은 타지 않고 벽 쪽 바닥 위에 떨어진다). 내 눈에는 화재가 일어나기 전에 몇몇 큰 물품을 제외하고는 누군가 집을 싹 털어간 것이 분명해 보였다. 이것은 방화사건임을 말해주는 전형적인 정황이다. 하지만 이야기를 구성하는 과정에서 가장 이상했던 부분은 따로 있었다. 사망한 사람이 집주인이 아니라 집을 태우기 위해 고용된 사람이었던 것이다.

집에 휘발유를 뿌린 건 다름 아닌 이 사람이었다. 그런데 우연히도 그때 심한 천둥 번개가 치고 있었다. 남자가 휘발유를 뿌리고 있는데 집에 번개가 내려쳐 휘발유 증기에 불이 붙었고, 격렬한 폭발이 일어나면서 그 남자는 거의 즉사하고 말았다. 타이밍이 안 좋아도 이렇게 안 좋을 수 있을까? 이 사건의 경우 현장 증거를 통해 실제로 범죄가 저질러졌음을 알 수 있었지만, 그 범인의 죄목은 살인이 아니라 방화와 보험 사기였다.

나는 화재 현장에 호출되어 갈 때마다 골격을 모두 찾으려고 애쓰지만 거기서 멈추지는 않는다. 화재가 일어나기 전과 일어나는 동안에 발생했을 법한 사건들을 최대한 추론해본다. 보석, 치아, 뼈를 확인하는 데 특히 신경을 많이 쓰지만 다른 증거들도 확인하고, 또 확인해본다. 그리고 무슨 일이 벌어졌는지에 관해 어떤 결론을 내리기 전에 모든 증거를 종합적으로 고려한다.

화재 현장에서 법의학 증거를 파괴하는 주범은 불, 그 자체가 아니다. 훈련도 제대로 받지 않고 의욕만 앞서는 수사관의 갈퀴질이 가장 큰 범인이다. 사람의 뼈 해부학을 제대로 배운 적도 없고 불에 탄 뼛조각을 어떻게 알아보고 확인하는지도 모르는 수사관은 화재 현장을 정말 엉망으로 만들 수 있다. 경찰이 시신을 찾겠다고 범죄 현장을 여기저기 돌아다니며 불에 탄 것들을 모두 갈퀴질로 긁어서 길쭉하게 산등성이 모양으로 모아놓는 경우가 정말 미칠 정도로 흔하다.

한번 생각해보자. 화재가 시작됐을 때 시신이 놓여 있던 위치와 방향을 알고 싶다면? 그리고 시신이 총, 칼, 총알 같은 물품과 얼마나 가까이 있었고, 그것들이 정확히 어떤 위치에 있었는지 알고 싶다면? 그런 상황에서 갈퀴질로 모든 것을 다 휘저어 놓는다면 과연 무엇을 알아낼 수 있을까?

언젠가 자살 사건으로 의심되는 시신을 수색하기 위해 팀과 함께 화재 현장에 도착한 적이 있었다. 그런데 소방 책임자한테 힘들게 조사해볼 필요 없다는 말을 들었다. 현장은 엄청나게 컸다. 집 한 채, 곳간 한 채, 그리고 여섯 개의 다른 별채로 이루어진 농장 단지였다. 소방관과 방화사건 수사관이 굴삭기를 이용해서 돌무더기를 상당 부분 치워놓은 상태였다. 나는 가장 유력한 수색 장소는 집일 거라 생각했지만 소방 책임자가 비웃듯 말했다. "집 안은 다섯 번이나 갈퀴질을 했습니다." 그래도 이왕지사 이렇게 온 김에 한번 보겠다고 하자 그는 마치 우리더러 바보라는 듯 고개를 저으며 가버렸다.

엉망으로 휘저어 놓은 더미를 체로 꼼꼼하게 걸러서 사람의 머리뼈 조각 몇 개를 찾아냈다. 남은 조각이 고작 몇 개뿐이었다. 소성 뼈 위로 굴삭기가 뒹굴고, 그다음에는 갈퀴로 다섯 번이나 휘저어 놓았으면 물체들이 거의 가루로 박살 날 수밖에 없다. 그래도 그 남성이 자기 집에 불을 질러 자살했음을 밝히기에는 부족함이 없었다.

다행히 호킨스 카운티 사건의 경우에는 보안관 사무실에서 화재 현장이 어질러지기 전에 우리에게 먼저 연락했다. 방화사건 수사관이 그곳에서 우리와 합류할 예정이었지만 현장에는 우리가 제일 먼저 접근할 수 있었다. 돌무더기 어딘가에 불에 탄 뼈가 있다면 당연히 우리가 찾을 수 있을 것이고, 뼈들이 아마 아주 가까이 모여 있을 것이다.

강을 마주보고 있는 동쪽 경사면에서는 집이 2층 높이로 서 있었다. 서쪽은 언덕에 묻혀서 한 층만 지상으로 올라와 있었다. 윌모트 부서장이 말하기를 이전 소유자의 설명에 따르면 그리즐이 잠을 자고 있었을 가능성이 제일 큰 침실은 위층 북쪽 끝방이라고 한다. 물론 이제 위층은 존재하지 않는다. 화재가 일어났을 때 들보가 모두 타서 2층 바닥과 지붕이 전체 구조물을 떠받치고 있는 콘크리트 판으로 무너져버렸다. 그런데 이 콘크리트 판은 아주 고마운 친구였다. 뒤죽박죽 낮게 쌓인 벽돌로 둘러져 있는 콘크리트의 매끄럽고 단단한 표면이 증거를 모으는 하나의 거대한 판 역할을 해서 우리 대신 모든 것을 모아주었다.

우리는 10시 30분 정도에 집의 언덕 쪽부터 시작해서 집의 중앙을 향해 샅샅이 체로 치며 꼼꼼하게 조사해나갔다. 그러다 11시 15분쯤에 빨갛게 충혈되고 침침한 눈이었지만 스티브 심스의 날카로운 눈에 굴뚝이 무너져 생긴 벽돌 더미 아래로 삐져나온 뼈가 하나 들어왔다. 벽돌을 들어 올리자 두 세트의 다리뼈와 척추 대부분이 나왔다. 일부 관절은 여전히 관절을 이루고 있거나 인대와 연골로 붙어 있었지만 뼈 자체는 조각나 있는 것이 많았다. 완전히 소성되어 산산이 조각난 이 생명의 파편들이 내 손안에서 마치 부서진 머그잔 조각처럼 쨍그랑거렸다. 이 시신은 심각한 수준으로 소각되어 있었다.

뼈의 상태로 보아 아주 뜨거운 불이었음을 알 수 있었다. 전기 배선의 상태도 그것을 확인해주었다. 녹아서 흘러내린 구리가 콘크리트 바닥에 들쑥날쑥하게 선을 그려놓았다. 구리의 녹는점은 섭씨 1084도다. 따라서 불길은 그보다 더 뜨거웠다. 더군다나 그런 뜨거운 온도는 가연성 촉매제의 존재를 분명히 보여주고 있었다. 휘발유나 다른 가연성 액체를 추가하지 않으면 가정 화재는 보통 섭씨 870도를 넘기 힘들다는 것이 실험을 통해 입증된 바 있다.

뼈가 집중적으로 발견된 곳의 위치는 강을 바라보는 동쪽 벽에서 안쪽으로 30센티미터 정도, 그리고 집을 북쪽과 남쪽으로 나누는 콘크리트 벽돌담에서 북쪽으로 몇십 센티미터 정도 떨어진 장소였다. 뼈를 수습하다가 우리는 남성용 팬티 조각에서 나온 하얀색 면직물 조각 위에 있는 불에 탄 조직 덩어리 하나와 불에 그을린 탁한 올리브색 바지를 발견했다.

이 시점에서 우리는 남성의 시신을 발견한 것이라 꽤 확신하고 있었다. 이 남성은 실종된 제임스 그리즐일 가능성이 아주 컸다. 하지만 현장 수색을 이어갈수록 상황이 더 명확해지는 것이 아니라 더 애매해지고, 점점 더 흥미로워졌다.

다리, 골반, 척추의 위치를 보면 시신이 등을 대고 누워 있었음을 알 수 있었다. 다리가 몸통 위로 접혀 있고, 무릎은 어깨 위로 올라가 원래 머리가 있었어야 할 공간을 차지하고 있었다. 머리는 보이지 않았다. 우리는 머리를 찾아서 주변을 샅샅이 뒤져보았다. 그리고 마침내 1.8미터 정도 떨어진 곳에서 또 다른 벽돌 무더기에 파묻혀 있던 팔뼈, 갈비뼈 몇 개, 머리뼈, 아래턱뼈를 찾아냈다. 처음 발견했던 뼈들과 마찬가지로 이 뼈들도 잘게 조각나서 이상하게 배열되어 있었다. 화재 때문에 그런 것으로 보였다.

하지만 어째서 아래쪽 신체 부위 3분의 2와 1.8미터나 떨어져 있었던 것일까? 머릿속으로 그 가능성들을 유추해보다가 집이 2층 구조라는 데 생각이 미쳤다. 나는 이와 유사한 건물에서 시신의 일부가 불에 타서 바닥에 난 구멍으로 떨어지고, 나머지는 다른 곳에 그대로 남아 서로 다른 돌무더기 층에 있었던 경우를 본 적이 있다. 이번에도 그런 일이 일어난 것일까?

나는 다리와 골반을 다시 보았다. 속옷과 바지에서 나온 면직물을 제외하면 뼈 밑에 별다른 것이 없었다. 그냥 타지 않은 석고보드와 타지 않은 바닥 타일, 그리고 집의 콘크리트 판 정도였다. 머리, 팔, 갈비뼈가 발견된 곳에서도 그 아래로 별것이 없었다. 만약 몸의 일부는 불에 타서 위층에 난 구멍으로 떨어졌고, 나머지는 위층 침실에 그대로 남아 있다가 2층이 전체적으로 붕괴할 때 떨어진 것이라면 두 개의 뼈 무리 중 어느 한쪽의 아래에는 불에 탄 잔재들이 많이 나왔어야 한다. 나무 들보 조각, 바닥 마감재, 바닥재 같은 것들이 말이다. 그 남자가 화재가 시작된 새벽 2시경에 잠을 자고 있었다면 검게 그을린 침대 스프링이나 불에 탄 매트리스 같은 것이라도 나와야 한다. 하지만 뼈 밑에서 다른 것들이 거의 보이지 않는 것을 보면 2층이 완전히 타서 콘크리트 판 위로 붕괴했을 때 이미 시신 전체가 아래층에 있었음을 암시한다.

하지만 그렇다면 대체 왜 몸의 위쪽 부분이 아래쪽 부분과 그렇게 떨어져 있었단 말인가? 화재의 열기 때문에 머리뼈가 폭발하거나 산산조각 난 경우는 많이 봤어도 열기 때문에 머리와 상반신이 실내를 가로질러 날아간 경우는 한 번도 본 적이 없었다.

머리를 긁적이며 한 무더기의 뼈와 또 다른 무더기의 뼈를 번갈아 바라보다 머릿속에 들어 있던 생각이 입으로 튀어나왔다. "이렇게 몸이 분리되어 있는 이유는 일종의 폭발이 있었던 것이라고밖에는 설명할 길이 없어."

내가 그 말을 하자마자 윌모트 부서장이 말을 꺼냈다. "그런 말씀을 하시다니 재미있네요. 도로를 따라 아래쪽에 사는 이웃 한 명이 불이 나기 전에 폭발음을 들었다고 했거든요." 그가 그 수사 정보를 조금만 더 빨리 전달해주었다면 나는 그렇게 머리를 쥐어짤 필요가 없었을 것이다. 하지만 한편으로 생각해보면, 만약 그랬다면 머리를 굴려서 이색적인 가설을 뽑아내는 재미도 없었을 것이다. 나는 다시 뼈들을 들여다보았다. 복장뼈의 표면이 심하게 부러지고 패여 있었다. 그리고 척추는 머리뼈 바로 아래서 분리되어 있었다. 격렬한 폭발로 가슴이 찢어지는 경우에 꼭 이런 식으로 분리된다.

격렬한 폭발의 흔적이 조각난 몸통밖에 없었던 것은 아니었다. 척추에서 몇 센티미터 떨어진 등뼈thoracic vertebra, 흉추와 갈비뼈 부위에서 길쭉한 납 원반이 발견됐다. 길이는 2.5센티미터 폭은 2센티미터 정도 되는 그 납 원반은 꼭대기 부분이 평평해져 있었다. 그리고 그 밑면에는 직물이 찍힌 흔적이 남아 있었다. 법의학 천재가 아니더라도 화재가 나기 전에, 그리고 폭발이 있기 전에 사격이 있었다는 것을 분명히 알 수 있었다. 불과 몇십 센티미터 떨어진 거리에서 사람의 심장을 조준해서 쏜 것이다.

아직도 애매한 부분이 남아 있었지만, 한 가지는 분명했다. 희생자가 집에 꼼꼼히 휘발유를 뿌리고, 자기 가슴에 다이너마이트를 끈으로 묶고, 도화선에 불을 붙인 다음, 자기 심장을 겨누어 방아쇠를 당긴 것이 아니라면 이것은 명확한 살인사건이었다. 그 살인범은 범죄의 증거를 없애려고 대단한 노력을 기울였다. 하지만 대단하기는 한데 성공적이지는 못했다.

데이비드 헌트와 나는 발굴을 하고, 팻 윌리는 우리가 증거를 찾은 장소를 도표로 그리고, 뼈를 증거 보관용 종이봉투에 담고, 스티브 심스는 연이어 사진을 찍는 등 한 팀으로 묵묵히 일하면서 우리는 재에서 뼈와 치아를 체로 걸러 찾아냈다. 쌀쌀한 겨울 오후 햇빛이 어스름해지기 시작하자 우리는 차로 두 시간 거리인 녹스빌로 돌아가기 위해 트럭에 짐을 실었다. 불에 탄 유해가 들어 있는 스무 개 정도의 종이봉투는 트럭 뒤에 실었고, 잡힐 듯 말 듯 감질나는 의문 두 가지가 우리 주변을 맴돌았다. 이 뼈가 제임스 그리즐의 뼈가 맞을까? 그렇다면 누가 무슨 이유로 그를 죽였을까?

첫 번째 질문에 대답하려면 뼈와 치아를 꼼꼼히 조사해봐야 했다. 현장에서 우리는 유해가 남자의 것이라고 확신했다. 긴뼈들이 크고 굵

직굵직했고, 머리뼈가 조각나 있기는 했어도 머리뼈 밑면에 혹처럼 튀어나온 바깥뒤통수뼈융기가 쉽게 식별 가능하고, 특이할 정도로 컸다. 이는 남자라는 거의 확실한 증거였다. 연구실에 와서 측정한 값도 이런 심증을 더 확실히 굳혀주었다. 엉덩관절의 관절오목에 들어가는 공 같은 부위인 넙다리뼈 머리의 직경은 성인의 경우 보통 45밀리미터 이상으로 나온다. 우리 희생자의 넙다리뼈 머리는 무려 50밀리미터였다. 그리고 넙다리뼈 몸통의 둘레길이도 남성적인 수치인 94밀리미터가 나왔다. 여성의 넙다리뼈는 둘레길이가 81밀리미터를 넘는 경우가 드물다.

인종을 판별하기 위해 얼굴의 구조를 살펴보았다. 머리뼈는 심하게 조각나 있었지만 위턱뼈와 아래턱뼈는 상당 부분 온전하게 보존되어 있어서 판별이 가능했다. 아래턱뼈와 위턱뼈에서 치조와가 턱뼈와 만나는 치조골 영역alveolar area이 평평하고, 치아가 앞으로 기울지 않고 턱뼈에 수직으로 나 있었다. 달리 말하면 이 턱뼈는 백인 남성의 것이라는 의미다.

우리 희생자는 분명 성인이었다. 그의 빗장뼈가 완전히 융합되고 성숙해 있었기 때문에 적어도 25세 이상이라는 것을 알 수 있었다. 아래쪽 척추뼈에서는 골관절염 때문에 골변연osteoarthritic lipping이 시작된 것이 보였다. 골변연은 척추뼈 가장자리가 들쭉날쭉하게 선반 모양으로 튀어나오는 것을 말한다. 이것은 그의 나이가 30세 이상임을 의미한다. 하지만 골변연 현상이 미미한 것으로 보아 40세는 넘지 않았을 것으로 보였다. 윌모트 부서장이 제임스 그리즐은 36세라고 했다. 따라서 지금까지의 내용으로 보면 이 시신이 그리즐일 가능성이 컸다.

하지만 확신할 수 있으려면 치과 진료 기록을 확보하는 행운이 따라주어야 했다.

테네시의 바이블벨트Bible Belt(기독교 교세가 강한 미국 남부와 중서부 지대 - 옮긴이)로 이사 오기 전에 그리즐은 인디애나의 러스트벨트Rust Belt(사양길을 걷고 있는 미국 북부의 공업 지대 - 옮긴이)에서 철강 노동자로 일했다. 베들레헴철강Bethlehem Steel에서 근무한 덕에 의료 혜택과 치과 혜택은 잘 받고 살았다. 그리고 인디애나 라 포르테La Porte의 한 성실한 치과의사가 몇 년 전에 그의 엑스레이 사진을 촬영해둔 것이 있었다.

아래턱뼈, 즉 하악골은 위턱뼈, 즉 상악골보다 뼈가 더 치밀하기 때문에 재 속에서도 더 온전한 상태로 남아 있었다. 하지만 양쪽 턱뼈 모두 화재의 열기 때문에 법랑질enamel(치관의 제일 바깥층을 이루는 인체에서 제일 단단한 부위 - 옮긴이)이 치아의 뿌리, 즉 치근과 만나는 연결 부위에서 치아가 대부분 박살 나 있었다. 그리고 전반적으로 치아 충전물을 찾아볼 수 없었다. 그렇다면 치근과 턱뼈 자체의 구조와 기하학에서 나타나는 특성을 서로 맞추어봐야 했다.

그리즐의 하악 엑스레이 사진에서 발견한 내용은 다음과 같았다. 그의 왼쪽 제3대구치, 즉 사랑니는 완전히 맹출되어 있지 않았다. 그리고 제1대구치는 사라져 있었고, 치아를 잡고 있던 뼈가 흡수되기 시작하거나, 아니면 비어 있는 치조와를 뼈가 채우기 시작하고 있었다(그는 치과 진료의 혜택은 잘 받았지만 평생 그의 구강위생, 적어도 그의 전체적인 치아 건강은 많이 부실했다).

그리즐의 상악 엑스레이 사진을 보니 왼쪽 상악 제1소구치first

premolar, 작은어금니의 뿌리가 S 자 모양으로 희한하게 휘어져 있었다. 그리고 같은 치아의 안쪽 면에 치아 충전물이 있었다.

우리로서는 다행스럽게도 희생자의 상악 제1소구치는 치관(치아의 머리)이 산산조각 나지 않은 몇 안 되는 치아 중 하나였다. 그 치관에 충전물이 있었다. 엑스레이 사진에서 확인된 바로 그 위치였다. 상실된 대구치, 흡수된 뼈, S 자 모양의 치근 등 다른 특성들도 모두 완벽하게 맞아떨어졌다. 나는 윌모트 부서장을 불러서 그 희생자 시신이 제임스 그리즐로 신원 확인이 되었다고 말해주었다.

대체 누가 무슨 이유로 그리즐을 죽였느냐는 나머지 질문에 대한 대답은 윌모트 부서장과 그 동료들의 몫이었다. 그리고 그것을 밝히는 데 시간이 그리 오래 걸리지 않았다.

폭발과 화재 당시 그 사실을 알고도 굳이 신고하지 않았던 그 걱정 많고 배려심 많은(?) 이웃 중 한 명이 부서장에게 말하기를, 그리즐이 집을 산 후에 리모델링을 도와줄 사람을 고용했다고 한다. 스티븐 리언 윌리엄스Stephen Leon Williams라는 이름의 이 노동자는 그리즐과 함께 그 집으로 들어왔고, 함께 있으려고 자기 여자친구도 데리고 왔다.

그리즐은 은행에 돈이 많았다. 그의 아버지가 경찰에 말하기를 당좌계좌에 3만 달러, 저축계좌에 또 9000달러가 들어 있었다고 한다. 보아하니 그리즐이 윌리엄스에게 그 돈에 대해 얘기를 꺼낸 것이 실수였던 듯했다. 검사의 주장에 따르면 그리즐이 사라진 후로 며칠 동안 윌리엄스가 그리즐의 사인을 위조해서 수표로 돈을 인출했다고 한다.

살인 행위 자체로 충분히 야만적이었지만 그것으로는 성이 차지 않았는지, 그리즐의 심하게 훼손된 시신이 발견된 지 오래지 않아 어느 날 밤에 기이한 반전이 새로이 드러났다. 윌리엄스의 지인인 앤서니 레인 플린Anthony Layne Flynn이란 사람이 랄프스 바Ralph's Bar라는 킹스포트의 한 선술집에 앉아 술을 마시고 있었다. 맥주를 너무 많이 마셔서 혀가 풀리고 판단력이 흐려진 그는 윌리엄스가 자기네 도베르만 개를 그리즐의 집으로 데려와서 시체를 먹이라고 부탁했던 사연을 꺼내서 같이 술 마시던 사람들을 놀라게 했다. 하지만 그 개는 배가 별로 고프지 않았는지, 아니면 시체가 아직 충분히 익지 않은 탓인지 그리즐을 거들떠보지도 않았다.

그래서 윌리엄스는 다이너마이트에 기대보았다. 하지만 다이너마이트의 폭발은 시신을 완전히 박살 내는 대신 두 조각으로 찢어놓기만 했다. 그래서 최후의 수단으로 그는 집에 휘발유를 뿌리고 불을 질렀다. 밤하늘로 치솟아 오르는 불꽃을 보며 그는 분명 자신이 저지른 학살의 증거가 모두 파괴되고, 범죄의 흔적도 완전히 지워졌다고 생각했을 것이다. 하지만 사실 화재는 오히려 사람들의 이목을 끌었다. 그 화재는 어두운 숲속에서 밝게 빛나는 등대나 마찬가지였다. 여기 범죄 현장이 있으니 꼼꼼하게 수사해보라며 신호를 보내는 등대 말이다.

1981년 10월에 스티븐 리언 윌리엄스는 제임스 그리즐의 죽음에 대해 1급 살인으로 유죄를 선고받았다. 그리고 공동피고인이자 식성이 까다로운 도베르만의 소유주였던 앤서니 레인 플린은 무죄를 선고받고 풀려났다.

그리즐의 시신을 훼손한 충격적인 방식 때문에 윌리엄스는 전기의자 사형을 선고받았다. 형 집행일은 1982년 4월 16일로 예정되었다. 그의 변호사는 즉각 사형 선고에 대해 항소했다. 그렇게 일련의 항소가 이어지다, 그다음에는 또 미국 전역에서 사형 집행이 유예되면서 형 집행이 계속 지연됐다.

1999년 윌리엄스는 감옥 안에서 나를 상대로 소송을 제기했다. 그의 소송에는 몇몇 공동피고인의 이름이 함께 올라갔다. 수사관들, TV 프로그램 제작 회사, 그리고 디스커버리 채널Discovery Channel이었다(디스커버리 채널에서 그리즐 사건을 법의학 다큐멘터리로 제작했었다). 나는 우리 법률 체계에서 이런 일을 허용한다는 사실에 놀랐다. 유죄 판결을 받은 살인자가 재판이 있고 한참 후에 자기가 저지른 살인을 밝혀내어 보도한 사람들을 상대로 실제로 소송을 제기한 것이다. 다행히도 윌리엄스는 자발적으로 소송을 취하했다.

제임스 그리즐을 죽이고, 그 시신을 훼손하고, 폭파하고, 방화한 혐의로 유죄 선고를 받은 지 20년이 넘은 지금 윌리엄스는 테네시의 한 감옥에서 아직도 잘 살고 있다. 그리고 그 범죄 현장은 테네시의 숲으로 뒤덮인 지 오래다. 초록색 물줄기 위 가파른 언덕사면 어딘가, 두터워지는 낙엽과 토사의 층에서 잡초, 덩굴, 어린나무가 군락을 지어 자라고 있다. 그리고 그 아래로는 얼룩투성이 콘크리트 판과 벽돌 무더기가 천천히 사람들의 시야에서 사라지고 있다. 그곳은 한때 진짜 범죄 현장 수사관들이 잿더미를 체로 걸러가며 진실을 찾아냈던 장소다.

7

시체농장, 탄생하다

희생자가 죽은 지 이미 오래되었다면 머리와 얼굴은 부풀어 오르고, 피부와 머리카락은 떨어져 나오고, 입술과 입은 열려 있고, 눈알은 튀어나와 있고, 구더기가 시신을 파먹고 있을 것이다.
– 송자,《세원집록》, 서기 1247년에 나온 중국의 법의학 교과서[2]

샤이 대령의 사망 추정 시각을 무려 113년이나 잘못 판단했음을 깨닫고 나니 제일 먼저 엄청난 부끄러움이 밀려들었다. 이런 망신이 또 없었다. 취재하던 신문기자들에게 아주 확신에 차서 말했었건만, 이제 나는 오류를 인정할 수밖에 없었다. 그리고 그 이야기는 테네시에서 태국까지 온 세상에 기사로 나갔다.

하지만 부끄러운 경험이 인생의 가장 큰 통찰로 이어지는 문을 열어주기도 한다. 그 경험에서 배우고자 하는 의지만 있다면 말이다. 머지않아 나의 개인적 부끄러움은 과학적 호기심으로 바뀌었다. 내가 법의학 사건에 항상 매력을 느끼는 이유는 그 사건이 제시하는 어려운 도전 때문이다. 사건은 비극적인 범죄인 경우가 많지만, 해결해야 할 과학적 수수께끼이기도 하다. 나는 사냥을 좋아해본 적이 없다. 스포츠로 동물을 죽인다는 것에서 전혀 매력을 느끼지 못한다. 하지만 법의학의 수수께끼를 풀면서 느끼는 흥분은 무시무시한 포식자에게 몰래 다가갈 때 사냥꾼들이 경험하는 스릴과 크게 다르지 않을 것이다.

하지만 여기서의 수수께끼는 대체 무엇일까? 나는 대체 무엇을 좇고 있는 것일까? 생각하면 할수록 점점 더 흥미진진해졌다. 나의 사냥감은 죽음 그 자체일 것이다. 샤이 대령에게 무슨 일이 일어났는지, 그리고 결국 우리 모두에게 무슨 일이 일어날지 완전히 이해하려면 죽음의 땅 깊숙한 곳으로 죽음을 추적해 들어가 그 녀석이 어떻게 먹이를 먹고, 어떻게 움직이고, 어떤 시간표에 따라 움직이는지 관찰해보는 수밖에 없었다.

700여 년 전 송자宋慈라는 중국의 한 관료가 놀라운 법의학 수사 안내서를 썼다. 영어 제목은 '잘못을 씻어내는 법The Washing Away of Wrongs'으로 번역된 이 《세원집록洗冤集錄》은 의심스러운 사망 이후 몇 시간이나 며칠 정도 지난 사망 초기에 진행해야 할 훌륭한 사후 검사 항목들을 제안하고 있다. 이 책은 또한 시신에서 살덩어리가 사라지고 맨 뼈만 남을 때까지 걸리는 몇 주에서 몇 달의 긴 사망 후 기간에 신체에 어떤 변화가 일어나는지에 대해서도 그림을 통해 생생하게 묘사하고 있다.

하지만 송자의 책 이후로 약 700년 동안 사망 후 기간에 시신에서 일어나는 변화에 대해서는 사실상 아무것도 새로 밝혀지거나 발표된 내용이 없었다. 1977년에 내가 샤이 대령의 유해를 검사했을 때는 관련 지식이나 참고할 과학문헌이 1247년의 송자보다 나을 것이 없었다.

샤이 대령과 만나기 오래전부터 이미 내 마음 한구석에서는 시신의 부패를 과학적으로 연구해보자는 생각이 싹트고 있었다. 그 씨앗은 내가 캔자스 수사국의 해럴드 니에게 편지를 써서 현장에서 부패의 진행을 연구할 수 있게 도와줄 목장을 찾아보자고 제안했던 1964년에 심긴 것이었다("만약 이 일에 관심이 있어서 소를 죽이고 내버려두겠다고 할 농부가 있다면⋯⋯"). 그 씨앗은 내가 녹스빌로 이사해서 테네시대학교의 인류학과 학과장을 맡게 된 1971년까지도 여전히 잠자고 있었다. 새로운 교수직을 얻어 테네시대학교로 자리를 옮기면서 주 정부 차원에서도 자리를 하나 임명받았다. 나는 테네시 최초의(그리고 지금까지 테네시주에서는 유일한) 주 법의인류학자로 임명됐다. 네이랜드 스타디움 아래 곰팡내 나는 사무실에서 아리카라족 인디언의 뼈 상자 수백 개를 분류해서 쌓아놓느라 고생하고 있을 때 임명장이 도착했다. 이것은 네트워크의 중요성을 보여주는 증거였다.

한두 해 전에 나의 캔자스대학교 박사 과정 학생 중 한 명이었던 밥 길버트Bob Gilbert가 전국의 검시관들에게 두덩뼈를 모아달라고 요청했었다. 밥은 남성과 여성의 골격 차이에 대해 연구 중이었다. 구체적으로 말하자면 여성의 두덩결합에서 일어나는 점진적인 변화를 연구하고 있었다. 두덩결합은 볼기뼈에서 둥글게 앞으로 자라 나온 양쪽의 두덩뼈가 골반 앞쪽에서 만나 이루는 관절이다. 젊은 성인은 두덩결합의 표면이 거칠고 울퉁불퉁하다. 30대 중반쯤에는 뼈가 더 치밀해지고 표면은 더 매끄러워진다. 50세 이후에는 관절 자체의 표면이 침식되기 시작한다. 밥의 박사학위 논문은 여성의 두덩결합에서 일어나는 변화를 자세히 기록해서 인류학자들이 나이를 더 정확히 추정할 수 있게 하는 것이 목표였다. 이 연구를 하자면 두덩뼈가 그것도 아주 많이 필요했다.

밥이 접촉했던 검시관 중에는 그의 요청에 충격을 받고 거부하는 사람도 있었다. 하지만 테네시주의 수석 검시관 제리 프랜시스코Jerry Francisco 박사는 이 연구에 흥미를 느끼고 이것이 법의과학에 기여할 수 있는 잠재력을 알아보았다. 그는 밥에게 모아놓은 두덩뼈를 보냈고, 나하고도 친구가 되어 법의학 모임에서 만나 함께 이야기를 주고받았다.

내가 제리에게 테네시로 이사한다고 말하자 그는 내게 주 법의인류학자로 자기네 팀에 합류하는 것이 어떠냐고 물어왔다. 수수료가 건당 150달러로 고정되어 있었기 때문에 보수는 얼마 안 됐지만, 일은 재미있을 것이 분명했다. 나는 아주 우쭐해진 기분으로 당장 그러자고 했다. 그리고 머지않아 테네시 수사국의 특별자문위원으로 멋진 배지도 받았다. 결국에 가서는 이런 사건들을 담당할 때 주 공무원 신분이 아니었더라면 시간당 상담료로 적지 않은 수익을 낼 수 있었음을 알게 됐다. 하지만 안타깝게도 그 사실을 깨달았을 때는 이미 이 멋진 직함과 반짝이는 배지에 대한 애정이 너무 커져서, 돈이라는 흔한 것 때문에 그것을 포기할 마음이 생기지 않았다. 1990년대에 맡았던 특히

나 복잡했던 한 법의학 사건은 내 시간을 수백 시간이나 잡아먹었다. 그러고도 150달러를 받았으니 시급으로 계산하면 시간당 1달러도 안 되는 돈이었다. 어디 그것뿐인가? 나는 증인석에서 수많은 모욕을 겪는 특권도 함께 누렸다. 변호사들은 툭하면 샤이 대령 사건 이야기를 거론했다. 의뢰인의 사건과 아무런 상관이 없는 것이었는데도 말이다. 배심원들의 마음에 의심의 씨앗을 심으려고 하는 짓이었다("배스 박사님, 그 사건에서 사망 시각을 거의 113년이나 엉뚱하게 추정했던 것은 사실 아닙니까?").

여전히 적응 중이었던 테네시대학교 첫 학기에 호출과 사건, 시신들이 들어오기 시작했다. 캔자스에서 나오던 시신과 테네시에서 나오는 시신의 차이를 느끼기까지 오랜 시간이 걸리지 않았다. 캔자스의 시신들은 할리우드 서부영화에서 보이는 것처럼 깨끗하고 햇빛에 탈색된 골격이 많은 반면, 테네시의 시신들은 구더기가 득실거리는 썩어 문드러진 덩어리인 경우가 많았다. 사실 내가 녹스빌에 도착한 후로 테네시 경찰에서 검사를 위해 내게 가져온 첫 10구의 시신 중 절반에서 구더기가 들끓고 있었다.

이는 지리학과 인구통계학적 차이가 만들어낸 결과였다. 캔자스주의 면적은 21만 제곱킬로미터로 11만 제곱킬로미터인 테네시주의 두 배쯤 된다. 하지만 캔자스주의 인구는 테네시주의 절반 정도에 불과하다. 그럼 통계적으로 봐도 캔자스주에서 죽은 지 얼마 안 된 시신을 우연히 발견할 확률이 테네시주의 4분의 1 정도밖에 안 된다(사실 테네시는 살인사건 발생률이 두 배나 더 높기 때문에 테네시 사람들이 더 일찍 죽는 경향이 있다. 그래서 이 차이가 더욱 벌어진다. 살인사건 발생률이 더 높은 이유는 다른 분야의 사람들이 밝혀내야 할 문제다). 테네시주에는 숲을 돌아다니는 사냥꾼 등에 의해 발견될 날을 기다리는 시신들이 훨씬 많다 보니, 광활하고 외로운 초원에서 조용히 백골화하며 기다리고 있는 몇 안 되는 캔자스주의 시신들보다 더 빨리 발견될 확률이 높다. 그래서 테네시 사람들의 시신은 악취가 지독하고 상태가 더 엉망인 경우가 많다.

하지만 정의는 실현되어야 한다. 그리고 법의인류학자에게, 특히 테네시 수사국에서 만들어준 주 공식 배지를 달고 다니는 법의인류학자에게 비위가 약하고 말고를 따지는 것은 사치였다. 나는 시신의 신원을 확인하고 사망의 원인을 판별하는 것을 도울 준비가 되어 있음을 사람들에게 알렸고, 어떤 사건이나 시신도 마다하지 않고 반겨주었다. 하지만 나에게나 미식축구 경기장 아래 사무실 공간을 함께 사용하는 다른 교수진과 직원들에게는 사건과 시신에 따라 더 반갑고, 덜 반가운 것이 있기 마련이었다. 그러던 어느 날 마침내 청소부가 폭발하고 말았다.

한 어부가 녹스빌에서 80킬로미터 떨어진 에머리강에서 부유시체floater, 즉 떠다니던 시체를 발견했다. 그리고 론 카운티Roane County의 보안관보가 신원 확인을 위해 시신을 내게 가지고 왔다. 그 사망자는 여전히 대부분의 옷을 착용하고 있었지만, 안타깝게도 머리는 착용하고 있지 않았다. 이래서는 신원 확인이 불가능하지는 않아도 아주 어려워질 수밖에 없었다. 내가 그 보안관보에게 말했다. "머리를 찾아야

합니다." 그 머리는 어부가 시신을 발견한 장소에서 멀리 떨어진 에머리강 바닥에 잠겨 있을 가능성이 컸지만 누군가가 어느 강둑에 놓여 있는 머리뼈를 찾았거나, 심지어 집어 들었을 가능성도 없지는 않았다.

시신이 도착한 날은 수요일이었다. 론 카운티에서 발행되는 주간 신문인 목요일 자 《론 카운티 뉴스Roane County News》에서 시신이 발견된 이야기를 1면에 내보내면서 사라진 머리뼈를 찾는 것이 중요함을 강조했다. 그 기사는 머리뼈를 보거나 습득한 사람은 누구든 보안관실로 가져다 달라고 요청했다. 그리고 며칠 만에 머리뼈 두 개가 도착했고, 절차에 따라 보안관보가 그것을 내게 가지고 왔다.

금요일에 도착한 첫 번째 머리뼈는 건조하고 윤기가 없었다. 분명 최근에 발견된 부유시체에서 나온 것은 아니었다. 하지만 이 머리뼈에서 나의 흥미를 끄는 점이 두 가지 있었다. 인종, 그리고 머리뼈 밑면에 뚫어놓은 큰 구멍이었다. 우리가 찾은 부유시체는 백인인데 이 머리뼈는 일본인이나 중국인 같아 보였다. 테네시 동부에서는 드문 일이었다. 보안관 사무실에 그 뒷이야기를 물어보니, 그것을 가져온 남자가 폐차 중개인이라고 했다. 며칠 전에 그 사람이 동네 땅주인에게서 폐차를 한 대 구입했다. 그런데 자동차의 엔진실에 들어 있던 19리터짜리 페인트통 안에 그 머리뼈가 들어 있었다.

알고 보니 그 폐차를 판 남자는 제2차 세계대전 동안에 태평양전쟁에서 군복무를 한 사람이었다. 그는 오키나와 해변을 따라 산책을 하다가 추락한 일본 제로기(제2차 세계대전 때 활약했던 일본 해군의 함상전투기 - 옮긴이)를 우연히 발견했다. 그 안에는 죽은 조종사의 머리뼈가 있었고, 애국심에 가득 찬 우리 군인이 전쟁 트로피로 그것을 집에 가져온 것이었다(그 후로 나는 제2차 세계대전의 전쟁 트로피로 수집한 머리뼈를 더 많이 접하게 됐는데, 그중에 유럽 인종의 머리뼈는 없었다. 이것은 다른 문화권 출신의 사망자에 대해 우리가 어떤 태도를 갖고 있는지 보여주는 흥미로운 사례다). 그리고 그는 1945년에서 1973년 사이 어느 시점에서 일본인 조종사 머리뼈의 밑면에 있는 큰구멍foramen magnum, 대후두공을 깨고 구멍을 더 키워서 그 안에 전구를 삽입했다. 죽은 전사의 시신이 한낱 할로윈 장식품으로 전락한 것이다.

두 번째 머리뼈는 아메리카 원주민의 것이었다. 이것 역시 건조하고 윤기가 없었고, 부유시체보다는 훨씬 오래된 것이었다. 사라진 머리뼈에 대한 수색을 계속 진행해야 할 상황이었다. 한편 해결되지 않은 미스터리가 말 그대로 악취를 내기 시작했다. 대부분의 대도시에는 신원이 확인되어 가족이 수습해 가거나 지방 정부에서 매장할 때까지 시신을 냉동 보관할 수 있는 시체안치소가 마련되어 있다. 하지만 론 카운티가 자리 잡은 킹스턴 같은 작은 시골 소도시들의 경우에는 사정이 그렇지 못했다. 우리가 발견한 부유시체는 복부에 부패가스가 가득 차서 그 부력으로 떠오를 정도로 심하게 부패한 상태였다. 보안관보가 그 냄새나는 시신을 가지고 다시 킹스턴으로 돌아갈 생각이 없었기 때문에 나는 돕는 셈치고 그 시신을 대학에 보관하기로 했다.

그런데 문제는 나 역시 냉동시설을 갖고 있지 않았다는 점이다. 주말이 가까웠기 때문에 나는 시신을 비닐로 싸서 최대한 밀봉한 후에 내 사무실 근처 화장실의 대걸레 보관용 벽장에 넣어두었다. 그 주말에 청소부가 복도를 대걸레로 밀러 왔을 때 건물 안에 몇 명이나 있었는지는 확실히 모르겠지만, 아마도 그 청소부가 자기 물품 보관 벽장에 놓인 냄새나는 꾸러미를 열어 그 안에 무엇이 들어 있는지 확인했을 때 건물 안에 있던 사람들 가운데 남자의 비명 소리를 못 들은 사람은 없었을 것이다. 아마 밖에서 지나가던 운전자 중에도 들은 사람이 있지 않았을까 싶다. 월요일 아침에 청소부는 내가 아무리 학과장이라지만 어떤 상황이라고 해도 대걸레 보관용 벽장이나 건물 어딘가에 썩어가는 시신을 보관하는 일은 절대 없어야 한다고 못 박아 말했다. 그 태도를 보아하니 한 번 더 그랬다가는 머지않아 내가 머리 없는 시체로 발견되겠구나 싶었다.

그 뜻을 못 알아들을 정도로 눈치 없는 사람은 아니었기에 나는 내 상사인 학장에게 도움을 구했다. 그에게 우리가 처한 작은 딜레마를 설명했고, 그는 침착하고 신속하게 그 상황을 이해했다. 그가 캠퍼스 전화번호부를 열어 농과대학 번호 목록을 휙휙 넘겨보더니 짧은 전화 한 통으로 내 문제를 해결해주었다. 농과대학은 도시 외곽에 농장을 몇 개 가지고 있었고, 그 농장 중 한 곳에 빈 건물이 하나 서 있었다. 돼지 축사였는데, 사실상 세 면에만 벽이 세워진 트인 공간이었다. 이 농장의 이웃이라고는 카운티의 교정시설에 수감된 죄수들밖에 없었고, 이 사람들이야 가끔씩 풍겨오는 썩은 냄새 말고도 불평할 문제들이 많을 것이었다. 이곳은 뼈를 깨끗이 씻어서 조사할 때까지 임시로 시체를 보관하기에 좋은 장소 같아 보였다.

그렇게 몇 년 동안은 문제가 없었다. 하지만 점차 무언가 이상한 점이 눈에 들어오기 시작했다. 가끔 시신이 하루이틀 전에 놓아두었던 것과 살짝 다른 자세로 놓여 있는 것이 보였다. 그리고 초대하지 않은 다른 방문객의 발자국과 흔적도 보였다. 결국 무슨 일인지 알아냈다.

야외 교도소 농장에서 일하는 이웃 시설의 범죄자들이 돼지 축사에 소름 끼치는 새로운 거주민이 입주한 것을 알고 구경에 나선 것이다. 지금까지는 아무것도 사라진 것이 없었지만, 결정적인 법의학 증거를 잃어버릴 위험을 감수할 마음은 없었다. 예를 들면 총알이 박혀 있는 머리뼈 같은 것 말이다.

새로운 저장시설의 필요성에 대해 생각하던 중 샤이 대령 일이 터졌고, 그 사건을 통해 그저 시신을 창고에 보관하는 것만으로는 충분치 않다는 생각이 들었다. 그냥 시신에서 썩은 살점을 제거하는 것으로 만족할 수 없었다. 시신을 조사하고, 관찰하고, 죽음과 부패에 관해 시체가 알려줄 수 있는 것은 모두 배울 수 있어야 했다. 그것은 퀴퀴한 냄새가 나는 돼지 축사에서 할 수 있는 종류의 연구가 아니었다. 특히 내 사무실과 연구소에서 차로 45분 거리에 있는 건물에서 할 수 있는 일이 아니었다. 더 크고 가까운 곳이 필요했다.

그때는 인류학과 학과장으로 지낸 지 6년이 지난 시기였다. 이제 우리 자연인류학 시설은 한 곳에서 세 곳으로 늘어나 있었고, 학부생 과정만 있었던 교육과정도 박사 과정까지 풀코스로 자리를 잡았다. 그리고 미국에서 제일 똑똑한 최고의 대학원생들이 이곳으로 모이고 있었다. 그러니까 한마디로 그전에는 한 번도 시도한 적이 없었던 어떤 일을 할 자원이 마련되어 있었다는 의미다. 전 세계 그 어디에도 없는 연구시설, 사람의 시체를 수십 구씩, 결국에는 수백 구씩 체계적으로 연구할 수 있는 연구시설, 한 번 살고 가는 몸뚱이가 다양한 실험 조건 아래서 자연의 섭리에 따라 변해가는 모습을 관찰할 수 있는 연구시설 말이다. 그럼 단계마다 과학자와 대학원생들이 그 과정을 관찰하고,

온도와 습도 같은 변수들을 기록하고, 사람의 시신이 부패하는 단계를 시간표로 정리하게 될 것이다. 700년 전 송자가 멈추었던 걸음을 우리가 다시 이어 걷는 것이다.

아이디어는 간단했다. 하지만 그 안에 담긴 함축적 의미는 심오했고, 그로 인해 복잡한 문제도 생길 수 있었다. 대부분의 문화적 규범이나 가치관에서 그런 연구시설은 끔찍하고 불경하며, 심지어 충격적으로 보일 수도 있었다. 하지만 총장은 이것이 훌륭한 아이디어라는 데 결코 의문을 제기하지 않았다. 다행히도 그는 우리 교육과정이 지금까지 성장하는 모습을 감탄하는 마음으로 지켜보고 있었기 때문에 아무런 주저함 없이 내 아이디어를 지지해주었다. 이번에도 역시 전화 한 통으로 간단하게 끝났다.

메인 캠퍼스에서 테네시강 바로 건너편, 테네시대학교 메디컬센터 뒤쪽으로 미식축구 경기장에서 럭비공을 길게 걷어차면 간신히 닿을 만한 거리에 4000제곱미터 정도의 남는 땅덩어리가 하나 있었다. 여러 해 동안 병원에서 나온 쓰레기를 소각하던 장소라 그리 좋은 땅은 아니었지만, 좋은 땅이었으면 과연 그곳이 그렇게 편하게 느껴졌을지 모르겠다.

나는 평생 가진 것 없이 있는 것 없는 것 긁어모으면서 아껴 살아왔다. 대공황 시절에 자란 나는 아버지가 돌아가신 이후로 나온 보험금을 어머니가 쪼개고 아끼며 살림을 꾸리시는 모습을 지켜보며 자랐다. 사우스다코타 평원에서 인디언의 무덤을 발굴할 때도 나는 배고픈 대학생들에게 정부에서 보급품으로 나온 땅콩버터를 먹였고, 남는 간이 침대에 재웠다. 미식축구 경기장 아래 창밖으로 얼키설키 2층 건물을 떠받치고 있는 철골 구조물이 내다보이는 허물어져가는 건물로 이사할 때도 나는 칠이 벗겨진 벽을 새로 페인트칠하고, 기숙사에서 사용하던 낡은 책상과 내다 버린 서류 캐비닛을 고쳐서 사용했다. 그런 나에게 쓰레기 땅일지언정 총장이 사무실에서 5분 거리밖에 안 되는 가까운 곳에 4000제곱미터나 되는 땅을 제안했으니 그저 감사할 따름이었다. 시체들이 살 땅이 생긴 것이다.

1980년 가을에 나와 학생들이 함께 작업에 착수했다. 우리는 중심부에 있는 나무와 덤불을 제거했다. 그리고 트럭이 시신과 장비를 가지고 들어올 수 있게 차량 진입로를 자갈길로 만들었다. 근처 병원에서 상수도관과 전기를 끌어왔다. 우리는 대부분 수작업을 통해 나무가 드리운 땅 아래로 가로 세로 5미터쯤 되는 땅을 치우고, 평평하게 다져 몇 센티미터 두께로 자갈을 깔았다. 그리고 레미콘 트럭을 불러서 콘크리트를 쏟아붓게 한 다음 학생들과 함께 콘크리트 표면을 매끄럽게 다듬었다. 이 콘크리트 판 위로 우리는 작은 골조 주택을 만들었다. 창문도 없는 단순한 구조였고, 지붕은 저렴한 아스팔트 싱글asphalt shingle(목조주택의 지붕재로 많이 사용되는 기와 같은 자재 - 옮긴이)로 올렸다. 이 건물은 삽과 갈퀴 같은 장비, 메스와 수술용 가위 같은 도구, 라텍스 장갑과 시체 운반용 부대 같은 보급품 등을 보관하는 장소로 사용할 것이었다. 이 건물의 폭은 5미터가량 됐지만, 길이는 2미터 정도였다. 그래서 그 앞에 3미터 곱하기 5미터 정도 크기의 현관 비슷한 구조물을 세웠다. 그 정도면 부패 연구에 사용할 시신 수십 구를 올려놓을 수 있는 넉넉한 크기였다.

교도소 농장에서 일하는 수감자들이 돼지 축사를 찾아온 것을 보고 나는 보안의 중요성을 절실히 느꼈다. 그래서 우리는 형편이 닿는 대로 연구 공간 주변에 울타리를 쳤다.

요즘의 시체농장에 대해 알고 있는 사람들은 그것이 완전히 갖추어진 모습으로 어느 날 갑자기 짠 하고 나타난 것이라 생각하는 것 같다. 하지만 전혀 그렇지 않았다. 아주 초라한 모습으로 시작해서 조금씩 단계를 밟아가며 발전한 것이다. 우리가 답을 찾고 싶었던 질문은 웃음이 나올 정도로 초보적인 것이었다. 팔이 어느 부위에서 떨어져 나갈까? 부패한 시신 아래쪽에 끼는 기름진 검은 얼룩은 무엇 때문에 생기고, 언제 생길까? 치아는 머리뼈에서 언제 떨어져 나갈까? 시체가 뼈만 남을 때까지 시간이 얼마나 걸릴까? 그 답을 찾자면 먼저 연구 대상을 찾아야 했다. 이제 농장은 마련됐으니 시체가 필요했다. 나는 테네시 95개 카운티의 검시관과 장의사에게 편지를 보냈다.

마침내 1981년 5월 중순의 어느 목요일 저녁에 나는 테네시 크로스빌에 있는 버리스 장례식장Burris Funeral Home으로 덮개가 있는 픽업트럭을 몰고 갔다. 이곳은 녹스빌에서 서쪽으로 한 시간 거리에 있는 컴벌랜드 고원에 있었다. 그리고 처음으로 기증 받은 연구 대상을 차에 싣고 왔다. 이 시신은 만성 알코올중독, 폐기종, 심장질환으로 고생하던 73세 백인 남성의 것이었다. 그 딸이 기증한 시신이라 신원은 알고 있었다. 하지만 개인정보 보호를 위해 우리는 그에게 고유 식별 번호를 부여해주었다. 이 사람도 살아서는 가족이 불러주는 이름이 있었겠지만, 죽어서는 그냥 '1-81호'로 불리게 됐다. 인류학과에서 1981년에 처음으로 기증 받은 시신이라는 의미였다(내 법의학 사건도 마찬가지로 한 쌍의 번호로 표시하지만, 그 순서가 거꾸로다. 그래서 같은 해에 처음으로 맡은 범죄사건의 번호는 81-1이었다. 멋진 시스템은 아니지만 사용하는 데는 문제가 없었다).

    그다음 날 아침 대학원생 몇 명과 나는 1-81호 시신을 몇 달 전에 부어놓은 콘크리트 판 위에 눕혔다. 한 학생은 사진을 찍었다. 1-81호를 설치류, 또는 울타리 틈으로 비집고 들어온 작은 포식동물로부터 보호하기 위해 철망을 덧댄 나무 골조로 시신을 덮었다. 우리는 한 사람씩 줄지어 철망 울타리를 빠져나왔다. 그리고 내가 문을 닫고 걸쇠에 맹꽁이자물쇠를 채웠다. 파리 한 마리가 귓가를 스치며 지나갔다. 인류학 연구소가 이렇게 첫 연구 프로젝트를 개시하고 있었다. 시체들이 사는 땅이 드디어 문을 열었다. 시체농장의 탄생이었다.

8

구더기는 알고 있다

1981년 따듯하고 햇살 좋은 어느 날, 테네시대학교 인류학과 건물에서 강 하나를 사이에 두고 거의 눈에 들어올 만큼 가까운 곳에 새로 문을 연 내 인류학 연구시설에서 1-81호 시신이 부패해가고 있을 때였다. 그날 빌 로드리게스Bill Rodriguez와 나는 네이랜드 스타디움의 그늘 아래를 벗어나 햇빛 속으로 걸어 나왔다. 빌의 손에는 파리 다섯 마리가 든 유리병이 들려 있었고, 각 파리의 등에는 테네시대학교 미식축구팀 유니폼처럼 밝은 주황색 점이 찍혀 있었다.

빌은 햇빛이 내리비치는 계단에 서서 유리병 뚜껑을 돌려 열었다. 그러자 몇 초 만에 파리 다섯 마리가 모두 사라졌다. 우리는 서로를 바라보며 씩 웃었다. 내가 말했다. "다음에 무슨 일이 일어나는지 알려주게."

뒤돌아보니 이때 빌은 법의과학의 혁명에 박차를 가하며 인류학에서 역사상 가장 많이 이용될 논문 중 하나인 연구를 시작한 참이었다. 하지만 당시에 나는 그리될 줄 모르고 있었다. 그때 내가 알고 있는 것이라고는 시체와 벌레들에 대해 아직 배워야 할 것이 많다는 사실밖에 없었다.

나는 그보다 10년 앞선 1971년에 녹스빌로 이사했다. 1960년대를 캔자스대학교에서 학생들을 가르치고, 사우스다코타에서 인디언 무덤을 발굴하며 보낸 뒤였다. 고대 인디언의 골격에서 지역 보안관보와 캔자스 수사국 요원들이 가져온 죽은 지 얼마 안 된 살인 희생자의 시신에 이르기까지, 테네시에 오기 전에 거의 5000구에 이르는 시신을 보았으니 이 정도면 볼 만한 것은 거의 다 본 것이 아닌가 생각했었다. 틀린 생각이었다.

녹스빌에서 첫 1년을 보내는 동안 지역 경찰서와 주 경찰서에서 내게 조사를 맡기러 가져온 시신이 12구 정도였는데, 그중 적어도 절반에서 나는 내가 아는 바가 거의 없는 대상과 마주쳤다. '구더기'였다.

구더기는 파리가 시체 위에 낳은 알에서 부화해 나오는 작은 지렁이처럼 생긴 유충이다. 항상 그런 것은 아니지만 흔히 보는 각도에 따라 무지개처럼 색이 변하는 검정파리blowfly라는 초록색 곤충이 나온다. 처음 부화해 나온 구더기는 쌀알보다도 작다. 하지만 성숙했을 무렵에는 마카로니 조각처럼 뚱뚱하게 커진다. 부패하는 살을 먹고 이렇게 크게 자라는 것이다. 어쨌거나 테네시에서는 그랬다. 캔자스에서는 이런 경우가 그렇게 많지 않았다.

캔자스는 기후가 꽤 건조한 편이라 구더기가 생기기 전에 시신이 쪼글쪼글하게 말라붙으면서 미라가 되는 경우가 많다. 반면 테네시는 강수량이 두 배나 많고 폭풍우 사이사이에도 습도가 높다. 여름에는 브로콜리를 그냥 바깥에 내다 놓기만 해도 거의 찜을 쪄 먹을 수 있을 정도다. 습도도 높고 테네시의 숲이 그늘을 드리운 곳도 많기 때문에 (미시시피강 동쪽에는 초원지대가 별로 없다) 시체의 살이 구더기가 먹기 좋은 부드러운 상태로 유지되는 경향이 있다. 시체보관소에 구더기와 파리가 들끓지 않게 하려면 테네시에서는 시체 운반용 부대를 야외 땅바닥 위에서 열어야 한다는 것을 머지않아 배우게 됐다.

나는 어린 시절부터 파리들과 기묘한 공생관계를 맺어왔다. 아버지가 돌아가시고 오래지 않아 어머니와 나는 외할아버지, 외할머니네 집으로 들어가 살았다. 우리는 농장에서 살았는데, 그곳에는 가축들과 파리들이 있었다. 파리를 무척 싫어하셨던 어머니가 내게 사업을 제안했다. 내가 파리 10마리를 잡아올 때마다 보상금으로 1센트를 주기로 하신 것이다.

이런 인센티브 덕분에 나는 여섯 살에 이미 파리 잡기 귀신이 되어 있었다. 할아버지가 소젖을 짜고 돌아오실 때 보면 우유 통에서 흘러내린 우유 방울에 파리들이 꼬이는 것을 알게 됐다. 그럼 철썩! 한 방에 파리 일곱 마리가 잡혔다. 머지않아 나는 할머니에게 우유를 받아내는 법을 배웠기 때문에 할아버지의 우유 통을 기다릴 필요가 없어졌다. 그렇게 파리 사체가 쌓였고, 내 1센트 동전도 쌓여갔다.

하지만 명색이 과학자로서 인정하기 부끄러운 일이기는 하나 나는 파리를 경멸하게 됐다. 방울뱀이 더 싫기는 하지만 방울뱀은 파리처럼 많지도 않고, 사람을 피해 다니고, 죽이기도 쉽다. 정확한 손놀림과 날카로운 삽만 있으면 방울뱀을 쉽게 참수할 수 있다. 하지만 파리는 끈질기기도 하거니와 숫자도 거의 무한하다. 여름 한낮에 피투성이 시신을 땅 위에 눕혀 놓으면 몇 분 안으로 검정파리가 떼로 몰려들어 그 주변을 뒤덮는다. 삽을 거대한 파리채처럼 휘두르면 날아다니는 파리 몇 마리 정도는 때려눕힐 수 있겠지만, 몇 마리를 잡을 시간 동안에 이미 수십 마리의 파리 지원군이 도착해 있을 것이다.

하지만 파리 떼를 보고 있으면 파리나 다른 곤충들로부터 배울 것이 분명 있으리라는 것을 알 수 있었다. 거기에는 분명 죽음을, 특히 사망 후 경과시간을 더 깊이 이해할 수 있게 해줄 무언가가 있는 것이 분명했다.

파리가 '죽음의 냄새'를 얼마나 빨리 맡을 수 있는지, 그들이 얼마나 정확하게 피 냄새를 맡고 몰려드는지 눈치챈 과학자가 내가 처음은 아닐 것이다. 먼 옛날 1247년에 중국의 수사관 송자는 혁신적인 법의학 안내서인 《세원집록》에서 한 살인사건에 대해 이렇게 얘기했다.

길가에서 죽임을 당한 남자의 시신에 대한 조사가 있었다. …… 수사관은 희생자의 이웃 사람들에 대해 잘 아는 사람이었다. 그래서 그는 따로따로 사람들을 보내서 근처에 사는 이웃들에게 자기 집 낫을 모두 가져와 검사를 받아야 하며, 누구라도 낫을 내놓지 않고 숨기는 자는 살인자로 여겨 철저한 조사를 받게 될 것이라 알렸다. 머지않아 사람들이 70개에서 80개 정도 되는 낫을 가지고 왔다. 수사관은 그 낫을 모두 땅 위에 내려놓게 했다. 무더운 날씨에 파리들이 한 낫에만 모여들었다. 수사관이 그 낫을 가리키며 물었다. "이것이 누구의 것이더냐?" 한 사내가 그 낫이 자기의 것이라 하여 신문에 들어갔지만 그 사내는 죄를 인정하지 않았다. 수사관이 낫을 가리키며 사내에게 직접 들여다보게 했다. "여기 모인 다른 사람들의 낫에는 파리가 한 마리도 날아들지 않았다. 하지만 너의 낫에는 온통 파리가 꼬였구나. 네가 사람을 죽여 낫에 그 피의 흔적이 남아 있으니 그러한 것이 아니더냐? 어찌 이 사실을 숨기려 하느냐?" 그 말에 모여서 구경하던 사람들은 할 말을 잃고 존경심이 담긴 탄식을 뱉어냈다. 그리고 살인자는 땅에 머리를 박고 자신의 죄를 고백했다.³

6세기 후인 1890년대에 머리 모터Murray G. Motter라는 뉴욕의 한 곤충학자가 묘지를 이장할 때 파낸 시신 150구를 조사해보았다. 모터는 시신들이 다양한 발달 단계(유충, 번데기, 성충)의 다양한 곤충 종에게 먹이와 집을 제공했다는 사실을 알게 됐다. 그리고 결국 그 곤충 중 일부는 자신에게 양분을 공급해준 바로 그 시체와 함께 무덤에 묻히게 됐다. 아마도 벌레들은 이런 아이러니를 알아차리지도, 고마워하지도 않았을 것이다.

모터는 곤충을 목록으로 정리해서 〈무덤 동물상 연구에 대한 기여: 추가적인 실험적 관찰을 아우르는 150구의 발굴 시신에 대한 연구 A Contribution to the Study of the Fauna of the Grave: A Study of One Hundred and Fifty Disinterments, With Some Additional Experimental Observations〉라는 놀라울 정도로 꼼꼼한 제목을 붙여 《뉴욕 곤충학회지Journal of the New York

Entomological Society》에 발표했다. 이 연구를 보고 모터의 섬뜩한 발자취를 자기도 따라 가봐야겠다고 느낀 곤충학자는 없었다. 적어도 사람의 시신을 대상으로는 그랬다. 하지만 60년 후에 또 다른 곤충학자가 개의 사체에서 곤충의 활동을 자세하게 연구했다. 이 무슨 신기한 우연인지 이번에는 녹스빌의 곤충학자인 H. B. 리드H. B. Reed였다. 그가 흥미를 느낀 질문은 법의학이 아니라 생태학적 질문이었다. '부패하는 사체가 자기가 속한 작은 생태계 속 환경을 어떻게 변화시킬까?' 그 해답을 찾기 위해 1년이 넘는 기간에 리드는 지역 유기견보호소에서 안락사당한 개 사체 45구로 연구를 진행했다. 그는 날씨가 무더울 때는 2주 간격으로 실험을 설정하고, 추운 기간에는 그 간격을 더 늘렸다.

리드는 몇 가지 흥미로운 점을 관찰했다. 당연한 얘기지만 사체 표면, 내부, 그 주변에서 발견된 총 곤충의 수는 여름에 제일 많았다. 하지만 몇몇 개별 종은 날씨가 더 추워졌을 때 개체 수가 정점에 도달했다. 그는 숲에 벌레가 더 많음에도 오히려 트인 공간에서 부패가 더 빨리 진행된다고 지적했다. 리드는 아마도 더 높은 온도 때문일 것이라 가정했다. 이 연구에서 가장 중요한 점은 그가 개의 사체와 관련된 모든 곤충 종을 성충과 유충까지 모두 꼼꼼하게 기록으로 남겼다는 것이다.

1960년대에 사우스캐롤라이나의 곤충학자 제리 페인Jerry Payne이 새끼 돼지 사체를 이용해서 비슷한 연구를 진행했다. 페인이 가장 크게 기여한 부분은 곤충의 연쇄적 발생을 꼼꼼하게 기록으로 남긴 것이다. 그는 계속해서 이어지는 곤충의 퍼레이드에서 어떤 종이 언제 등장했는지 자세하게 기록했다.

한편 여름을 늘 사우스다코타에서 보내던 1960년대에 나는 발굴

중이던 아리카라족 인디언의 유해에서 흥미로운 현상을 알아차렸다. 일부 무덤에는 파리 번데기 껍질이 대단히 많았다. 번데기 껍질은 구더기가 파리 성충으로 변태하기 위해 스스로를 감쌌던 속이 빈 딱딱한 껍데기다. 하지만 어떤 무덤에는 이런 껍데기가 거의 발견되지 않거나 혹은 아예 없었다. 마침내 그 이유를 알 수 있었다. 겨울 동안에는 파리들이 추운 날씨 때문에 활동하지 못한다. 사실 기온이 섭씨 10도 아래로 내려가면 파리는 비행을 멈춘다. 번데기 껍질이 들어 있지 않은 아리카라족 무덤은 추운 계절에 죽어서 묻힌 사람의 것이었다. 당시 나는 200년이나 지난 후에도 아리카라족 전사가 전투에서 쓰러진 계절이 언제였는지 알아낼 수 있다는 사실에 매력을 느꼈다. 시체농장을 개설할 즈음 나는 시체에서 벌어지는 곤충의 활동을 연구하는 데 관심이 있는 대학원생이 있다면 사람이 사망한 특정 계절뿐 아니라 그 이상의 것을 알아낼 방법을 찾게 되리라 생각했다. 빌 로드리게스는 그 과제에 적합한 이상적인 대학원생이었다. 이 과제를 기꺼이 맡으려는 의지도 있었고, 대부분의 대학원생보다 현장 연구 경험이 풍부했기 때문이다.

빌은 학부에서 인류학을 전공하고 동물학을 부전공했다. 그는 영장류를 연구할 생각으로 인류학과에 입학했고, 실제로 실험실에서 자란 침팬지를 야생으로 돌려보내는 팀의 일원으로 아프리카에 다녀오기도 했다. 하지만 그는 나의 뼈 해부학 강의도 수강했고, 성적도 좋았다. 그래서 법의학 사건을 같이 조사하러 갈 사람이 필요해 조수를 맡을 사람을 찾아보던 차에, 자격을 갖춘 사람 중에서는 빌이 제일 먼저 눈에 들어왔다. 그는 한 강의실에서 지저분해진 유리창을 닦고 있었다. 우리는 경기장의 콘크리트 관중석 아래 자리 잡고 있었기 때문에 흙과 먼지가 많이 날아들었다. 빌은 조교였다. 조교라니까 듣기에는 뭔가 고상하고 그럴싸해 보이지만 유리창 닦기 같은 허드렛일도 해야 하는 업무였다.

그때 그에게 말했다. "나하고 사건을 조사하러 갈 사람이 필요한데 그 일은 다녀와서 나중에 하는 게 어때?" 빌은 기꺼이 응했다.

눈이 오는 추운 날이었다. 시골 도로를 따라가며 쓰레기를 치우던 도로작업반이 발견한 그 시체는 일부가 진흙에 덮여 있었다. 머리뼈는 나머지 몸에서 3미터 정도 떨어진 곳에 있었다. 유해는 대체로 백골화가 진행된 상태였다.

나는 내 학생들한테 늘 그러는 것처럼 빌에게도 그 현장에 대해 어떻게 이해하고 있는지 물어보았다. 그는 머리뼈가 백인 남성의 것이라고 정확하게 파악하고 있었다. 그리고 머리에 총을 맞고 죽었다는 것도 신속하게 알아냈다. 빌은 사망 당시 머리뼈에 추가적으로 외상을 입은 것으로 보이는 흔적을 지적하고, 얕게 파묻혀 있었던 부분에 대해서도 얘기했다.

마지막 두 가지는 논리적이기는 하지만 틀렸다. 그가 사망 시점을 전후해서 입은 외상이라고 해석한 흔적은 사실 사후에 생긴 것이었다. 설치류, 아마도 쥐가 머리뼈를 끌고 다니면서 살점을 물어뜯어 생긴 이빨 자국일 것이다. 야트막한 무덤처럼 보이는 모습도 사실은 착시였다. 그 시신은 얕은 개울 바닥에 놓여 있었는데, 우리가 갔을 때는 그 개울이 말라 있었다. 하지만 비가 오던 시기에 흙탕물이 흐르면서 시체 주변과 위쪽으로 얕은 토사층이 쌓였다.

그 머리뼈에는 흥미로운 단서가 두 가지 더 있었다. 오른쪽 귀 바로 뒤로 탄환의 사입구가 있었는데, 그곳의 골절 패턴을 보면 총열을 머리에 대고 쏘았음을 알 수 있었다. 이것은 처형하듯 살해한 경우에서 보이는 특징이다. 광대뼈 한쪽은 그전에 몇 차례 보았던 방식으로 변형되어 있었다. 그 광대뼈는 부러져 있었는데, 예전에 거의 동일한 외상과 치유의 패턴을 갖고 있었던 몇몇 희생자를 거울삼아 판단해보면 아마도 술집에서 싸움이 붙어 당구 큐대로 맞아서 생긴 흔적 같았다. 치아에는 치료를 받지 않은 충치가 몇 개 있었고, 씹는담배 때문에 생긴 얼룩이 많았다. 따라서 상류층 사람은 분명 아닌 것으로 보였다.

발굴하는 과정에서 시신 내부와 그 주변으로 많은 파리 번데기 껍질이 보였다. 이것을 보니 내게 곤충에 대해 처음으로 생각해보게 만들었던 무덤 속의 아리카라족 인디언처럼 이 사람 역시 따듯한 날씨에 살해당했음을 알 수 있었다. 신체 부위 아래로 자라 있는 덩굴과 식물의 뿌리도 그런 사실을 확인해주고 있었다.

이 살인사건은 미제로 남았지만, 그래도 제 나름의 해피엔딩이 한 가지 있었다. 빌 로드리게스가 법의학에 남긴 것이다. 그 눈 내리던 추운 겨울날에 영장류학계는 안타깝게도 전도유망한 젊은 과학자 한 명을 잃고 말았다. 그로부터 얼마 지나지 않아 빌은 땅을 치우고, 평평하게 자갈을 깔고, 그 위에 콘크리트를 부으며 인류학 연구소의 새 시설을 만드는 일에 힘을 보탰다. 다시 몇 달 후에 그는 내 첫 연구 대상인 시신 1-81호의 세팅을 도왔다. 그 당시 빌은 자신의 학위논문 주제를 정해놓은 상태였다. 앞서 H. B. 리드가 개의 사체에서 일어나는 곤충의 활동을 시간대별로 정리했었다. 이제 빌이 동일한 연구를 시신 1-81호에서 시작해 사람의 시체를 대상으로 진행하게 될 것이다.

곤충 연구가 유쾌한 프로젝트는 아니었다. 1-81호 시신 말고도 우리는 돼지 축사에서 부패 중이던 시신을 가지고 왔고, 거기에 더해서 그 후로 몇 달 동안 시신 두 구가 새로 생겼다.

빌은 시신의 밑면을 관찰하면서 거기서 곤충도 채집할 수 있도록 시신을 철망 선반 위에 올려놓았다. 그리고 매일 몇 시간씩 의자에 앉아 무슨 일이 일어나는지 지켜보았다.

네 구의 실험 대상에서 제일 먼저 보인 것은 대량의 검정파리였다. 따듯한 날씨에 1-81호 같은 시신은 몇 분 안으로 수백 마리의 검정파리를 끌어들였다. 피는 그가 상상해보지도 못했던 광란의 먹이 활동을 촉발했다. 피투성이 시신에서 1미터도 안 되는 거리에 앉아 있다 보니 빌도 곧 파리로 뒤덮였다. 파리들은 축축한 체액이라면 무엇이든 먹으려고 달려들고, 빌의 콧구멍을 비롯해서 어둡고 축축한 구멍이라면 어디든 알을 낳으려고 달려들었다. 그는 머지않아 눈, 코, 입, 귀에 달려드는 파리를 막으려면 모기장을 머리에 뒤집어써야 한다는 사실을 배웠다.

따듯한 날에는 불과 몇 시간 만에 사체의 코, 입, 눈이 누리끼리한 흰색의 알갱이 같은 파리 알들로 가득 찼다. 암컷 검정파리 한 마리는 한 번에 수백 개의 알을 낳을 수 있는데, 시체들이 도착한 후로 시체마다 말 그대로 수천 마리의 알을 밴 암컷들이 떼로 모여 다녔다. 시신

1-81호와 2-81호를 연구시설에 가져다 놓은 것이 5월과 6월이었는데, 그 따듯한 날씨에서는 겨우 네 시간에서 여섯 시간 만에 수천 마리의 구더기가 알에서 부화해 나왔다.

하지만 신선한 시체에 몰려든 벌레가 파리만 있는 것은 아니었다. 말벌들 역시 몇 분에서 몇 시간 만에 나타났다. 빌의 관찰에 따르면 그 중에는 시체를 직접 먹는 것도 있었고, 날아다니는 파리를 낚아채서 끌고 간 다음, 턱으로 머리를 싹둑 잘라버리는 말벌도 있었다. 그리고 엄청난 양의 파리 알, 또는 시체의 열린 구멍에서 부화해 나오는 어린 구더기를 먹는 말벌도 있었다.

구더기 개체 수가 폭발적으로 증가하면 송장벌레가 도착해서 송장뿐 아니라 구더기도 먹어치웠다. 말벌이 파리의 목을 잘라버리듯이 송장벌레도 꿈틀거리는 구더기를 강력한 턱으로 물어 깨끗하게 두 동강 내버렸다. 빌은 생사를 넘나드는 이 투쟁에 대해 장엄하게 묘사한 적이 있다. 지금까지 연구 프로젝트에 이렇게 완전하게 몰입한 학생이 있었나 싶다. 어느 날 그가 흥분한 목소리로 이렇게 말했다. "이것은 눈앞에 펼쳐지는 먹이사슬의 현장이에요. 마구잡이 우연으로 일어나는 일이 아닙니다. 질서정연한 순서를 갖고 있어요. 우리가 이것을 해석해서 법의학에 사용할 수 있을 겁니다."

빌의 연구는 인류학 분야에 불어온 한 줄기 신선한 바람 같았지만, 그의 가정생활에는 그렇지 못했다. 시체와 윙윙거리는 벌레에 둘러싸인 채 의자에 앉아 하루를 보내고 집으로 돌아오면 그의 옷, 피부, 머리카락에서 썩은 내가 진동했다. 그리고 벌레들 중에는 시체를 먹고 난 후에 그를 발견하고 달려들어 그에게 알을 낳는 녀석들도 많았다. 그렇게 하루이틀이 지난 후에 빌의 아내 칼린Karleen은 반드시 지켜야 할 명령을 하달했다. 집에 오자마자 차고에서 옷을 벗고 세탁기에 집어넣은 후 당장 샤워실로 뛰어 들어가는 것이다. 그렇게 하고 나서야 빌은 아내에게 다가갈 수 있었다.

연구를 시작하고 며칠 만에 빌과 나는 파리들이 얼마나 멀리서 시신의 냄새를 맡을 수 있을지에 대해, 그리고 같은 파리들이 매일 찾아와 시체를 먹고 있는지 여부에 대해 추측하고 있었다. 그러다가 파리에 주황색 물감을 찍어서 추적해보자는 아이디어가 떠올랐다.

빌은 매일 표본을 채집할 때 쓰는 곤충망을 이용해 시신 1-81호 주변에서 윙윙거리며 나는 검정파리 다섯 마리를 잡았다. 그리고 그 파리들을 과에 있는 내 사무실로 가지고 와 무리 중에서도 쉽게 알아볼 수 있게 밝은 주황색 물감으로 흉부를 칠했다. 그리고 파리를 밖으로 데려가서 풀어주니 아무 곳으로나 날아가는 것 같았다. 하지만 다음 날 빌은 시체농장에서 표시해놓은 다섯 마리 중 세 마리를 채집했다.

연구가 시작되고 9개월 후인 1982년 2월 11일에 빌은 자신의 연구 결과를 플로리다 올랜도에서 열린 미국법의과학회 연례학회에서 발표했다. 빌이 발표를 하려고 자리에서 일어섰을 때 하얏트 호텔의 그 대형 연회장은 사람들로 꽤 붐비고 있었다. 하지만 빌이 연구를 하는 동안에 촬영한 35밀리미터 슬라이드를 화면에 비추기 시작하자 몇 분도 안 돼서 사람들이 일어나더니 연회장을 떠나기 시작했다. 연구시설에서 부패하는 사람의 시체를 촬영한 슬라이드 사진들이 경험 많은 법의학자들도 비위가 상해 견딜 수 없을 정도로 충격적이었던 것일까?

그리고 다시 몇 분이 지나자 연회장을 나갔던 사람들이 돌아오기 시작했다. 혼자 온 것이 아니라 빌과 같은 시간에 일정이 잡혀 있는 발표를 들으러 갔던 다른 사람들까지 데리고 돌아온 것이었다. 그날 하얏트 호텔의 강연장 곳곳에는 "자네도 이거 놓치지 말고 꼭 들어"라는 메시지가 들불처럼 퍼져 나갔다고 한다.

빌은 이어서 그 연구 결과를 그해 가을 《법과학회지*Journal of Forensic Sciences*》에 실었다. 그리고 〈곤충의 활동, 그리고 동부 테네시에서 사람 시신의 부패 속도와 곤충 활동 간의 관계Insect Activity and Its Relationship to Decay Rates of Human Cadavers in East Tennessee〉라는 제목으로 발표한 그 논문은 이 학술지 역사상 가장 많이 인용되고, 가장 많이 재판된 논문 중 하나가 됐다. 사실 미국법의과학회 50주년을 기념하는 1998년 브로셔에서는 빌의 연구를 '최초의 벌레 논문'이라 부르며 학회의 주요 성과 중 하나로 언급했다.

법의인류학계의 떠오르는 샛별 중 한 명인 빌은 대학원을 졸업한 후 흥미로운 일자리를 많이 맡았다. 그는 루이지애나에서 법의학 자문연구실에서 일하기도 하고, 뉴욕 시러큐스에서 검시관 자리를 맡았던 적도 있다. 하지만 그중에서도 가장 특이한 일자리는 지금 맡고 있는 것이다. 그는 현재 미군 검시관의 법의인류학자로 일하고 있다. 이 검시관의 사무실에서는 군인, 외교관, 스파이, 우주왕복선 우주비행사의 시신, 그리고 연방정부나 주변 주 정부나 지방 정부에서 조사를 위해 보낸 시신의 신원을 확인하고 필요하면 부검까지 하는 업무를 도맡고 있다.

여전히 루이지애나 법의학 연구실에서 근무하고 있었던 1986년 4월에 빌은 버지니아 폴스처치Falls Church의 경찰로부터 1년 반 전에 사망 현장에서 수집한 증거를 조사해달라는 요청을 받았다.

1984년 8월 당시 18세 소녀였던 리사 린커Lisa Rinker가 엄마에게 동네 산책을 간다고 말하고 일요일 밤 10시 30분경에 집을 나섰다. 하지만 리사는 집으로 돌아오지 않았고, 다음 날 아침 엄마가 경찰에 실종신고를 했다. 경찰, 가족, 친구들이 마을과 주변 지역을 수색하기 시작했지만 아무것도 찾지 못했다.

그 주 토요일 밤에 리사의 친구 중 한 명, 사실 리사의 남자친구와 제일 친한 친구가 리사의 아버지에게 익숙해 보이는 분홍색 샌들 한 짝을 가지고 왔다. 친구의 말로는 실종자 포스터를 붙이다가 도시 교외의 교차로에서 발견한 것이라고 했다. 리사의 언니 낸시Nancy는 그 샌들이 리사의 것이 맞다고 확인해주었다.

아버지 린커 씨는 친척과 친구들로 수색대를 편성해서 다음 날 그 교차로 주변의 숲을 수색하러 갔다. 수색대는 불길한 예감으로 작업에 착수했다. 죽음의 냄새가 공기 중에 진하게 드리워 있었기 때문이다. 고속도로 난간에서 50미터 정도 떨어진 장소에서 수색대는 빽빽한 덤불 아래 누워 있는 리사의 시체를 발견했다. 리사는 주머니에 하얀 테가 둘러진 짙은 파란색의 코듀로이 진을 입고 있었다. 실종된 날 밤에 입고 있던 그 바지였다. 그리고 갈가리 찢어진 튜브톱을 입고 있었다. 그녀의 상체는 구더기로 뒤덮여 있었다. 얼굴은 벌레가 먹어치워서 없었고, 내장도 마찬가지였다. 손과 발의 피부는 문드러지거나 벗겨지기 시작한 상태였다. 발은 맨발이었다. 하지만 지형이 거칠고 덤불이 빽빽한 곳이었음에도 발바닥에는 멍이나 긁힌 흔적이 보이지 않았다. 발바닥에 상처가 없고, 발가락과 발바닥 아치 주변으로 피부색이 다른 것으로 보아 리사가 사망 당시 발에 무언가를 신고 있었고, 그 후에도 한동안은 신고 있었음을 알 수 있었다.

이틀 후에 지역 검시관이 부검을 실시했다. 부패가 상당히 진행되고 부분적으로 백골화가 일어난 상태였기 때문에 검시관은 사망 원인을 밝히지 못했다. 그는 리사의 사망 원인을 미상으로 남겨두었고, 슬픔에 잠긴 부모는 리사를 묻었다.

하지만 경찰 수사관들은 그 사건을 내려놓을 마음이 없었다. 리사는 실종되던 날 밤에 애인인 버니 우디Bernie Woody와 심한 말다툼을 벌였었다. 경찰에 따르면 리사는 애인을 속이고 형부인 데일 로빈슨Dale Robinson과 바람을 피우고 있었다. 목격자들의 말에 따르면 애인이 그녀를 위협하고 있었다고 한다. 그리고 나중에 고속도로 옆에서 리사의 샌들을 찾아낸 버니의 친구 대니 히스Danny Heath 소유의 자동차가 그날 밤 리사의 시체가 발견된 장소 근처에 주차되어 있었다는 신고가 들어왔다.

형사들은 리사의 애인과 그의 친구 대니를 유력한 용의자로 지목했다. 경찰 측 진술에 따르면 거짓말 탐지기 검사에서 대니가 리사의 죽음과 관련된 질문에서 거짓말을 하는 것으로 보였다고 한다. 하지만 사망의 원인이 밝혀지지 않았고 리사가 살해당했다는 정황증거밖에 없었기 때문에 지방검사는 버니 우디나 대니 히스 모두 형사고발하지 않기로 했다.

한편 새로운 수사관 릭 대니얼Rick Daniele은 이 사건에 흥미를 느꼈다. 대니얼은 시신의 사진을 고속도로 옆에서 발견된 샌들과 함께 노스캐롤라이나의 법의인류학자 루이즈 로빈스Louise Robbins 박사에게 보냈다. 발자국과 신발 자국 분석 전문가인 로빈스 박사는 대니얼에게 발 앞쪽과 발바닥 아치 부위에 난 변색 패턴을 보면 그녀가 죽고 며칠 동안 그 샌들이 발에 신겨져 있었음을 알 수 있다고 말했다. 또한 로빈스 박사는 벗겨져 나온 피부 조각이 샌들 한쪽에 붙어 있는 것을 발견했다. 이것은 샌들을 벗겨냈을 때 시신이 이미 부분적으로 부패해 있었음을 말해주는 추가적인 증거였다.

이 시점에서 대니얼 형사가 빌 로드리게스에게 연락해서 증거를 분석해달라고 요청한 것이다. 대니얼 형사는 사진 말고도 사망 현장에서 수집한 토양 표본, 그리고 리사의 시신에서 수집해 보존해놓은 구더기를 함께 보냈다. 수사관이 대단히 철저하게 증거를 수집한 것이 분명했다. 빌이 5년 전에 시체농장에서 진행한 곤충 연구에 힘입어 곤충학이 존중받는 법의학 도구로 확실하게 자리 잡은 것인지는 알 수 없었지만, 어쨌거나 중요한 일이었다.

리사의 시신 사진을 뒤적이던 빌은 부패가 상당히 진행되어 있다는 것을 바로 알아볼 수 있었다. 특히 흉부와 손의 부패가 심했다. 리사의 얼굴도 완전히 사라져 있었지만 그것은 별로 놀랄 일이 아니었다. 얼굴에는 습한 구멍이 많아서 검정파리가 시체를 먹고 알을 낳을 때 제일 좋아하는 장소다. 일반적으로는 그렇다. 하지만 다른 신체 부위에 피가 나 있는 경우라면 얘기가 달라진다.

칼에 찔려 죽거나 목이 칼에 베여서 죽은 희생자를 본 적이 있는 법의인류학자라면 그런 상처 부위에서 흘러나온 피의 흔적에 파리와 구더기가 얼마나 많이 꼬이는지 알 것이다. 리사 린커가 사망한 1984년 8월처럼 날씨가 따뜻할 때는 피가 난 상처 부위에서 부화해 나온 구더기들이 그 주변 조직을 다른 부위보다 훨씬 빠른 속도로 먹어치운다. 이런 현상을 '차등 부패differential decomposition'라고 한다. 훈련을 받은 법의학자는 이런 현상을 보면 바로 머릿속에서 적색경보가 울린다.

리사의 흉부와 복부에 발생한 차등 부패의 정도로 보아 빌은 리사가 그곳을 칼에 찔렸을 것이라고 사실상 확신했다. 손의 연조직도 손상을 입은 것으로 보아 그곳도 칼에 베였었다고 의심할 수 있었다. 아마도 자신을 지키려다 입은 상처일 것이다. 빌은 대니얼 형사에게 전화를 걸어 상황을 전했다.

빌의 사진 판독 내용으로 무장한 대니얼 형사는 증거 파일에서 리사의 옷을 회수해서 버지니아 과학수사연구소로 보냈다. 과학수사연구소의 분석도 빌의 직감을 뒷받침해주었다. 리사의 바지에서 얼룩이 묻은 여덟 곳을 검사해본 결과, 혈흔이 발견됐다. 옷감을 흠뻑 적실 정도로 많은 양의 피였다. 대니얼은 골격에 남은 외상의 흔적을 빌이 조사해볼 수 있도록 리사의 시신을 무덤에서 다시 꺼내서 보자고 유족과 지방검사를 설득했다.

그로부터 석 달 후 1월의 눈 내리는 추운 날에 빌은 리사가 묻혀 있는 묘지에 도착했다. 묘지 일꾼들이 꽁꽁 얼어붙은 땅을 깨고 리사의 관을 파내어 땅 위로 들어 올렸다. 그리고 페어팩스 카운티 시체안치소로 향하는 영구차에 실었다. 그곳에서 빌은 흉부, 복부, 양쪽 손을 떼어내어 물을 받아놓은 대형 주전자에 넣었다. 그리고 한 시간 정도 끓여서 살점을 모두 제거했다. 그리고 주전자에서 뼈를 꺼내어 부드러운 솔질로 뼈를 깨끗이 청소했다.

리사 린커는 실제로 칼에 찔린 것이 맞았다. 빌은 칼에 찔린 상처를 모두 일곱 개 찾아냈다. 흉강(갈비뼈와 복장뼈)에서 서로 다른 부위에 몇 군데, 그리고 양쪽 손에 방어흔$_{\text{defensive wound}}$이 몇 군데 있었다. 빌은 검사를 통해 얇은 칼날에 찔린 흔적임을 밝혀냈다. 경찰에 따르면 대니 히스는 허리띠 칼집에 큰 주머니칼을 착용하고 다닐 때가 많았지만, 리사의 살인사건 이후로는 그 칼을 차지 않았다고 한다. 리사의 사망 확인서에서 사망 원인이 바뀌었다. '미상'이라는 문구가 삭제되고, 그 자리에 '살인'이라는 문구가 들어갔다.

슬프게도 리사의 살인범은 아직 잡히지 않았다. 빌이 리사의 골격에서 찾아낸 증거를 통해 리사가 살인을 당했다는 것이 밝혀졌고, 버니 우디와 대니 히스를 둘러싼 의문이 해소되지 않았음에도 페어팩스 카운티 연방검사는 여전히 이 사건을 기소하려는 의지가 없다.

인류학자와 곤충이 범죄에 관한 진실을 밝힐 수는 있지만, 좀처럼 움직이지 않는 관료주의의 바퀴를 강제로 돌릴 힘은 없다. 그리고 정의가 실현되리라 보장하지도 못한다. 인류학자와 곤충이 할 수 있는 것이라고는 희생자를 대신해서 목소리를 내고, 누군가 그 목소리를 듣고 응답해주기를 바라는 것뿐이다.

9

죽음의 악취가 퍼지는 거리

내 첫 연구 대상인 시신 1-81호를 인류학 연구소의 가로세로 5미터 철망 울타리 안에 눕혀 놓았던 1981년 5월 15일에는 낮 최고 기온이 섭씨 14.4도에 불과했다. 하지만 그 후로 며칠에 걸쳐 기온이 섭씨 26도 이상으로 급속히 올랐다. 두 달 전만 해도 차라리 시신을 고기 냉장고에 넣어두는 것이 낫겠다 싶을 정도로 추웠지만, 무더운 날씨가 찾아오자 신속하고 극적인 변화가 일어났다. 며칠 만에 얼굴의 살이 거의 사라졌다. 입, 코, 눈, 귀에서 부화한 구더기들이 다 먹어치운 것이다. 빌 로드리게스는 이런 곤충의 활동을 꼼꼼하게 기록하고 있었지만, 몸 자체에서 일어나는 변화와 그 타이밍도 무척 흥미로웠다. 그리고 끔찍했다.

신체의 부패는 크게 네 단계를 거친다. 신선 단계fresh stage, 팽창 단계bloated stage, 부패 단계decay stage, 건조 단계dry stage다. 이보다 더 세밀하게 쪼개는 과학자들도 있지만, 나는 단계를 정의하는 문제로 교착 상태에 빠지지 않으려고 노력한다(과학에서 관찰자는 두 가지 유형이 있다. 세분파splitter와 병합파lumper다. 나는 세분파였던 적이 없다. 나는 골수 병합파다).

시신 1-81호의 신선 단계에서는 치아가 없는 위턱과 누렇게 변색된 치아가 나 있는 아래턱 구간이 남아 있는 얼굴 부위를 뒤틀어 웃는 듯한 모습으로 만들어주었다. 하지만 곤충이 번식해서 시신을 먹기 시작하자 머지않아 뻥 뚫린 눈확만이 우리를 빤히 바라보았다. 머리카락과 피부는 머리뼈에 달라붙어 있었지만, 며칠 만에 머리뼈와의 결합이 느슨해지는 게 분명히 보이기 시작했다.

첫 주가 지날 무렵 시체가 부풀어 오르기 시작했다. 세균이 위와 내장을 먹기 시작하면서 미생물이 만들어내는 부패가스 때문에 복부가 거의 풍선처럼 팽창했다. 한편 피부는 짙은 적갈색으로 변화했다. 피부 아래서 지방 조직이 분해되면서 마치 유약을 발라 가마에서 구운 것처럼 시체에서 윤기가 났다.

살이 캐러멜 색으로 바뀌자 마치 대륙의 강을 촬영한 인공위성 지도처럼 자줏빛 진홍색의 그물망 같은 선들이 피부를 뚫고 비쳐 보이기 시작했다. 이것은 순환계의 모습이었다. 혈관 속 혈액이 부패하며 혈관이 더 커지고 색이 짙어지는 바람에 동맥과 정맥이 더 선명하게 드러나 보이는 것이다. 마치 시체 위에 누군가가 마커로 순환계의 윤곽을 그려놓은 것 같았다.

대학원생들과 나는 완전히 매료되어 그 장면을 지켜보았다. 내가 아는 한 전에는 그 어떤 과학자도 일부러 사람의 시체를 부패하게 놔두고 뒤로 물러나 지켜보며 무슨 일이 언제 일어나는지 체계적으로 기록한 적이 없었다. 많은 과학자, 심지어 화가인 미켈란젤로도 인체를 연구했었지만, 그들은 주로 사람의 해부학에 초점을 맞추었다. 그들은 죽은 자를 해부함으로써 산 자의 뼈와 살에 대해 더 많은 것을 배울 수 있기를 바랐다. 하지만 나의 관심사는 죽음 그 자체였다.

신선한 시체에서 완전한 백골이 되기까지 시신 1-81호가 거쳐야 할 여정이 2주쯤 지났을 무렵에는 머리에 맨 뼈만 남았다. 머리카락은 엉켜 붙은 상태에서 약간의 조직에 의해 약하게나마 결합된 상태로 미끄러져 떨어져 나갔다. 엉긴 머리카락 뭉치는 머리 주변으로 찐득하게 고인 짙은 색깔의 기름기 얼룩 속에 떨어져 있었다. 부풀어 올랐던 복부는 지금은 꺼져서 툭 튀어나온 흉곽에 찰싹 달라붙어 있었다. 팽창 단계에서 부패 단계로 옮겨 갔다는 신호였다. 또 한 주가 지나니 갈비뼈 자체가 척추뼈들과 함께 노출됐다. 곤충들이 시신의 성기와 주변 영역을 격렬하게 공격하면서 골반의 뼈도 드러났다.

사지는 부패 속도가 더 느렸다. 팔과 다리는 얼굴과 골반처럼 축축하고 어두운 구멍이 없는 부위다 보니 곤충이 대량으로 서식하기에는 불리했다. 하지만 손과 발에서 한 가지 극적이고 흥미진진한 변화가 일어났다. 과정이 7일 정도 진행됐을 때 피부가 물러지면서 넓은 면으로 벗겨져 나오기 시작했다. 마치 시신 1-81호가 햇볕에 아주 심한 화상을 입어서 피부가 벗겨지는 것 같은 모습이었다. 처음에는 떨어져 나온 피부가 창백하고 유연했고 손가락과 발가락의 지문에 나 있는 융선ridge과 소용돌이무늬whorl가 뚜렷하게 보였다. 나는 이 사실을 녹스빌 경찰서에 있는 내 친구 아서 보해넌Arthur Bohanan에게도 알렸다. 그는 녹스빌 경찰서 최고의 지문 전문가였다. 하지만 며칠이 지나자 피부가 마치 고엽처럼 쪼글쪼글하게 말라붙었다. 훈련을 받지 못한 수사관이었다면 그것을 보고 낙엽이라며 버렸을 것이다. 하지만 아서가 그 말라붙은 피부 껍질 하나를 연구소로 가져가 습기를 축여서 잘 펼치자 시신 1-81호의 신원을 다시 확인할 수 있는 상태가 됐다.

도착한 지 한 달이 되자 시신 1-81호는 거의 뼈대만 남은 상태가 됐다. 흉곽과 머리뼈에는 햇빛에 말라붙거나 미라화해 질감이 가죽처럼 변한 피부가 조금 남아 있었다. 하지만 그 아래로는 모든 연조직이 세균과 곤충에게 먹혀 사라져 있었다. 나는 백골이 되도록 그의 시신을 4, 5개월 정도 그대로 두었다가 수습해서 마지막으로 남은 말라붙은 피부와 연골의 흔적들을 깨끗하게 제거하는 '처리'를 위해 병원 시체안치소로 가져갔다. 그리고 뼈를 측정해서 넙다리뼈 길이, 넙다리뼈 머리 직경, 머리뼈의 길이·폭·높이, 두 눈확 사이의 거리, 그리고 그 사람의 측정치를 보존해줄 다른 여러 데이터 등 주요 치수를 기록했다.

골격 측정은 앞선 몇 달, 몇 년 동안 내가 머릿속에서 구체화하고 있던 더 큰 계획의 일부였다. 미국에서 현대인의 골격 모음을 최대 규모로 구축하는 계획이었다. 대규모 골격 모음이 이미 몇 개 존재하고 있었다. 원래는 워싱턴대학교가 있는 세인트루이스에서 소장하고 있다가 나중에 스미스소니언협회로 옮겨 간 테리 컬렉션Terry Collection은 개별 골격 1700개를 포함하고 있었다. 내 개인적인 경험으로 판단해보면 스미스소니언협회의 또 다른 골격 컬렉션들은 그보다 훨씬 많은 수의 골격을 소장하고 있을 것이었다. 그중에는 내가 여름에 사우스다코타에서 발굴해서 보낸 골격 수천 개도 있었다. 하지만 이 뼈들은 오래된 것이어서 법의학적 용도로는 쓸모가 없었다.

여러 면에서 우리 인류는 진화의 구속에서 빠져나왔다. 나를 예로 들어보자. 나는 근시가 너무 심해서 시력이 0.1 정도밖에 안 나온다. 내가 만약 1만 년 전에 살고 있었다면 내 근시 유전자를 물려줄 정도로 오래 살아남지 못했을 것이다. 내 앞에 있는 것이 뭔가 싶어 눈을 찡그리며 바라보고 있으면 순식간에 검치호가 아가리를 쩍 벌리고 내 목을 물어뜯었을 것이다. 오늘날 우리는 '붉은 피로 물든 이빨과 발톱을 드러낸 자연'이라는 적자생존의 엄격한 판단 기준에 적합하든 적합하지 않든 살아남아 자식을 낳는다(내 세 명의 아들 중에 짐과 찰리 둘은 내 근시를 물려받았다. 하지만 차남인 빌리는 좋은 시력을 타고나서 미육군의 헬리콥터 조종사가 될 수 있었다).

하지만 겉보기와 달리 우리도 골격을 비롯해서 여러 면에서 진화를 이어가고 있다. 100년 전 미국 백인 남성의 평균 키는 170.2센티미터였다. 하지만 요즘에는 173.2센티미터다. 1806년에 루이스와 클라크가 미주리강 둑에 서 있는 아리카라족 인디언 여성을 보고 어림짐작한 평균 키는 160센티미터였다. 지금은 그보다 7.5센티미터 정도 더 커졌다.

신원을 알 수 없는 범죄 희생자가 발견됐을 때, 특히 경찰이 긴뼈 몇 개밖에 찾아내지 못했을 때 신장을 정확하게 추정할 방법은 그 긴 뼈를 신장이 밝혀져 있는 개인들의 해당 뼈 평균 길이와 비교해보는 수밖에 없다. 그런데 그 비교에 사용하는 수치가 오래된 것이면 추정치가 몇십 센티미터 정도 달라질 수 있다. 그럼 경찰이 키 180센티미터인 실종 남성을 찾는 대신 엉뚱하게 150센티미터인 남성을 찾느라 헛고생을 할 수 있다. 시신 1-81호에서 얻은 데이터가 그런 실수를 예방하는 데 도움이 될 것이다.

시신 1-81호는 그 후로도 오랫동안 다른 방식을 통해 계속 우리에게 도움을 주었다. 훌륭한 교육 도구가 되어준 것이다. 인류학 학생에게 사람의 몸을 구성하는 모든 뼈의 크기, 형태, 촉감을 배우는 것은 엄청난 도전이다. 그 방법은 딱 하나, 플라스틱 모형이나 석고 모형이 아니라 실제 뼈를 가지고 오랜 시간 공부하는 것밖에 없다. 매 학기 뼈 해부학 강의를 할 때마다 학생들은 블랙박스 시험을 무서워했다. 블랙박스 시험을 볼 때는 양쪽 면에 둥글게 입구를 잘라낸 검정 상자 안에 뼈를 몇 개 집어넣는다. 이 시험에서 통과하려면 학생은 상자 안으로 손을 집어넣어 촉감만으로 그 안에 든 뼈의 종류가 무엇인지(내가 심술이 발동한 날에는 어느 뼛조각인지) 알아내야 한다. 심지어는 무게나 질감 같은 것이 대단히 중요한 역할을 하기도 한다. 예를 들어 흑인의 머리뼈는 백인의 것보다 더 치밀하고, 무겁고, 매끄럽다. 올림픽 수영에서 뛰어난 성적을 올린 흑인이 별로 없는 핵심적인 이유 중 하나가 이것이다. 그들은 몸을 물에 띄우느라 더 많은 힘을 써야 한다. 법의학 사건에서 머리뼈가 일부만 발견됐을 때 뼈의 밀도 차이를 알고 있으면 그 뼈를 들어보기만 해도 그 희생자가 백인인지 흑인인지 구분하는 데 도움이 될 수 있다.

기증 받은 시신인 1-81호는 질병으로 사망한 사람이었지만, 나는 외상을 입은 희생자도 포함된 골격 모음을 구축할 계획이었다. 그렇게 하면 사망 전에 생긴 골절과 사망 당시에 생긴 골절에 대해 강의할 때 학생들은 사망 전에 부러진 뼈는 치유가 진행되지만 사망 당시에 생긴 골절은 치유되지 않는다는 것을 확인할 수 있을 것이다. 탄환의 사입구 총상과 사출구 총상을 설명할 때도 학생들은 사입구 골절의 경우, 탄환이 머리뼈를 통과하는 과정에서 비스듬하게 경사지면서 넓어진다는 것, 사출구 총상은 사입구보다 훨씬 크고, 이 경우도 역시 탄환이 관통하는 방향으로 골절 면이 비스듬히 경사지며 넓어진다는 것을 눈으로 보고, 손으로 만져볼 수 있을 것이다. 그리고 머리뼈 안쪽에서 튄 총탄의 납lead spatter이 어떤 형태로 남는지도 알 수 있을 것이다.

우리의 초기 연구는 그냥 부패의 기본적인 진행 과정과 타이밍을 관찰하고 기록하는 데 초점을 맞추었다. 샤이 대령의 사례에서 뼈저리게 느꼈듯이 사후 진행 과정에 대한 우리의 이해는 상당히 제한적이었다. 이 연구를 통해 답을 구하고 싶은 질문은 단순한 것들이었다. 하지만 그 답을 제대로 이어 끼워 맞추려면 몇 년의 시간이 걸릴 것이었다. 모든 변수 하나하나가 차이를 만들어냈다. 시신이 햇살 아래 있었나, 그늘에 있었나? 옷을 입고 있었나, 나체로 있었나? 야외였나, 건물 내부였나, 아니면 차 안이었나? 차 안이었다면 승객이 앉는 공간이었나, 트렁크 안이었나? 땅 위에 있었나, 물속에 있었나? 초기에 진행한 한 연구에서는 얼핏 보기에 너무도 간단해 보이는 질문을 제기했다. 사람의 코로 시신의 냄새를 얼마나 멀리서 감지할 수 있을까?

평소처럼 이번에도 나는 현실에서 실제로 일어난 사건 때문에 이 문제를 고민하게 됐다. 이번 사건은 우리 집 뒤뜰이나 다름없는 곳에서 발생한 일이었다. 그 사건이 일어난 뒤뜰은 인류학과 사무실과 연구실에서 북쪽으로 겨우 몇 킬로미터 떨어진 지점이었고, 사람들이 많이 북적이는 번화가 브로드웨이Broadway와 조금 떨어져 있었다. 엄밀히 말하면 그곳은 뒤뜰이 아니라 한 집과 브로드웨이 거리 사이에 있는, 잡초, 덤불, 쓰레기, 흙더미로 뒤덮인 공터였다. 1976년 여름 공터와 접한 한 집의 소유주가 이 아수라장을 지켜보다가 마침내 지쳤고, 그 땅주인에게 전화를 걸어 불평을 쏟아냈다. 그러자 땅 주인도 기꺼이 청소 용역 업체를 고용했다. 청소 업체에서는 쓰레기와 덤불을 퍼내기 위해 큰 삽이 달린 트랙터를 몰고 왔다.

몇 시간에 걸쳐 몇 트럭 분량의 쓰레기를 치우다가 청소부들이 공터 중앙에 가까워졌을 무렵, 인부 중 한 명이 잡초 위에 사람의 해골처럼 보이는 게 올라와 있는 것을 발견했다. 그는 다른 인부들을 불러 그것이 해골이 맞는지 확인했고, 모두 사람 뼈가 맞다고 생각했다. 그래서 그날의 청소작업은 그것으로 끝났다. 인부들은 경찰을 불렀고, 경찰은 나를 불렀다.

나는 나의 뼈 해부학 연구실을 운영하고 있는 대학원생 팻 윌리와 함께 브로드웨이 거리로 향했다. 팻과 나는 땅을 조금 파서 뼈를 몇 개 더 찾아냈지만 많지는 않았다. 우리는 뼈가 대부분 트럭에 실려 매립지로 떠났다는 사실을 곧 깨닫게 됐다.

뼈가 완전히 건조되고 햇빛에 탈색된 상태인 것으로 보아 그 공터에 꽤 오랫동안 누워 있었던 것이 분명했다. 아마도 족히 몇 년은 됐을 것이다. 신원 확인도 오랜 시간이 걸리지 않았다. 위쪽 틀니에 '오발 킹Orval King'이라고 잘 보이게 선명한 글씨로 쓰여 있었다. 2년 전쯤 마지막으로 목격됐던 그 지역 사람의 이름이었다. 지역 정신병원에 입원하기도 했던 이 74세 노인은 집과 번화가 사이에 있는 이 공터에서 넘어졌거나 쓰러져 있다가 조용히 숨을 거두었다.

이 사건에서 풀어야 할 수수께끼는 그 남성의 신원이 아니라 그 남성이 사망하고 시간이 얼마나 지났는지, 그리고 사망한 원인이 무엇인지 밝혀내는 것이었다. 그가 사망하고 짧은 시간 안에 발견되지 않은 이유를 알 수 없었다. 더 구체적으로 말하면 사람들이 시체가 부패하는 냄새를 맡지 못한 이유를 알 수 없었다. 성인 남성의 시체가 부패하면 지독한 냄새가 난다. 무더운 여름날에 차 창문을 열고 운전하다가 도로에서 죽은 개 옆을 천천히 지나가 본 사람이라면 어떤 냄새인지 짐작할 수 있을 것이다.

그 남성이 사망할 당시에는 공터 주변 집에 사람이 살고 있었다. 그리고 공터 앞쪽을 가로지르는 인도도 동네 사람들이 많이 걸어 다니는 길이었다. 게다가 브로드웨이 거리는 녹스빌에서 사람들로 제일 많이 붐비는 거리 중 하나다. 그런데도 냄새를 맡은 사람이 아무도 없었다. 적어도 무언가 의심스러워 수사를 재촉하거나 시청에 전화해서 불평할 정도로 심한 악취는 나지 않았다.

죽음의 악취가 집이나 인도까지 퍼져 나가지 않았다면 대체 얼마나 퍼졌을까? 다시 말해, 사람의 코가 그 거리에서 시신의 냄새를 감지하지 못했다면 어느 거리에서 감지할 수 있을까? 이 해답을 구한다면 나뿐 아니라 경찰, 소방관, 그리고 거의 모든 곳에서 수색구조 활동을 벌이는 사람들에게도 쓸모가 있으리란 생각이 들었다.

오발 킹이 아주 흥미로운 연구 과제를 제시해주었다. 새로운 연구 시설이 있으니 실험을 통해 그 해답을 과학적으로 구할 수 있는 완벽한 장소가 이미 확보되어 있었다. 이제 시체와 실험용 모르모트만 있으면 그만이었다.

시신이 도착하는 데는 오래 걸리지 않았다. 근처 검시관이 무연고 시신을 한 구 보내주었다. 그럼 실험용 모르모트는? 누워서 떡 먹기였다. 추가 점수만 몇 점 미끼로 던져주면 학부생들은 무슨 짓이든 한다. 이 실험의 참가자를 모집하려고 나는 어느 목요일 가을학기 인류학 입문 강의에서 추가 점수 10점을 받고 싶은 사람은 누구든 토요일 아침에 연구소로 나를 만나러 오라고 했다. 그러자 믿기 어려울 정도로 많은 학생이 참가했다. 강의가 없는 주말 이른 시간이었는데도 거의 100명에 가까운 학생이 침대에서 기어 나와 그곳으로 걸음을 옮겼다. 분명 그 학생들 모두 사심 없이 순수한 과학적 열정에서 참가한 것이라 믿고 싶다.

실험은 단순함 그 자체였다. 나는 심하게 부풀어 오르고 냄새가 지독한 시체 한 구를 연구소로 이어지는 자갈길 중간에 가져다 두었다. 시체는 나무와 덤불에 가려서 보이지 않았다. 그리고 전날에 시신으로부터 10야드(9.144미터) 간격으로 표시를 해두었다. 즉 10야드, 20야드, 30야드, 40야드, 50야드 거리에 표식을 설치했다. 그리고 모르모트를 자처한 학생들을 한 명씩 데리고 그 환락의 길로 들어섰다. "무슨 냄새가 나면 알려주게." 학생들에게 전달한 지시 사항은 이것 하나밖에 없었다. 그리고 나는 가지고 간 클립보드 위에서 각각의 학생이 지적한 거리에 해당하는 칸을 찾아 표시를 했다. 내가 학생들을 데리고 시신 쪽으로 향하면 학생들은 가쁘게 숨을 들이마시며 냄새에 집중하기 시작했다. 대부분의 학생은 아무 말도 없이 가다가 시체 부근 20야드, 심지어 10야드까지 다가가서야 코를 찡그리며 이렇게 말했다. "휴, 여기서 정말 심한 악취가 나네요."

이 연구는 간이 실험이었다. 논문으로 작성해서 《법과학회지》에 실을 만한 종류의 연구는 아니었지만, 가정집과 브로드웨이 거리 사이에 있는 공터에서 사람이 죽어 시신이 부패하더라도 불과 15미터 거리에서 지나다니는 수천 명의 사람은 그 냄새를 전혀 맡지 못할 수도 있음을 입증하기에는 부족함이 없었다.

우리가 연구를 시작하고 처음 몇 년은 흥미진진한 진전의 시간이었다. 거의 매주 검시관이나 기증자로부터 시신이 도착하기 시작했다. 사실 철망 울타리 안쪽으로 콘크리트 판의 수용량을 가득 채웠을 뿐 아니라 울타리 옆을 따라 선반 세 개를 추가했다. 죽은 자들을 위한 2층 침대인 셈이었다.[4]

나는 날로 확장되고 있는 우리의 연구 프로그램을 열의와 뿌듯한 마음으로 바라보고 있었다. 그런데 자만은 패망의 선봉이라더니 그 말이 사실이었다. 1985년 어느 봄날에 연구소에 도착하고 보니 8000제곱미터 넓이의 연구소 부지 중 절반 정도에 측량용 말뚝이 박혀 있는 것이 보였다. 한쪽에서는 불길하게도 불도저 한 대가 공회전을 하고 있었다. 나는 측량사 한 명을 붙잡고 대체 무슨 일인지 물어보았다. 그가 말하기를 병원 주차장 확장 공사를 하는 중이라고 했다. 알고 보니 농과대학에서 내게 자기네가 실제로 소유하고 있는 것보다 더 많은 땅을 내어준 것이었다. 내가 실제로 확보한 예전 쓰레기 폐기장 부지는 8000제곱미터가 아니라 4000제곱미터였던 것이다. 내가 아무리 항의

해봐도 불도저와 땅고르기 장비, 도로포장 기계를 막을 수는 없었다.

하지만 땅의 절반을 잃는 것은 그나마 제일 작은 걱정거리였다. 며칠 후에 나는 강의를 하다 말고 학과 비서인 애넷Annette의 호출을 받고 나갔다. 강의 도중에 호출하는 것은 전례가 없는 극단적인 경우였다. 내가 시체농장 반대 시위에 대해 알고 있었느냐고? 몰랐다. 애넷과 나는 당장 차에 올라타서 병원 주차장으로 갔다. 그리고 사람들 눈에 잘 안 띄는 구석진 곳에 주차했다.

'녹스빌 주민의 걱정거리 해결을 위한 모임Solutions to Issues of Concern to Knoxvillians', 약자로 S.I.C.K.('아프다', '역겹다'라는 의미 - 옮긴이)라는 지역 보건의료 옹호 단체였다. 연구소 울타리 한쪽에 "이곳 때문에 정말 역겹다!This makes us S.I.C.K.!('이것 때문에 우리는 S.I.C.K로 뭉쳤다'라는 이중적 의미로 해석할 수 있다 - 옮긴이)"라고 쓰인 거대한 현수막을 내걸고 내 연구시설을 상대로 피켓 시위를 하고 있었다. 내 시설을 향한 시위였음에도 불구하고 나는 그 현수막을 보고 웃지 않을 수 없었다. 기발하고 재미있는 문구였고, 그 덕분에 신문에도 크게 보도됐으니까.

하지만 대체 내가 무엇 때문에 S.I.C.K.의 노여움을 사게 된 것일까? 보아하니 주차장 확장 공사의 설계 때문에 나왔던 측량사 한 명이 어느 날 점심 도시락을 먹으려고 그늘에 들어갔다가 난데없이 작은 철망 울타리 안쪽에서 썩어가던 시신들을 보게 됐나 보다. 그는 집으로 가서 어머니에게 그 사실에 대해 불평했는데, 하필이면 그 어머니가 S.I.C.K.의 주도자 중 한 명이었다. 자식을 걱정하는 어머니라면 누구나 그렇겠지만 이 어머니도 신속하게 시위를 조직했다.

내가 경찰이 살인사건을 해결하는 데 도움을 주기 위해서 시체의 부패를 연구한다는 이 시설의 목적을 설명하자 시위대도 그런 연구가 과학적으로 의미가 있다는 점은 인정했다. 하지만 왜 하필 사실상 사람들의 코앞인 이곳에 그런 시설이 있어야 하느냐고 따졌다. 서쪽으로 30킬로미터 정도 떨어진 오크리지Oak Ridge에 광활하게 숲이 우거지고, 경비도 삼엄한 정부의 보호구역이 있으니 그곳으로 옮기면 될 일이 아니냐고 말이다.

하지만 당시는 내가 30킬로미터 떨어진 곳에서 그 시설을 옮겨 온 지 채 1년도 안 됐을 때였다. 우리의 연구 프로그램을 만들 때 핵심 요인 중 하나가 바로 인류학과와 가까운 장소를 찾는 것이었기 때문이다. 나는 대학총장 잭 리스Jack Reese에게 전화를 걸어 이 딜레마를 설명했다. 이 일로 테네시대학교를 곤란하게 만들고 싶지는 않았지만 내 연구시설을 잃거나 위치를 옮기기는 정말 싫었다. 잭은 솔로몬처럼 현명하고 카네기처럼 너그러운 사람이었다. 그는 자기에게 배정된 예산으로 남은 숲 주변에 철망 울타리를 쳐서 사람들이 헤매다가 시체에 가까이 접근하는 일이 없도록 하겠다고 했다.

몇 주 후에 울타리가 세워졌고, 위기는 그것으로 끝났다. 시인 로버트 프로스트Robert Frost의 말이 옳았다. 좋은 울타리가 좋은 이웃을 만든다Good fences make good neighbors. 하지만 이것이 우리의 마지막 위기는 아니었다. 그리고 최악의 위기도 아니었다.

10

뚱보 샘과 캐딜락 조

5월 어느 목요일에 받은 전화 때문에 열려 있던 내 사무실 문을 닫아야 했다. 이건 드문 일이었다. 당시 나는 거의 항상 문을 열어놓았다. 우리 학과에서 무슨 일이 벌어지고 있는지 보고 싶기도 했고, 학생이나 다른 교수들이 작은 문제라도 있으면 편하게 들어와 내게 얘기할 수 있기를 바랐기 때문이다(그게 큰 문제가 되기 전까지는 그랬다). 그리고 배스 박사의 닫힌 문 뒤에서 대체 무슨 일이 벌어지고 있는지 다른 사람들이 궁금해하거나, 걱정하거나, 뒷담화하지 않기를 바랐기 때문이기도 하다. 그래서 내 방에서 전화벨 소리가 나고 내 문이 닫히는 것을 보고 인류학과 사람들 모두 무언가 민감한 일이 생겼다고 짐작했다. 사실이었다.

그 전화는 테네시 수사국의 국장 아르조 카슨Arzo Carson에게서 온 것이었다. 그가 말하길 납치로 시작했다가 지금은 살인사건으로 일이 커진 사건에 대해 테네시 수사국TBI과 미국연방수사국FBI이 함께 수사를 진행하고 있다고 말했다. FBI가 어깨너머로 지켜보고 있으니 테네시 수사국이 엄청난 부담을 느끼고 있다는 것은 말하지 않아도 느낄 수 있었다.

궁금증이 발동한 대학원생들이 토막 대화라도 엿들어보려고 까치발로 조용히 살금살금 내 문 앞으로 지나가는 동안 카슨 국장이 사건에 대해 브리핑해주었다. 내가 법의학 사건을 통해 접했던 것 중에 가장 기이한 상황이었다. 범죄자의 이름마저도 기이했다. 뚱보 샘Fat Sam, 캐딜락 조Cadillac Joe, 펑키 돈Funky Don.

전화를 끊은 후에 나는 문을 열고 법의학 대응팀에서 최고의 단골인 팻 윌리와 스티브 심스를 안으로 불렀다. 나는 구체적인 내용은 설명하지 않고 다음 주에 현장 조사를 나가는데 일손이 모자라니 좀 도와줄 수 있는지 물어봤다. 스티브와 팻은 한 치의 망설임도 없이 그러겠다고 했다. 분명 미스터리의 베일을 벗겨내고 싶어 안달이 난 것 같았다. 테네시 수사국 국장의 전화를 받고 5일 후에 우리 세 사람은 스테이션왜건(넉넉하게 짐을 실을 수 있게 뒷좌석 뒤에 화물실을 만든 승용차 겸 화물차 - 옮긴이)에 짐을 싣고 40번 주간고속도로를 따라 서쪽 내슈빌로 향했다. 그리고 운전을 하는 동안 나는 두 사람에게 사건의 내용을 소상히 말해주었다.

14개월 전에 몬티 허드슨Monty Hudson과 리즈 허드슨Liz Hudson이라는 이름의 부부가 내슈빌의 한 호텔 주차장에서 백주 대낮에 납치를 당했다. 홀리데이 인Holyday Inn이라는 그 호텔은 밴더빌트대학교Vanderbilt University 캠퍼스와 인접한 꽤 안전한 지역에 있었다. 허드슨 부부는 몇몇 목격자가 보는 앞에서 총구를 겨눈 세 명의 남성에게 납치를 당했다. 목격자 중 한 명은 카메라를 갖고 있어서 사진을 찍었다. 납치범 중 두 명이 몬티 허드슨을 그의 캐딜락 차량에 밀어 넣었고, 세 번째 범인은 리즈를 또 다른 차에 밀어 넣었다. 그리고 두 차가 홀리데이 인 호텔에서 함께 떠났다.

이틀 후에 리즈 허드슨은 내슈빌 시내에서 풀려나왔다. 그즈음은 납치 신고가 들어가 테네시 수사국과 FBI에서 나온 요원들이 단서를 찾아 주차장과 홀리데이 인 호텔을 샅샅이 뒤지고 있던 때었다. 그때부터 사건이 정말 이상하게 꼬이기 시작했다.

리즈가 FBI 수사에 협조하기를 거부했다. 그녀는 납치사건은 그냥 단순한 오해일 뿐이고 남편 몬티는 그 후로 도시를 떠나 출장을 갔다고 했다. 그녀는 남편이 어디로 갔는지, 언제 돌아올지 알지 못했지만 남편 몬티가 아무 문제없이 무사할 거라고 장담했다. 납치사건 당시 리즈는 임신 6개월이었다. 석 달 후에 그녀는 몬티의 아기를 낳았지만 몬티는 여전히 출장에서 돌아오지 않았다.

그렇게 2개월이 지났을 때 수사관들이 몬티의 행방에 관한 제보를 하나 받았다. 그 정보원의 말에 따르면 몬티의 출장은 내슈빌 남쪽으로 120킬로미터 떨어진 앨라배마주 경계의 한 농장 근처 얕은 무덤에서 막을 내렸다고 한다.

테네시 서부는 면화의 땅이다. 내슈빌은 음악의 땅이다. 그리고 1980년대의 로런스 카운티는 '뚱보 샘' 파사렐라Passarrella의 땅이었다. 조직폭력배라고 하면 아마도 뉴저지나 시카고, 라스베이거스 같은 곳 출신의 마피아를 떠올릴 것이다. 조직범죄라는 얘기에 테네시 로런스버그를 떠올릴 사람은 거의 없다. 하지만 그렇지 않다. 조직범죄는 몰라도 비조직범죄라면 말이다.

뚱보 샘이 항상 그렇게 불린 것은 아니었다. 그의 어머니는 그에게 샘 존Sam John이라는 세례명을 지어주었지만 그것은 여러 해 전, 그리고 체중이 180킬로그램 더 찌기 전의 일이었다. 샘은 뉴욕에서 자랐지만 그곳에서 안 좋은 사람들과 어울렸던 것 같다. 그래서 샘의 가족은 나쁜 물을 빼려고 그를 남쪽 지방으로 보냈다. 그의 이모 루이즈Louise가 로런스버그에서 지역 전화 회사를 운영하면서 그 지역의 기둥 같은 역할을 하고 있었다. 가족은 샘이 이모의 긍정적인 영향력 아래에서 자기만의 사업을 시작하기를 바랐다.

실제로 샘은 사업을 시작했다. 1980년 즈음에 샘은 화폐 위조, 돈세탁, 마리화나 농장, 마약 배급, 장물 거래 등 수많은 사업에 손을 대고 있었다. 이렇게 불법적인 사업을 문어발처럼 벌이다 보니 조직범죄를 담당하는 FBI-테네시 수사국 합동 조직범죄 특별대책본부의 레이더에 잡혔고, 이 특별대책본부에서는 뚱보 샘, 그리고 '펑키 돈' 파슨스Parsons, '빅 대디Big Daddy' 하워드 터너Howard Turner, '은행 강도Bank Robber(가끔은 줄여서 그냥 'B.R.')' 엘빈 해덕Elvin Haddock, 그리고 별명이 없는 얼 캐럴Earl Carroll 등 그의 동료들에 관해 방대한 파일을 수집하고 있었다.

몬티 허드슨이 실종된 후로 몇 달 동안 특별대책본부는 뚱보 샘의 갱 집단 주위로 포위망을 좁혀가고 있었다. 샘이 화폐 위조 혐의로 기소됐을 때 다른 동료들은 그것이 자기들에게 어떤 영향을 미칠지 눈치챘다. 그중 한 명인 얼 캐럴은 제일 먼저 부는 사람이 가장 유리할 것이라 생각했는지 내슈빌 FBI 요원인 리처드 크누센Richard Knudsen과 접촉해서 뚱보 샘의 범죄에 대한 비밀을 털어놓겠다고 제안했다. 그의 주장에 따르면 그 범죄 중에는 몬티 허드슨의 납치와 살인도 포함되어 있었다.

캐럴은 이야기를 한 보따리 풀어놨다. 그의 말에 따르면 몬티 허드슨은 캐딜락 브랜드의 차를 골라서 훔치는 취미 때문에 '캐딜락 조'라는 별명으로 통하는 사기꾼이었다. 하지만 몬티가 훔치는 것이 자동차만은 아니었다. 캐럴에 따르면 몬티는 뚱보 샘과 접촉해서 30개가 넘는 은괴를 팔겠다고 제안했다고 한다. 하나당 길이가 45센티미터, 폭이 15센티미터, 높이가 10센티미터를 족히 넘기는 큰 것이었다. 이 정도면 하나의 무게만 해도 45킬로그램에 이른다. 게다가 모두 조폐국의 각인과 일련번호가 새겨져 있는 진품이었다. 당시 은의 가격은 요즘보다 10배나 비싼 1온스(약 28.3그램)당 50달러까지 나갔다. 그 가격이면 몬티의 은괴 하나만 해도 무려 8만 달러나 나간다. 하지만 몬티는 그 은괴들을 묻지도 따지지도 않고 바로 구입해줄 사람이 필요했기 때문에 단돈 현금 2만 달러에 샘에게 모두 넘길 생각이었다.

뚱보 샘은 그 제안에 흥미를 느꼈지만 몬티의 말을 액면 그대로 믿을 만큼 순진한 사람은 아니었다. 샘의 패거리 중 한 명인 펑키 돈이 귀금속을 다뤄본 경험이 있었다. 그래서 뚱보 샘이 펑키 돈에게 그 은괴들을 검사해보라고 했다. 펑키 돈은 순도 검사를 해보았고, 순은으로 판정이 나왔다. 결과를 확인한 샘이 2만 달러를 몬티에게 건네주었고, 몬티는 은괴를 샘에게 넘겼다. 하지만 뚱보 샘이 그 은괴를 다시 검사해보았더니 그것은 은괴가 아니라 사실은 아연이었다. 아연도 은색이 나는 부드러운 중금속이지만 온스당 가격이 몇 센트에 지나지 않았다. 바꿔 말하면 뚱보 샘은 2만 달러에 벽돌 100개 값도 안 나가는 금속 덩어리들을 산 것이다. 캐럴이 FBI에 말한 바로는 샘이 펑키 돈에게 엄청나게 열이 받았다고 한다. 그는 펑키 돈이 순도 검사를 엉터리로 했거나, 아니면 이 사기극에 같이 가담한 것이라 생각했다. 그리고 몬티에게는 훨씬 더 분노했다.

도시를 빠져나가려던 몬티와 리즈를 뚱보 샘이 주차장에서 덮친 것이 그때쯤이었다. 납치가 일어나고 리즈가 다른 곳에 잡혀 있는 동안 뚱보 샘, 그리고 실제로는 체구가 작은 사람이었던 빅 대디 터너가 몬티를 그의 캐딜락에 태워 이동하고 있었다. 뒷좌석에 타고 있던 몬티가 잘난 척하며 무언가 말을 뱉었다. 그리고 그것이 그의 마지막 말이 됐다. 누구인지는 불분명하지만 앞좌석에 타고 있던 두 사람 중 한 명이 뒤로 돌아 그를 총으로 쏘았다.

이제 몬티의 아내 리즈가 문제였다. 그녀는 살인을 직접 목격하지는 않았지만 납치에 관여한 사람이 누군지는 알고 있었다. 뚱보 샘은 그녀를 직접 죽일 용기가 나지 않아 앨라배마주에서 외지인 킬러를 불렀다. 리즈는 누가 봐도 아름다운 여성이었고, 거기다 분명 임신 중이었다. 그런 리즈를 본 킬러는 이렇게 말했다. "내가 아무리 천하의 개새끼라도 그렇지, 임신한 여자를 죽일 수는 없어." 그래서 뚱보 샘이 리즈를 풀어주고 패거리들에게 로런스버그 외곽 외딴 지역에 무덤 두 개를 파라고 했다. 하나는 몬티의 것이고, 나머지 하나는…… 그의 캐딜락을 위한 것이었다!

나는 그동안 기이한 이야기를 들을 만큼 듣고 살았지만 얼 캐럴의 이야기가 그중에서도 제일 놀라웠다. 하지만 FBI와 테네시 수사국은 그 말을 믿는 것 같았다. 캐럴이 그 이야기를 하고 머지않아 내가 스티브, 팻과 함께 삽, 모종삽, 철망 체, 증거 보관용 종이봉투 등을 차에 싣고 몬티 허드슨을 찾아 내슈빌로 차를 몰고 있었으니까 말이다.

우리는 내슈빌 남쪽에 있는 쇼니스 식당에서 FBI 요원 크누센과 몇몇 테네시 수사국 요원, 그리고 주 검사를 만나 아침식사를 했다. 그리고 뚱보 샘의 땅으로 들어가기 위해 그들의 차로 짐을 옮겨 실었다. 요원들은 눈에 띄게 긴장하고 있었다. 그래서 아무래도 호송대에 교수의 스테이션왜건을 포함시켜 움직이는 것은 위험하다고 생각한 것 같았다. 우리는 65번 주간고속도로를 타고 한 시간 정도 남쪽으로 향하다가 앨라배마주 경계 근처의 또 다른 작은 도시인 풀라스키Pulaski에서 빠져나왔다. 그리고 월마트의 한 주차장에서 또 다른 테네시 수사국 요원 빌 콜먼Bill Coleman을 태웠다. 그는 로런스버그에서 뚱보 샘의 활동을 수사하는 사건 담당 요원이었다.

풀라스키(그나저나 여기는 백인우월주의 비밀결사단체 KKK단의 탄생지라고 한다)에서 콜먼을 태운 후에 우리는 시골로 향했다. 약 16킬로미터 정도를 가는 동안 도로는 4차선 고속도로에서 2차선 포장도로,

그리고 이어서 자갈길과 비포장 흙길로 바뀌었다. 오래된 벌목용 도로인 그 흙길은 결국 인동덩굴, 블랙베리 덤불, 작은 묘목들이 빠르게 터를 잡아가고 있는 한 공터에서 끝났다.

차가 덜컹거리며 멈추는 순간 혹시나 뚱보 샘과 그의 패거리들이 매복하고 있을 경우를 대비해 FBI와 테네시 수사국의 요원들이 총을 뽑아 들고 차에서 뛰어나갔다. 이때만큼은 테네시 수사국 국장 카슨이 특별자문위원 배지를 주면서 내게 총기를 지급하겠다고 제안했을 때 그냥 받을 걸 그랬다고 생각했다. 실제로 나는 사격장에서 총기 소유 자격증을 받을 정도로 사격을 잘했다. 그것도 야간 사격을 말이다. 하지만 내가 총을 가지고 다니는 것은 어리석은 일이라 판단했다. 우선 내가 범죄 현장에 불려갈 즈음이면 살아 있는 범죄자보다는 죽은 희생자를 만나게 될 가능성이 훨씬 크고, 어차피 나는 보통 현장에서 엉덩이는 하늘로 쳐들고 코는 땅바닥에 처박은 채 기어다니느라 나를 방어하고 말고 할 자세가 아니기 때문이다.

경호대가 아주 능숙해 보였다. 무장한 여섯 명 정도의 주 요원과 연방 요원들이 공터 주변으로 신속하게 부채꼴 모양으로 흩어져 사주경계를 했다. 이런 시골 현장에 보안관보가 빠진 것은 특이한 경우였다. 나중에 빌 콜먼에게서 들었는데, 조직범죄 특별대책본부에서는 지역 법집행관 중에서 믿지 못할 사람이 있다고 의심하고 있었다. 테네시 수사국과 FBI에서는 우리가 용의자들이 모르는 상태에서, 그리고 가능하다면 용의자들에게 감지되지 않은 상태에서 도착하기를 원했다. 나는 그저 우리가 무사히 일을 마치고 돌아갈 수 있기를 바랄 뿐이었다.

FBI 요원 크누센은 얼 캐럴을 따라 이곳에 한번 와본 적이 있었다.

크누센의 말에 따르면 캐럴은 벌목 도로 왼쪽으로 15미터 정도 떨어진 지점으로 걸어가서 아래를 보며 욕하기 시작했다고 한다. "여기가 그놈을 묻은 자리입니다." 그가 땅에 난 얕은 도랑을 가리키며 크누센에게 말했다. 그의 말로는 그와 뚱보 샘의 다른 패거리 한 명이 시신을 여기에 묻었다고 한다.

크누센이 나를 문제의 그 장소로 데리고 갔다. 잡초, 들장미, 덤불, 옻나무 덩굴 등이 빼곡하게 자라 있었지만 비교적 최근에 누군가 땅을 파헤쳤던 흔적이 한눈에 들어왔다. 파헤쳐진 땅 위쪽으로 통나무 하나와 잔가지 몇 개가 나란히 놓여 있었다. 적갈색의 진흙과 함께 하얀 가루가 뒤섞여 있었다. 캐럴은 크누센에게 그것이 몬티 허드슨 시신의 부패 속도를 높여볼까 하여 뿌린 석회라고 했다(이것은 살인자들이 흔히 잘못 알고 있는 상식이다. 석회는 부패의 냄새는 줄여주지만 부패의 속도도 낮춘다. 그래서 석회를 뿌린 시신은 냄새로 발각될 가능성은 줄어들지만, 부패하지 않고 오래 남을 가능성은 오히려 커진다).

테네시 수사국 요원 한 명에게 전체 과정을 비디오로 촬영하게 하고 우리는 작업에 착수했다. 먼저 스티브 심스가 자동차 옆에서 시작해 차츰 작업 현장으로 다가오면서 각도를 달리하며 현장을 사진으로 촬영했다. 그러고 나서 팻 윌리와 나는 덤불, 덩굴, 풀을 치우기 시작했다. 땅을 파기 시작하기도 전에 중요한 것이 나왔다. 잡초와 이파리, 작은 바위들이 뒤엉켜 있는 곳에서 오른쪽 아래팔에 있는 자뼈ulna, 척골가 나왔다.

뚱보 샘인지 그의 심복들인지, 시신을 운반한 사람이 누구인지는 알 수 없지만 일을 아주 엉성하게 했다. 사실 이건 놀랄 일이 아니다.

시신을 옮기는 사람의 처지가 되어보면 그 이유를 알 수 있다. 묻혀 있던 시체를 파내어 다른 곳에 숨긴다고 생각해보자. 이 시신은 얕은 무덤 속에서 몇 달째 썩고 있었다. 그래서 냄새도 지독하고 굉장히 심하게 부패해 있을 것이다. 이제 숨을 참고 시신의 팔을 잡아서 당긴다……. 그럼 당신의 손에는 떨어져 나온 팔만 달랑 남는다. 이 정도 되면 어지간히 성실하고 비위가 강한 사람이 아니고서는 간간이 고개를 돌리고 신선한 공기를 들이마시면서 머리든, 상체든, 다리든, 팔이든 큰 덩어리만 잡히는 대로 건진 다음 최대한 빨리 그곳을 빠져나오게 된다. 부패한 시신을 다른 곳으로 옮기라는 명령을 받고 온 악당들은 사람을 땅에 묻은 지 몇 주가 지나면 시신에서 치아가 탈락하거나, 짐승이 갉아먹어 손이 떨어져 나오거나, 총알이 흘러나와 그 현장에 남을 수 있다는 사실을 모르거나, 알아도 신경 쓰지 않는다. 내게는 다행스러운 일이다.

무덤이 얕은 것 같아서 우리는 삽 대신 모종삽을 썼다. 두 시간 정도 꼼꼼하게 파고 들어가니 손을 댄 흔적이 없는 흙 층이 나왔다. 그 즈음 우리는 자뼈 말고도 몇 가지를 더 발견해놨다. 등뼈 두 개, 치아 15개, 머리뼈바닥이 산산조각 나면서 생긴 뒤통수뼈 조각 네 개, 손가락뼈와 발가락뼈 다섯 개, 정강뼈에서 나온 것으로 보이는 긴뼈 조각 하나, 사람의 머리카락, 구더기가 파리 성충으로 변태하면서 남기고 간 텅 빈 번데기 껍질, 찢어진 옷 조각, 총알 하나.

우리는 인류학과로 가져가 철저하게 조사하기 위해 치아와 뼈를 봉투에 담고, 옷과 총알은 분석을 위해 테네시 수사국에 주었다. 우리는 정부 차량을 타고 내슈빌까지 온 다음, 안전하고 건강한 모습으로 각자의 길로 갔다.

녹스빌로 돌아온 우리는 성별, 나이, 인종, 신장, 이렇게 4대 항목을 판단하기 위해 우리가 갖고 온 것들을 꼼꼼히 조사하기 시작했다. 안타깝게도 우리가 가진 증거물이 많지 않았다. 두덩뼈, 볼기뼈, 얼굴이 없어서 성별을 판단하기가 어려웠다. 하지만 자뼈의 크기가 컸고, 이것은 성별이 남성임을 강력하게 시사하고 있었다. 뒤통수뼈에서 나온 조각도 마찬가지였다. 머리뼈바닥에 나 있는 혹인 바깥뒤통수뼈융기가 현저하게 돌출되어 있었고, 큰 근육이 붙어 있던 흔적이 보였다. 이것은 남성의 목 근육에서 전형적으로 나타나는 특성이었다.

나이를 특정하기는 더 까다로웠다. 나이를 판단할 수 있는 근거가 골변연밖에 없었기 때문이다. 자뼈를 보니 팔꿉관절elbow joint에서 초기(1단계) 골변연이 보였다. 손가락뼈와 발가락뼈, 등뼈도 마찬가지였다. 그럼 이 남성이 30세에서 50세 사이, 따라서 40세 근처일 가능성이 크다는 의미였다. 하지만 그보다 더 정확한 판단을 내리기는 불가능했다.

얼굴이나 머리뼈덮개가 없으니 희생자의 인종을 판단하기도 쉽지 않았다. 머리카락은 어두운 색이었고, 심하게 헝클어져 있었다. 그냥 단순한 육안 검사로는 희생자의 인종을 판단할 수 없었다. 우리는 나중에 더 자세히 조사할 수 있게 표본을 따로 보관해놓았다.

신장을 판단하기는 그나마 나았다. 긴뼈인 자뼈가 있었기 때문에 그 길이를 바탕으로 희생자의 신장을 추정할 수 있었다. 그런데 한 가지 문제점이 있었다. 자뼈의 먼쪽, 즉 아래쪽 끝이 어떤 육식동물이 씹어 먹은 바람에 짧아져 있었다. 그래서 이 뼈가 무언가에게 갉아 먹혀 29.5센티미터가 되기 전의 원래 길이부터 알아내야 했다. 이 뼈를 몇몇 완전한 자뼈와 비교해보니 우리가 발견한 뼈에서 손실된 부분은 5퍼센트 미만이라는 결론이 나왔다. 이 뼈가 완전한 상태에서는 31센티미터 정도 되었을 것이란 의미다. 이 수치를 인류학자 밀드레드 트로터가 1950년대에 개발한 공식에 대입했더니 185센티미터에서 188센티미터 정도라는 추정치가 나왔다.

부패와 사망 후 경과시간에 대한 우리의 연구는 1981년에 시체농장에서 이제 막 시작된 상태였기 때문에 우리가 현장에서 수습한 유해에서 관찰한 내용과 비교해볼 만한 연구 자료가 거의 없었다. 일부 뼈에 건조된 조직 조각이 남아 있었다. 부패하는 냄새가 심했지만 압도할 정도는 아니었고, 뼈와 함께 텅 빈 번데기 껍질이 여러 개 흩어져 있었다. 그 전 25년 동안 다른 부패 시신에서 관찰했던 내용을 바탕으로 판단했을 때 사망 후 경과시간은 1년에서 3년 사이일 것으로 보였다.

나는 치아가 이 시신이 몬티 허드슨 시체의 일부인지 아닌지를 알려줄 열쇠가 되어주기를 바랐다. 우리가 찾은 15개의 치아 중 거의 절반인 일곱 개가 충전물로 치료되어 있었다. 그중에는 꽤 크고 뚜렷한 것도 있었다. 만약 몬티의 치과 엑스레이 사진이 있어서 그것을 손에 넣을 수만 있다면 얼 캐럴의 이야기가 진실인지 신속하게 알아낼 수 있을 것이었다.

이즈음 FBI에서는 아내 리즈에게 몬티가 죽었을 가능성이 크다고 말했고, 그녀도 마음이 움직여 어떤 식으로든 수사를 돕기로 했다. 그녀가 처음에 침묵을 지켰던 것은 좋은 의도에서 나온 행동이었다. 그녀는 내슈빌에서 풀려날 때 몬티가 이미 죽었다는 사실을 모르고 있었고, 입만 다물고 있으면 남편을 살릴 수 있을지도 모른다고 간절히 바랐었다. 조금 순진한 생각이긴 했지만 대단히 충실하고 용감한 행동이기도 했다. 리즈는 크누센 요원에게 납치에 대해 자기가 기억하고 있는 모든 것을 얘기했고, 남편의 치과 진료 기록을 어디서 찾을 수 있을지 제안하기 시작했다.

그녀의 말로는 몬티가 털사Tulsa에서 꽤 오래 살았다고 했다. 그래서 크누센은 그곳의 치과의사들과 접촉하기 시작했다. 그리고 머지않아 횡재를 했다. 치과의사 잭 워들린Jack Wadlin이 몬티 허드슨이 자신의 환자였음을 확인했고, 그의 치과 진료 차트와 치아를 촬영한 교익필름bite-wing X-ray 네 장을 보내주기로 했다. 엑스레이 사진에 나온 치아 충전물 및 치수강의 형태와 내부 구조가 테네시 시골 얕은 무덤에서 수습한 치아를 촬영한 엑스레이 사진과 일치했다. 우리가 발굴한 시신은 실제로 몬티 허드슨, 아니면 적어도 그의 일부가 맞았다.

뚱보 샘의 땅으로 현장 조사를 다녀오고 몇 달 후에 뚱보 샘과 그의 파트너 두 명은 몬티 허드슨과 리즈 허드슨을 납치한 혐의로 법정에 섰다. 빅 대디 터너도 몬티의 살인 혐의로 기소됐다. 세 사람은 두 납치사건 모두에 대해 유죄 선고를 받았다. 그즈음 뚱보 샘 파사렐라는 화폐 위조로 중형을 선고받은 상태였고, 이번 납치사건으로 형기가 20년 더 늘었다. 듣자 하니 뚱보 샘은 복역을 하는 동안에 종교를 갖게 됐고, 재주 많은 정원사 겸 아마추어 식물학자가 되었다고 한다. 그리고 아직도 별명에 어울리는 몸을 갖고 있다고 들었다.

빅 대디 터너는 최악의 경우를 맞이했다. 더 가벼운 범죄에 대해 유죄를 인정하면 딱 2년 형만 선고하겠다는 제안을 받았지만, 그는 그것을 거부하고 배심원 재판에 운을 걸기로 했다. 이 도박의 대가는 엄청났다. 그는 납치 혐의로 뚱보 샘보다 두 배 긴 40년 형을 선고받았고, 거기에 더해서 중범죄인 살인죄로 종신형을 선고받았다. 이어진 항소 끝에 결국 그는 가중처벌 납치 두 건과 2급 살인 사전공범에 대해 유죄를 인정했지만 그래도 세 가지 범죄에 대해 45년의 통합 형기concurrent sentence를 선고받았다. 터너는 '2번 문Door No. 2'(미국의 게임 쇼인 〈거래를 합시다Let's Make a Deal〉에 나오는 표현. 참가자가 세 개의 문 중 하나를 선택하고, 그 후에 진행자가 다른 두 문 중 하나를 열면, 참가자는 자신이 원래 선택했던 문을 그대로 선택하거나 진행자가 선택하지 않은 다른 문을 선택해서 그 안에 들어 있는 선물을 가져갈 수 있다 - 옮긴이)을 선택한 셈이었는데, 결국 그것이 아주 오랜 시간 철창 신세를 지는 결과를 낳고 말았다. 뚱보 샘의 끄나풀이었던 얼 캐럴은 가장 낮은 형량을 받았다. 신문에서 그가 겨우 2년에서 10년 사이의 형기를 선고받았다는 기사를 읽었다. 법집행기관에서 일하는 내 친구들이 전해준 얘기로는 그가 적어도 한 번은 다시 감방에 갔다 왔지만 지금은 트럭 운전사가 되어 말 그대로 곧고 좁은 길을 따라 걷고 있다고 했다.

몬티의 캐딜락은 몇 킬로미터 떨어진 곳에 묻혀 있었다. 뚱보 샘은 그곳에 마리화나를 대규모로 심어놓았다. 테네시 수사국에서 그곳을 급습해서 마리화나를 모두 폐기했는데, 우연히도 테네시 수사국의 빌 콜먼이 마리화나가 폐기되는 것을 지켜보면서 앉아 있던 곳이 바로 불도저로 캐딜락 위에 흙을 모아 쌓아놓은 흙더미였다. 파낸 차는 내슈빌 외곽의 테네시 수사국 과학수사연구소로 끌고 갔다. 뚱보 샘이 수고스럽게 그 차를 땅에 파묻었지만 괜한 짓이었던 듯하다. 연구소 기술자들은 차 내부 어디서도 혈흔이나 중요한 증거를 찾지 못했다.

몬티의 나머지 시신을 찾았다는 얘기는 듣지 못했다. 전하는 이야기로는 캐럴과 B.R.이 얕은 무덤에 몬티를 묻은 후 뚱보 샘이 그 상태를 확인하러 갔다가 아무래도 다시 손을 봐야겠다는 생각이 든 모양이었다. 시신이 거의 전부 노출되어 있었던 것이다. 일을 제대로 하고 싶으면 자기가 직접 해야 한다는 옛말이 하나도 틀린 것이 없다. 뚱보 샘은 무덤 도굴에 대해서는 그리 꼼꼼하지 못했지만, 분명 얼 캐럴보다 입은 훨씬 무거운 사람이었다.

살인사건의 발단이 된 31개의 가짜 은괴는 결국 몬티의 첫 무덤에서 몇 킬로미터 떨어지지 않은 자일스 카운티Giles County의 시골 개울 바닥에서 건져냈다. 얼 캐럴이 버렸다고 했던 바로 그 장소였다. 지금은 은퇴한 테네시 수사국 요원 빌 콜먼이 그중 하나를 기념품으로 간직하고 있다. 몬티의 아름다운 부인 리즈 허드슨은 내슈빌에 정착해서 그곳의 여러 음악 관련 회사 중 한 곳에 다니기 시작했고, 컨트리 음악 작곡가를 만나 함께 살게 됐다. 왠지 어울리는 것 같다. 언젠가 라디오를 켜면 뚱보 샘과 캐딜락 조에 관한 슬픈 발라드 음악이 흘러나오지 않을까 싶다. 만에 하나 정말로 그런 일이 일어난다면 마침내 몬티도 자기가 의도했던 방식은 아니지만 더 큰 목돈을 만지게 될지도 모를 일이다. 컨트리 음악이라는 연금술을 통해서 그의 그 아연괴가 언젠가는 금괴, 아니 백금괴로 바뀔지도 모른다. 그렇다고 그가 만족스러워할지는 의심스럽지만 말이다.

11

자기 집 바닥에 묻힌 남자

나는 사람들이 살인을 저지르는 이유와 그 방식, 그리고 법의과학자들이 그 범죄를 해결하기 위해 개발하는 새로운 기법들을 볼 때마다 끝없이 놀란다. 자랑스럽게도 그런 기법 중에는 내게 훈련을 받은 사람들이 고안한 것도 있다.

1991년 9월 20일에 크로스빌에서 활동하는 테네시 수사국 요원 짐 무어Jim Moore에게서 전화를 받았다. 크로스빌은 녹스빌에서 서쪽으로 95킬로미터 정도 떨어진 작은 도시다. 크로스빌 외곽의 한 집에서 배선과 배관용으로 집 아래에 만들어놓은 바닥밑공간crawl space에서 사람의 것으로 추정되는 뼈가 발견됐다. 무어 요원은 내게 법의학 대응팀과 함께 다음 날 그곳으로 와 뼈를 발굴하고, 그것이 실제로 사람의 것인지 확인해줄 수 있느냐고 물었다.

안타깝게도 나는 갈 수 없다고 말했다. 다음 날 아침 일찍 워싱턴 D.C.로 출발해 스미스소니언협회에서 전국의 검시관과 스미스소니언협회의 이웃에 있는 FBI의 요원들을 대상으로 법의인류학 강의를 해야 했다. 하지만 경험 많은 법의학 대응팀을 보내줄 수는 있었다.

이즈음 법의학 대응팀은 내가 없어도 기름칠한 기계처럼 잘 굴러갔다. 나는 호출 대기 중이었던 대학원생 빌 그랜트Bill Grant, 서맨사 허스트Samantha Hurst, 브루스 웨인Bruce Wayne 세 사람을 불러 모아 무어 요원의 요청 사항을 전달했다. 이들은 다음 날 12시 30분에 크로스빌 컴벌랜드 카운티 법원청사에 있는 사무실에서 만나 그와 함께 현장에 가기로 일정을 잡았다. 대학원생들이 사무실을 나갈 때 내가 마지막으로 한 가지를 상기시켰다. "아르파드가 쓸 토양 표본을 잊지 말게!" 사망 후 경과시간을 판단할 수 있는 혁명적인 새로운 기법이 살인사건을 통해 처음으로 검증을 거칠 참이었다.

연구소에서 사람 시신의 부패에 대해 연구를 시작한 후로 10년 동안 우리는 수십 가지 연구와 실험을 진행했고, 그것들은 대부분 부패 속도에 영향을 미치는 다양한 변수에 관한 것이었다. 우리는 시신이 겨울, 그리고 봄의 상당 기간은 그대로 유지되는 것을 지켜보았고, 한여름 무더위에서는 불과 2주 만에 백골화하는 것도 보았다. 우리는 그늘에 놓아둔 시신과 햇빛 아래 놓아둔 시신을 비교해서 햇빛 아래 있던 시신은 미라화하는 경향이 있음을 알아냈다. 미라화한 시신의 피부는 가죽처럼 질겨서 구더기가 뚫고 들어갈 수 없었다. 그리고 뭍에 놓아둔 시신과 물속에 잠겨 있던 시신도 비교해보았다. 물에 잠겨 있던 시신이 두 배 더 오래갔다. 그리고 지표면에 놓아둔 시신과 다양한 깊이의 무덤에 매장했던 시신도 비교해보았다. 깊이 매장한 시신은 노출시켜놓은 시신보다 부패하는 데 여덟 배 더 긴 시간이 필요했다. 뚱뚱한 사람과 마른 사람도 비교해보았다. 뚱뚱한 시신은 막대한 양의 구더기를 먹일 수 있는 살이 있기 때문에 훨씬 빨리 백골화가 진행됐다. 사실 최근의 한 후속 연구에서 하루에 줄어드는 시신의 체중을 측정해보았는데, 비만인 사람은 불과 24시간 만에 무려 18킬로그램이나 감량됐다. 장담하건대 세상 유행하는 어떤 다이어트 방법도 감히 이 기록을 넘보지는 못할 것이다.

    이 연구들 모두 사람 시신의 부패 과정에서 일어나는 사건과 타이밍을 조명하는 데 큰 역할을 했지만 모두 육안으로 확인할 수 있는 변화에 대한 관찰자의 해석을 바탕으로 하는 것이었다. 우리는 최대한 철저하고 구체적으로 그런 변화를 분류하려 온갖 노력을 했지만 주관적 해석이 개입할 여지는 항상 남아 있었고, 따라서 부정확성의 요소를 안고 있었다. 그래서 실망스럽게도 사망 후 경과시간에 대한 판단은 여전히 부정확한 과학으로 남아 있었다.

    그러나 우리가 연구를 시작하고 몇 년 후에 한 젊은 과학자가 이것을 정확한 과학으로 만들어보자는 대담하고 야심 찬 제안을 가지고 내게 접근했다. 그의 이름은 아르파드 바스Arpad Vass였다. 그는 법집행기관을 대신해서 법의학 표본을 분석해주는 상업용 실험실에서 일하는 사람이었다. 아르파드는 우리 박사학위 프로그램에 입학해서 생화학적 데이터를 이용해 사망 후 경과시간을 확인할 정량적이고 과학적인 기법을 개발하고 싶다고 제안했다. 사실상 시신이 발견된 순간부터 거꾸로 돌아가는 법의학 시계를 발명하자는 제안이었다. 그럼 그 시계가 멈추는 순간, 태엽이 모두 풀려 0으로 돌아가는 시간이 그 희생자의 사망 시각이 된다.

아르파드는 화학 부전공에 생물학 학사학위, 그리고 법의학 석사학위를 갖고 있어서 대단히 훌륭한 범죄학자 후보감이었다. 하지만 아르파드는 그저 과학수사연구소에서 일하는 것 이상의 일을 하고 싶었다. 그는 법의학 기술의 경계를 넓히고 싶었다. 아주 흥미로운 아이디어였다. 이것이 제대로 작동하기만 한다면, 모든 살인사건 담당 형사가 가장 먼저 던지는 가장 중요한 질문에 대한 답을 구할 수 있는 객관적이고, 정량적이고, 혁명적인 방법이 탄생하게 된다. 바로 이 사람이 죽은 지 얼마나 되었느냐는 질문이다.

아르파드의 제안을 받고 계속 신경 쓰이는 두 가지 걱정이 있었다. 첫 번째, 과연 이런 화학 프로젝트도 인류학 연구라고 정의할 수 있을까? 두 번째가 훨씬 중요한 걱정이었다. 과연 그런 기법을 만드는 게 가능할까?

나는 학문의 경계를 뛰어넘는 상호교류의 힘을 믿는 사람이다. 모든 법의학 수사는 공동의 노력이기 때문에 경험이 많을수록, 그리고 경험의 종류가 다양할수록 좋다는 것이 내 생각이다. 이 분야의 동료들이 모두 이렇게 생각하지는 않는다. 내가 미식축구 경기장 한구석에 서 있는 것 없는 것 다 끌어모아 연구를 진행하는 동안 어떤 인류학자들은 고귀한 상아탑 꼭대기에서 우리가 테네시에서 진행하고 있는 비정통적인 방법들을 바라보며 코웃음을 치고 있었다. 하지만 시간이 지나면서 나는 정통적이지 않은 경로를 통해 이 분야로 흘러들어 온 사람들에게 배운 것들 덕분에 인류학자로서의 지식이 대단히 풍요로워지는 것을 느꼈다.

에밀리 크레이그Emily Craig를 예로 들어보자. 우리 학과에 있는 전형적인 대학원생들과 달리 그녀는 잉크도 마르지 않은 인류학 학사학위 졸업장을 흔들며 대학원에 들어오지는 않았다. 사실 그녀가 우리 박사학위 프로그램에 지원했을 때의 나이는 40대. 에밀리는 메디컬 일러스트레이션medical illustration(복잡한 의학지식이나 생물학적 정보를 쉽고 명확하게 전달할 수 있게 시각적으로 표현하는 분야 - 옮긴이) 석사학위가 있었고, 조지아의 한 정형외과 병원에서 과학 기사나 수술 안내서에 들어가는 삽화를 그리는 일을 하고 있었다. 나는 그녀가 그런 경력을 거치는 동안 의사들 주변에서 수많은 뼈를 보며 시간을 보냈을 테니, 인류학을 새롭고 흥미로운 관점에서 바라볼 수 있겠다는 생각이 들었다. 그런데 내 생각이 틀렸다. 내가 그녀를 한참 과소평가하고 있었던 것이다.

첫 학기에 에밀리는 신원 확인human-identification 강의를 들었다. 이 강의에서 학생들은 골격 유해를 보고 4대 항목, 즉 성별, 나이, 인종, 신장을 판단하는 법을 배운다. 나는 2주일마다 골격을 하나씩 가지고 들어갔다. 신원이 확인된 골격들로, 경찰이 내게 가져왔던 법의학 사건에서 나온 것인 경우가 많았다.

박사 과정을 시작하고 6주가 지났을 무렵이었다. 학생들도 이제 알 만큼 안다고 자만해지기 시작할 때다. 이쯤 되면 나는 항상 학생들에게 직구 대신 커브볼을 던져 당혹하게 만들고는 했다. 몇 년 전에 테네시 윈체스터에 있는 어느 양로원에서 한 흑인 노인이 돌아다니다 사라졌다. 결국 골격이 하나 발견되어 당국에서 내게 이 골격이 실종된 노인의 것이 맞는지 확인해달라고 요청했다. 나는 처음에 그 흑인 노인의 것이 아닌 듯하다고 말했다. 그 머리뼈는 니그로이드 인종 흑인의 것이 아니었다. 치아와 턱뼈가 앞으로 튀어나와 있지 않아 흑인 남성의 골격이라고 보기 힘들었다. 당시 내 뼈 해부학 연구실을 운영하고 있던 대학원생 팻 윌리도 나와 생각이 같았다. 그러다 일주일 후에 우리는 실종된 흑인의 엑스레이 사진을 받았다. 우리가 백인이라고 자신 있게 말했던 그 골격과 정확히 일치했다.

매년 신원 확인 강의 때마다 나는 학생들을 내가 그 골격 때문에 빠졌던 함정으로 유도한다. 그럼 구강 구조에서 하악전돌 증상이 없는 것을 보고 학생들은 몇 년 전 내가 그랬던 것처럼 백이면 백 이것이 코카서스 인종 백인의 것이라고 자신 있게 답안지에 적어서 낸다.

나는 에밀리의 답안지를 받아들고 충격을 받았다. '니그로이드 인종 흑인'이라고 적혀 있었다. 학급에서 유일한 정답자였다. 아니, 그때까지 정답을 맞힌 유일한 사람이었다. 나는 그녀를 직접 사무실로 불렀다. "이게 흑인의 골격이라는 걸 누구한테 들었지?" 내가 따져 물었다. 여러 해 동안 나는 이 문제로 학생들을 골탕 먹여왔고, 학생들에게도 이 문제를 비밀로 하라고 다짐을 받아두었다. 그래야 그다음 해 학생들에게 너무 성급하게 결론을 내리지 말라는 교훈을 가르쳐줄 수 있기 때문이다. 하지만 지금 보니 누군가 그 침묵의 약속을 깬 것이 분명해 보였다.

"누구한테 들은 거 아닌데요?" 에밀리가 놀라고 화가 난 듯한 목소리로 대답했다.

나도 쉽게 물러서지 않았다. "그럼 어떻게 알았나? 백이면 백 모두 틀리는 문제인데. 학생들 모두 이 머리뼈를 한번 보면 백인의 것이라고 확신하거든."

"저는 머리뼈는 안 봤어요. 무릎을 봤죠." 그녀가 대답했다.

나는 무슨 소리인가 싶어 그녀를 멍하니 바라봤다. "그게 대체 무슨 말이지?"

그러자 학생 신분인 에밀리가 자신의 교수이자 미국법의인류학자위원회American Board of Forensic Anthropologists 소속 전문가인 나에게 흑인의 무릎은 백인의 무릎에 비해 관절융기condyle(무릎의 경첩을 이루는, 넓고 둥글게 휘어진 뼈의 말단 부위) 사이의 공간이 더 넓다고 차근차근 설명했다. "그래서 외과의사들은 백인보다 흑인 운동선수의 무릎 수술을 더 선호해요. 작업할 수 있는 공간적 여유가 더 있거든요. 스포츠의학 분야 사람들은 다 아는 내용이에요."

당시 나는 법의인류학자로 일한 지 30년이 넘은 때였는데, 그때까지 한 번도 못 들어본 얘기였다. "인류학계 사람들은 아무도 모르고 있던 사실이야." 내가 그녀에게 말했다. 나는 내가 너무 오만했음을 인정하고 이렇게 덧붙여 말했다. "이게 논문 주제로 아주 좋을 것 같네."

에밀리는 내 조언을 받아들였다. 그녀는 살아 있는 운동선수의 무릎에 대해 이미 알고 있던 내용을 조사해서 확인하고 발표했을 뿐 아니라 거기서 한발 더 나갔다. 그녀는 흑인의 무릎에서 나타나는 또 하나의 미묘한 차이를 신원불명 시신의 인종을 추정하는 데 사용할 수 있음을 알아냈다. 무릎 바로 위 넙다리뼈의 내부 경계선이 이루는 각이 있는데, 무릎 측면 엑스레이 사진에서 이것을 처음 알아차린 독일

의사의 이름을 따서 이것을 블루멘사트의 선Blumensaat's line이라고 한다. 그런데 백인과 흑인에서 이것이 다르게 나타났다. 넙다리뼈 엑스레이 사진을 수백 장 찍고 측정한 후에 에밀리는 니그로이드 인종과 코카서스 인종의 넙다리뼈를 90퍼센트 정확도로 구분할 수 있는 공식을 고안했다. 기존에는 오로지 머리뼈만 이용해서 인종을 판별하던 분야에서 이것은 놀라운 발전이었다.

만약 에밀리가 메디컬 일러스트레이션 분야를 거쳐 인류학으로 넘어오지 않았더라면 우리는 이런 사실을 절대로 알지 못했을 것이고, 몇몇 살인사건 희생자의 신원을 확인하는 데 결정적인 역할을 할 기술을 그대로 놓쳐버렸을지도 모른다.

아르파드 바스가 생화학적 데이터를 이용해서 사망 후 경과시간을 정확히 밝혀보자며 제안한 계획도 에밀리의 경우와 마찬가지로 학문과 학문이 만나는 과학적 교류였다. 다만 그의 경우는 뼈의 구조가 아니라 세균에 대해 이야기하고 있다는 점이 달랐다.

아르파드가 세균을 이용해 법의학 스톱워치를 만드는 것에 대해 얘기하고 있는 동안 나는 그의 연구가 인류학보다 더 잘 어울릴 것 같은 다른 학과가 있나 생각해보려 했다. 생물학과나 화학과에서 승인을 받기에는 너무 응용분야에 치우쳐 있고, 법의학 지향적이었다. 그렇다고 인류학 프로그램에 그를 받아들이는 것도 너무 억지라는 생각이 들었다. 하지만 '그런 혁명적인 기법이 나온다면 이 분야가 얼마나 큰 혜택을 입게 될까' 하는 생각이 머리를 맴돌며 떠나지 않았다. 내가 마침내 입을 열었다. "이러면 어떨까? 자네가 분명히 사람 시신의 부패와 관련해서 연구를 진행한다고 약속하고, 또 그런 기법을 만들 수 있다고 확신한다면 내가 무슨 수를 써서라도 자네를 입학시키겠네." 그는 그럴 수 있고, 또 반드시 그렇게 하겠다고 장담했다.

그가 내 첫 번째 요구사항에 대해 정말 진지하다는 것을 입증해 보이는 데는 오랜 시간이 걸리지 않았다. 아르파드는 며칠 만에 연구소를 찾아와 부패하는 살점, 구더기 진물, 기름기가 잔뜩 밴 흙을 채취해 갔다. 그는 표본을 채취해서 화학 실험실로 사라져 며칠 동안 보이지 않다가 또 다시 나타나서는 더 많은 표본을 채취해 갔다.

우리의 약속에서 진짜로 힘든 것은 두 번째 부분이었다. 그런 기법을 어떻게 만들 수 있을까? 아르파드는 시체가 부패하는 과정에서 곤충들이 일정한 순서에 따라 시체를 먹어치우는 것처럼 세균도 종류별로 순서에 따라 부패 조직을 먹어치울 것이라는 가정을 세웠다. 곤충이 그렇다면 세균도 그러리라는 것이 아르파드의 바람이었다.

그의 개념은 이론적으로는 단순했다. 하지만 현실에 적용하기는 녹록지 않았다. 현미경으로 표본을 보면 매년 열리는 교황의 부활절 설교를 보려고 바티칸의 성 베드로 광장Saint Peter's Square에 모여든 사람들의 항공사진을 쳐다보는 것 같았다. 그 광장이 엄청나게 다양한 사람으로 가득 차 있는 것처럼 현미경으로 보는 장면에도 온갖 잡다한 세균들이 가득했다.

당시에는 내게 말하지 않고 있었지만 아르파드는 몇 달 동안 현미경을 들여다보며 절망하고 있었다. 자신의 연구 표본에 모여들어 조직을 소화하고 기름진 노폐물 웅덩이만 남기고 있는 이 미생물 군단의 종을 식별하고 추적하려면 족히 50명 정도는 되는 인력과 거대한 실험실이 필요할 것 같았다. 그러다가 문득 아이디어 하나가 그의 머리를 스쳤다. 미생물 자체를 분석하기는 너무 어렵겠지만 미생물이 연조직을 소화하고 남긴 부산물과 폐기물로 이루어진 기름 유막에는 유용한 증거가 들어 있을지도 모른다는 생각이었다.

아르파드는 표본을 다시 들여다보았다. 이번에는 세균 자체가 아니라 그 세균들이 헤엄치고 있는 냄새나는 수프를 들여다보았다. 부패하는 시신 주변과 아래로 고여 있는 액체는 화학적으로 다양한 화합물의 혼합체인 것으로 밝혀졌다. 주성분은 지방과 DNA가 분해되면서 생긴 휘발성 지방산이었다. 아르파드가 몇 주, 몇 개월 동안 채집한 표본을 연구해보았더니, 시신의 부패가 진행되면서 화합물의 비율이 지속적으로 진화한다는 것을 알 수 있었다. 바꿔 말하면 사망 5일 후에 시신 아래서 채취한 표본은 사망 50일 후에 채취한 표본과 현저한 차이를 보였다는 얘기다. 시신 A에서 확인한 패턴이나 비율이 시신 B, 시신 C 등에서도 동일하게 적용되는 것을 보고 아르파드는 정말로 흥분하기 시작했다. 화학 프로필의 진화가 동일한 패턴으로 나타나고 있었다.

그즈음 아르파드는 자기가 뒤쫓고 있는 것이 측정과 이용이 가능한 일관적인 과학적 현상임을 파악하고 있었다. 이제 그는 우선 시간의 흐름에 따른 비율의 변화를 추적하고, 그다음에는 범죄 현장에서 표본을 채취하고, 그 표본에 들어 있는 휘발성 지방산의 비율을 판단하고, 일평균 기온에 맞추어 그 값을 보정하고, 그 보정된 비율을 사망 후 경과시간을 알고 있는 시신에서 관찰한 비율과 비교하는 법만 개발하면 됐다. 아, 그리고 범죄 현장에서 구한 비율을 그가 시체농장에서 연구한 2년 동안 꼼꼼히 측정해놓은 비율과 맞추어보고 사망 후 경과시간을 쉽게 계산할 수 있는 공식이나 방정식을 개발해야 했다.

설명하기가 어려운 개념이다. 화학자가 아닌 나로서도 이해하기가 쉽지 않은 개념이다. 하지만 간단한 비유를 들면 조금이라도 쉬워지지 않을까 싶다. 조 블로Joe Blow라는 사람이 매일 아침식사로 스크램블 에그를 먹는다는 것을 당신이 알고 있다고 가정해보자. 그리고 그는 가끔 삶은 계란을 참치 캔에 잘게 썰어 넣어 점심으로 먹는다. 제대로 먹어봐야겠다는 생각이 들 때 그는 계란을 두 개 더 사용해서 초콜릿 칩 쿠키를 잽싸게 만들어 먹기도 한다. 그런데 어떤 이유에서인지 당신이 조의 쓰레기통을 뒤질 일이 생겼다. 그럼 계란 껍데기, 참치 캔, 초콜릿 칩 봉지의 비율을 확인해 조의 쓰레기통에서 꺼낸 쓰레기가 며칠 치인지 알 수 있을 것이다.

이것이 테네시 크로스빌의 어느 집 아래 묻혀 있던, 사람의 것으로 추정되는 뼈와 무슨 상관이 있는 것인지 궁금할 것이다. 나는 아주 큰 상관관계가 밝혀지기를 희망하고 있었다. 그래서 법의학 대응팀에게 토양 표본을 잊지 말고 가져오라고 당부한 것이다.

이 집은 테리 램스버그Terry Ramsburg라는 남자의 집이었다. 하지만 테리 램스버그는 그 집에 없었다. 사실 2년 넘게 그의 아내 릴리 메이Lillie Mae를 비롯해서 누구도 그의 자취를 본 적이 없었다.

사실 이제 릴리 메이는 그의 전부인이 되어 있었다. 그녀는 1989년 1월 16일에 테리를 실종 신고했다. 그녀의 말에 따르면, 그는 어느 날 자신의 자동차 정비소에 일을 하러 나갔는데 그날 밤에 돌아오지 않았다. 일주일 정도가 지났는데도 여전히 돌아오지 않자 그녀는 마침내 경찰을 불렀다.

실종 신고를 하고 오래지 않아 릴리 메이는 테리가 자신을 버렸다는 것을 이유로 이혼 소송을 냈다. 그리고 이혼 절차가 마무리되자 릴리 메이는 재혼을 했다. 그리고 혹시나 테리가 다시 나타났을 경우를 대비해서 그녀는 그 집에 그대로 머물렀고, 새 남편이 그 집에 들어와 그녀, 그리고 그녀의 두 딸과 함께 살았다.

테리의 아버지 로버트 램스버그Robert Ramsburg는 릴리 메이의 이야기를 믿지 않았다. 아버지는 당시 아들의 집안 분위기가 좋지 않았다는 것을 알고 있었다. 테리는 10대인 딸들이 자동차 정비소에 나와 일을 돕기를 바랐지만 딸들이 달가워하지 않았기 때문이다. 하지만 아버지는 테리가 한마디 말도 없이 도시를 떠나버렸다는 얘기를 믿을 수 없었다. 그리고 릴리 메이가 재혼을 하자 로버트의 의심은 더욱 커졌다. 그의 생각은 자꾸 그 집을 맴돌았고, 결국 그는 그 집을 염탐해보기로 마음먹었다. 9월의 어느 날 아무도 집에 없는 시간을 골라 로버트는 바닥밑공간으로 이어지는 나무 문을 열었다. 한 손에는 전등을 든 채로 그는 마루 들보 아래를 뒤지며 아들의 실종에 단서가 될 만한 것을 찾으려 했다.

그리고 바닥밑공간 끝 구석에서 로버트는 그 단서를 찾아냈다. 흙에 붉은 옷감이 살짝 튀어나와 있었다. 그 옷 주변의 흙은 단단하게 다져져 있는 대부분의 진흙보다 더 푸석한 상태였다. 누군가 손을 댔던 흔적으로 보였다. 그가 살짝 당겨보니 더 많은 옷감이 드러났다. 그러자 그는 맨손으로 흙을 긁어서 파내기 시작했다. 그리고 점차 그 붉은 옷감은 익숙한 긴 바지의 형태를 띠었고, 그 순간 허리띠에서 뼈처럼 보이는 것이 튀어나왔다. 그는 당장 흙 파기를 멈추고 집 안으로 들어가 보안관 사무실에 전화를 했다. 그리고 몇 번의 통화가 오가다가 몇 시간 후에 내 대학원생들이 호출을 받고 그곳으로 출동한 것이다.

여러 해 동안 우리 법의학 대응팀은 삽, 모종삽, 갈퀴, 증거 보관용 종이봉투, 시체 운반용 비닐부대, 철망 체, 카메라 등 사실상 똑같은 도구 세트를 늘 가지고 다녔다. 이제는 여기에 작지만 중요한 것이 하나 추가됐다. 토양 표본을 채취하는 데 사용할 비닐 지퍼백 두 개였다. 하나는 유해 바로 아래 토양을 채취하고, 또 하나는 몇 미터 떨어진 오염되지 않은 곳에서 토양을 채취한다.

무어 요원은 수색에 동의한 릴리 메이와 함께 법원에서 기다리고 있었다. 이들은 2.5킬로미터를 운전해서 캐러밴 스타일의 집으로 왔고, 흰색의 테네시대학교 트럭이 테네시 수사국의 세단과 릴리 메이가 탄 자동차의 뒤를 따랐다. 빌 그랜트는 그다운 꼼꼼함으로 릴리 메이의 자동차 번호를 메모해두었다. RNW-016이었다. 집에는 다른 차량 몇 대가 이미 주차되어 있었다. 몇몇 차는 경찰과 보안관보를 태우고 온 차량이었지만, 한 자동차에는 두 명의 시민이 조용히 앉아서 현장을 지켜보고 있었다. 테리 램스버그의 아버지와 어머니였다. 릴리 메이는 그들과 거리를 두었다.

빌, 서맨사, 브루스는 신속하게 도구를 모아 집 바닥 아래로 기어 들어갔다. 무어 요원이 이미 바닥밑공간에 작업용 조명을 설치해놓아서 내부가 환했다. 빌은 노출된 뼈가 무명뼈, 즉 볼기뼈이고 사람의 뼈라는 것을 알아볼 수 있었다. 빌이 문으로 빠져나와 경찰들이 모여 있는 곳으로 걸어갔다. 로버트 램스버그도 차에서 나와 그 모임에 합류했다. 릴리 메이 역시 그쪽으로 다가왔다.

빌이 말했다. "분명 사람의 뼈입니다." 테리의 아버지가 고개를 떨구었다. 릴리 메이는 방향을 홱 바꾸어 성큼성큼 걸어갔다.

그녀가 신경질적으로 말했다. "다 헛소리야. 개 같은 헛소리." 그녀는 자동차에 올라타고 문을 쾅 닫은 후에 시동을 걸었다.

빌이 무어 요원의 눈치를 보며 물었다. "저 여자가 그냥 가게 놔두실 건가요?"

무어 요원은 침착함을 잃지 않는 모습이었다. "저 여자 어디 못 갑니다." 그는 누군가의 도주 위험을 파악할 줄 아는 경찰관의 확신에 찬 목소리로 이렇게 말했다.

빌이 집 아래로 다시 기어 내려가자 법의학 대응팀은 다시 작업에 들어갔다. 경험이 제일 많은 빌이 책임자 역할을 맡았다. 그는 서맨사에게 다리 쪽 발굴 작업을 맡기고, 브루스에게는 왼쪽 부위를 노출시키는 일을 맡기고, 자신은 머리뼈가 발견될 것으로 예상되는 지점을 맡았다.

빌은 유해의 위치가 이동하지 않도록 부드럽게 흙을 모종삽으로 퍼내며 머리뼈를 드러냈다. 이런 발굴 기법을 '페데스탈링pedestaling'이라고 한다. 머리 왼쪽을 노출시키자 이마 근처에서 골절이 더 많이 보였다. 뼛조각들이 거미줄처럼 바깥쪽을 향해 뻗어 있었지만 구멍은 없었다. 빌이 흥분해서 말했다. "이거 잘하면 머리뼈 안에 총알이 남아있겠어!" 몇 분이 더 지나자 머리뼈가 완전히 드러났다. 머리뼈를 목뼈와 연결해주던 연골은 이미 오래전에 부패해서 사라지고 없었기 때문에 빌은 손을 뻗어 머리뼈를 그대로 들어올렸다. 그가 얼굴 쪽을 보려고 머리뼈를 돌리는데, 그 안에서 딸그락 소리가 작게 들렸다. 22구경 총알 하나가 뇌가 말라붙어 쪼그라들면서 생긴 공간 속에서 움직이며 내는 소리였다.

유해 발굴을 마무리하고서 토양에서 표본을 채취하고, 모든 것을 상자에 담아 녹스빌로 돌아오려던 대학원생들은 냉혹한 현실을 실감해야 했다. 그들은 유해, 옷가지, 토양 표본을 판지로 된 표본 상자에 담았다. 가로세로 30센티미터에 높이가 1미터쯤 되는 상자였다. 서맨사가 그 상자를 들고 바닥밑공간에서 나오자 로버트 램스버그가 그녀를 향해 다가오기 시작했다. 서맨사는 어쩔 줄 몰라 빌을 바라보며 이렇게 속삭였다. "이 유해를 보고 싶다고 하면 어떡하지?"

빌이 말했다. "이건 수사 증거야. 보여줄 수 없어. 아무 말도 하지 마. 쳐다보지도 마."

서맨사는 눈을 바닥으로 깔고 트럭을 향해 걸어갔다. 바닥을 향하고 있는 그녀의 시선과 괴로운 표정 속에서 로버트 램스버그는 그 상자 안에 담긴 것이 무엇인지 느낄 수 있었다.

그가 옳았다. 그것은 그의 아들이었다.

인류학적 조사를 통해 그 골격 유해가 나이는 28세에서 34세 사이, 신장은 165센티미터에서 178센티미터 사이의 백인 남성이라는 결과가 나왔다. 이 사건에 관련된 사람들에게는 전혀 놀랄 일이 아니었다. 그리고 치과 엑스레이 사진을 통해 그 희생자가 신장 167센티미터의 33세 백인 남성 테리 램스버그라는 것이 확인됐다. 이 역시 놀라운 일이 아니었다.

나는 10월 9일에 법의학 보고서 복사본을 테네시 수사국, 컴벌랜드 카운티 보안관, 크로스빌 경찰서, 지방검사 사무실로 보냈다. 그리고 같은 날에 릴리 메이 램스버그 데이비스Lillie Mae Ramsburg Davis는 1급 살인 혐의로 보석 없이 기소됐다.

그녀의 재판은 1992년 7월에 열렸다. 여러 달 동안 그녀는 자신의 무죄를 주장해왔다. 그러다가 재판 개시 일정 일주일 전에 릴리 메이는 검사 측과 형량 합의를 맺고 2급 살인에 대한 유죄를 인정했다. 수사관한테 전해 들은 이야기로는 그녀가 소파에 누워서 자고 있던 그를 총으로 쏜 다음 집 바닥으로 끌고 들어가 그곳에 묻었다고 한다. 충격적인 부분은 그녀가 그 후로 2년 반 동안 썩어가는 테리 램스버그의 시체 바로 위에서 두 딸과 함께 그 집에 계속 살았다는 점이다. 그 기간에 그녀의 새로운 남편은 살해당한 전남편의 유해 바로 위에 살고 있었다.

릴리 메이는 30년형을 선고받았지만 불과 10년 만에 가석방 자격을 얻었다. 가석방 심사에서 예전에 그녀의 시아버지였던 로버트 램스버그는 그녀의 석방에 열렬히 반대하는 증언을 했고, 가석방 심사위원회에서는 투표를 통해 그녀를 계속 수감하기로 결정했다.

릴리 메이가 유죄를 인정하는 바람에 법적으로는 사망 후 경과시간을 따지는 것이 무의미해졌지만, 경과시간을 계산하는 것은 과학적으로는 여전히 중요한 문제였다. 테리 램스버그의 시신은 집 바닥에서 대부분 백골화가 진행되어 있었지만 흉부와 복부 아래로는 대량의 시랍adipocere(말 그대로 시체에서 생긴 밀랍이라는 뜻으로, 축축한 환경에서 지방이 분해될 때 형성되는 비누 비슷한 기름진 물질을 말한다)이 형성되어 있었다. 백골화의 진행 정도와 시랍 형성을 통해 테리 램스버그가 그 바닥밑공간에 아주 오래 있었음을 알 수 있었다. 아마도 살해당한 날부터 쭉 거기 있었을 것이다.

아르파드의 토양 분석을 통해 사망 후 경과시간을 확인하거나 더 정확하게 측정할 수 있었을까? 새로운 과학기법에서 종종 일어나는 일이지만, 이 경우 우리는 그 기법을 적용한 살인사건보다는 기술 그 자체에 대해 더 많은 것을 배울 수 있었다.

아르파드가 검사해본 휘발성 지방산들은 모두 검출 가능한 최저농도에 미치지 못했고, 그 최저농도 자체도 딱할 정도로 낮은 22ppm이었다. 쉽게 말하자면 그 시신이 그곳에 너무 오래 방치되어 있다 보니 그 살을 파먹던 벌레들은 다른 먹잇감을 찾아 떠난 지 오래였고, 심지어 그들이 배출한 노폐물도 허공으로 증발해버렸다는 얘기다. 바닥밑공간에서 측정한 온도로 보았을 때 그 시신은 사망 후 약 11개월 정도에 그런 시점에 도달했을 것으로 보인다. 반면 그가 실종된 이후로 지난 시간은 거의 그 세 배에 이른다. 우리는 이 기법이 여전히 활발하게 부패가 진행 중인 시체에 더 적합하다는 것을 깨달았다.

램스버그 사건 이후로 아르파드 바스는 토양 분석을 통해 사망 후 경과시간을 계산하는 기법을 계속 다듬어갔다. 그는 또한 최신 화학 기법을 이용해 살인자를 잡아내는 다른 방법들도 개발했다. 최근에 그는 살인 희생자의 간, 콩팥, 뇌, 기타 장기에서 채취한 작은 조직 표본을 분석하는 유사한 기법을 고안했다. 몇 주밖에 안 된 시신이라면 이 조직 생검 기법을 이용해서 사망 후 경과시간을 며칠, 심지어 몇 시간 단위로 정확하게 알아낼 수 있다. 현재 아르파드는 사체 특유의 죽음의 냄새를 구성하는 분자를 추출하고 확인하는 연구를 진행하고 있다. 시체 탐지견이 반응하는 것이 바로 이 분자다. 이 연구는 경찰이나 인권 수사관이 암매장 무덤의 위치를 추적할 때 사용할 휴대용 시스템 개발을 위한 첫걸음이 되어줄 것이다.

그리고 아르파드가 제일 먼저 일구어낸 돌파구인 토양 표본 분석을 통한 사망 후 경과시간 계산은 수십 개 사건에서 그 정확도와 가치가 입증됐다. 그중 하나는 릴리 메이가 테리 램스버그를 총으로 쏘고 집 아래에 묻었다고 고백한 때로부터 겨우 3개월 후에 수사가 시작된 사건이었다. 사망 후 경과시간, 그리고 아르파드가 '동물원 사나이'의 살인사건에서 중요한 역할을 맡게 될 참이었다.

12

동물원 사나이 연쇄살인사건

매년 10월이면 테네시 동부의 언덕들은 6주 동안 화려한 색상의 옷으로 갈아입는다. 층층나무는 진홍색으로, 단풍나무는 밝은 주황색으로, 튤립나무는 밝은 노란색으로, 참나무는 붉은색과 갈색 계열의 다양한 색으로 물든다.

녹스빌 시내에서 15킬로미터 동쪽, 40번 주간고속도로가 홀스턴강의 푸른 물줄기를 가로지르는 다리에서 그리 멀지 않은 이곳은 고속도로와 나란히 울창하게 자라 있는 활엽수림 단풍이 장관을 이룬다. 이 숲은 카하바 레인Cahaba Lane이라는 막다른 짧은 도로의 끝부분에 자리 잡고 있다. 카하바 레인은 동쪽으로 향하는 고속도로 차선 옆으로 800미터 정도 이어져 있다. 이 도로를 마주보며 몇몇 집과 트레일러하우스, 그리고 풀로 뒤덮인 사면 높은 곳에 자리 잡은 이스트서니뷰 침례교회East Sunnyview Baptist Church가 있다. 고속도로에서 멀리 떨어진 남쪽으로는 비가 오면 물이 흐르는 작은 개울이 나무들 사이를 굽이굽이 가로지르고 있다.

카하바 레인은 우뚝 솟아 있는 광고판 발치에서 끝난다. 광고판에는 조식을 무료로 제공하고 투숙객용 세탁실이 완비되어 있다는 여관의 광고가 걸려 있다. 그 광고판은 녹이 슨 다섯 개의 아이빔I-beam 기둥이 떠받치고 있다. 그중 두 기둥 사이로 오솔길이 완만하게 경사진 산마루를 따라 이어진다. 그 길에는 빈 맥주 깡통, 간식 봉투, 계란 상자, 신발, 그리고 다른 가정용품이나 자동차 잔해들이 드문드문 떨어져 있다. 숲 바닥에는 도토리도 많이 떨어져 있다. 이 도토리가 수많은 다람쥐를 먹여 살린다.

1992년 10월 20일에 다람쥐 개체 수 조절을 목적으로 사냥에 나선 사냥꾼이 그 오솔길을 따라서 숲으로 들어갔다. 그렇게 길을 따라가다가 그는 심하게 손상된 매트리스와 썩어가는 개집을 발견했다. 그 개집 안에는 백화점 마네킹이 처박혀 있었다. 사냥꾼이 쓰레기 무더기를 발로 대강 치우고 보니, 그건 마네킹이 아니라 진짜 사람이었다. 염색한 금발에 반라 상태인 젊은 여성이 주황색 마끈으로 손이 묶인 채 죽어 있었다. 사냥꾼은 허겁지겁 전화기로 달려가 경찰에 신고했다. 그리고 몇 분 만에 그 막다른 길은 녹스 카운티의 보안관실과 녹스빌 경찰서에서 출동한 차량으로 채워지기 시작했다. 카하바 레인으로 모여든 녹스빌 경찰서 경찰 중 한 명이 그 피해자가 퍼트리샤 앤더슨Patricia Anderson임을 알아보았다. 32세의 백인 여성으로, 거의 일주일 전에 실종되어 그 경찰이 찾고 있던 사람이었다.

퍼트리샤 앤더슨은 경찰들에게 낯선 인물이 아니었다. 코카인을 상습적으로 즐기고 전과기록도 있는 매춘부였던 그녀는 외모가 예쁘고 옷도 화려하게 입는 여성이었다. 그녀는 또한 임신 초기였다. 이것은 몇몇 동료와 고객만 알고 있는 사실이었다. 그녀는 보석 보증인에게 낙태를 할 돈을 열심히 긁어모으고 있다고 말했었다. 아무래도 그 돈을 모으려다가 이런 사달이 난 것으로 보였다.

현장의 경찰관들이 앤더슨의 심하게 두들겨 맞은 얼굴, 멍든 목, 튀어나온 눈, 검푸른 얼굴을 보고 의심했던 것을 녹스 카운티의 검시관이 신속하게 확인해주었다. 누군가가 그녀의 손을 묶은 다음 심하게 때리고 목을 졸라 죽인 것이 맞았다. 역설적이게도 돌을 던지면 닿을 거리에 수백 명의 사람이 지나다니고 있었을 것이다. 하지만 그녀가 도움을 요청했다고 해도 그녀의 외침은 끝없이 들려오는 자동차의 굉음에 묻혀버렸을지도 모른다.

앤더슨이 마지막으로 목격된 것은 10월 13일이었다. 다음 날 그녀의 남자친구가 그녀가 가져갔던 자신의 쉐보레 말리부 차량이 녹스빌 매춘부들이 일하러 자주 드나드는 모텔에 주차되어 있는 것을 발견했다. 하지만 그때는 그녀가 사라진 뒤였다. 도시의 어두운 이면에 대해 잘 알고 있던 경찰들은 폭행당한 그녀의 시신이 발견되자마자 그 살인 용의자를 바로 머릿속에 떠올렸다. 매춘부에게 폭력을 휘두르는 것을 좋아하고, 그전에도 카하바 레인에서 적어도 두 번 정도 그런 폭력을 휘둘렀던 남자였다. 그리하여 '동물원 사나이Zoo Man'에 대한 사냥이 시작됐다.

퍼트리샤 앤더슨이 2월 27일에 살해당하기 8개월 전, 녹스빌의 한 매춘부가 경찰에 전화를 해서 웬 남자가 자기를 돈 주고 사서 카하바 레인으로 차에 태워 갔다고 했다. 일단 그곳에 도착하자 그 남자가 자신을 숲으로 데리고 가서 강도짓과 강간을 하고 때렸다는 것이다. 그러고 나서 한겨울이었는데도 그는 그 여성을 나체 상태 그대로 숲에 묶어두고 가버렸다. 그녀는 간신히 묶인 것을 풀고 나와 근처 미용실에 가서 전화로 경찰에 신고했다.

녹스빌 경찰서의 수사관 톰 프레슬리Tom Pressley는 현장을 수사하기 위해 그날 늦게 그 여성을 데리고 다시 카하바 레인으로 갔다. 도로 끝에 낡은 뷰익 르세이버Buick LeSabre가 주차되어 있었다. "저거예요! 저게 그놈 차예요!" 그 여성이 소리쳤다.

프레슬리는 차를 주차시키고 여성과 함께 숲으로 향했다. 오솔길을 따라 100미터 정도 올라갔을 때 여성이 심하게 몸을 떨기 시작했다. 그녀는 프레슬리의 팔을 꽉 움켜쥐고 한 곳을 가리키며 속삭였다. "그놈이 지금 저기 있어요!" 충격적인 현장이었다. 한 남성이 숲속에서 무릎까지 바지를 내리고 서 있었다. 그리고 그 앞에서 한 여성이 무릎을 꿇고 흐느껴 울고 있었다. 경찰관은 총을 꺼내 들고 발각되지 않게 그에게 접근했다.

프레슬리는 그 남자에게 얼굴을 바닥에 대고 숲에 엎드릴 것을 명령했다. 그리고 손에 수갑을 채운 후 경찰차로 데려와 무선으로 지원 요청을 했다. 그 요청에 응답해서 온 경찰관 중 한 명이 두 여성을 차에 태워 시내로 데려다주었다. 프레슬리는 그 남성을 데리고 가서 피의자 명단에 올렸다.

바지를 내린 채로 잡힌 그 남자는 32세의 토머스 디 허스키Thomas Dee Huskey였다. 그는 녹스빌에서 동쪽으로 40킬로미터 정도 떨어진 작은 도시인 피전포지Pigeon Forge에서 부모님과 트레일러하우스에 살고 있었다. 허스키는 강간과 강도 혐의로 기소됐다(프레슬리를 카하바 레인으로 안내했던 여성의 지갑이 르세이버 차량 바닥에서 발견됐다). 하지만 대배심은 첫 번째 여성의 고소를 기각했고, 두 번째 여성은 도시를 떠나버려 그에게 불리한 증언을 하러 나오지 않았다. 허스키는 감옥에 몇 달 갇혀 있다가 석방됐다.

석방되고 2주 후에 허스키는 다시 잡혀 들어왔다. 이번에는 잠복근무 중인 여자 경찰에게 섹스를 요구하다가 잡혀왔다. 그는 법정에 소환되어 벌금형을 선고받았고, 그 후에 다시 석방됐다. 하지만 그는 여전히 성욕과 분노의 노예였기 때문에 계속해서 매춘부들에게 달려들었다. 머지않아 그는 매춘부들 사이에서 악명이 높아졌고, '동물원 사나이'라는 기억하기 쉬운 별명도 생겼다. 그는 녹스빌 동물원에서 코끼리 사육사로 2년간 일하다가 1990년에 동물 학대를 이유로 해고당했다. 하지만 허스키가 그런 별명을 얻은 것이 그의 직업 때문만은 아니었다. 동물원에서 일을 하던 때도 그랬지만 그 이후에도 허스키는 매춘부들을 동물원 옆에 있는 빈 축사로 데려가기를 좋아했다. 소문에 따르면 그는 그곳에서 여성들을 묶어놓고 학대했다고 한다. 1992년 여름 즈음에는 녹스빌 매춘부들 사이에 이런 말이 퍼졌다. '동물원 사나이를 멀리하라.'

하지만 모두가 그런 메시지를 받은 것은 아니었다. 9월 어느 일요일 오후에 허스키는 또 다른 매춘부에게 평소에 받는 화대의 거의 두 배인 75달러를 주겠다고 약속하고 그 여성을 카하바 레인으로 데리고 갔다. 하지만 그 여성이 나중에 경찰에 말한 바에 따르면 일단 숲속에 도착하자 허스키는 그녀의 손을 등 뒤로 묶은 다음 그녀를 때리고 강간했다고 한다. 그리고 2월에 다른 피해자에게 그랬던 것처럼 이번에도 그는 이 여성을 땅바닥에 묶어둔 채로 떠났다.

불과 몇 주일 후 앤더슨의 시신이 발견된 다음 날 밤, 경찰은 허스키가 부모와 함께 살고 있던 피전포지 허스키 레인Huskey Lane의 트레일러하우스에서 그를 체포했다. 트레일러하우스를 수색하던 경찰들은 허스키의 침실에서 주황색 마끈 조각을 발견했다. 퍼트리샤 앤더슨의 손목을 묶고 있던 것과 같은 종류였다. 그리고 나중에 그녀의 것으로 밝혀진 귀걸이도 찾아냈다. 그 귀걸이에는 금발 머리카락이 걸려 있었다. 모근이 없는 머리카락에는 희생자의 것과 비교해볼 수 있는 충분한 양의 DNA가 들어 있지 않았다. 하지만 FBI 과학수사연구소에서 화학적으로 분석해보니 허스키의 침실에서 발견된 머리카락에 퍼트리샤 앤더슨의 머리카락에 들어 있던 것과 동일한 염색약이 함유된 것으로 밝혀졌다.

증거 수집의 두 번째 단계는 허스키가 여성들을 데려가 섹스를 했던 곳으로 알려진 두 장소인 녹스빌 동물원 옆 축사와 카하바 레인의 숲속을 수색하는 것이었다. 지난 몇 달 동안 그 지역 매춘부 여섯 명에서 여덟 명 정도가 실종됐다. 만약 허스키가 그중 한 명을 살해했다면 다른 여성들도 그가 죽였을 가능성이 컸다. 증거는 분명 그쪽을 가리키고 있었다.

물론 매춘부가 보이지 않는다고 해서 곧 살해당했다는 의미는 아니다. 매춘부와 관련된 사건을 몇 건 처리하면서 나는 이 여성들이 유목민처럼 떠돌이 생활을 하는 경우가 많다는 것을 알게 됐다. 우선 그들은 법을 피해 한발 앞서 움직일 때가 많다. 그리고 이 여성들은 다른 지역에 새로 등장하면 화대를 더 높게 부를 수 있다. 그래서 행방불명된 매춘부들은 그냥 좀 더 나은 일터로 옮겨 간 것일 수도 있다. 반면 그중에는 죽어서 숲이나 오래된 축사에서 부패하고 있는 사람이 있을 수도 있다. 안타깝게도 그 축사는 여름에 불이 나서 사라졌고, 불도저로 그 부지도 깨끗하게 치워져 있었다. 단순한 사고였을까, 방화였을까? 그곳에 불에 탄 뼈 같은 증거가 있었다 해도 이미 오래전에 사라졌을 것이다. 그래서 결국 카하바 레인만 남았다.

퍼트리샤 앤더슨의 시신이 발견되고 6일 후에 나는 녹스 카운티 보안관실로부터 전화를 받았다. 카하바 레인에서 여성의 시체 두 구가 더 발견되었는데 보러 와줄 수 있느냐는 용건이었다. 나는 빌 그랜트(그는 나중에 미육군에서 법의인류학자로 일한다), 리 메도스Lee Meadows, 머리 막스Murray Marks(두 사람은 현재 테네시대학교 교수로 학생들을 가르치고, 법의학 사건들을 담당하고, 시체농장을 운영하고 있다) 이렇게 세 사람으로 대응팀을 소집해서 테네시대학교 흰색 픽업트럭에 짐을 싣고 동쪽으로 향했다. 한 연쇄살인범이 잡히지 않은 채로 녹스빌을 서성거리며 도시에서 가장 취약한 계층의 여성들을 먹잇감으로 삼고 있었다. 생계를 위해서 자신의 몸과 생명을 낯선 이의 손아귀에 내맡길 수밖에 없는 여성들을 말이다.

연쇄살인사건을 담당한 것은 오래전 일이었지만 그것이 얼마나 심란한 일인지는 생생하게 기억하고 있었다. 1980년대 중반에 남동부 지역에서 여섯 명의 여성이 살해되어 고속도로 변에 버려졌다. 그중 세 구의 시신은 테네시에서 발견됐다. 희생자 중 다수가 빨강머리를 하고 있어서 그 사건은 '빨강머리 살인사건'으로 알려지게 됐다. 희생된 여성들은 대부분 매춘부였다. 매춘부들이 벌이가 줄어들 때마다 다른 도시로 옮겨 다닌다는 것을 알게 된 것도 그때였다.

빨강머리 살인사건은 미해결 문제로 남아 있었다. 나는 이 사건이 잘 해결되기를 바랐다. 이런 사건에서 해피엔딩이라는 것은 있을 수 없지만, 모든 일이 잘 처리되고 운이 따라준다면 적어도 범죄는 줄어들고 제대로 된 처벌은 늘어날 수 있을 것이다.

카하바 레인 끝에 트럭을 주차시키고 차에서 내리다가 우연히 아래쪽을 보게 됐다. 왼쪽 후방 타이어 위쪽에 끈적거리는 사용한 콘돔이 붙어 있었다. 수사관이 우리를 숲으로 안내했다. 첫 번째 시신은 광고판 오른쪽으로 약 36미터 지점에 있었다. 사실상 포장도로에서 보이는 장소였다. 이 여성은 퍼트리샤 앤더슨과 마찬가지로 옷을 일부 걸치고 있었지만 바지가 내려가서 엉덩이와 성기가 노출되어 있었다. 흑인인 이 여성은 아직 부패 1단계에 머물러 있었다. 변색도 거의 없고, 부풀어 오르지도 않았고, 곤충의 활동도 별로 보이지 않았다. 사망한 지 얼마 안 된 시신인 탓도 있지만 날씨가 추운 것도 한몫했다. 검정파리는 기온이 섭씨 영상 10도 아래로 떨어지면 날아다니지 않는다.

"이 시신은 사망한 지 얼마 되지 않아서 제가 검사하기에는 부적절해 보입니다. 검시관이 보는 게 좋겠습니다." 내가 검사하지 않기로 했으니 그 시신을 건드리지 않으려고 조심했다. 하지만 그냥 멍든 목 부위와 일그러진 얼굴을 본 것만으로도 이 여성은 목이 졸려 사망한 것이 분명하다는 생각이 들었다.

보안관보가 그 여성이 사망한 지 얼마나 됐느냐고 물어왔다. 며칠간 찾아왔던 일시적 한파를 별로 고려하지 않고 나는 시체의 상태를 얼핏 보고 이렇게 말했다. "오래되지는 않았습니다. 이틀 정도?" 별 생각 없이 한 이 말을 보안관보가 받아 적었고, 그 내용이 신문에 그대로 인용됐다. 그리고 그 후로 몇 달, 몇 년 동안 이 말은 여러 차례 돌아와 나를 괴롭히게 된다.

그들이 나를 두 번째 시신으로 안내했다. 이 시신은 첫 번째 시신보다 숲속 더 깊은 곳에 있었다. 언덕 꼭대기를 넘어 광고판에서 반대편으로 800미터 정도 떨어진 곳이었다. 앞서 본 시신과 달리 이번 시신은 완전히 나체 상태였다. 약 3미터 정도 떨어진 곳에 새틴 재질의 속옷이 나뭇잎 속에 구겨져 있었다. 이번에도 흑인 여성이었다. 머리카락과 노출된 치아로 보아 인종은 분명하게 확인할 수 있었다. 이 시신은 심하게 부패해 있었다. 피부는 변색되어 있었고, 복부는 부풀어 있었다. 왼쪽 다리는 뼈가 노출되어 있었고, 양쪽 발은 모두 사라지고 없었다. 시신은 팔과 다리를 넓게 벌린 상태에서 가랑이 사이에 나무가 밀착된 채로 누워 있었다. 나무의 몸통이 나체의 성기에서 곧장 위쪽으로 뻗어 있고, 살인 희생자의 시체가 그 밑에서 부패하고 있으니 범죄가 더 충격적이고 사악해 보였다.

그런데 시신의 위치를 지켜보고 있다가 이곳이 사망 현장이 아니란 것을 깨달았다. 바꿔 말하면 이 여성이 실제로 살해당한 곳은 다른 데라는 소리다. 주변을 둘러보니 경사면에서 몇 발자국 위로 올라간 장소에서 기름기가 흐르는 어두운 얼룩이 보였다. 시신에서 휘발성 지방산이 스며 나와 고였던 장소다. 엉겨 붙은 일부 머리카락 뭉치도 그곳에 있었다. 거기가 그 여성의 시신이 원래 누워 있던 장소가 분명했다. 그러다가 누군가, 또는 무언가가 찾아와 그 시신을 옮겨 놓은 것이다.

 희생자의 발은 양쪽 모두 정강뼈와 종아리뼈fibula, 비골의 끝부분 아래가 무언가에게 씹어 먹혀 사라지고 없었다. 그리고 왼쪽 넓적다리도 심하게 갉아 먹힌 상태였다. 나는 무슨 일이 일어났는지 정확하게 머릿속에 그릴 수 있었다. 살인사건이 일어나고 일주일 정도가 지났을 때는 이 여성의 시신에서 꽤 지독한 냄새가 났을 것이다. 하지만 개의 입장에서 생각해보면 이것은 아주 흥미로운 냄새였을 것이다.

 내가 지금까지 관찰한 바에 따르면 개는 탁 트인 공간에서 먹는 것을 좋아하지 않는다. 개들은 뒤쪽에서 덮치는 기습공격을 무서워한다. 그래서 무언가가 몰래 다가오지 못하도록 뒤쪽을 큰 나무나 바위에 기대고 먹는 것을 좋아한다. 20~35킬로그램 정도 되는 개가 55킬로그램 정도의 시신을 안전한 장소로 끌고 가서 먹으려 한다고 가정해보자. 언덕사면을 따라 위로 끌고 가지는 않을 것이다. 그보다는 중력의 힘을 빌리기 위해 다리를 물고 아래쪽으로 끌고 갈 것이다. 하지만 이 경우는 시신을 멀리 움직이지도 못했는데 다리가 벌어지면서 나무 건너편에 걸리는 바람에 멀리 끌고 갈 수 없었다. 일단 시신이 그곳에 끼어버리자 개는 교착상태에 빠졌다. 그래서 몸 전체를 먹는 것은 포기하고 허벅지와 발만 떼어 가는 것으로 만족해야 했다.

 시신은 얼굴을 하늘로 향하고 누워 있었다. 물론 얼굴은 이미 사라지고 없었다. 목의 연조직도 마찬가지로 사라져서 목뼈가 노출되어 있었지만, 어깨와 팔은 사실상 온전한 상태로 남아 있었다.

얼굴을 보고 놀라지는 않았다. 보통 얼굴이 가장 먼저 사라지기 때문이다. 검정파리들은 습하고 어두운 장소에 알을 낳는다. 그래서 입, 코, 눈, 귀는 검정파리가 제일 먼저 찾는 자리다. 검정파리가 도달할 수만 있다면 성기와 항문도 좋아하는 장소다. 암컷 검정파리가 몸에 자연적으로 나 있는 구멍보다 더 좋아할 곳은 딱 한 곳, 피가 난 상처밖에 없다.

그런데 얼굴이 사라지는 것은 예상할 수 있는 부분이었지만 목이 사라진 것은 예상 못 했다. 특히 어깨와 팔의 보존 상태가 좋았던 것을 생각하면 더욱 그랬다. 이것은 '차등 부패'의 전형적인 사례였다. 나는 이것을 볼 때마다 적색경보이자 중요한 단서라 생각한다. 목 부위에 차등 부패 현상이 생겼다는 것은 그곳에 일종의 외상이 있었음을 의미한다. 목이 칼에 베였을 수도 있다. 그럼 파리들이 그 상처에 꼬였을 것이다. 아니면 목이 졸려서 죽었는데 공격자의 손가락이 피부를 찢어서 피가 났을 수도 있다. 어쨌든 무언가가 검정파리와 구더기로 하여금 목을 머리에 난 다른 축축한 구멍만큼이나 매력적인 부위로 여기게 만들었다.

시체를 관찰하고 있는데 녹스빌 경찰서 과학수사연구소의 범죄 현장 전문가 아서 보해넌이 말했다. "빌, 여기 손 좀 주세요." 그와 여러 해 함께 일해왔기 때문에 그가 은유적으로 하는 말이 아님을 나는 알고 있었다. 도와달라는 표현이 아니었다. 피해자의 손 하나를 떼어내어 자기에게 건네 달라는 말이었다.

아서는 녹스빌 경찰서 최고의 지문 전문가였다. 사실 그는 심지어 FBI도 가끔씩 자문을 하는 미국 최고의 지문 전문가 중 한 명으로 알려져 있었다. 그는 범죄 현장에서 파우더를 뿌리며 지문을 찾는 단순한 기술자가 아니었다. 그는 기존에는 찾을 수 없던 표면 위의 잠재지문latent print, 예를 들면 옷감이나 심지어 살인 피해자의 피부에 남은 지문 같은 것을 드러낼 새로운 방법을 탐구하는 연구자이기도 했다. 아서는 아동 학대와 살인에 대해서도 오랫동안 연구해왔고, 아동의 지문이 성인의 지문보다 훨씬 빨리 사라지는 것을 알게 됐다. 예를 들어 유괴범의 자동차 내부에 남아 있던 아동의 지문 같은 경우도 빨리 사라진다. 왜 그럴까? 아서는 그 이유를 찾아내기로 결심했다. 그리고 결국 사춘기 전 아동의 지문에는 기름 성분이 적어서 성인의 지문처럼 오래 남지 못한다는 것을 알게 됐다.

일반인이 들었다면 '여기 손 좀 주세요'라는 아서의 말이 끔찍하게 들렸을 것이다. 하지만 법의인류학자에게는 일상적인 대화다. 살인사건의 경우 수사관들이 실험실로 가져가거나 FBI에 보내려고 손가락, 심지어 손 전체를 잘라 가는 경우가 드물지 않다. 피해자의 신원이 불명인 경우에는 지문을 채취하거나 이름을 밝히기 위해 가능한 기법은 모두 시도해보는 것이 중요하다. 이런 연쇄살인의 경우에는 여기에 더 많은 것이 걸려 있었다. 이미 적어도 세 명의 여성이 사망했고, 이 살인범이 대부분의 연쇄살인범과 동일한 패턴으로 움직인다면, 범인이 잡힐 때까지 더 많은 여성이 계속 죽어갈 것이다. 비위나 예절 같은 것을 따질 때가 아니었다.

나는 손을 들여다보았다. 피부가 질척해져 금방 떨어져 나갈 모양새였다. 하지만 나는 그래도 아서가 어떻게든 지문을 채취할 수 있을 것임을 알고 있었다. 그는 지문을 채취하기 위해 살인사건 피해자의 떨어져 나온 피부 안쪽에 자신의 손가락을 집어넣어 지문의 자연스러운 윤곽을 회복했던 일화로 유명하다. 내가 볼 때 이 사건에서 핵심적인 문제는 그 손에 여성의 사망의 종류나 사망 후 경과시간에 대한 단서가 들어 있는지 여부였다. 자세히 들여다보았지만 방어흔은 보이지 않았다. 그렇다면 칼 공격에 맞서 싸운 것은 아니었을 것이다. 그리고 끈으로 묶인 흔적도, 그 어떤 외상도 보이지 않았다.

나는 도구 가방에서 칼을 꺼내 한쪽 손을 잘라낸 다음, 그의 지문 식별 확률을 두 배로 높이기 위해 반대쪽 손도 잘라냈다. 그 손들을 봉투에 담아 봉인한 후에 아서에게 건네주었다. 그는 그것을 가지고 마법을 부리러 떠났다. 가는 중간에 그는 길 아래 있는 사망한 지 얼마 안 된 시체에도 들러서 지문을 채취했다. 그는 그 지문을 또 다른 작은 봉투에 담아서 봉인했다.

내 조사를 위해서는 훨씬 더 큰 부대가 필요했다. 우리는 검은 '재난용 부대disaster bag'(시체 운반용 부대의 완곡한 표현이다)를 시신 옆 땅바닥 위에 내려놓고 지퍼를 내린 다음 조심스럽게 그 여성의 시신을 부대의 입구 안쪽으로 밀어 넣었다. 그다음에는 여섯 명이 부대의 네 모서리와 양쪽 측면을 잡고 들어 올려서 숲을 빠져나와 트럭 위에 실었다.

나머지 짐들을 싣고 있는데 경찰 무전기가 울렸다. 아서 보해넌이 이미 한 희생자의 신원을 파악했다. 손을 가져간 희생자는 아니었다. 그 희생자의 신원 확인에는 더 많은 작업이 필요할 것이다. 죽은 지 얼마 안 된 희생자의 신원이 확인된 것이었다. 그 여성의 이름은 퍼트리샤 앤 존슨Patricia Ann Johnson이었다. 31세의 이 여성은 지난 몇 주간 녹스빌 보호소에 머물던 채터누가Chattanooga 원주민이었다. 그녀는 매춘으로 체포된 적은 없었지만 녹스빌 매춘부들이 일하러 자주 나타나는 거리에서 시간을 보내는 모습이 목격된 바 있었다. 아서가 흥미로운 다른 정보 두 가지도 전해주었다. 이 여성은 간질을 앓고 있었고, 목에 잠재지문이 남아 있었다. 이 잠재지문은 그가 그 여성의 시신 전체에 초강력접착제를 증기로 만들어 뿌리고 자외선 파우더를 발라서 검출한 것이다. 안타깝게도 손으로 이 여성의 목을 조른 사람의 신원을 확인할 수 있을 정도로 자세한 지문은 남아 있지 않았다.

이제 내가 3번 희생자에 관해 무엇을 찾아낼 수 있는지 확인해야 할 차례였다.

우리는 어두워지기 직전에 시체농장으로 돌아왔다. 문을 지나 후진으로 트럭을 댄 우리는 부대를 꺼내 땅 위에 올려놓고 지퍼를 열어 시신을 꺼냈다. 그리고 조직을 청소하기 시작했다.

아까 시신을 부대에 담을 때는 구더기가 거의 보이지 않았었다. 고작해야 한 줌 정도였다. 그런데 지금은 엄청난 구더기 떼가 보였다. 말 그대로 수만 마리가 있었다. 학생 한 명이 이게 다 어디서 온 것이냐고 물었다. 45분 동안 대학으로 운전해서 돌아오는 동안 대량으로 부화라도 한 것인가? 나는 그것이 아니라 구더기들이 하루 중 시간대를 혼동한 것뿐이라고 설명했다. 구더기는 햇빛을 싫어하기 때문에 시신이 탁 트인 야외에 있으면 밝은 대낮에는 피부 밑으로 굴을 파고 들어간다. 하지만 우리가 유해를 불투명한 검정 부대에 담고 지퍼를 닫아두자 구더기들이 밤이 왔다고 생각하고 밖으로 나와 시체 표면에서 먹이 활동을 시작한 것이다.

구더기에 관해 한 가지 흥미로우면서도 섬뜩한 사실이 있다. 날씨가 추워지면 검정파리는 날지 않지만 검정파리의 유충인 구더기들은 추운 날씨에도 당황하지 않는다. 우리는 곤충을 냉혈동물이라 생각하지만 구더기들은 사람의 조직을 소화하고 살점을 화학적으로 분해하는 과정에서 놀라운 양의 열을 생산한다. 시체농장에서 추운 아침에 나가보면 온기를 보존하기 위해 뭉쳐서 꿈틀거리고 있는 구더기 무리에서 김이 모락모락 피어오르는 광경을 심심치 않게 볼 수 있다. 내 동료인 머리 막스는 시체농장의 거주민들이 지내기에 저 바깥은 우리가 생각하는 것만큼 춥고 외롭지 않다고 말하기도 했다.

우리는 3번 희생자를 표시하기 위해 한쪽 팔과 한쪽 다리에 금속 꼬리표를 달아주었다. 이 시신은 1992년의 27번째 법의학 케이스였다. 그래서 92-27호로 표시했다. 이 여성의 나이를 추정하려고 머리뼈의 봉합, 빗장뼈, 골반 등 몇몇 뼈 구조물을 살펴보았다. 골반의 뼈들은 치밀하고 매끄러웠고, 알갱이 같은 결이 별로 보이지 않았다. 바꿔 말하면 성숙했지만 아직 젊은 여성의 뼈라는 소리다. 아마도 20세와 30세 사이일 것이다. 반면 빗장뼈는 완전히 성숙하지 않았다. 빗장뼈가 복장뼈와 만나는 안쪽 끝부분은 몸에서 뼈 몸통과 마지막으로 완전히 융합하는 뼈 부위다. 이 뼈끝epiphysis이 아직 완전히 골화ossification하지 않았다는 것은 스물다섯 살이 채 안 됐음을 의미한다. 다행히도 우리는 그것보다 더 정확한 추정치를 내놓을 수 있었다. 캔자스대학교에서 나에게 배웠던 학생 중 한 명이 내놓은 연구 자료에 따르면 이 피해자는 18세에서 23세 사이일 가능성이 컸다. 마지막으로 두개저 봉합basilar suture(머리 뒤쪽의 뒤통수뼈가 나비뼈sphenoid bone와 만나는 관절)이 일부만 융합해 있었다. 이는 이 여성이 아직 25세가 안 됐음을 말해주는 또 다른 흔적이었다. 이 모든 지표를 종합적으로 검토해본 나는 이 여성이 20세에서 25세 사이라고 확신하게 됐다.

이 여성의 신장을 판단하기 위해 왼쪽 넙다리뼈의 길이를 측정했다. 44.4센티미터였다. 이 값을 1950년대에 개발되었다가 좀 더 최근에 테네시대학교 동료 리처드 얀츠Richard Jantz가 살짝 개량한 공식에 입력해보았다. 골격 측정과 관련해 세계적 권위자 중 한 명인 리처드는 방대한 골격 측정 데이터베이스를 모아서 정리했다. 그는 또한 몇 가지 단순한 골격 측정치만 입력하면 신원을 알 수 없는 시신의 성별, 인종, 신장을 정확히 판단할 수 있는 막강한 컴퓨터 소프트웨어도 개발했다. 이 신장 계산법에 따르면 44.4센티미터의 넙다리뼈를 가진 우리 희생자의 키는 160센티미터 정도였다.

이제 우리는 성별, 인종, 나이, 신장을 모두 알아냈다. 그다음에는 사망의 종류를 말해줄 증거를 찾아야 한다. 우리는 모든 것을 확인하고 또 확인했다. 하지만 외상의 흔적은 보이지 않았다. 골절도, 자상도, 그 어떤 외상의 흔적도 없었다. 적어도 우리가 확보한 뼈에는 없었다. 하지만 우리가 모든 뼈를 확보한 것은 아니었다. 이 여성은 발이 없었다. 하지만 아마도 어떻게 죽었는지 발을 통해 확인할 수는 없을 것이었다. 하지만 우리가 확보하지 못한 뼈가 또 하나 있었다. 잠재적으로 볼 때 이것이 이 여성의 시신에서 가장 중요한 뼈였다. 이 뼈는 내가 시신을 보는 순간 차등 부패를 확인하고 바로 적색경보를 울렸던 그 부위에 있던 뼈다. 바로 목뿔뼈hyoid bone, 설골였다. 이 뼈를 확인하면 누군가가 목이 졸렸는지 여부를 신뢰성 있게 확인할 수 있다. 후두larynx 위, 그리고 아래턱, 즉 하악골 아래 떠 있는 목뿔뼈는 말굽 모양의 가는 뼈다. 머리를 뒤로 살짝 기울인 다음 기관 앞쪽을 움켜쥔 후에 손을 앞뒤로 움직여보면 목뿔뼈가 움직이는 것을 느낄 수 있다. 이렇게 노출이 많이 된 위치에 있고 굵기도 가늘다 보니 목을 졸라 죽인 사건에서는 이 뼈가 부러져 있는 경우가 많다.

좀 더 최근에 발견된 두 희생자가 목이 졸려 죽었다는 점을 고려하면 사라진 목뿔뼈를 찾는 일이 대단히 중요해 보였다. 우리는 혹시 부대 바닥에 목뿔뼈가 떨어져 있을까 하여 시신 운반용 부대를 꼼꼼하게 살펴보았지만 행운은 따라주지 않았다. 나는 대학원생 네 명을 불러 모았다. "자네들이 다시 카하바 레인으로 가서 그 목뿔뼈를 찾아와야겠어." 내가 이렇게 말하자 학생들은 깜짝 놀라며 의심하는 표정을 지었다. 하지만 나는 포기할 마음의 준비가 안 되어 있었다. 나는 사망 현장에서 살인 후 몇 달, 심지어 몇 년이 지난 후에도 뼈, 총알, 치아, 심지어 발톱 등 여러 가지 골격 증거가 수습되는 것을 보며 놀란 적이 한두 번이 아니었다. 나는 학생들에게 말했다. "시신이 발견된 곳부터 시작하게. 그리고 머리카락 뭉치가 있었던 곳까지 사면을 따라 올라가며 찾아봐. 거기 어디 있을 거야."

몇 시간 후에 대학원생들이 목뿔뼈를 가지고 의기양양하게 돌아왔다. 아니다 다를까 위쪽 초기 사망 현장 근처에서 그 뼈가 떨어져 나와 (아니면 어떤 포식 동물이 뜯어냈거나) 낙엽에 덮여 있었다.

목뿔뼈는 세 조각이 나 있었다. 하지만 그렇다고 꼭 그 뼈가 부러진 것이라는 의미는 아니다. 사람에 따라서는 목뿔뼈가 완전히 골화해 하나의 아치 모양 뼈를 이루지 않는 경우가 있다. 반면에 이 여성의 사례처럼 양옆에 있는 두 개의 '큰뿔greater horn'이 중앙에 있는 아치 모양의 '몸통body'에 연골로 붙어 있는 경우도 있다. 이 큰뿔이 부러져 나왔을 가능성도 있지만, 관절을 이루고 있던 연골이 그냥 부패하면서 떨어져 나왔을 가능성도 배제할 수 없었다. 어느 경우에 해당하는지 알려면 가까이 들여다볼 필요가 있었다. 그것도 아주, 아주 가까이.

나는 그 뼛조각들을 공과대학에 있는 주사전자현미경scanning-electron-microscope으로 가져갔다. 20배로 확대해서 보니 뼈 자체에 손상의 흔적이 보이는 것 같았다. 연골이 부착되었던 표면 부위에 작은 선상골절linear fracture과 견열골절avulsion fracture(근육이나 인대 등이 붙어 있던 뼈 부분에서 갑작스러운 힘에 의해 뼛조각이 떨어져 나온 경우 – 옮긴이)이 보였다. 더 가까이 들여다보기 위해 확대했다. 아니나 다를까, 100배와 200배로 확대해보니 분명한 손상의 흔적이 보였다. 현미경으로 봐야 할 만큼 작은 수많은 선형골절이 결국 작은 견열골절 부위를 하나 만들어내고 있었다.

들여다볼 것이 많지는 않았지만 결정적인 증거였다. 이것은 어떤 강력한 힘에 의해 연골이 이 뼈에서 뜯겨 나갔음을 보여주는 확실한 증거다. 예를 들면 강력한 두 손이 이 여성이 더는 몸부림치지도, 숨을 쉬지도, 살아 있지도 않는 순간까지 무자비하게 이 뼈를 누르고 있었을 수 있다. 그 순간은 아마도 열흘 전이나 20일 전 즈음에 찾아왔을 것이다. 나는 시신의 부패 상태, 그리고 지난 몇 주 동안의 주야간 기온

패턴을 조합해서 사망 후 경과시간을 그 정도로 추정했다.

사망 후 경과시간의 범위를 좁히기 위해 나는 예전 내 학생이자 화학의 달인 아르파드 바스에게 도움을 요청했다. 그는 이제 오크리지국립연구소Oak Ridge National Laboratory에서 연구과학자로 일하고 있었다. 나는 아르파드에게 토양 표본 두 개를 보냈다. 하나는 휘발성 지방산이 땅속으로 스며든 희생자의 시신 아래서 채취한 것이고, 다른 하나는 사망 현장에서 위쪽으로 5미터 정도 떨어진 오염되지 않은 곳에서 대조군으로 채취한 것이었다. 아내에게 총을 맞아 죽은 후에 집 바닥 밑공간에 매장됐던 로버트 램스버그의 경우는 사망 후 경과시간 간격이 너무 길어서 아르파드의 기법을 적용하기에 문제가 있었다. 하지만 이번 경우에는 그의 기법을 사용하기에 완벽한 조건이 갖추어졌다. 먼저 아르파드는 부패 산물의 상대적인 농도를 분석한 다음 기온의 패턴을 고려해서 보정했다. 이번에는 그의 기법이 기가 막히게 맞아떨어졌다. 아르파드의 계산으로는 사망 후 경과시간이 14일에서 17일 사이로 나왔다. 나는 부패 상태를 바탕으로 살인이 10월 6일에서 16일 사이에 발생한 것으로 추정했다. 아르파드는 그 범위를 10월 12일에서 15일 사이로 좁혔다. 이것은 퍼트리샤 앤더슨의 사망 시기와 대략 비슷했다.

혹시나 해서 보안관 사무실의 수사관들이 닐 해스컬Neal Haskell에게 각각의 시신에 대해 추가적으로 사망 후 경과시간 추정을 요청한 상태였다. 닐은 몇 년 전 시체농장에서 흥미로운 연구를 진행했었다. 닐은 갓 도살한 돼지를 살인 희생자의 대역으로 사용해서 사실상 범죄 현장을 재창조하는 기법을 개발하고 있었다. 인간 대신 종이 다른 대역 배우를 사용하는 것이다. 닐은 돼지 사체를 자연 상태에 방치해서 돼지에서 진행되는 곤충 활동이 사람 희생자의 것과 일치할 때까지 기다리면 사망 후 경과시간을 하루이틀 안쪽으로 정확하게 알아낼 수 있으리라 생각하고 있었다. 물론 그런 연구를 할 수 있는 곳은 테네시대학교의 인류학 연구소밖에 없었다. 나는 그가 그곳에서 연구를 진행할 수 있게 도울 수 있어 기뻤다. 만약 그 기법이 효과가 있다면 사실상 모든 곳의 범죄 현장에서 유용하게 사용될 수 있을 것이다. 그리고 그의 연구는 실제로 효과가 있음을 입증해 보였다.

카하바 레인 살인사건에 대해 전화를 받았을 때 닐은 곧바로 시신에서 살아 있는 구더기 표본을 확보하는 일에 착수했다. 그래야 그 구더기가 성숙해서 성체 파리가 될 때까지 걸리는 시간을 측정할 수 있기 때문이다. 이것이 곤충학자들이 알을 낳은 시기를 알아내는 방법이다. 아기의 출산날짜로부터 거꾸로 세서 아기가 수정된 시기를 알아내는 것과 비슷하다.

닐은 카하바 레인 숲속에 돼지 사체 몇 마리도 놓아두었다. 보안관보들이 그 실험 장소를 지키느라 보초를 서면서 잦은 간격으로 기온을 측정했다. 시신에서 나온 구더기들이 성숙하는 데 걸리는 시간, 그리고 돼지 사체에서 관찰한 내용을 바탕으로 닐은 검정파리가 이 여성의 시신에 처음 알을 낳은 시간을 10월 9일에서 13일 사이로 계산했다. 따라서 세 명의 서로 다른 과학자가 서로 다른 기법을 이용해서 측정한 여성의 사망 시기가 거의 비슷하게 나왔다.

내게 마지막으로 남은 과제는 그 여성의 신원을 밝히는 일이었다. 행운이 따르려는지 그 여성의 구강을 통해 바로 알아낼 수 있었다. 그 여성의 치아는 대조가 무엇인지 보여주는 본보기였다. 한편에서는 아주 정성 들여 치료한 흔적이 보였다. 모두 14개의 치아가 아말감 치료가 되어 있었다. 반면 또 한편에서는 그 여성의 하악 제1대구치가 말 그대로 썩어 문드러져 있었다. 충치가 치관을 대부분 먹어치웠고, 치수강까지 퍼져 있었다. 그래서 턱뼈 자체도 망가지기 시작하고 있었다.

나는 전에도 이런 종류의 대조를 본 적이 있다. 특히 여성에서 많이 보았다. 십중팔구 이런 대조는 희생자의 운명에 극적인 변화가 있었음을 가리킨다. 어린 소녀가 다 큰 뒤 집을 떠나 세상에 나와 살면서 제 앞가림을 제대로 못 하는 경우도 있고, 나이 든 여성이 해고를 당하거나, 이혼을 하거나, 과부가 되는 경우도 있다. 원인이 무엇이었든 이렇게 생활고에 빠지면 해당 여성은 무조건 허리띠를 졸라매게 되고, 머지않아 치과 치료는 더는 감당할 수 없는 사치가 된다.

하지만 92-27호 시신이 어려운 시절을 겪었다고는 해도 인생이 망가지기 전에 남겨놓은 치과 엑스레이 사진이 그녀의 이름으로 어딘가에 남아 있을 것이다. 그것을 찾으리라는 것은 알고 있었다. 다만 시간이 좀 걸릴 뿐이다. 그런데 다행히도 우리는 그런 수고를 덜 수 있었다.

나와 내 동료들이 치아와 뼈, 화학물질과 곤충 같은 것들을 열심히 조사하고 있는 동안 녹스빌 경찰서의 지문 마법사 아서 보해넌은 내가 현장에서 그에게 잘라 준 손으로 작업을 진행하고 있었다. 경찰의 파일에 들어 있는 지문 중에는 아서가 손에서 채취한 지문과 일치하는 것이 없었다. 따라서 그녀가 체포된 적이 있다면 그곳은 녹스빌이 아닌 다른 곳이었을 것이다. 하지만 알려진 매춘부에 대해 경찰이 확보하고 있는 묘사 내용이나 프로필 중에도 그녀와 일치하는 것이 없었다. 하지만 흑인 여성, 나이 20세에서 25세 사이, 신장 160센티미터라는 전반적 묘사가 최근에 한 자매가 실종 신고한 사람과 맞아떨어졌다. 10월 14일에 마지막으로 목격된 그 실종 여성의 이름은 달린 스미스Darlene Smith로, 나이 22세에 신장 162.5센티미터의 흑인 여성이었다. 골격 분석을 통해 파악한 여성의 프로필과 매우 흡사했다.

자매의 실종 신고 보고서에서 아서는 달린 스미스의 주소를 알아냈다. 녹스빌 동부 지구에 있는 월세 아파트로, 매춘부들이 영업을 위해 자주 찾는 지역에서 멀지 않은 곳이었다. 그리 살기 좋은 동네는 아니었지만 집세가 꽤 싼 편이었다. 그 자매가 아서를 달린의 아파트로 데려가 임대차 계약서를 찾아주었다. 아서가 그 종이에 닌히드린ninhydrin을 분무했다. 닌히드린은 사람의 지문 기름기 속에 들어 있는 아미노산과 강력하게 반응하는 화학물질이다. 잠시 후 밝은 보라색의 복잡한 얼룩과 지문이 그의 눈앞에 나타났다.

아서는 이 지문이 두 쌍의 손에서 나온 것이라 판단했다. 한 쌍은 남성의 것이었다. 아서는 그날 밤 그 지문을 검색해서 그것이 달린의 집주인의 지문이라는 것을 알아냈다. 달린의 임대차 계약서에 찍힌 다른 지문은 내가 카하바 레인의 부패하는 시신에서 잘라 그에게 건네준 손의 지문과 일치했다.

10월 27일 아침, 전화기가 다시 울렸다. 경찰이 숲에서 네 번째 희생자를 막 발견했다고 했다. 나는 전날 나와 같이 갔던 빌 그랜트와 리 메도스, 그리고 내게 코카서스 인종 무릎과 니그로이드 인종 무릎의 차이를 가르쳐주었던 박사 과정 대학원생 에밀리 크레이그를 데리고 갔다. 우리는 함께 이제는 익숙해진 범죄 현장으로 가는 길을 되짚어 올라갔다.

네 번째 시신은 광고판 오른쪽으로 400미터 정도, 숲에서 흘러나오는 작은 개울물 가장자리에 있었다. 넓고 평평한 개울바닥은 연중 대부분 물이 말라 있지만 지금은 몇 센티미터 깊이로 졸졸 물이 흐르고 있었다.

시신은 다리, 엉덩이, 왼쪽 팔과 손 위에 남은 조직을 제외하면 대체로 백골화해 있었다. 참나무 이파리 사이에서 얼굴을 위로 하고 누워 있는 맨 머리뼈가 앞 못 보는 눈으로 원망하듯 우리를 노려보고 있었다. 척추는 완전히 살이 발려서 나뭇잎과 잔가지로만 뒤덮여 있었다. 오른쪽 팔과 손은 사라져 있었다. 아마도 개가 물어뜯었을 것이다. 하지만 개울바닥에 놓인 왼쪽 손은 진흙과 물로 덮여 있었다. 모종삽으로 조심스럽게 왼손 주변을 파다가 손의 연조직 일부가 여전히 온전히 남아 있는 것을 보고 놀라면서도 기뻤다.

우리는 시신을 부대에 담아 테네시대학교 메디컬센터로 가지고 왔다. 우리가 제일 먼저 들른 곳은 병원의 적재장이었다. 이곳에서 우리는 휴대용 엑스레이 장치를 이용해서 총알, 칼날, 또는 증거가 될 만한 다른 이물질의 존재 여부를 확인했다. 하지만 이 92-28호 시신은 치아 충전물을 제외하면 골격 속에서 금속으로 된 물체를 찾을 수 없었다. 다음에 들른 곳은 시체농장이었다. 이곳에서 우리는 시신을 땅 위에 내리고 부대를 열어 유해를 깨끗하게 정리하기 시작했다.

아서 보해넌도 우리를 따라 카하바 레인에서 돌아왔다. 그가 무엇을 원하는지는 나도 알고 있었지만, 이번에는 그가 가지고 작업할 것이 별로 없을 것이었다. 손도 한쪽밖에 없었고, 남은 하나도 온전하지 않았다. 엄지손가락은 전체가 사라지고 없었다. 집게손가락과 가운뎃손가락도 절반이 사라져 있었다. 남은 것은 넷째손가락, 새끼손가락, 손바닥의 일부밖에 없었다. 하지만 썩어가는 손 조각에서 신원 확인에 필요한 지문을 어떻게든 뽑아낼 사람이 있다면 그건 바로 아서였다.

유해는 사실상 이미 백골화가 진행된 상태였기 때문에 법의학 검사를 위해 뼈를 깨끗이 정리하는 데 걸리는 시간이 평소보다 짧았다. 아직 야외에 나와 있었지만 이미 이 시신이 여성의 것임을 알 수 있었다. 골반이 교과서적인 여성의 형태였다. 골반은 넓었고, 엉치엉덩관절sacroiliac joint이 올라가 있고, 궁둥패임sciatic notch이 넓고, 두덩밑각subpubic angle이 컸다. 이 모든 기하학적 형태는 출산 시 아기의 머리가 골반을 잘 통과할 수 있도록 설계된 것이다. 머리뼈 역시 전형적인 여성의 특성을 보여주었다. 눈확 위쪽 가장자리가 날카롭고, 턱은 정중선에서 뾰족하게 모이고, 머리덮개뼈는 매끄럽고, 육중한 근육이 부착되었던 흔적이 보이지 않았다.

인종을 판단하기도 쉬웠다. 머리뼈 옆 땅바닥에서 머리뼈에서 벗겨져 나온 머리카락 뭉치를 발견했다. 그 머리카락은 밝은 갈색에 살짝 웨이브가 있었다. 거기에 더해서 구강의 형태를 보면 치아가 앞으로 돌출되지 않고 수직 방향으로 서 있었다. 이것은 이 여성이 백인임을 말해준다.

나이를 추정하려고 위턱, 빗장뼈, 골반 등 몇 가지 서로 다른 뼈 구조를 살펴보았다. 92-27호 시신과 마찬가지로 92-28호의 골반 뼈들은 치밀하고 매끄러우며 알갱이 같은 결이 별로 보이지 않았다. 즉 성숙했지만 아직 젊은 여성의 뼈이며, 20대 중반에서 30대 중반 사이라는 의미다. 이 여성의 빗장뼈도 완전히 성숙해 있었다. 복장뼈와 만나는 안쪽 끝부분이 뼈 몸통과 완전히 융합해 있었다. 이것은 이 여성이 적어도 25세라는 의미였다. 마지막으로 경구개hard palate(입천장 앞쪽의 단단한 부분 - 옮긴이)에 있는 위턱뼈사이봉합intermaxillary suture을 비롯해서 그녀의 머리뼈 봉합들이 아직 완전히 융합해 있지 않았다. 일반적으로 위턱뼈사이봉합은 30대 후반이 되어서야 융합하기 때문에 이 여성은 아마도 35세를 넘지 않았을 것이다. 그렇다면 이 여성이 25세에서 35세 사이라고 확실하게 얘기할 수 있었지만, 거기서 더 범위를 좁히기는 어려웠다.

이 골격은 한쪽 팔만 없는 것이니 그냥 유해를 실험실 탁자 위에 눕혀서 머리부터 발끝까지 줄자로 재보면 키를 알 수 있을 거라 생각하기 쉽다. 안타깝게도 그게 그렇게 간단하지가 않다. 사망 이후에는 연골이 수축하고 부패하기 때문에 때로는 키가 몇 센티미터씩 줄어들기도 한다. 게다가 이 여성은 머리뼈가 몸에 붙어 있지도 않았다. 이런 두 가지 문제점 때문에 줄자를 이용한 측정은 정확도가 크게 떨어진다.

그 대신 우리는 넙다리뼈 하나밖에 못 찾았을 경우에 사용했을 방법을 이용했다. 넙다리뼈의 길이를 재서 그것으로 전체 신장을 추정하는 방법이다. 이 넙다리뼈는 기존의 것보다 긴 47.8센티미터였다. 이것을 공식에 대입하면 92-28호 시신의 키는 169센티미터에서 176.5센티미터 사이로 추정됐다.

다음에는 이 여성이 어떻게 죽었는지 말해줄 외상의 흔적을 찾아보았다. 몇 시간이나 낙엽과 흙을 체로 거르며 샅샅이 뒤져보았지만 안타깝게도 이 여성의 목뿔뼈는 찾지 못했다. 그래서 목이 졸려 죽었는지 여부는 알 수 없었다.

하지만 또 다른 뼈가 아주 충격적인 사실을 드러내주었다. 왼쪽 어깨뼈scapula, 견갑골의 아래쪽 끝이 크게 골절되어 있었던 것이다. 어깨뼈는 꽤 크고 강한 뼈이고, 큰 근육으로 잘 보호되어 있다. 이런 뼈의 골절은 아주 강력한 타격이 아니고는 안 생긴다. 어쩌면 무거운 부츠를 신은 발로 세게 차였거나, 야구방망이나 각목으로 세게 맞았거나 해서 생겼을 수도 있다.

가장자리에서 골절된 패턴으로 보아 뒤쪽에서 가격이 이루어졌음을 알 수 있었고, 치유가 일어난 흔적은 보이지 않았다. 따라서 골절이 사망 당시 또는 사망 직전에 생겼음을 의미한다. 아마도 이 여성은 살려고 도망치다가 그 남자에게 붙잡혔을 것이다. 여성은 맨발이었고, 남자는 분명 신발을 신고 있었음을 기억하자. 그 남자는 여성을 때려 개울가에 엎어뜨린 다음 덮쳐서 죽였다.

사망 후 경과시간이 길어질수록 사망 시점을 정확히 알아내기가 어려워진다. 적어도 골격 유해만으로 추정할 때는 그렇다. 시신이 거의 완전히 백골화해 있었던 것으로 보아 92-28호 시신이 발견되기는 제일 마지막에 발견됐지만 죽기는 제일 먼저 죽은 것이 확실했다. 시신이 심하게 부패해 있는 점을 고려하고, 9월과 10월의 일평균 기온과 개울에 잠겨 있었던 연조직의 상태를 고려하면(물속에서는 부패 속도가 절반으로 느려진다) 92-28호 시신은 사망 후 4주에서 8주 후에 발견되었을 것으로 판단했다. 추정 범위가 9월 한 달을 거의 잡아먹을 정도로 넓었다. 나는 벌레와 토양을 분석하면 범죄 추정 시각이 더 정확하게 나오지 않을까 희망을 걸어보았다.

나의 희망은 근거가 있는 것으로 밝혀졌다. 아르파드가 시신 밑에서 채취한 토양에서 휘발성 지방산을 분석해봤고, 사망 후 경과시간이 30일에서 37일로 추정됐다. 그 여성이 9월 22일에서 29일 사이에 살해당했으리라는 의미였다. 닐 해스컬의 곤충학적 분석도 9월 22일에서 26일 사이로 거의 동일한 결론이 나왔다. 서로 다른 기법을 바탕으로 이루어진 세 가지 독립적 분석에서 중첩되는 기간이 9월 말로 나왔다. 그 여성이 실제로 이 시기에 사망했다면 살인과 살인 사이의 시간이 점차 짧아지는 연쇄살인범의 전형적인 패턴과 딱 들어맞는다. 첫 번째 살인과 두 번째 살인 사이의 시간 간격은 2, 3주 정도였다. 아마도 두 번째 살인과 세 번째 살인 사이 간격은 며칠이었을 것이다. 그리고 검시관의 부검 결과에 따르면 세 번째 살인과 네 번째 살인 사이의 간격은 겨우 하루이틀에 불과했다.

희생자의 치아는 달린 스미스의 치아처럼 어린 시절에는 꼼꼼히 관리를 받다가 최근 들어서는 방치되어 충치가 생긴 패턴을 보여주었다. 이 경우도 구강 상태를 통해 이 사람이 어려운 시절을 겪었음을 확인할 수 있었다. 치아 여섯 개 정도는 충전물로 치료가 되어 있지만 아래턱 왼쪽 앞니에 치료되지 않은 충치 두 개가 있었다. 그중 하나는 작았지만 나머지 하나는 치아 표면에서 치수강까지 깊게 퍼져 있었다. 아마도 이 충치는 예전에 충전물로 채워져 있다가 충전물이 떨어져 나가면서 치아가 예전보다 충치에 더 취약해졌을 것이다. 감염이 턱뼈로도 퍼져서 턱뼈 표면에 큰 농양이 생겼다. 내가 범죄 현장에서 머리뼈를 처음 들어 올렸을 때 이 구멍에 솜이 채워져 있는 것을 보았다. 당시 나는 아서 보해넌에게 이렇게 말했다. "사망 당시 치통을 앓고 있었네." 나는 솜이 박혀 있는 것을 보고 치과의사가 근관치료를 하려던 참이었으리라 생각했다. 그런데 경찰이 나중에 알아낸 바로는 이 여성이 통증을 가라앉히려고 아주 독특하고 필사적인 방법으로 자가 치료를 시도한 흔적이었다. 그 여성은 솜에 코카인 반죽을 묻혀서 구멍에 쑤셔 넣었다. 절박한 시기에 취한 절박한 조치였다.

달린 스미스의 경우와 마찬가지로 이번에도 다시 한번 아서 보해넌이 받아간 손으로 잭팟을 터트렸다. 손에 남아 있던 피부는 양도 얼마 안 됐지만, 부패한 상태에서 물까지 머금어 엄청나게 약해져 있었다. 아서는 그것을 알코올에 담가서 단단하게 만들고 물기를 빼냈다(만약 반대로 피부가 딱딱하게 말라붙어 있었다면 그는 그 피부를 다우니 섬유유연제에 담갔을 것이다. 다우니 섬유유연제 제조사가 자기네 제품이 미라가 된 사람의 피부도 부드럽고 향기롭게 만들 수 있다는 사실을 알면 무척 기뻐했을 것이다). 그는 파괴된 손에서 겨우 한 부위의 지문만 살려낼 수 있었다. 그것은 심지어 손가락 지문도 아니었다. 그가 살려낸 것은 새끼손가락 바로 아래쪽 손바닥 가장자리의 부분적인 지문이었다.

별것 아니었지만 그것으로 충분했다. 그 부분적인 손바닥 지문이 녹스빌 경찰서에 보관된 파일 속 한 지문과 일치했던 것이다. 이 지문은 나이 30세, 키 175센티미터의 수전 스톤Susan Stone의 것이었다. 매춘부이자 코카인 중독자였던 이 여성은 마약 상인과 결혼한 7년 전 즈음부터 인생이 내리막길을 걷기 시작했다. 이 여성은 매춘부가 되기 전에는 번듯한 직장에서 일했다. 사실 사망하기 불과 6개월 전에는 한

데이터 처리 회사에서 사무원으로 일하고 있었다. 이 여성이 그 직장을 붙잡고 있었다면 아마 지금은 목숨도 붙잡고 있었을지 모른다.

연쇄살인범을 잡는 것은 단계마다 긴밀한 팀워크를 요하는 버거운 일이다. 살인 희생자의 신원을 확인하고, 언제 어떤 방식으로 살해당했는지 확인하고, 동물원 사나이의 문으로 쳐들어갈 수 있는 증거의 흔적을 뒤쫓자면 경찰 수사관, 법의병리학자, 법의인류학자, 연구원, 법의곤충학자의 협력이 필요했다. 이 사건은 내가 알고 있는 것 중 그런 팀워크를 가장 잘 보여준 사례다. 연쇄살인범을 법정에 세우는 것 역시 마찬가지로 버거운 일이다. 누군가를 잡아서 살인죄로 기소하기까지 아주 오랜 시간이 소요될 수도 있다. 이 사건은 그런 점 역시 잘 보여주는 사례다. 내 동료들과 나는 살해된 여성들의 시신에서 최대한 증거를 뽑아내려 고생했고, 경찰들은 허스키에게서 증거를 끌어내려 고생했다.

그가 체포되고 2주 후에 모든 이의 노력이 마침내 결실을 맺기 시작했다. 그것도 아주 극적인 방식으로 말이다. 일련의 면담에서 허스키는 여성 네 명을 살해했다고 자백했다. 그 끔찍한 현장 상황에 대한 이야기가 녹음되고 있는 가운데 허스키는 형사들에게 한 시신(퍼트리샤 앤더슨)을 매트리스 아래로 밀쳐놓고 그녀의 목걸이와 귀걸이를 가져간 이야기를 했다. 이것은 경찰이 그를 체포할 때 그의 방에서 발견한 물품들이다. 허스키는 마지막 희생자는 키가 크고 여윈 '못생긴' 흑인 여성이었다고 설명했다. 그는 그 여자가 겁을 먹더니 발작 같은 것을 하며 땅바닥에서 뒹굴기 시작했다고 말했다. 이것은 퍼트리샤 앤 존슨의 신체 묘사 및 병력과 일치했다. 시신이 사망한 지 얼마 되지 않아 내가 검사하기에는 적절치 않다고 했던 그 채터누가 원주민 여성이다.

하지만 오래지 않아 녹음된 대화가 기묘하게 흘러갔다. 녹음이 시작됐을 때 토머스 허스키는 거의 온순해 보이는 부드러운 목소리로 얘기했다. 그런데 곧 그의 목소리가 극적으로 변했다. 아주 크고, 적대적이고, 불경한 목소리였다. 그 목소리는 다른 사람의 것이었다. 허스키의 사악한 또 다른 인격인 '카일Kyle'의 목소리였다. 카일은 살인을 저지른 것은 허스키가 아니라 자기라고 허세를 떨었다. 그런데 다시 세 번째 목소리가 등장했다. 영국 어투의 교양 있는 목소리였다. 이 목소리의 주인공은 남아프리카공화국에서 태어난 영국인 '필립 닥스Phillip Daxx'라고 했다. 그는 이 삼총사 인격 중에서 자신이 담당한 역할은 허스키를 사악한 카일로부터 보호하는 것이라고 했다. 한편에서 보면 허스키의 유죄를 입증할 논거는 철옹성처럼 확실했다. 하지만 다양한 목소리가 내놓는 기이한 주장이 그림을 아주 복잡하게 만들었다. 그리고 허스키에게 유리하게 작용할 또 다른 강력한 요인이 있었으니, 바로 내가 본 사람 중 가장 상대하기 까다로웠던 변호사 허브 몬시어Herb Moncier였다. 몬시어는 고객을 위해서라면 죽기 살기로 덤벼드는 공격적인 변호 전략으로 테네시에서 전설이 된 인물이었다.

몬시어는 시간을 낭비하지 않고 곧바로 공격에 나섰다. 그는 허스키의 자백을 기각시키려 하고, 신문과 텔레비전의 온갖 보도 때문에 녹스빌에서는 허스키가 공정한 재판을 받을 수 없다고 주장하며 재판 장소의 변경을 요구하고, 허스키가 정신적으로 문제가 있어 법정에 설 수 없다고 주장하고, 판사에게 이 사건에 대한 재판기피를 요구하고, 더 많은 시간과 더 많은 정신과적 평가와 더 많은 변호비를 요구했다.

변호인이 쏟아내는 공격 때문에 살인사건은 진척 없이 서서히 중단되고 말았다. 하지만 나는 배심원이 동물원 사나이 허스키에게 사형선고를 내렸는지 말았는지에 대해 신경 쓸 겨를도 없이 다른 일에 정신이 팔려 있었다. 나는 훨씬 더 긴급한 삶과 죽음의 투쟁에 휘말려 있었다.

수십 년 동안 나는 죽음의 곁에서 일해왔다. 죽음의 그림자가 드리운 계곡으로 활기차게 성큼성큼 들어갈 때마다 죽음에 면역되는 마법의 망토를 두른 듯한 기분이었다. 저승사자와 나 사이에는 일종의 약속이 있었다. 내가 그의 발자국을 따라 들어가도 나를 그냥 내버려두기로 말이다. 우리는 가까운 사이였지만 엄격하게 직업적인 관계였다. 그러던 어느 날 그 관계가 개인적인 관계로 바뀌고 말았다. 안타깝게도 그가 쫓는 대상은 내가 아니었다. 그는 40년 동안 내 곁에서 함께 걸어왔던 사람에게 손을 뻗었다.

1951년 가을에는 나를 비롯한 대부분의 젊은 미국인 남성들은 머릿속에 한국전쟁의 '피의 능선 전투'(1951년 8월 18일부터 22일까지 강원도에서 닷새에 걸쳐 42만여 발의 포탄이 쏟아진 격전. 많은 사상자가 발생해 능선이 피로 물들었다 하여 종군기자들이 '피의 능선'이라 보도하면서 생긴 이

름이다 - 옮긴이)와 '단장의 능선 전투'(1951년 9월 13일부터 10월 13일까지 피의 능선 북쪽 단장의 능선을 점령하기 위해 북한군 6사단을 상대로 펼친 고지전 - 옮긴이)를 떠올리고 있었다. 이제 갓 버지니아대학교를 졸업하고 나온 나는 징집 대상자였다. 11월 15일에 나는 징집 명령에 따라 웨스트버지니아 마틴스버그에 있는 징집소에 출석했다. 그날 나는 약 200명 정도의 징집 대상자 중 한 명이었다. 징병을 담당하던 병장이 명단에서 처음 나오는 15명을 앞으로 불러냈다. 명단이 알파벳순이라서 나는 두 번째인가 세 번째로 불려 나갔다. 그리고 우리는 해병대에 배정받았다. 가슴이 덜컥 내려앉았다. 한국전쟁 미군 사상자 중에는 해병대가 제일 많았기 때문에 나도 '이제 끝이구나' 생각했다.

바로 그때 한 소위가 끼어들었다. 그 소위는 내 입대 서류를 보고 내가 버지니아대학교를 졸업했고 수학과 과학을 가르치기도 했다는 사실을 알았다. 그래서 내가 똑똑할 거라 생각했는지(아니면 내가 해병대에서 찾는 재목이 아니라고 생각했는지) 병장에게 나를 미육군 '과학자 및 전문직' 부문에 배정하라고 말했다. 병장은 반대했지만 소위는 고집을 부렸다. 방 안에 가득 들어와 있는 징집 대상자들 앞에서 병장이 계속해서 반대하자 마침내 소위가 계급장을 가리키며 말했다. "이건 명령이다, 병장."

이렇게 해서 나는 구원을 받았다. 나는 한반도가 아니라 켄터키 포트녹스Fort Knox에 있는 미육군 의학연구소Army Medical Research Lab, AMRL로 발령을 받아 트럭, 탱크, 대포 등에서 나오는 소음과 진동이 그것을 사용하는 병사들에게 어떤 영향을 미치는지에 관한 연구를 돕게 됐다. 나는 전쟁의 나머지 기간을 수십 명의 의사, 연구원, 간호사, 그리고 귀가 멀 듯 시끄럽고 강력한 기계에 둘러싸여 지내게 됐다. 호시절이었다. 그런데 거기서 더 좋은 호시절이 찾아왔다. 오언Owen 중위를 만난 것이다.

내 어머니의 오랜 친구가 워싱턴 D.C. 외곽의 펜타곤에 주둔하고 있었다. 미육군 군병원 네트워크 전체를 총괄하는 수석 영양사 힐다 로벳Hilda Lovett 대령이었다. 로벳 대령은 어머니에게 나를 잘 돌보겠다고 약속했고, 그 약속을 지켰다. 내가 AMRL에 배정받았다는 소식을 듣고 그녀는 내게 어울리는 여자친구감을 찾아 주변을 살폈다. 그리고 월터 리드 육군병원Walter Reed Army Hospital에서 수련 중이던 똑똑하고 젊은 영양사 메리 애나 오언Mary Anna Owen 중위가 눈에 들어왔다. 오언 중위는 버지니아 포트리에 배정될 예정이었지만, 우연 때문인지 펜타곤 고위층의 간섭 때문이었는지 명령이 바뀌어 포트녹스로 오게 됐다. 나도 따로 명령을 받았다. 이 중위에게 전화를 해서 따뜻하게 환영받는 기분이 들게 해주라는 명령이었다.

만나기로 약속한 1952년 가을 오후에 나는 그녀의 아파트에 도착했다. 언제나처럼 나는 늦지 않아야 한다는 강박감에 일찍 도착했는데, 막상 도착해보니 그녀가 안에 없었다. 그녀는 옆방에서 다른 영양사와 수다를 떨고 있었다. 그런데 내가 노크하는 소리를 듣고 그녀가 달려왔다. 발자국 소리를 듣고 뒤돌아섰을 때 내가 본 사람은 미육군 유니폼을 입고 구보를 하는 오언 중위가 아니었다. 내가 본 것은 찬란한 붉은 드레스를 입은 애나라는 이름의 소녀였다. 그녀가 나를 향해 달려오는 모습을 본 순간 나는 생각했다. 이 사람하고 결혼하겠구나.

내 생각이 옳았다. 1년도 안 돼서 우리는 고향 버지니아에서 어머니, 새아버지, 친구, 일가친척, 그리고 우리 두 사람을 이어준 힐다 로벳 대령님을 모시고 결혼식을 치렀다.

애나와 나는 그 후로 40년 동안 함께 삶을 일구었다. 우리는 합해서 네 개의 석박사학위를 땄고, 건강한 아들도 세 명 낳았다. 인생이 항상 편하지만은 않았다. 장남인 찰리와 차남인 빌리 사이에 애나는 다섯 번의 유산을 겪었다. 하지만 전체적으로 보면 우리는 축복받은 행복한 삶을 바쁘게 살았다.

우리는 포트녹스에서 렉싱턴, 필라델피아, 네브래스카, 캔자스를 거쳐 테네시까지 왔다. 우리는 사우스다코타에서도 14번의 여름을 보냈다. 그곳에서 나는 죽은 아리카라족 인디언들을 땅에서 파내며 시간을 보냈고, 애나는 생존한 수족 인디언들의 당뇨병을 영양 개선으로 퇴치하며 시간을 보냈다. 그리고 모르는 사이에 우리 아들들도 훌쩍 자라서 1990년 8월에는 첫 손자도 보여주었다. 우리 인생의 새로운 장이 시작되고 있었다. 하지만 그 장은 우리가 예상하고 바랐던 것과 다른 결말로 끝났다. 1년 후에 애나가 병에 걸렸다.

그것은 복통으로 시작됐다. 처음에는 간헐적이던 통증이 지속적인 통증으로 바뀌었다. 애나는 우리 가족 주치의를 찾아가 복부 엑스레이를 촬영했다. 방사선 전문의가 필름 가장자리, 소화관 아래쪽에 무언가 막혀 있는 듯한 것을 찾아냈다. 그래서 애나는 종합병원으로 가서 끔찍한 바륨barium 밀크셰이크를 마시고 조영검사를 받았다. 병리학자가 암이라고 했다. 그리고 이미 많이 진행된 3기라고 했다. 그럼 몸의 다른 부위로도 퍼졌을 가능성이 크다는 의미였다.

애나는 싸우기를 원했다. 60세의 나이에도 그녀는 상대적으로 젊었고, 더 많은 손자를 보고 싶어 했다. 그래서 그녀는 공격적인 화학요법을 시작했다. 화학요법은 그녀의 몸에 큰 타격을 주었지만 그녀는 묵묵히 견디며 치료를 받았다. 하지만 너무 늦어버렸다. 처음 의사를 찾아가고 18개월 동안 가혹한 시간을 참고 견디던 그녀는 1993년 3월에 세상을 떴다.

수십 년 동안 나는 매일같이 죽음과 마주했다. 하지만 나는 나를 둘러싸고 있는 비극에 별다른 영향을 받지 않고 살았다. 나는 과학자였다. 부패하는 시신과 부러진 뼈는 내게 법의학 사건이자 과학적 수수께끼이자 지적 도전일 뿐 그 이상도, 이하도 아니었다. 그렇다고 내가 피도 눈물도 없는 냉혈한이라는 소리는 아니다. 나도 사랑하는 이를 잃은 사람들을 보며 가슴이 아팠다. 특히 살해당한 아동의 부모들을 볼 때는 너무도 안타까웠다. 하지만 그런 감정은 모두 파도처럼 한바탕 밀려왔다 밀려가는 동정심일 뿐이었다. 하지만 이제 그 죽음의 파도가 나의 집으로 들이치자 나는 슬픔의 바다에 빠져 질식할 것만 같았다.

애나가 병마와 싸우던 시간에도, 세상을 뜬 이후에도 동물원 사나이 사건은 어디서 재판이 열린다는 소식도 없이 질질 끌기만 했다. 그리고 그동안 다른 여성들이 등장해서 허스키가 자신을 성폭행했었다고 증언했다. 그래서 1995년 말과 1996년에 허스키는 1991년과 1992년에 벌인 일련의 잔인한 강간 혐의로 법정에 섰다.

변호사 몬시어는 그 법정 싸움에서 졌다. 내가 기억하는 바로는 사람들의 이목이 쏠린 재판에서 그가 패소한 몇 안 되는 경우 중 하나였다. 허스키는 강간, 강도, 납치 등 다양한 혐의로 유죄 판결을 받아 세 건의 강간과 한 건의 강도 사건에 대해 66년형을 선고받았다. 하지만 몬시어의 온갖 술책으로 살인사건에 대한 재판은 계속 지연되고 있었다. 그러다 마침내 카하바 레인의 숲에서 여성 네 명이 살해된 지 6여 년이 지난 1999년 1월에 허스키의 살인사건 재판을 위한 배심원 선정이 시작됐다. 몬시어는 재판 장소를 옮기는 데는 실패했지만 법원을 설득해 배심원들을 외지에서 데려오는 데는 성공했다. 그 사람들은 이 사건에 대해 광범위하게 다룬 녹스빌의 뉴스 보도에 흔들릴 가능성이 낮지 않을까 하는 바람 때문이었다.

처음에는 예비 배심원 340명을 모집했고, 이들은 다시 60명으로 좁혀졌다. 일부 예비 배심원은 그 임무에서 풀려나기를 간절히 바랐고, 또 어떤 예비 배심원은 그 일을 간절히 맡고 싶어 했다. 지방검사 랜디 니콜스Randy Nichols가 사형을 구형할 것이라 밝혔기 때문에 사형제도에 분명히 반대한다고 말한 예비 배심원들은 명단에서 제외되었다. 검찰 측과 변호인 측이 내슈빌에서 2주에 걸쳐 면담을 진행한 결과 12명의 배심원과 네 명의 대체 배심원이 선발됐고, 이들은 짐을 싸서 버스를 타고 녹스빌로 이동하라는 통보를 받았다. 그리고 그 후로 그들은 2주일 동안 낮에는 법정에서, 밤에는 모처의 호텔에서 머물며 시간을 보내게 됐다.

1999년 1월 26일에 동물원 사나이 살인사건 재판이 마침내 시작됐다. 검찰 측의 핵심 물증은 허스키의 자백이었다. 이 자백에서 그는 자신이 저지른 살인에 대해 자세히 설명했다. 하지만 이 자백을 통해서 허스키, 또는 그날 그가 자신을 부른 다른 이름인 '카일'이 네 명의 여성을 목 졸라 살해했다는 점은 분명해졌지만, 이 녹음은 변호인 측에게도 막강한 무기가 되어주었다. 스피커를 통해 흘러나온 세 명의 목소리와 세 명의 이름 때문에 동물원 사나이가 정말로 미쳤다고 믿기 십상인 상황이 된 것이다. 허스키가 정신질환을 앓고 있다는 논리를 뒷받침하기 위해 몬시어는 정신과의사와 심리학자를 한 명씩 불러내 증인석에 세웠고, 두 사람 모두 허스키가 해리성 정체 장애, 즉 다중인격장애를 앓고 있다는 데 동의했다. 그리고 그는 녹스 카운티 교도소 노동자도 증인석에 불러내어 허스키의 사악한 다른 자아 '카일'과 대화해보았다는 증언을 하게 했다. 그런데 이상하게도 허스키의 어머니는 '카일'이나 '닥스'의 존재를 전혀 알지 못한다고 했다. 그녀는 허스키는 그냥 허스키일 뿐, 그 안에는 다른 누구도 존재하지 않는다고 말했다.

변호사는 내가 분석한 어깨뼈 골절에 대해서는 이의를 제기하지 않았다. 하지만 목뿔뼈는 완전히 다른 문제였다. 주사전자현미경을 통해 보면 뼈가 외상을 입은 것이 확실했지만, 몬시어는 그것이 목 졸려 죽은 교살을 의미한다는 나의 결론을 반박했다. 그는 따로 애틀랜타 출신의 병리학자를 전문가 증인으로 불렀다. 그 사람도 의사이기는 했지만, 의사면허증을 받은 사람은 아니었다. 그 병리학자는 그 외상을 두고 사슴이 목뿔뼈를 밟아 부러뜨려서 생긴 것일 수도 있다고 주장했다. 몬시어는 내게 그것이 가능한 일이냐고 압박하듯 물었다. 젠장! 그렇게 따지면 무슨 일이든 가능하다. 화성에서 온 우주선이 착륙하다 그랬을 수도 있다. 하지만 법의학과 상식을 모두 만족시킬 수 있는 설명은 그 여성이 목 졸려 죽었다는 것밖에 없었다.

재판 자체는 2주간 지속됐고, 그 후 배심원단이 숙의에 들어갔다. 숙의는 하루, 이틀, 사흘까지 이어졌다. 결국 배심원단은 허스키가 네 명 중 세 명의 여성을 살해했다는 데 의견을 모았다는 평결문을 보냈다. 네 번째 살인은 12명 중 11명이 그의 유죄를 확신했지만 12번째 배심원은 마지막 살인이 허스키가 10월 22일에 체포된 후 일어났을 가능성이 있다고 생각했다(닐 해스컬은 곤충학적 분석을 통해 살인 추정 일자를 10월 21일이나 22일로 예측했지만, 몬시어는 내가 퍼트리샤 앤 존슨이 죽은 지 이틀 정도밖에 안 됐을지도 모른다고 생각 없이 말했던 것만 끈질기게 물고 늘어졌다). 다른 11명의 배심원이 설득하고 압박을 가했음에도 12번째 배심원은 고집을 꺾지 않았다.

결국 진짜 장애물은 허스키가 유죄냐, 무죄냐가 아니었다. 진짜 장애물은 그의 정신 상태였다. 숙의 나흘째, 12명의 배심원은 세 개 집단으로 확실하게 나뉘었다. 다섯 명은 허스키가 제정신이니 살인에 대해 책임을 물어야 한다고 믿었다. 네 명은 그가 미쳤다고 믿었다. 나머지 세 명은 마음을 정하지 못했다. 마침내 닷새째에 그들은 판사에게 절망적인 교착상태에 빠졌다는 평결문을 전달했다.

6년 동안 50만 달러의 비용을 들이고, 수천 시간에 달하는 수사와 법적 다툼 끝에 리처드 바움가드너Richard Baumgardner 판사는 미결정 심리mistrial(배심원의 의견이 일치하지 않아 무효화되는 재판 - 옮긴이)를 선언했다. 경찰, 검찰, 희생자의 가족들에게 이것은 크나큰 타격이었다. 하지만 아직 더 큰 문제가 남아 있었다. 2002년 7월에 바움가드너 판사가 변호인 측의 또 다른 신청에 대해 판결을 내리면서 허스키의 자백을 증거물로 사용할 수 없다고 결정한 것이다. 허스키는 신문을 받는 동안, 그가 체포된 당일, 그리고 그로부터 일주일 후 이렇게 두 번에 걸쳐 변호사를 불러달라고 했지만 녹스 카운티 보안관실과 테네시 수사국은 계속해서 그를 신문했었다.

이 글을 쓰고 있는 시점에서 네 명의 여성 살인사건에 대한 허스키의 재판은 다시 연기됐고, 항소법원에서는 강간과 납치에 대한 유죄 판결을 일부 뒤집어 그의 형량을 44년으로 낮춰주었다. 법조계 관계자들은 자백을 증거물로 사용할 수 없으면 살인사건 자체가 아예 기각될 수도 있다고 말한다. 아무래도 정의의 수레바퀴는 느리게 굴러가고, 때로는 아예 멈추거나 역회전하는 경우도 있는 것 같다. 한편으로 생각하면 여성 네 명을 살해했다고 자백한 남자는 적어도 지금 이 순간만큼은 감옥에 남아 있으며, 앞으로 40년을 더 그곳에 머물도록 예정되어 있다. 그리고 허스키가 감옥에 들어가 있던 근 10년간 카하바 레인 끝 숲속에서 나온 사체는 꼬리가 풍성한 다람쥐 사체 몇 개밖에 없었다. 하지만 매그놀리아 거리Magnolia Avenue에서는 새로운 세대의 여성들이 다시 길거리에서 호객 행위를 하고 있다. 그곳은 이직률이 높다. 그중에 동물원 사나이에 대해 들어본 사람이 얼마나 있을지 의문이다. 그리고 그들이 자기가 얼마나 취약한 상황인지 깨닫고 있는지도 의문이다. 설령 알고 있다 한들 그들에게 과연 무엇 하나 제대로 대처할 방법이 있기라도 한지 의문이다.

13

불에 탄 시신, 토막 난 뼈

전화벨이 울렸다. 쥐 죽은 듯 고요한 곳에서 울리는 벨소리는 깜짝 놀랄 정도로 시끄럽게 들렸다. 7월이라 대학 전체가 사실상 유령 도시로 변해 있었다. 네이랜드 스타디움 관중석 아래 깊숙이 자리 잡은 이곳은 사람들의 발길이 끊기고 어둑했다. 학생과 교수는 대부분 5월 말에 이곳을 떠났고, 8월 말까지는 이곳에 다시 얼굴을 내밀지 않을 것이다. 그도 그럴 것이, 사람들은 기회만 된다면 어떻게든 이곳에서 벗어나려고 한다. 반면 나는 깨어 있는 시간은 거의 모두 이 어둡고 먼지 낀 사무실에서 보내고 있었다. 애나가 세상을 떠난 지 몇 달이 됐지만 여전히 집이 텅 빈 것 같아 견딜 수 없었다. 그래도 직장에 나오면 나는 사람들에 둘러싸여 있었다. 대부분 죽은 사람들이지만, 뭐랄까, 그래도 나에게는 위로가 되어주었다. 그들은 내게 자신의 이야기를 들려주었고, 나의 삶 속으로 들어왔다. 이들은 결코 나를 떠나지 않을 동반자였다. 게다가 직장에 나와 있으면 오래지 않아 누군가가 흥미로운 사건을 가지고 나에게 전화를 걸 것을 알고 있었다. 그래서 나는 그 조용한 여름날에 울리는 전화벨 소리에 반응해 잽싸게 손을 뻗었다.

전화를 한 사람은 내 비서 도나Donna였다. 도나의 사무실은 내 개인 보호구역에서 말 그대로 딱 미식축구 경기장만큼 떨어진, 경기장의 동쪽 관중석 아래 박혀 있었다. 뉴햄프셔 주립경찰청의 제임스 켈러허James J. Kelleher 경장의 전화를 연결해주겠다고 했다.

내가 전화를 받으며 말했다. "여보세요, 배스 박사입니다." 켈러허 경장이 자기를 소개했다. 그는 강력반에서 일하고 있으며 살인사건으로 의심되는 사건에서 수석 수사관을 맡고 있다고 설명했다. 그는 내 예전 학생이었고 지금은 스미스소니언협회의 인류학자로 일하고 있는 더그 우벨레이커Doug Ubelaker가 쓴 《뼈Bones》라는 책에서 나에 대해 읽었다고 했다(내 경력을 돌아보면서 뿌듯함이 느껴지는 일 중 하나는 우벨레이커, 더그 오슬리Doug Owsley, 데이브 헌트Dave Hunt, 이렇게 스미스소니언협회의 자연인류학자 세 명이 나한테서 박사학위를 받았고, 네 번째 사람인 돈 오트너Don Ortner의 박사학위 논문 심사위원회에 내가 참여했다는 것이다).

켈러허가 사건의 개요를 설명하자 나는 노트에 받아 적기 시작했다. 그가 설명하기를 뉴햄프셔주 중심부의 아주 작은 마을 알렉산드리아의 들판에서 불에 탄 뼛조각 몇 개가 발견됐다고 했다. 검시관은 개의 뼈라고 생각했지만 켈러허는 사람의 뼈가 아닐까 의심했다. 만약 그의 생각대로 그것이 정말 사람의 뼈라면 죽은 사람의 신원 확인이 필요했다. 그리고 가능하다면 사망의 종류도 알아내야 했다. 켈러허가 나에게 도와줄 수 있는지 물었다. "도와드릴 수 있을 것 같습니다. 최선을 다해봐야죠." 내가 말했다.

6일 후에 잘 포장된 소포가 도착했다. 종이와 뽁뽁이를 여러 겹 둘러 포장된 상자 안에 불에 바삭하게 타버린 뼈 수백 개가 들어 있었다. 그때까지 나는 수십 구의 불에 탄 시체와 수천 개의 불에 탄 뼈를 조사해보았다. 그 뼈들은 불에 탄 자동차, 불에 탄 집, 심지어는 지역 사람들의 말로는 불꽃놀이 화약 제조 공장이 폭발하면서 남은 잔해에서 체로 걸러내고, 골라낸 것들이었다. 하지만 화장터에서 나온 것을 제외하면 이렇게 완전히 타버린 뼈는 한 번도 본 적이 없었다.

법의학 사건은 거의 모두가 과학적인 조각그림 맞추기 퍼즐에 비유된다. 그런데 이번 경우는 비유가 아니라 말 그대로 조각그림 맞추기 퍼즐이었다. 그 상자 안에는 총 475개의 뼈가 들어 있었고, 그중에는 콩알 크기도 안 되는 것이 많았다. 이것은 사람의 뼈다운 모습으로 대충 끼워 맞추려고만 해도 며칠에 걸친 지루한 퍼즐 작업이 필요할 듯했다.

상자를 들고 경기장 지하에 있는 뼈 해부학 연구실로 가져갔다. 그곳은 작업 공간이 충분히 넓은 데다 벽에 난 창으로 채광도 좋고, 문에 튼튼한 자물쇠도 달려 있어서 증거 보관 연속성chain of custody(미국의 증거법에서 증거 보관과 관리의 주체가 단절되지 않고 연속적으로 승계되었는지 여부를 판단하는 것을 말한다 - 옮긴이)을 유지하기에도 유리했다. 나는 창가 근처에 있는 긴 탁자를 하나 골라 치운 후에 긴 갈색 포장지 하나를 그 위에 펼치고 테이프로 붙였다. 그리고 마커로 머리뼈, 팔, 갈비뼈, 척추, 골반, 다리 등 신체 주요 부위의 이름을 대략적인 해부학적 위치에 따라 적었다. 뼛조각들을 서로 관련된 것들끼리 모아놓으면 한때는 사람이었던 이 불에 탄 뼈 덩어리들로 퍼즐을 맞추기가 더 편해질 것이다.

그 후로 며칠에 걸쳐 나는 사람 크기의 퍼즐을 이어 붙이려고 애썼다. 아주 고되고, 지루하고, 난감한 작업이었다. 나는 이런 종류의 과학적 도전 과제를 늘 좋아했다. 일부 뼛조각은 꽤 쉬웠다. 오른쪽 넙다리뼈에서 나온 조각이 네 개, 양쪽 슬개골의 잔해, 수십 개의 갈비뼈 조각, 부분적으로 남은 척추뼈 세 개. 하지만 크기가 큰 쉬운 조각들은 금방 정리가 끝나버렸다. 그리고 남은 것은 크기가 작은 어려운 조각들이었다. 그런 것이 수백 개나 있었다. 나는 내가 늘 입버릇처럼 이런 도전을 좋아한다고 했던 것을 떠올렸다. 말이 씨가 됐다는 생각도 들었다.

모든 주요 신체 부위에서 뼛조각이 나온 것으로 보였지만, 딱 한 부위가 빠져 있음을 점차 깨닫게 됐다. 뼛조각 475개 중 머리뼈에서 나온 것은 하나도 찾을 수 없었다. 그렇다고 머리뼈 조각이 하나도 없다고 장담할 수도 없었다. 절반이 넘는 뼛조각이 너무 작고, 특별한 형태가 보이지 않아 어느 뼈에서 나온 것인지도 알 수 없었으니까 말이다. 그래도 갈색 포장지 위쪽이 빈 공간으로 남아 있는 게 그냥 우연 같아 보이지는 않았다. 더군다나 이것은 이 사람이 누구이고, 어떻게 죽었는지 밝힐 방법이 마땅치 않다는 의미이기도 했다.

머리만 긁적이며 열흘이 지났을 때 켈러허로부터 소포가 또 하나 도착했다. 이번에는 상자의 크기가 작았지만 마찬가지로 잘 포장되어 있었다. 이번에는 상대적으로 불에 덜 탄 큰 뼈가 하나 들어 있었다. 사람의 왼쪽 넙다리뼈 가운데 몸통이란 것을 쉽게 알아볼 수 있었다. 그리고 작은 뼛조각이 60개 정도 담겨 있는 유리병이 들어 있었다. 불에 타지는 않았지만 이빨 자국이 있는 뼈도 하나 있었다. 아마도 위쪽 끝은 개가 씹어 먹은 것 같았고, 아래쪽 끝은 부러져 나가 있었다. 다른 뼛조각들과는 달리 이 뼈는 분명 사람의 것이 아니었다. 나는 내 동료 중 한 명에게 조언을 구하려고 복도로 향했다. 월터 클리펠Walter Klippel이라는 동물고고학자였다. 그는 이것이 흰꼬리사슴의 왼쪽 뒷다리 정강뼈임을 바로 알아보았다.

켈러허에 따르면 처음에 보낸 불에 탄 뼛조각들은 7월 2일 집에서 덤불과 쓰레기를 소각하는 데 사용하던 구덩이에서 발견한 것이고, 두 번째로 보낸 뼈는 집 뒤쪽 숲으로 이어지는 오솔길을 따라 흩어져 있던 것을 7월 22일에 발견했다고 한다.

안타깝게도 조사할 수 있는 머리뼈와 치아는 아직 나오지 않았다. 그럼 이 유해로는 신원 확인을 못 할 가능성이 컸다. 운이 따라준다면 뼈에 부러졌다가 치유된 흔적이나 다른 뚜렷한 특성이 있어서 사망 전에 촬영했던 엑스레이와 비교해볼 수도 있을 것이다. 하지만 이번의 경우는 그런 행운이 따라주지 않을 듯했다.

하지만 비록 불에 타고 조각이 나 있기는 했지만 뼈에는 켈러허가 수사 범위를 좁히는 데 도움이 될 수 있는 세부사항이 충분히 많이 남아 있었다. 위쪽 팔의 위쪽 끝을 어깨와 연결해주는 관절 머리인 위팔뼈 머리는 불에 타지 않고 비교적 온전히 남아 있었다. 나는 버니어 캘리퍼스를 이용해 그 관절 머리에서 제일 두꺼운 부분의 직경을 측정했다. 1970년대에 T. 데일 스튜어트T. Dale Stewart는 남성과 여성의 위팔뼈 머리 크기에 대해 꼼꼼히 연구한 바 있다. 그는 1950년대와 1960년대에 FBI와 긴밀히 협력해서 법의인류학 분야를 개척하는 데 도움을 주었던 스미스소니언협회의 인류학자였다. 스튜어트의 연구에 따르면 관절 머리의 직경이 47밀리미터를 넘어가면 분명 성인 남성의 것에 해당했다. 44~46밀리미터 사이의 범위에 들어가면 남성일 수도, 여성일 수도 있다. 그리고 43밀리미터 미만이면 그것은 분명 여성이라는 의미였다. 내 연구실 탁자 위에 누워 있는 뼈에서는 42밀리미터가 나왔다. 우리의 수수께끼 희생자가 여성이라는 의미였다. 볼기뼈에서 나타나는 전형적인 여성적 형태의 융선도 이런 판단을 뒷받침해주었다.

이 여성의 사망 당시 나이는 얼마나 될까? 두덩결합이 있는 경우는 나이 추정이 쉽다. 하지만 안타깝게도 두덩결합은 없었다. 그 대신 정확도가 떨어지는 몇몇 지표에 의존해야 했다. 모든 뼈끝epiphysis이 뼈의 몸통과 융합했다는 사실에서 성장이 완료되었음을 판단할 수 있었다. 좋다. 그럼 이제 이 여성이 다 자란 성인이라는 것을 알았다. 하지만 나이가 많은 여성은 아니었다. 척추뼈에서 30대 말이나 40대 초반이 됐을 때 생기기 시작하는 들쭉날쭉한 가장자리인 골변연의 흔적이 미미했기 때문이다. 꼬리뼈coccyx, 미골에서는 35세에서 45세의 연령 범위에 해당하는 표면 특성이 드러났다.

하지만 내가 켈러허에게 확실하게 얘기해줄 수 있는 것은 거기까지였다. 이 여성이 코카서스 인종인지, 니그로이드 인종인지, 몽고 인종인지도 말해줄 수 없었다.

"머리뼈가 있었으면 참 좋았을 텐데 말입니다." 내가 말했다.

15개월 후에 그 소망이 현실이 됐다. 나는 1994년 10월의 어느 추운 밤에 뉴햄프셔 맨체스터의 바람 부는 활주로에 도착한 델타 항공편 비행기에서 내렸다. 켈러허가 터미널에서 나와 만나 여행가방 찾는 것을 도운 후에 주도인 콩코드의 한 호텔에 데려다주었다. 다음 날 아침 그는 다시 나를 태우고 뉴햄프셔 주립경찰청 본부 지하실에 있는 과학수사연구소로 데리고 갔다.

여기도 지하다. 왜 과학수사연구소와 영안실은 항상 지하에 있을까? 왜 도시와 시골 풍경이 한눈에 내려다보이는 큰 유리창이 달린 꼭대기 층에 있지 않고? 시신과 뼈를 들여다보기를 좋아한다고 해서 우리가 가끔씩 창밖으로 펼쳐지는 멋진 풍경을 좋아하지 않는 것은 아니다. 얘기가 옆길로 샜다.

결국 약간의 행운이 우리를 찾아왔다. 며칠 전에 알렉산드리아의 막다른 도로를 따라가며 덤불을 치우던 도로작업반 사람 하나가 풀밭에 버려진 비닐봉지를 우연히 발견했다. 그 안에는 다른 뼈 몇 개와 함께 사람의 머리뼈가 들어 있었다. 머리뼈를 비롯해서 일부 뼈는 살짝 불에 탔지만 다른 뼈는 불에 탄 흔적이 전혀 없었다.

치아를 치과 엑스레이 사진과 비교해보았더니 켈러허가 오랫동안 의심했던 것이 사실로 밝혀졌다. 사망한 그 여성은 17개월 전에 실종 신고된 47세의 백인 여성 실라 앤더슨Sheilah Anderson이었다. 그녀와 연락이 닿지 않았던 앤더슨 부인의 성인 딸이 1993년 6월에 경찰에 전화했다. 이때는 첫 번째 불에 탄 뼈들이 발견되기 2주 전이었다. 검시관이 그 뼈가 개뼈 같다고 했지만 켈러허가 내게 다시 확인해달라고 부탁한 이유가 그 때문이었다. 실라의 남편 짐 앤더슨Jim Anderson은 의심스러운 상황에서 경찰을 그만둔 전직 뉴욕시 경찰관이었다. 그는 수사관들에게 아내가 어느 날 갑자기 사라졌다고 말했다. 그의 말에 따르면 아내가 알 수 없는 장소로 떠났다고 했다.

실라의 딸은 새아버지의 이야기를 의심해왔었다. 경찰도 마찬가지였다. 특히 아내가 사라지고 며칠 만에 짐 앤더슨이 자살을 시도한 이후로는 더욱 의심스러워졌다. 경찰은 그를 정신과 병동에 입원시키고 관찰했다. 그의 퇴원 예정일인 7월 2일에 짐이 집으로 입고 돌아갈 깨끗한 옷을 가져가려고 실라의 딸이 경찰관 한 명과 함께 짐의 집으로 갔다. 그녀는 집에 온 김에 주변을 둘러보기로 했다. 그리고 숲 가장자리에서 불에 탄 테니스화를 찾아냈다. 어머니의 것이었다.

그러자 경찰관이 주변을 본격적으로 둘러보기 시작했다. 앞뜰에서 그는 짐 앤더슨이 몇 주 전에 불태웠던 덤불 무더기에서 나온 재를 보았다. 재를 체로 쳐보니 뼛조각들이 나오기 시작했다. 내 골격 그림조각 맞추기 퍼즐의 시작점이었던 그 475개의 불탄 뼛조각이 여기서 나왔다. 바로 그 순간에 짐 앤더슨이 정신과 병동에서 집으로 돌아왔다. 경찰관이 재에서 뼛조각들을 골라내는 것을 보고 짐은 들입다 보드카를 마시기 시작했다.

열흘 후에 경찰은 넙다리뼈 몸통, 흰꼬리사슴의 정강뼈, 그리고 내가 받은 유리병에 담겨 있던 뼛조각들 등 두 번째 뼛조각들을 찾아냈다. 이 뼈들은 불에 탄 테니스화 근처의 숲속에 흩어져 있었다. 그리고 15개월의 오랜 기다림 끝에 드디어 머리뼈가 나온 것이다. 마침내 머리뼈를 손에 넣게 된 켈러허는 이제 내가 없어도 신원 확인을 할 수 있었다. 도로작업반 사람이 잡초 속에서 쓰레기봉투를 찾은 지 몇 시간 만에 치과 엑스레이 사진을 통해 확인한 것이다(마치 의심의 꼬투리를 남기지 않겠다는 듯 실라의 목걸이도 척추뼈 둘레에 여전히 채워져 있었다).

나를 1600킬로미터 떨어진 뉴햄프셔 주립경찰청의 지하실까지 날아오게 만든 임무는 실라 앤더슨의 사망의 종류를 밝히는 것이었다. 머리뼈를 보자마자 나는 그 장거리 여행이 헛고생이 되지는 않겠다고 생각했다. 머리뼈 뒤쪽이 탔지만 그렇게 많이 타지는 않았다. 위로 절반 정도 올라온 높이에 정중선 약간 오른쪽으로 은화 크기의 둥근 구멍이 뚫려 있었다. 예전에도 이런 구멍을 많이 봤다. 이것은 망치로 머리뼈를 세게 내려쳤을 때 생기는 구멍이었다. 그 타격으로 뼈에 원반 모양으로 구멍이 생겼을 뿐 아니라 충격 부위에서 번갯불처럼 밖으로 뻗어나가는 골절선이 만들어졌다.

검게 변한 머리뼈 안쪽, 구멍 주변으로 불규칙한 검은 얼룩이 보였다. 피가 상처에서 흘러나와 불에 익어서 생긴 흔적이다. 이 혈흔 덕분에 머리뼈에 생긴 외상이 쓰레기봉투를 풀밭에 버릴 때 생긴 외상일 가능성을 배제할 수 있었다. 일단 피가 차갑게 식고 사후경직이 생기고 나면 사후에 발생한 상처에서는 피가 나지 않는다. 실라 앤더슨은 죽고 난 후에 불에 익은 것이었다.

머리뼈의 얼굴은 타지 않았지만 깨져 있었다. 위쪽 앞니 중 세 개가 떨어져 나왔다. 양쪽 코뼈 nasal bone 의 끝부분이 부러져 있었다. 그리고 아래턱뼈는 세 군데가 부러져 있었다. 이것은 뒤쪽에서 망치에 맞아 넘어지며 얼굴을 지하실 바닥이나 차도에 처박은 여성의 얼굴에서 예상할 수 있는 외상이었다.

하지만 도로 옆 쓰레기봉투에서 수습한 다른 뼈에서 확인한 외상은 나도 예상하지 못한 것이었다. 5, 6, 7번째 목뼈에 어떤 크고 날카로운 도구로 생긴 자상이 보였다. 목뼈와 등뼈를 그 여성이 살아 있었을 때처럼 조립해보니 깜짝 놀랄 손상이 드러났다. 척추의 한 구간 전체가 갈비뼈와 잘려서 분리되어 있었다. 오른쪽 갈비뼈들은 척추에 바싹 붙어서 잘려 있었고, 왼쪽 갈비뼈들은 척추에서 조금 더 떨어진 곳에서 잘려서 5센티미터 정도의 갈비뼈 토막이 그루터기처럼 남아 있었다. 위쪽 팔의 뼈들은 대부분 강한 힘에 부러져 있었고, 다리들은 엉덩관절 부위에서 잘려 골반과 분리되어 있었다. 이 골격 그림 맞추기 퍼즐은 도무지 끝날 생각을 하지 않았다. 하지만 분명 진척이 있다고 스스로를 다독였다. 새로운 퍼즐 조각을 오래된 퍼즐과 맞춰보다 보니, 불에 타지 않은 조각인 노뼈radius, 요골의 몸쪽proximal 끝(아래팔의 뼈 중 하나가 위팔과 만나 팔꿈치를 이루는 부분)이 켈러허 경장이 처음 소포로 보냈던 상자 속에 들어 있던 불에 탄 노뼈 조각과 정확하게 맞아떨어졌다. 새로 수습한 넙다리뼈 조각 중 하나도 집 뒤 숲속에서 발견되어 두 번째 소포로 받은 넙다리뼈 몸통과 완벽하게 맞아떨어졌다(넙다리뼈 몸통을 DNA 분석해보니 치과 진료 기록으로 확인한 신원이 다시 한번 확인됐다). 따라서 일부 세부사항은 여전히 매우 혼란스러운 상황이었지만 한 가지는 분명해졌다. 15개월에 걸쳐 서로 다른 세 장소에서 수습한 세 세트의 뼛조각들이 모두 남편이 알 수 없는 장소로 급히 떠나버렸다고 주장한 여성 실라 앤더슨의 것이라는 점이다.

그녀는 알 수 없는 장소로 떠난 것이 아니라, 알 수 없는 대상이 되어 있었다. 그리고 켈러허가 그렇게 끈질긴 수사관이 아니었다면 영영 그렇게 알 수 없는 대상으로 남았을 것이다. 이 사건은 내가 접했던 가장 이상한 사건 중 하나였고, 그중에서도 제일 기이한 측면은 바로 이것이었다. 어느 모로 보나 짐 앤더슨은 자신의 아내를 토막 살인할 의지가 다분했다. 하지만 그가 공개된 장소에서의 소각을 금지하는 지방자치제의 조례를 위반할 사람은 아니었다. 그래서 그는 6월 12일에 쓰레기 소각 허가를 받았고, 그가 지정된 날에 뜰에서 불을 피웠다는 사실은 확실하게 확인되어 있었다. 알렉산드리아의 소방서장이 불길이 잘 통제되고 있는지 확인하기 위해 차를 몰고 그 집 앞을 지나갔기 때문이다.

그 장면을 한번 상상해보자. 아내를 죽이고 앞뜰에서 아내의 시체를 태우던 남편이 집 앞을 차로 지나가는 소방서장을 향해 미소를 지으며 손을 흔들어 보였다. 만약 영화 작가가 이런 시나리오를 할리우드 영화사에 들고 갔다면 아마 막장도 이런 막장이 없다며 비웃음을 샀을 것이다. 하지만 켈러허 경장과 검사이자 법무부 보좌관인 제니스 런들스Janice Rundles에게는 전혀 웃음이 나올 상황이 아니었다. 과연 뉴햄프셔의 배심원단이 이런 말도 안 되는 시나리오를 믿어줄까?

녹스빌로 돌아오는 비행기 안에서 나는 훼손된 뼈에서 추가로 뽑아낼 수 있는 정보가 있을까 하여 머리를 쥐어짰다. 켈러허 경장과 런들스 검사에게 내가 해줄 수 있는 말은 이미 다 해준 상태였다. 만약 절단되어 불에 탄 뼛조각에서 새로운 단서를 뽑아낼 수 있는 사람이 있다면 그건 바로 내 학생이었고 지금은 대단히 존경받는 동료가 된 스티브 심스일 것이다. 녹스빌로 돌아온 후에 나는 스티브에게 전화를 걸어 정말 특이한 세 사람의 만남을 제안했다. "자네 이번 주말에 나하고 실라 앤더슨과 한적한 오두막에서 함께 보낼 생각 없나?" 그가 그러자고 했다. 우리는 몽고메리 벨 주립공원Montgomery Bell State Park에서 보기로 했다.

몽고메리 벨 주립공원은 녹스빌의 내 사무실, 그리고 640킬로미터 떨어진 멤피스에 위치한 스티브의 시체안치소 사이 중간쯤에 있다. 참나무와 히코리나무로 뒤덮인 언덕이 물 반, 고기 반이라는 작고 사랑스러운 호수를 둘러싸고 있다(물가에 체장 38센티미터 이하의 배스는 포획 금지라는 경고 팻말이 적혀 있다). 호수로 반도처럼 삐져나온 지형 위에 돌로 만든 6층짜리 오두막이 서 있었다. 오두막 여섯 개 정도가 언덕 중간쯤에 자리 잡고 있었는데, 우리가 머물 오두막은 정말 장관이었다. 유리창으로 들어오는 밝은 빛이 식탁을 환하게 비추고 있었고, 우리는 그 위에 실라 앤더슨의 불에 타고 조각난 뼈들을 펼쳐놓았다. 전망 좋은 곳에서 진행되는 살인사건 수사였다.

실라의 토막 살인은 스티브와 내가 그때까지 보았던 것 중 가장 복잡하고 곤혹스러운 것이었다. 팔과 다리 뼈에 난 골절로 보아 그녀의 팔다리는 둔기에 의한 외상으로 절단된 것으로 보였다. 하지만 골반, 갈비뼈, 척추는 사악하다 싶을 정도로 날카로운 기구를 써 절단한 것으로 보였다.

나처럼 스티브도 불에 탄 정도에 차이가 있다는 인상을 곧바로 받았다. 1993년에 앞뜰에서 수습된 뼈들은 뒤이어 바로 뒤뜰에서 수습된 뼈나 1994년에 도로작업반이 발견한 머리뼈와 다른 뼈에 비해 훨씬 심하게 불에 타 있었다. 스티브는 소각이 두 단계에 걸쳐 이루어진 것 같다고 제안했다. 그의 가설은 이랬다. 소방서장이 1993년 6월에 차로 지나가며 확인했던 불 속에서는 그녀의 시신이 전체적으로 불타고 있었다. 하지만 그 불로는 만족할 만한 효과를 보지 못하자 머리뼈와 다른 부위를 제거해서 일부는 뒤뜰에, 일부는 도로변에 버리고 나머지 뼈는 앞뜰에서 다시 불태웠다. 그리고 이번에는 더 철저하게 태웠다.

첫 번째 뼈들에 남아 있던 도구 사용의 흔적은 불에 타서 파괴되고 없었다. 하지만 골격에서 타지 않았거나 살짝만 탄 부분이 남아 있는 덕분에 스티브가 훼손되지 않은 흔적을 조사할 수 있었다. 많은 토막 살인사건과 달리 이 뼈들에서는 헛시작점 false start(톱이 뼈로 파고들기 시작하다가 어떤 이유로든 튀는 바람에 새로운 지점에서 다시 절단이 시작된 경우, 처음 절단을 시작했던 지점에 남는 톱자국 - 옮긴이), 주저흔 hesitation mark, 절단하다가 중간에 중단된 흔적 interrupted cuts이 사실상 보이지 않았다. 도구의 흔적을 보면 뼈들을 아주 단호하고, 날카롭고, 강력하게 썰거나 깎아냈음을 알 수 있었다. 절단은 톱질 동작이 아니라 날카로운 도구로 내려치는 동작으로 이루어졌다. 그리고 일부 뼈가 한 번의 내려치기 동작에 완전히 절단될 만큼 충분히 강한 힘으로 동작이 이루어졌다. 날은 척추뼈의 몸통에서 얇은 조각을 깎아낼 수 있을 정도로 날카로우면서도 볼기뼈와 넙다리뼈 같은 큰 구조물을 자를 수 있을 정도로 무거웠다.

스티브와 나는 이 사건이 의아하게 느껴졌다. 뼈의 절단면에 난 흔적 역시 이상하기는 마찬가지였다. 그 면을 보면 날이 휘어져 있었다. 하지만 그 자체로는 이상한 일이 아니었다. 정원을 가꿀 때 흔히 사용하는 도구 중에는 날이 휘어져 있는 것이 많으니까 말이다. 하지만 이 도구가 대체 무엇인지는 몰라도 우리가 보았던 어떤 도끼나 삽보다도 가장자리 부분이 더 급하게 휘어 있었다. 이 도구의 가장자리 곡면을 연장해서 완전한 원을 만들면 그 직경이 8센티미터도 안 될 것이다. 뼈를 부러뜨리는 데 큰 전단력(물체 내부의 어떤 면에서 크기가 같고 방향이 서로 반대가 되도록 면을 따라 평행하게 작용하는 힘 - 옮긴이)이 필요하다는 점을 고려하면 그 도구가 혹시 남성이 뒤쪽에서 전신의 체중을 아래로 실어서 물체를 잘라낼 때 사용하는 기둥 구멍 파기 연장 posthole digger이 아닐까도 생각했었다. 하지만 그 연장의 가장자리도 그렇게 급하게 휘어 있지는 않았다.

우리는 토막 살인에 사용했을 가능성이 있는 여러 가지 도구에 대해 이리저리 머리를 굴리면서 토요일 오전과 오후의 절반을 보냈다. 그런데 늦은 오후 시간에 누군가가 오두막 문을 노크하는 소리가 났다. 문을 열어보니 공원 감시원이 앞에 서 있었다. 이런! 뭔가 문제가 생겼나 보다 생각했다. 나는 감시원의 시야에 식탁 위에 펼쳐놓은 뼈들이 들어오지 않게 하려고 내 몸으로 막아섰다.

공원 감시원은 실제로 문제가 생겨서 찾아온 것이었다. 하지만 우리가 오두막을 법의학 실험실로 사용해서 생긴 문제는 아니었다. 공원 감시원은 녹스빌에서 전화가 왔다고 했다. 급한 소식 같았다. 나는 뼈들을 스티브에게 맡겨두고 서둘러 공원 감시원 사무실로 달려갔다. 95세 되신 내 노모를 돌보고 있는 친구 도트 위버Dot Weaver의 전화였다. 내가 그녀에게 다시 전화를 했더니 어머니가 연속적으로 작은 뇌졸중이 일어나서 병원으로 가셨다고 했다.

나는 스티브에게 조사를 여기서 중단해야겠다고 말했다. 그는 어차피 자기가 더 해줄 수 있는 말은 별로 없다고 했다. 우리는 실라 앤더슨의 훼손된 유해를 마지막으로 한 번 더 들여다보며 뉴햄프셔의 검사 제니스 런들스가 우리가 발견한 별 볼 일 없는 내용에만 의지해서 짐 앤더슨을 기소해야 하는 상황이 오지 않기를 바랐다. 다행히도 상황이 그렇게 흘러가지는 않았다. 재판이 시작되기 직전에 한때 뉴욕시의 경찰이었던 짐 앤더슨은 자신의 아내를 살해한 혐의에 대해 유죄를 인정했다. 투옥되고 얼마 안 됐을 때 그는 간수 한 명을 인질로 잡아 몇 시간 동안 붙잡고 심하게 구타했다. 언젠가는 그가 아내의 시신을 토막 낼 때 어떤 도구를 사용했는지 말할 날이 오지 않을까 싶다.

스티브와 만나서 보낸 주말은 기대했던 것처럼 만족스럽지는 않았지만, 그런 사건들도 있기 마련이다. 우리가 할 수 있는 것이라고는 증거들을 살펴보고, 뼈가 들려주는 이야기에 귀를 기울이는 것밖에 없다. 뼈가 항상 자신의 이야기를 모두 들려주는 것은 아니지만, 정작 들려줄 때는 사람의 혼을 빼놓는 끔찍한 이야기일 때가 있다.

스티브는 레슬리 머해피Leslie Mahaffey라는 희생자로부터 그런 일을 직접 겪어보았다.

내가 스티브를 처음 만난 것은 사반세기 전 사우스다코타 서부의 오지에서였다. 그는 인류학 학사학위를 딴 깡마른 24세 청년이었다. 대학을 졸업한 후에 그는 사우스다코타주 고고학자 밥 알렉스Bob Alex

밑에서 뼈를 분류하는 일자리를 구했다. 스티브가 주로 담당한 일은 독학으로 공부한 사우스다코타의 고고학자가 1800년대 말과 1900년대 초반에 수집한 W. H. 오버 소장품W. H. Over Collection에 들어 있는 수족과 아리카라족 인디언의 뼈 수천 개를 분류하는 것이었다.

1978년에 아메리카 원주민 유해의 첫 대규모 송환 사업에서 밥 알렉스는 오버 소장품에 들어 있는 뼈들을 아리카라족과 수족 주민들에게 돌려보내 다시 매장할 수 있도록 사우스다코타주 정부를 설득했다. 그리고 그는 뼈를 되돌려주기 전에 잠시 내가 그 뼈들을 연구할 수 있게 해주었다.

그 소장품은 래피드시티Rapid City 북서쪽에 있는 예전의 군병원에 보관되어 있었다. 1978년 늦은 봄에 나는 포드 스테이션왜건을 타고 녹스빌에서 그곳을 찾아갔다. 차 뒤에는 소장품을 테네시로 싣고 갈 트레일러를 달고 갔다. 스티브는 내가 도착하기 전에 뼈의 목록 작성을 마무리하고 상자에 뼈를 포장해야 해서 스트레스를 아주 많이 받고 있었다. 나는 그의 책상 위에서 내가 쓴 뼈 해부학 안내서인 《사람 뼈 해부학: 실험실 및 현장 매뉴얼*Human Osteology: A Laboratory and Field Manual*》이 손때가 잔뜩 묻은 채 펼쳐져 있는 것을 보았다(자랑삼아 한마디 하자면 이 책은 1971년에 초판이 나온 이후로 23판까지 나왔고, 7만 5000부가 팔려 교과서계의 블록버스터가 됐다).

우리는 인사를 하며 악수를 했다. 그리고 내가 말했다. "보아하니 내 책을 사용하고 있군."

그가 말했다. "다른 책들도 참고해봤는데, 파악이 어려운 뼈를 확인해야 할 때 실제로 도움이 되는 책은 이것밖에 없더군요."

정말 똑똑한 젊은이임이 틀림없었다. 어쩌면 천재일지도?

스티브를 만나고 10분도 안 돼서 나는 그가 탁월한 인류학자가 될 재목이라는 것을 깨달았다. 비단 그가 듣기 좋은 말을 해서가 아니었다. 그는 지식이 풍부하고 호기심이 많으면서도 성숙하고, 절제되고, 안정적인 모습을 보여주었다. 교수가 되려는 사람 중에 이런 조합을 두루 갖추고 있는 사람이 생각만큼 흔하지 않다. 오늘날의 수많은 학생과 달리 그는 인류학에 대해 텔레비전 드라마나 할리우드 영화에서 그려놓은 낭만적인 이미지에 물들어 있지 않았다. 그는 이것이 고된 일이라는 것을 알고 있었고, 흙에 손을 더럽힐 각오가 되어 있어 보였다. 트레일러에 짐을 다 실었을 즈음에 나는 스티브에게 대학원에 진학해야 한다고 설득했고, 테네시대학교를 강력하게 추천했다. 하지만 그 계획에는 한 가지 작은 문제가 있었다. 다가오는 가을학기의 대학원 정원이 이미 다 찼다는 점이었다.

4개월 후에 대책도 없이 스티브가 녹스빌에 나타났다. 마치 미식축구 연습생이 시즌 개막 일주일 전에 선발 자리를 달라고 축구팀 문을 두드리는 경우와 비슷했다. 나는 그를 고고학과 뼈 해부학 강의에 억지로 집어넣으면서 법의학 대학원 프로그램에 곧 빈자리가 생기고, 또 그때까지 스티브가 계속 관심을 유지할 수 있기만을 바랐다.

결국 머지않아 빈자리가 생겼고, 그도 관심을 잃지 않고 있었다. 그는 내 뼈 해부학 안내서의 나머지 부분을 재빨리 흡수했고, 내 법의학 대응팀에도 들어올 수 있었다. 연습생이 정말 선발 자리를 꿰찬 것이다. 인류학 대표팀 1군 명단에 이름을 올린 셈이다. 스티브는 범죄 현장 수사에 대해 신속하게 감을 익혔다. 촬영 실력이 탁월하다는 점도 중요한 부분이었다. 범죄 현장 사진은 많을수록 좋고, 사진의 질까지 좋다면 금상첨화다. 스티브의 범죄 현장 사진은 내가 본 최고의 사진이었고, 지금까지도 그렇다.

8년 동안 대학원 공부를 하고 범죄 현장 보조로 일한 후에 스티브는 박사학위 시험을 통과했고, 이어서 내슈빌의 검시관 밑에서 일하는 법의인류학자 자리를 구했다. 스티브는 검시관 밑에서 상근직으로 일하면서 내슈빌에서 연구도 하고 박사학위 논문도 쓸 계획을 세웠다. 그의 논문 주제는 빗장뼈에서 복장뼈와 만나는 끝부분을 검사해 나이를 추정하는 것이었다.

그러다가 스티브 심스의 인생에서 또 한 번 결정적인 순간이 찾아왔다. 내슈빌에서 지독한 몇 주를 보내는 동안 그는 세 건의 토막 살인 사건을 맡게 됐다. 그 사건의 담당 형사가 뼈에 난 홈을 가리키며 그것에 대해 말해달라고 했다. 자신의 전문가적 면모를 과시할 기회가 생겨 기뻤던 스티브는 몸을 곧추세우며 전문가다운 목소리로 이렇게 말했다. "그건 팔뼈에 생긴 톱질 자국입니다."

경찰이 한심하다는 듯 스티브를 바라보았다. 그가 코웃음을 치며 말했다. "그게 팔뼈에 생긴 톱질 자국이라는 건 나도 알아요. 당신은 뼈 전문가 아닙니까? 어떤 종류의 톱질 자국이냔 말입니다."

스티브도 알 도리가 없었다. 하지만 붉게 달아올랐던 얼굴이 가라앉고 나자 그는 그것을 밝혀보자는 마음이 생겼다. 그냥 그 특정 톱만이 아니라 모든 종류의 톱에 대해서 말이다.

그 당시는 내가 여러 해 동안 대학원생들에게 톱질 자국 연구에 흥미를 불어넣어 보려고 애써왔지만 효과가 없던 차였다. 1980년대 중반 녹스빌에서 세상을 떠들썩하게 만든 토막 살인사건이 있었다. 사랑의 삼각관계가 증오의 관계로 바뀌면서 해당 여성과 그녀의 남자 중 한 명이 결국 나머지 한 남자를 죽인 다음 토막 내서 도시 이곳저곳에 그 시체 조각을 흩어놓았다. 그 사건을 보면서 나는 톱으로 시신을 토막 냈을 때 남을지도 모르는 증거에 대해 우리가 얼마나 무지한지 생각하게 됐다. 하지만 스티브를 포함해서 그 누구도 이 주제를 연구하는 일에는 관심이 없어 보였다. 그러다가 내슈빌에서 선혈이 낭자한 여름을 보내며 스티브가 한 번도 아니고 세 번이나 그와 비슷한 문제에 맞닥뜨리게 된 것이다.

전 세계의 경찰서와 법정에서는 탄도학 증거를 과학적으로 신뢰할 수 있다고 오랫동안 생각해왔다. 사람처럼 총도 지문을 남긴다. 권총의 공이는 탄환을 타격할 때마다 일관된 압흔을 남긴다. 총열의 강선은 희생자를 향해 나선을 그리며 날아가는 과정에서 특징적인 형태의 홈을 남긴다. 탄피 배출 시스템은 탄피를 약실에서 방출할 때와 마찬가지 방식으로 빈 탄피에 특정한 형태의 긁힌 자국이나 움푹 들어간 홈을 남긴다.

총이 이런 흔적을 증거로 남긴다면 톱이라고 그러지 말라는 법은 없지 않은가? 스티브와 나는 분명 그럴 것이라고 확신했다. 하지만 당시에 그렇게 생각하는 사람은 소수에 불과해 보였다. 이때까지는 톱이 지나갈 때마다 기존에 지나갈 때 남았던 흔적이 지워진다는 것이 상식으로 통했다. 바꿔 말하면 톱이 자신이 남긴 흔적을 스스로 덮는다는 것이다. 스티브는 그렇지 않다는 것을 입증해 보이기로 마음먹었다. 그 안에는 우리가 더 자세히 들여다보아야 할 세상이, 더 많은 증거를 수집해야 할 세상이 존재한다고 말이다.

그 후로 2년 동안 스티브는 세로톱, 가로톱, 쇠톱, 전기실톱, 실톱, 원형톱, 절단기, 당김톱 등 손에 넣을 수 있는 모든 종류의 톱을 구입하거나 빌려왔다. 그는 이스트테네시의 검시관이고 훌륭한 목공이기도 한 클리랜드 블레이크Cleland Blake 박사와 종종 주말을 함께 보내며 보석세공인이 보석을 다듬을 때 사용하는 톱에서 벌목꾼이 쓰는 체인톱에 이르기까지 클리랜드가 수집한 수백 가지 톱날을 연구했다.

스티브는 기증받은 팔뼈와 다리뼈를 탁상 바이스에 물리고 수천 번에 걸쳐 톱으로 자르는 실험을 하며 현미경으로 자세히 관찰해보았다. 처음에는 의미 있어 보이는 것이 나오지 않았다. 하지만 결국 그는 열쇠를 찾아냈다. 외과의사가 사용하는 수술용 현미경으로 들여다보며 절단면에 빛을 비스듬하게 비추자 3차원의 세밀한 형태들이 그의 눈앞에 새로운 세상처럼 펼쳐졌다. 뼈 속에 거대한 협곡과 울퉁불퉁한 절벽들이 새겨져 있던 것이다. 그는 수없이 많은 사진을 찍고, 석고로 본을 뜨고, 측정하면서 미는 톱질, 당기는 톱질, 회전하는 톱질, 헛시작점, 주저흔, 그리고 톱이 뼈를 관통하면서 남기는 중요한 다른 흔적들을 분류했다.

스티브가 나를 실험실로 끌고 들어가 입체현미경 앞에 앉힌 다음, 자기가 바이스에 물려놓고 절반으로 자른 넙다리뼈에 생긴 톱질 자국을 한 동작 한 동작 따라가며 재현하던 순간을 나는 절대로 잊지 못할 것이다. 뼈의 절단면에는 개개의 톱니가 앞뒤로 미끄러지며 뼈를 가차 없이 파먹고 들어가 지그재그 'Z' 자 모양으로 남긴 일련의 얕은 흔적들이 영원히 아로새겨져 있었다. 나를 자랑스러우면서 동시에 겸손하게 만드는 순간이었다. 적어도 이 섬뜩한 전문 분야에서만큼은 내 학생이 스승인 나를 뛰어넘은 것이다.

마침내 스티브는 살인사건에서 나온 뼛조각을 보면서 그냥 '팔뼈에 남은 톱질 자국' 이상의 의미를 읽을 수 있게 됐다. 그는 예를 들어 절단폭이 0.08인치이고, 톱니가 인치당 10개 달리고, 오프셋 톱니가 교차하면서 나 있고, 미는 톱질로 자르게 만들어진 세로톱의 흔적을 구분할 수 있게 됐다. 그리고 세 번의 건너뜀, 두 번의 헛시작점, 한 번의 일시 정지도 구분할 수 있게 됐다. 고용된 살인청부업자가 자신의 총알에 탄도학 증거를 남기고 싶을 리 없듯이 아내의 시신을 자르던 남편도 그런 흔적을 뒤에 남길 생각은 없었을 것이다. 하지만 이것은 한마디로 피할 수 없는 결과물이다.

스티브는 그럭저럭 쓸 만은 하겠지만 지겨운 빗장뼈의 복장뼈 쪽 끝부분에 대한 논문을 쓰는 것은 때려치우고 〈사람 뼈에 남은 톱자국의 형태학: 부류별 특성의 식별Morphology of Saw Marks in Human Bone: Identification of Class Characteristics〉이라는 논문을 썼다. 제목은 무미건조해 보이지만, 이것은 법의인류학과 살인사건 수사에 독특한 방식으로 선구적인 기여를 한 논문이다.

톱자국에 대한 연구를 시작하고 얼마 지나지 않아 그는 다시 서쪽으로 이사했다. 이번에는 멤피스였다. 그가 섬뜩한 전문 분야를 연구한다는 소문이 퍼졌다. 그리고 점차 토막 난 신체 부위를 담은 소포가 다른 도시와 주, 심지어 국가에서 멤피스로 도착하기 시작했다. 살인자나 살인 무기에 대한 수사 범위를 어떻게든 좁혀보려는 경찰이나 검사가 스티브에게 보낸 것들이었다. 그가 담당한 사건 중 세상을 가장 놀라게 했던 것은 1992년 4월 6일에 시작됐다. 캐나다의 마이크 커쇼Mike Kershaw 순경이 지난해 6월 토론토에서 온타리오호 건너편에 자리 잡은 중소도시 세인트캐서린스St. Catharines에서 벌어진 끔찍한 살인사건에 대해 스티브에게 도움을 구하기 위해 전화를 했다.

근처 도시 출신인 14세 소녀 레슬리 머해피는 어느 날 친구들과 밤늦게까지 어울리다가 귀가 시간인 밤 11시를 몇 시간이나 넘기고 말았다. 새벽 2시쯤 공중전화 박스에서 집까지 혼자 걸어가다가 그녀는 납치를 당했다. 2주 후에 어부들이 그녀의 시신을 발견했다. 시신은 10조각으로 잘려서 총 300킬로그램이 나가는 콘크리트 덩어리에 덮여 세인트캐서린스 연못에 버려졌다. 수심이 몇십 센티미터 정도로 낮아지면서 이 콘크리트 덩어리가 노출됐다. 레슬리의 잔인한 살인범은 대중을 공포에 빠뜨리고 경찰들을 당혹하게 만들었다. 커쇼 순경은 이 살인사건이나 살인범에 대해 스티브가 미약한 빛이나마 비추어주기를 바라고 있었다.

4월 30일에 커쇼 순경은 레슬리 머해피의 도살당한 뼈를 가지고 멤피스로 왔다. 양쪽 넙다리뼈에서 나온 뼛조각들, 양쪽 위팔뼈, 아래팔뼈 두 개, 두 개의 목뼈가 들어 있었다. 표본은 보존을 위해 포르말린에 잠겨 있었다. 거의 1년이 지났음에도 뼈에는 여전히 연조직이 달려 있었다.

커쇼가 멤피스에 도착한 바로 그날, 마찬가지로 세인트캐서린스 출신의 소녀인 크리스틴 프렌치Kristen French가 살해당한 채로 발견됐다. 그녀도 강간과 성적 학대를 당하다가 살해당한 것으로 보였다. 캐나다 경찰은 빠른 시일 내에 살인범을 잡지 않으면 더 많은 소녀가 끔찍한 죽음을 맞이하리라 생각했다.

스티브는 각각의 뼈를 사진 촬영하는 데서부터 작업을 시작했다. 그다음에는 뜨거운 물에서 뼈를 몇 시간 동안 익혀서 연조직을 부드럽게 떼어냈다. 그는 모든 절단이 동일한 종류의 톱을 통해 이루어졌음을 바로 알 수 있었다. 절단면이 굉장히 균일했다. 절단면이 거의 연마해놓은 것처럼 매끄러웠고, 톱이 뼈로 들어가고 나온 자리에서 뼈가 깨지거나 조각난 부분이 거의 없었다.

하지만 헛시작점이 많았다. 헛시작점은 톱이 뼈로 파고들기 시작했지만 톱의 위치나 각도가 서툴렀거나, 피 묻은 톱이 살인범의 손에서 미끄러지거나 해서 날이 튀는 바람에 새로운 지점에서 절단이 다시 시작될 때 생긴다. 헛시작점 몇 개는 꽤 깊어서 거의 뼈를 관통할 정도였다. 이것을 보고 스티브는 절단이 쉽게 이루어졌음을 알 수 있었다. 이것은 동력톱이 사용되었다는 흔적이었다. 수동 손톱을 사용하는 경우에는 깊은 홈에서 톱이 튀어나오면 새로운 지점에서 절단을 시작하기보다는 어떻게든 이미 잘려 있는 홈을 찾아 다시 날을 대고 절단을 시작하기 때문이다. 헛시작점이 깊고, 홈의 넓이가 균일하고, 절단면이 연마한 듯 매끈하고, 절단의 흔적이 볼록하게 둥근 형태를 띤다는 점으로 보아 레슬리의 시신은 날의 직경이 7¼인치 이상인 원형톱으로 절단된 것이었다.

물론 캐나다 사람 중에는 원형톱을 갖고 있는 사람이 많다. 스티브는 경찰에 어떤 종류의 톱을 이용해 시신을 절단했는지는 말해줄 수 있었지만, 누구의 차고나 지하창고를 수색해봐야 할지는 말해줄 수 없었다. 이 사건은 그 후로도 열 달 넘게 미해결 사건으로 남아 있었다. 그러나 1993년 겨울, 경찰에 큰 행운이 찾아왔다. 칼라 호몰카Karla Homolka라는 23세 여성이 추악하고 충격적인 이야기를 갖고 온 것이다. 그녀는 회계 장부 담당자인 남편 폴 버나도Paul Bernardo가 레슬리 머해피와 크리스틴 프렌치를 납치해서 성노예로 삼았다고 주장했다. 그녀는 폴이 일부 성행위에 자기도 강제로 참여시키고, 어떤 성행위는 비디오 촬영을 하도록 강요했다고 말했다. 그는 점점 더 폭력적이고 비열한 행동을 저지르다가 그 소녀들을 목 졸라 죽였다. 칼라는 레슬리 머해피와 크리스틴 프렌치 말고도 세 번째 희생자가 있다고 주장했다. 자신의 여동생 태미Tammy였다. 폴은 1990년 태미에게 약을 먹인 후 강간했다. 태미는 아직 의식을 차리지 못한 상태에서 구토를 해서 질식해 죽고 말았다. 칼라가 경찰서를 찾아오기 전까지만 해도 사람들은 그 여동생의 죽음을 그저 비극적인 사건이라 여기고 있었다.

1995년 6월 12일 월요일 오전에 스티브는 토론토 법정으로 찾아가 4주 전에 시작된 폴 버나도의 살인 재판에서 증언을 했다. 캐나다의 기자들은 스티브와 그의 소름 끼치는 전문 분야에 매력을 느꼈다. 한 신문 기사는 이렇게 시작했다. "누구도 이런 사람을 만나본 적이 없었을 것이고, 굳이 만나보고 싶지도 않을 것이다. 그는 뼈에 남은 흔적을 이용해서 사람의 시신을 절단하는 데 사용한 도구의 차이를 밝혀내 박사학위를 딴 사람은 세상에 자기밖에 없을 것이라고 한다."

가운을 입은 검사의 부름을 받고 증인석에 선 스티브는 레슬리 머해피의 토막 살해 시신의 그림을 정확하고도 끔찍하게 그려냈다. 레슬리의 시신에서 톱날에 의해 파인 홈의 폭이 특이할 정도로 좁았다. 이는 얇은 날을 사용했음을 말해준다. 초경합금 톱니가 달린 원형톱 날은 대부분 1/8(0.125)인치(0.3175cm)다. 레슬리의 시신을 자른 날은 그보다 얇아서 절단 홈의 폭이 0.08에서 0.09인치(0.2032~0.22866cm)에 불과했다. 스티브는 직경이 7¼인치에서 12인치에 이르는 날을 가진 원형톱을 이용해서 실험적으로 다른 뼈를 잘라보았더니 절단이 더 균일하게 이루어졌고, 레슬리의 뼈에서 나타난 것보다 절단 과정에서 톱날의 방향이 움직이거나 바뀌는 경향이 적었다고 증언했다. 하지만 스티브에게는 레슬리의 살인범과 달리 유리한 부분이 있었다. 그는 살점을 모두 발라내어 깨끗하게 건조된 뼈를 바이스에 단단하게 물려놓은 상태로 잘랐다.

반대신문에서 폴 버나도의 변호사는 딱 한 가지 질문만 던졌다. 시신을 원형톱으로 자르면 주변이 난장판이 될까요? 엄청난 난장판이 되겠죠. 스티브가 대답했다. 스티브의 말에 법정에 참관하러 온 청중들은 공포에 질렸지만, 그의 어투 덕분에 그나마 공포가 좀 누그러졌다. 한 기자는 그의 어투를 '미국인다운 개방적인 태도와 자책하는 듯한 슬픔'이라 묘사했다. 자책하는 듯하다는 표현은 참 적절했다. 스티브는 사람의 뼈에 남은 도구의 흔적에 관한 한 전 세계에서 다섯 손가락 안에 드는 전문가지만 놀라울 정도로 겸손하고 가식이 없다.

증인석에 선 폴 버나도는 레슬리 머해피를 살해했다는 혐의를 부인했다. 그는 레슬리와 크리스틴 프렌치 모두 자기가 방에 없는 동안에 사고로 죽었다고 주장했다. 하지만 레슬리의 시신을 토막 낸 것은 그도 인정했다. 그는 그녀의 시신을 낡은 맥그로-에디슨McGraw-Edison 톱으로 잘랐다고 말했다. 이 톱은 스티브가 설명했던 유형의 원형톱이었다. 사실 버나도가 할아버지로부터 물려받은 이 톱이 세인트캐서린스 교외에 있는 그의 깔끔한 방갈로 지하에서 발견됐다. 검사 측 입장에서는 안타깝게도 톱날과 덮개 일부는 사라지고 없었다.

증언한 다음 날 스티브는 자기가 옳은 일을 했기를 바라며 토론토를 떠났지만, 배심원은 재미있는 제도라서 어떤 결과가 나올지 확신할 수 없는 일이었다. 버나도의 재판은 6월, 그리고 다시 7월, 8월까지 질질 끌었다. 그리고 재판이 거의 끝날 즈음 극적인 결말이 나오면서 신문의 헤드라인을 장식했다. 검사는 경찰 잠수부가 불과 며칠 전에 물에서 건져낸 녹슨 톱날을 증거로 제시하며 사건을 종결지었다. 잠수부는 톱날과 함께 원형톱을 싸고 있던 덮개의 일부도 함께 찾아냈다. 그 톱날과 덮개는 버나도의 낡은 맥그로-에디슨 톱과 완벽하게 맞아떨어졌다. 그리고 톱날 역시 스티브가 분석한 절단 흔적과 자로 잰 듯 맞아떨어졌다. 요즘에 쓰는 대부분의 초경합금 톱날보다 톱니가 더 가늘고 고운 직경 $7\frac{1}{2}$인치짜리 원형톱 날이었다. 이 날은 0.08인치 홈을 만들어내기에 폭이 딱 적당했다.

폴 버나도는 두 건의 살인 혐의에 대해 유죄 판결을 받고 가석방이 불가능한 25년 징역형을 선고받았다. 듣기로는 그에게 팬레터를 보내고 전화를 하는 10대 소녀 팬들이 있다고 한다. 사람의 뼈에 대해서는 나나 스티브 심스나 알 만큼 안다고 자부한다. 하지만 인간의 마음 한 구석에 자리 잡은 어둠에 관한 한 우리가 결코 이해할 수 없는 부분이 많다.

14

죽음을 모방한 예술

1993년은 내가 테네시대학교에서 인류학과를 운영해온 지 20년이 넘은 해였다. 그동안 나는 미국법의과학회에 법의인류학 부문을 새로이 창설하는 데 도움을 주었다. 이것은 매력적인 이 새로운 분야의 발전 과정에서 중요한 이정표였다. 그리고 내가 테네시주 법의인류학자 직함을 받은 지도 햇수로 22년 차가 됐다. 이 직함을 맡은 덕분에 테네시주의 95개 카운티 거의 모두에서 흥미로운 법의학 사건들을 접할 수 있었다. 경찰, 지방검사, 테네시 수사국, FBI, 그리고 다른 법집행기관과 나의 관계는 아주 단단했다. 나는 검시관, 의사와 치과의사, 경찰, 장의사 집단을 대상으로 강의도 자주 했다. 그리고 한 해에도 몇 번씩 법정에 나가 증언을 했다. 가끔은 신문이나 텔레비전 뉴스에 이름을 올리기도 했다. 특히 특별히 소름 끼치는 사건이 발생했을 때나 1985년의 경우처럼 교육과 관련해서 상을 받을 때 그랬다. 1985년에는 교육선진화지원협의회Council for the Advancement and Support of Education에서 나에게 올해의 교수라는 영광을 안겨주었다. 대체적으로 보아 하루하루가 지금보다 바쁘고 흥미진진할 수는 없으리라는 생각이 들었다.

한참 잘못된 생각이었다. 짧은 전화 한 통을 시작으로 상황이 상상을 초월할 정도로 급변했다. 몇 년 동안 나는 미국 전역에서 정기적으로 법의학 학회 강의를 해왔다. 그 학회 중 하나에서 나는 버지니아 출신의 젊은 검시관 보조 마르셀라 피에로를 만났다. 오랫동안 학회 때마다 얼굴을 보다 보니 우리는 좋은 친구가 됐다. 결국 버지니아의 수석 검시관이 되자 피에로 박사는 지식의 지평을 넓히기 위해서였는지, 아니면 그냥 비위를 강화할 목적이었는지 한 해에 한 번씩 나를 초대해서 직원들에게 강의를 부탁했다.

검시관들은 대부분 법의병리학자다. 이들은 조직에 발생한 질병이나 외상을 전문으로 하는 의사들이다. 이들은 사망한 지 몇 시간, 심지어 며칠 내로 시신을 부검할 수만 있다면 사망 후 경과시간과 사망의 원인을 놀라울 정도로 잘 알아맞힌다. 하지만 부패가 상당히 진전된 상황에서는 부검이 어려워진다. 세균의 작용과 세포의 화학적 변화(자가분해autolysis라는 pH 붕괴 현상), 그리고 구더기의 먹이활동이 결합하면서 연조직이 액화하기 시작한다. 이렇게 연조직이 사라지면서 살 속에 남아 있던 칼에 의한 상처처럼 병리학자들이 찾으려던 물리적 단서도 함께 사라진다. 하지만 뼈에 칼자국이나 다른 형태의 외상이 남아 있는 경우 실력 있는 법의인류학자는 부검이 불가능해진 지 한참 후에도 골격으로부터 놀라울 정도로 많은 양의 정보를 끌어낼 수 있다.

1984년에 젊은 검시 기록 담당자technical writer가 리치먼드에서 피에로 박사의 직원으로 합류했던. 범죄 취재 기자로 활동했던 이 여성은 분명 대단히 똑똑하고 똑 부러진 사람이었고, 법의학 수사에 매력을 느끼고 있었다. 그녀는 또한 범죄소설 작가가 되겠다는 포부도 품고 있었다. 피에로 박사의 사무실에서 6년을 근무한 끝에 그녀는 자신의 첫 미스터리 소설을 출판하기도 했다.

이 젊은 여성의 이름은 퍼트리샤 콘웰이었다. 그리고 그 소설《검시관Postmortem》을 통해 그녀는 탁월한 재능의 범죄소설 작가로 입지를 단단히 다졌다. 그 소설은 출판된 다음 해에 다섯 개의 주요 국제상을 받았으며, 이것은 아직까지도 미스터리 소설 중에서는 유일한 기록으로 남아 있다.《검시관》은 퍼트리샤 콘웰의 데뷔작일 뿐 아니라 그녀의 소설에 계속 등장하는 여주인공인 버지니아주의 검시관 케이 스카페타의 데뷔 무대이기도 했다. 스카페타 박사는 겉으로는 강해 보이지만 내면은 부드럽고 상처가 많은 인물이었다. 이 주인공은 전문가로서의 영역에서는 콘웰의 상관이자 멘토인 피에로 박사에게서 영감을 받고, 개인적 성격 부분에서는 콘웰 자신에게서 영감을 받아 탄생한 것이 아닌가 싶다. 어쨌거나 스카페타는 범죄소설에서 가장 카리스마 넘치는 슈퍼스타 중 한 명으로 자리매김했다. 그 점은 퍼트리샤 콘웰도 마찬가지였다.

퍼트리샤 콘웰과 나는 피에로 박사가 매년 개최하던 그 연례 세미나에서 처음 만났다. 이때는 그녀가 아직 검시관 사무실에서 근무하고 있던 시절이었다. 평소처럼 나는 구더기로 뒤덮인 시체의 슬라이드를 보여주었다. 강의가 끝난 후에 그녀는 자신을 소개하고 내 연구에 대해 많은 질문을 했다. 그리고 내 발표를 칭찬했다. 나는 그것으로 우리의 이야기가 끝날 거라 생각했다.

그러다 1993년 여름에 전화가 왔다. 수화기 저편에서 이런 목소리가 들려왔다. "박사님, 저는 퍼트리샤 콘웰이라고 합니다." 그녀는 자기가 누구인지, 우리가 어디서 만났었는지 내게 상기시켜주었다. 그때 그녀는 돈도 많이 벌고 유명해져 있었기 때문에 더는 피에로 박사의 사무실에서 일하고 있지 않았다. 그녀가 곧장 본론으로 들어갔다. "혹시 선생님의 연구소에서 저를 위해 작은 실험을 하나 진행해주실 수 있을지 여쭈려고 전화드렸습니다." 그녀는 새로운 소설을 쓰고 있었는데, 살인자가 살인을 하고 며칠 후에 범죄 현장인 한 집의 지하실로 돌아와 시신을 다른 장소로 옮기는 줄거리를 구상하고 있다고 했다. 그녀는 시신이 부패하기 시작하면 어떤 흔적이나 표지가 생기는지, 그리고 그런 세부사항들이 시신을 새로운 장소로 옮기고 난 후에 얼마나 남아 있을지 알고 싶어 했다.

처음 있는 일이었다. 검시관이나 살인사건 담당 형사로부터 특정 현상에 대해 연구해달라는 부탁을 받은 적은 있지만, 소설가에게 부탁을 받는 것은 처음이었다. 처음에는 거절할 생각이었지만 그녀가 염두에 두고 있는 것이 무엇인지 설명을 듣고 나니 나도 과학적 호기심이 발동했다. 아주 흥미로운 의문이었다. 당시 우리는 인류학 연구소에서 수십 년에 걸쳐 연구를 진행해왔지만, 그때까지 대부분의 시신은 땅에 묻거나 그냥 땅 위에 놔둔 채로 연구했다. 우리 연구의 주된 관심사는 항상 부패의 과정과 시간표에 대해 더 많은 것을 알아내어 법집행기관에서 사망 후 경과시간을 더 정확하게 추정할 수 있게 돕는 일이었다. 하지만 콘웰의 요청이 완전히 새로운 연구 영역을 열어젖혔다.

나는 녹스빌 경찰서의 내 친구이자 동료인 아서 보해넌 형사에게 전화해서 살인사건 담당 형사의 관점에서 이런 종류의 실험이 도움이 될 거라 생각하는지, 그리고 어떤 종류의 정보가 가장 가치가 있을 거라 생각하는지 물어보았다. 아서는 사람들이 일반적으로 생각하는 그런 평범한 형사가 아니었다. 여러 해가 지나는 동안 그는 지문에 관한 한 진정한 전문가로 완전히 자리매김하고 있었다. 특히 옷감, 종이, 심지어는 살인사건 희생자의 피부에 이르기까지, 이전에는 절대 지문을 채취할 수 없었던 표면에서 지문을 채취하는 방법에 관한 한 그는 도가 튼 사람이었다. 심지어 그는 초강력접착제인 시아노아크릴레이트cyanoacrylate를 증기로 기화시켜 표면이나 방 전체에 뿌리는 장치를 만들어 특허를 내기도 했다. 아서는 그 증기가 사람들이 물체를 손끝으로 만졌을 때 남는 기름 성분에도 달라붙는다는 사실을 알아냈다. 현재 전 세계 범죄 전문가들이 사용하고 있는 그의 장치는 파우더를 이용하는 일반적인 방법으로는 절대 드러나지 않는 잠재지문도 포착할 수 있다. 최근에 FBI에서 아서의 기계장치 66대를 추가로 주문했다. 지문 채취 시스템에 관한 한 이보다 더 확실한 품질 보증은 없다.

콘웰이 진행하고 싶어 하는 실험에 대해 얘기하면서 아서가 점점 더 열광적으로 변해갔다. 몸에 있는 지문이 사건 해결에 도움이 된다면 다른 독특한 흔적들도 도움이 되지 말란 법이 있나? 그는 전에도 몸에 생긴 이상한 자국이나 변색을 보았지만, 그것이 생긴 이유를 설명할 수 있는 자료가 없었다. 그리하여 실험을 진행하기로 합의가 이루어졌다. 아서와 나는 그녀에게 함께 전화를 걸어 실험 설정에 대해 더 구체적으로 논의했다.

콘웰은 노스캐롤라이나의 도시 블랙마운틴의 한 지하실에서 살인이 발생하는 것으로 설정할 계획이었다. 콘웰 소설의 트레이드마크 중 하나는 그녀가 자기가 가보았던 장소나 자기가 경험했던 내용을 즐겨 사용한다는 점이다. 블랙마운틴은 그녀가 젊은 시절에 많은 시간을 보냈던 여름철 휴양 도시다. 노스캐롤라이나와 테네시는 고도가 대략 비슷하고 그레이트스모키산맥Great Smoky Mountains의 산마루를 따라 경계를 공유하고 있다. 녹스빌은 그 산마루에서 서쪽에 있고, 블랙마운틴은 산마루에서 동쪽으로 비슷한 거리에 위치하고 있기 때문에 그녀가 설정한 범죄 현장의 기후는 우리 연구소의 기후와 아주 비슷했다.

지하실 환경을 시뮬레이션하려면 콘크리트 바닥이 필요했다. 우연히도 실험 설정 중 그 부분은 이미 준비가 되어 있었다. 우리는 연구소에 정원 관리 도구, 의학 도구(메스 그리고 연구 막바지에 골격을 잘라내는 데 필요한 다른 도구들)를 보관하고 작은 기상관측소를 설치하기 위해 작은 창고를 지을 참이었다. 그 첫 번째 단계로 얼마 전에 콘크리트를 바닥에 부어놓았다. 실험을 진행하기에는 꽤 넓은 공간이었다. 사방이 막힌 지하실을 시뮬레이션하려면 콘크리트 바닥 위에 '방'을 하나 짓기만 하면 될 일이었다. 방이라고 해봐야 기본적으로 길이 2.4미터, 폭 1.2미터, 높이 1.2미터의 합판 상자면 그만이었다.

그러다 아서와 나는 문제가 생길 수도 있다는 점을 깨달았다. 여름이 가까워지고 있었는데, 테네시 동부의 여름은 뜨겁고 후덥지근해서 기온이 섭씨 32도와 35도 사이를 오간다. 블랙마운틴의 지하실 환경보다는 꽤 높은 온도일 것이다. 우리는 콘웰에게 전화해 이 문제에 대해 논의했다. 그녀는 에어컨을 구입하면 어떻겠느냐고 말했다. 그것으로 문제를 해결할 수 있다면 비용은 자기가 대겠다고 했다. 걱정할 필요가 없는 문제였다. 시신 기증 사업은 기복이 있기 마련인데, 그해 여름은 무슨 이유에서인지 시신 기증이 뜸했다. 머지않아 여름이 끝나고 미식축구 시즌과 선선한 가을 날씨가 찾아왔다.

그리고 퍼트리샤 콘웰도 찾아왔다. 1993년 9월, 미식축구 경기가 열리는 주말에 그녀가 우리를 만나러 온 것이다. 녹스빌에서 미식축구 경기가 열리는 주말은 정신이 없다. 그녀가 예약한 호텔은 아마도 이 도시에서 마지막으로 남은 방이었을 것이다. 그녀는 경기장 근처 강기슭의 한 인기 있는 식당에서 주황색 옷을 입은 테네시대학교 미식축구 팀 팬들 사이에서 식사를 했다. 나는 그녀를 데리고 연구소로 갔다. 그녀에게 다양한 부패 단계에 있는 시신들을 보여주며 대학원생들의 연구 프로젝트에 대해 설명했고, 콘웰은 그 내용을 열심히 받아 적었다.

몇 주 후에 아서 보해년과 나는 기증 받은 시신의 지문을 채취한 다음 차에 실어 우리 시설로 가지고 왔다. 그 시신의 번호는 4-93호였다. 우리는 함께 낑낑대며 트럭에서 시신을 내린 다음 합판 상자 안으로 가지고 왔다. 우리는 콘웰이 요청한 대로 시신을 바닥에 등을 대고 눕혔다. 그리고 시신 아래에 1센트 동전을 윗면이 위로 오게 놓고, 열쇠 하나, 문틀에서 빠져나온 놋쇠 캐치박스 strike plate(방문 손잡이의 도어록 래치가 문틀에 걸리게 잡아주는 부속 - 옮긴이), 가위 하나, 체인톱의 체인도 함께 놔두었다. 그리고 콘웰의 소설에서 살인자가 하게 될 행동 그대로 문을 닫고 걸어 나왔다.

우리는 6일 후에 돌아가서 상자를 해체하고 시신을 수습했다. 하지만 시신을 호수 옆에 버린 콘웰의 소설 속 살인자와 달리 우리는 시신을 시체안치소로 가져가 시뮬레이션한 사망 현장이 남긴 흔적이나 단서들을 조사하고 기록했다. 시신의 허리 쪽에 완벽한 동그라미가 각인되어 있었다. 그리고 그 원 안에는 1센트 동전에 그려져 있는 에이브러햄 링컨 대통령의 머리가 희미하게 각인된 흔적이 선명하게 보였다. 동전 위에 종이를 대고 연필로 문질러서 찍어낸 것만큼 형체가 뚜렷하지는 않았지만, 놀라울 정도로 비슷한 모양이었다. 그 원반은 초록색 반점이 점점이 찍힌 갈색이었다. 이 초록색 반점은 동전이 체액에 부식되면서 흘러나온 산화구리의 색이었다.

열쇠와 캐치박스는 다리에 선명하게 윤곽이 찍혀 있었다. 등 아래 놓아두었던 가위도 마찬가지였다. 가위의 손잡이가 피부에 완벽한 타원 형태의 흔적을 남겼다. 체인톱 체인은 감긴 형태로 불길하게 생긴 각인을 남겼다. 톱날을 따라 짙은 적갈색으로 변색되어 있어서 마치 톱날이 피부로 파고들었던 것처럼 보였다.

시신에는 다른 흔적도 하나 남아 있었다. 등과 어깨를 가로지르며 지그재그의 뚜렷한 형태로 피부가 융기되어 있었다. 처음에는 이것이 뭔가 싶었다. 그런데 시신이 누워 있던 자리를 자세히 들여다보니 콘크리트 바닥을 가로질러 지그재그로 균열이 나 있었고, 그것이 시신에 있던 융기의 형태와 완벽하게 일치했다. 얼뜨기 아마추어인 나와 내 학생들이 콘크리트를 붓다 보니 생긴 일이었다.

아서와 나는 모두 실험 결과에 기뻐했다. 퍼트리샤 콘웰에게 연구 보고서와 사진을 보내니 그녀 역시 기뻐했다. 실험에서 자기가 책을 쓰는 데 필요한 세부사항이 정확히 나왔다고 했다.

내가 콘웰을 다시 본 것은 다음 해 2월 텍사스 샌안토니오에서 열린 미국법의과학회 연례모임에서였다. 직업이 범죄소설 작가이다 보니 그녀는 자신의 소설을 더욱 흥미진진하고 현실감 있게 만들어줄 새로운 기술이 혹시 나왔는지 항상 눈여겨보고 있었고, 미국법의과학회는 연구자들이 과학적 돌파구와 새로운 법의학 기법을 선보이는 장소였다. 나는 학회가 열리고 있던 메리어트 리버 센터Marriott River Center 호텔의 로비가 내려다보이는 발코니에서 그녀와 우연히 마주쳤다. 나는 집필이 어떻게 되어가고 있는지 물어봤다. 그녀는 집필은 마무리했고, 결과물에 아주 만족하고 있다고 했다. 그녀는 실험을 진행해준 것에 대해 다시 한번 고마워하며 이렇게 덧붙였다. "소설 제목을 《시체농장》으로 지었어요." 나는 놀라서 자빠지는 줄 알았다.

1980년 우리가 사람 시신의 부패에 대한 연구를 처음 시작했을 때만 해도 시설에는 이름조차 없었다. 사실 코딱지만 한 8000제곱미터의 땅에 육식동물과 호기심 많은 인간의 출입을 막으려고 울타리를 덧댄 것에 불과한 시설이었다. 원래는 철망으로 울타리를 쳤지만, 지나가던 사람 몇몇이 그 안에 있는 시체를 보고 정신적 충격을 받는 일이 생겨서 안이 보이지 않게 나무 울타리를 추가했다. 그러다 언제인가, 아마도 우리가 《법과학회지》 같은 과학학술지에 연구 결과를 발표하기 시작할 즈음에는 그 시설에 무언가 과학적으로 그럴듯한 이름을 붙

여주어야겠다는 생각이 들었다. 그렇게 해서 나온 것이 인류학 연구소Anthropology Research Facility, 줄여서 아프ARF였다. 그리고 머지않아 한 지방검사가 농담으로 배스 인류학 연구소Bass Anthropology Research Facility, 줄여서 바프BARF('barf'는 '토하다'라는 의미 - 옮긴이)로 새 이름 붙이자고 했다. 다행히도 그 별명은 유행되지 않았다. 그 대신 경찰과 FBI 요원들이 점차 그 시설을 '시체농장Body Farm'이라 부르기 시작했고, 머지않아 나도 그렇게 부르게 됐다. '인류학 연구소'보다는 말하기도 편하고 어떤 시설인지 이해하기도 쉬웠다.

콘웰이 우리에게 실험을 의뢰했을 때만 해도 나는 그녀의 소설에 우리 시설 그 자체가 등장하리라고는 생각도 하지 못하고 있었다. 그저 우리 연구 데이터만 사용할 생각이겠거니 싶었다. 그런데 우리 시설의 이름을 소설 제목으로 쓰겠다는 얘기를 들었으니 어깨에 한껏 힘이 들어갔다. 그럴 만한 이유가 있었다. 우리가 오랜 세월 시신의 부패를 연구하는 동안 그 연구에 대해 누구 하나 큰 관심을 주지 않았다. 고작해야 인류학자 몇 명과 곤충학자 몇 명 정도가 다였다. 그런데 유명 작가가 자기 소설의 제목으로 우리 시설의 이름을 따서 짓고 싶다고 했으니 이렇게 기분 좋은 일이 또 있을까! 나는 그 소설을 하루빨리 읽고 싶어 견딜 수 없다고 말했다.

몇 달 후에 소설 한 권이 우편으로 도착했다. 책을 읽으면서 나는 깜짝 놀랐다. 연구시설이 소설에 등장할 뿐 아니라 극찬하듯 묘사되어 있었다. 그 시설의 소장으로 등장하는 인물 '라이얼 셰이드Lyall Shade'도 마찬가지였다. 마치 세상에서 가장 큰 스포트라이트가 방금 우리 쪽으로 방향을 튼 것처럼 느껴졌다. 그 후로 몇 주 동안 전화기가 쉴 새 없이 울렸다. 우리 학과 비서들은 시체농장의 연락처를 묻는 기자들의 전화를 수십 통씩 받았다. 물론 숲속에는 전화가 설치되어 있지 않았지만, 그런 전화를 100통쯤 받고 나자 나는 비서들한테 전화 건 사람에게 전화를 끊고 '1-800-I AM DEAD'(나는 죽었습니다 - 옮긴이)로 다시 걸라고 안내하라 농담했다.

1996년 즈음에 《시체농장》은 역사상 제일 많이 팔린 미스터리 소설 중 한 권으로 자리 잡았다. 이 책은 국제적으로도 히트를 쳐서 영국, 일본, 그 밖의 나라에서 수십만 권이 팔려 나갔다. 내가 아는 어떤 사람은 당시 일본에 정기적으로 출장을 다니고 있었는데, 그가 말하길 일본에 있는 자기 동료의 부탁으로 미국에서 일본에 갈 때마다 여행 가방에 그 책을 한가득 담아서 가야 했단다.

머지않아 기자와 텔레비전 제작진의 발길이 녹스빌과 시체농장으로 쉬지 않고 이어졌다. 10년이 지난 지금도 그 발길은 끊이지 않고 있다. 그들이 내놓은 이야기 중에는 선정적이거나 터무니없는 내용도 있었지만, 사실에 입각한 내용도 있었다.

이런 관심이 기분 좋기도 했지만, 그 때문에 산만해지는 측면도 있었다. 연구하고, 교육하고, 논문을 쓰는 일을 포기할 마음이 있었다면 하루 24시간을 시설 관광을 안내하는 데 할애할 수도 있었을 것이다. 나는 한 해에 경찰, 장의사, 주류·담배·화기 및 폭발물 단속국ATF 요원, 기타 기관의 사람들을 상대로 대략 100건 정도 강의를 한다. 그리고 나와 대화를 나누는 사람들은 십중팔구 시체농장에 와보고 싶다고 말한다. 어느 주에서는 몇몇 컵스카우트 소속의 분대 여성 지도자들이 내게 전화를 걸어 아이들을 데리고 시체농장을 견학시켜줄 수 있느냐고 물었다. 그 말을 듣고 결국 나는 폭발하고 말았다. 분명 걷잡을 수 없이 일이 커져 있었다. 된다고 말하는 경우보다 안 된다고 말하는 경우가 훨씬 많아지기 시작했다. 그럼에도 나나 내 동료 모두 된다고, 오라고 말하는 경우가 여전히 많았다.

이런 관심은 축복이기도 했다. 퍼트리샤 콘웰의 블록버스터 소설과 그 이후에 쏟아진 언론의 관심 덕분에 자신의 시신을 연구를 위해 기증하고 싶다고 전화하는 사람들이 예전보다 훨씬 늘어났다. 그리고 그 기증자들 거의 모두가 대학과 접촉해서 이렇게 말했다. "제 시신을 시체농장에 기증하고 싶습니다."

2002년 11월에 퍼트리샤 콘웰이 놀라운 새 책을 발표했다. 이번에는 논픽션이었다. 《어느 살인자의 초상: 잭 더 리퍼, 사건 종결*Portrait of a Killer: Jack the Ripper, Case Closed*》이라는 제목으로 나온 이 책은 2년에 걸친 고된 법의학 연구의 결실이었다. 삶이 예술을 모방하는 사례, 좀 더 정확하게는 예술이 삶에 영감을 불어넣은 사건을 통해 범죄소설 작가가 현실의 법의학 탐정으로 재탄생했다. 최첨단 DNA 기술을 이용해서 과거를 깊숙이 파고든 그녀의 책은 잭 더 리퍼Jack the Ripper(1888년에 런던 화이트채플 지구와 그 주변의 빈민가에서 연쇄살인을 저지른 신원 미상의 범인 - 옮긴이)가 월터 시커트Walter Sickert라는 빅토리아시대의 화가였다고 주장하고 있다. 그는 소름 끼치는 일련의 살인 그림을 그렸는데, 그 그림이 잭 더 리퍼가 희생자를 버리고 떠난 살인 현장과 놀라울 정도로 닮아 있다. 만에 하나 퍼트리샤 콘웰이 소설 집필을 영원히 포기하는 날이 온다면 세상은 그녀를 집요한 법의학 수사관으로 다시 써먹을 수 있을 것이다.

살다가 뒤를 돌아보면 모든 것을 영원히 바꾸어놓은 인생의 순간이 있었음을 깨닫게 된다. 나는 《시체농장》의 출판이 나의 삶과 내가 만든 인류학 연구소의 삶에서 그런 순간 중 하나였다고 자랑스럽게 말하고 싶다. 그리고 퍼트리샤 콘웰은 이제 내 동료이자 친구라고 자랑스럽게 말하고 싶다.

15

시체농장, 논란에 빠지다

퍼트리샤 콘웰의 소설《시체농장》이 인류학 연구소에 세상의 이목을 집중시킨 지 6개월이나 지났을 때도 나는 여전히 언론의 관심을 한 몸에 받고 있었다. 나는 항상 기자들과 잘 지내왔다. 내가 부패하는 시신이나 맨 뼈를 조사해서 알게 된 내용을 개의치 않고 그들에게 말해주었기 때문이다. 이런 개방적인 태도 때문에 민망한 일도 겪었다. 특히 내가 샤이 대령의 사망 후 경과시간을 거의 113년이나 틀렸을 때는 정말 민망했었다. 하지만 그런 개방성 때문에 대중에게 법의인류학에 대해 알리고 법의인류학이 범죄와의 전쟁에서 어떤 역할을 하는지도 알릴 수 있었다.

이때는 내가 테네시대학교에서 인류학과의 학과장을 맡은 지 거의

25년이 되던 때였다. 그 사반세기 동안 교수진은 여섯 명에서 20명으로 늘어났다. 소규모 학부 전공에 지나지 않았던 우리 프로그램은 법의인류학자를 양성하는 미국 최고의 훈련장 중 하나로 성장했다. 이제 미국에는 정식 면허를 받은 법의인류학자가 60명 정도 되는데, 그 중 3분의 1을 내가 훈련시켰다.

교육선진화지원협의회에서 나를 올해의 교수로 선정한 것은 테네시대학교나 테네시주만을 대상으로 한 것이 아니라 미국 전체와 캐나다를 대상으로 한 것이었다. 그로부터 머지않아 로널드 레이건 대통령이 녹스빌로 와서 나와 함께 점심식사를 했다. 우리 연구는 미국과 전 세계에서 인정과 찬사를 받고 있었다. 나는 호주, 캐나다, 대만에서 강연 초대를 받았다.

놀랍게도 내 개인적 삶이 다시 충만하고 행복해져 있었다. 그런 변화의 이유는 20년 내내 바로 내 눈앞에 있던 사람 때문이었다. 나는 테네시대학교에서 인류학과를 운영하기 위해 녹스빌로 이사한 이후로 지금까지 매일 출근하는 것이 그렇게도 좋았다. 한 가지 이유는 일 그 자체였다. 우선 가르치는 일이 너무 재미있었고, 법의학 사건들은 매력적이었다. 그리고 이유가 또 하나 있었다. 바로 애넷 블랙본Annette Blackbourne 때문이었다.

나는 테네시대학교로 오고 오래지 않아 애넷을 고용했다. 학과에 이미 비서가 한 명 있었지만 연구 프로그램을 구축하고 확장하는 과정에서 우리 연구 보조금을 관리해줄 사람이 필요해졌다. 애넷의 면접을 봤을 때 나는 그녀의 정리 기술과 재무 능력에 감명을 받았다. 그리고 그녀의 따뜻함, 성숙함, 공감능력에는 더 깊은 감명을 받았다. 우리 학과처럼 향수병을 앓는 1년 차 대학원생에서 자존심 강한 종신교수에 이르기까지 온갖 사람으로 북적이는 학과에서는 외교적 수완과 유머 감각이 아주 중요했다.

우리 학과의 수석비서관이 더 높은 임금을 주는 직장을 찾아 떠나자 나는 애넷을 그 자리로 승진시켰다. 그리고 나중에는 그녀의 직책을 비서에서 행정 보조로 격상시켰다. 아마도 자문이나 고문이라는 직책이 더 정확한 표현이 아니었을까 싶다. 어려운 결정을 내려야 할 때마다 나는 애넷에게 물어봤고, 그녀 덕분에 끔찍한 실수를 피했던 적이 한두 번이 아니었다. 예를 들어 사람들이 피켓을 들고 시위를 하러 시체농장에 나타났을 때 그녀는 내가 당장 달려가 그들과 대면하는 것을 말렸다. 그래서 우리는 그 사람들 눈에 띄지 않고 주차장 건너편 차량에서 시위대를 지켜보며 그들의 기발한 시위 현수막에 웃음을 터뜨릴 수 있었다. 그 덕분에 나는 나중에 훨씬 차분하고 냉정한 모습으로 신문기자들에게 대응할 수 있었다.

20년의 세월을 함께 일하면서 애넷과 나는 서로 얼굴을 붉혀본 적이 한 번도 없었다. 교수, 대학원생, 학부생 등 학과 사람들 모두 그녀를 좋아했다. 시간이 흐르면서 아내 애나와 나는 애넷, 그리고 테네시대학교 메디컬센터에서 약사로 일하는 그녀의 남편 조Joe와 가까운 친구 사이가 됐다. 한 해에 두 번씩 우리 네 사람은 차나 캠핑카에 짐을 싣고 내슈빌, 애슈빌, 채터누가, 매머드동굴Mammoth Cave, 그리고 여섯 곳 정도의 다른 여행지로 장거리 주말여행을 다녔다. 그러나 애나가 몸져눕고 얼마 되지 않았을 때 애넷의 남편이 폐암 진단을 받았다. 그리고 애나도 암 진단을 받을 즈음 애넷의 남편이 세상을 떴다.

애나가 투병하는 동안 애넷은 관대하고 동정심 많은 태도로 경청해주었고, 애나가 세상을 떴을 때는 내가 어떤 어려움을 겪고 있는지 정확하게 이해하고 있었다. 힘든 첫 몇 달을 애넷의 우정과 이해심 덕분에 버틸 수 있었다. 그리하여 결국 우정은 사랑으로 깊어졌다. 애나가 세상을 뜨고 14개월 후에 애넷과 나는 제2장로교회Second Presbyterian Church의 작은 예배당에서 결혼식을 올렸다. 다시 태어난 기분이었다. 다시 한번 젊어진 것 같았다.

요컨대 1994년 가을에는 모든 것이 순조로웠다. 너무 순조로워서 그 상태가 계속 이어질 수는 없었다.

이번에도 역시 물에 잠겨 있던 시신에서 문제가 시작됐다. 몇 년 전에는 론 카운티에서 발견된 부유시체를 내가 우리 학과 대걸레 보관용 벽장에 넣어두었다가 청소부의 불같은 노여움을 산 적이 있었다. 이번에는 타일러 오브라이언Tyler O'Brien의 시랍 연구에서 문제가 시작됐다. 시랍은 기름기 많은 왁스 성분으로 호수, 강, 축축한 지하에서 가져온 시신을 뒤덮고 있을 때가 많다. 테네시는 물이 많은 곳이다 보니 나는 시랍에 꽤 익숙해진 상태였다. 하지만 늘 그랬던 것처럼 나는 그저 시랍이 무엇이고, 왜 생기는지뿐 아니라 언제 생기는지도 알고 싶었다. 그래야 다음에 보안관보나 구조대가 부유시체를 가지고 왔을 때 시랍이 형성된 정보를 보고 그 시신이 얼마나 오랫동안 물고기들과 함께 잠들어 있었는지 과학적으로 어느 정도 자신 있게 얘기해줄 수 있을 테니까 말이다.

나는 몇몇 대학원생에게 시랍을 주제로 석사학위 논문을 써보라고 설득해보았지만, 응하는 학생이 없었다. 아무래도 학생들 역시 경험이 쌓이다 보니 부유시체가 최악의 시체라는 것을 잘 알고 있기 때문인 듯했다. 부유시체는 냄새도 최악이고 미끌거리는 것도 최악이다. 하지만 마침내 1993년 가을 타일러 오브라이언이 해보겠다고 나섰다. 그는 전해 여름에 뉴욕 시러큐스의 검시관 밑에서 일한 경험이 있었다. 시러큐스는 뉴욕의 핑거 레이크스Finger Lakes에 둘러싸여 있기 때문에 타일러는 검시관과 여름을 보내는 동안 익사 희생자를 꽤 여럿 보았다. 익사 희생자 중에는 시랍에 뒤덮인 시신도 있고, 그렇지 않은 시신도 있었다. 타일러도 나처럼 이런 상태의 차이가 생겨나는 이유와 이 시신들의 사망 후 경과시간에 대해 호기심이 생겼다.

이것을 연구하는 가장 간단한 방법은 연구소 하류에 있는 강에 시체를 묶어두는 것일 테지만, 6개월 내내 어부들의 신고가 들어가는 일이 생기기를 원하지는 않았기 때문에 타일러가 새로운 시스템을 고안해냈다. 그가 땅에 무덤만 한 구덩이 세 개를 판 다음 두터운 비닐을 깔고 거기에 물을 부었다. 타일러의 연구 방식은 통제가 잘 되는 한정된 환경 아래서 진행할 수 있기 때문에 과학적 근거가 더 확실했다. 변수의 숫자를 제한함으로써, 그러니까 배고픈 물고기의 개입 가능성을 방정식에서 제거함으로써 외부의 간섭에서 벗어나 순수하게 시랍 형성에만 초점을 맞출 수 있었다.

타일러의 연구는 구덩이마다 한 구씩 모두 세 구의 시신을 대상으로 진행됐다. 실험 기간에 다양한 시간 간격으로 시신을 쉽게 연구할 수 있도록 그는 각각의 구덩이 밑바닥에 철망으로 만든 단을 깔고 각 모서리에 고리를 달아 필요할 때 끌어올릴 수 있게 했다. 그리고 그 위에 시신을 얹어놓았다.

첫 번째 시신은 코르크처럼 떠올랐다. 머리를 물 아래로 밀어 넣으면 발이 수면 위로 떠올라 까닥거렸다. 그래서 다리를 밀어 넣으면 머리가 다시 튀어 올라왔다. 우리는 시신에 추를 다는 방법도 얘기해보았지만, 결국 시신이 물속에서 알아서 균형을 찾아가게 놔두기로 했다. 두 번째 시신은 바윗덩어리처럼 가라앉았다. 보통 익사한 시신이나 살해당한 다음에 호수나 강에 버려진 시신은 며칠이나 몇 주가 지나 부패가스가 복부에 충분히 쌓이면 수면으로 떠오른다. 하지만 이 시신은 아래로 가라앉아서 계속 그 상태를 유지했다. 세 번째 시신은 키가 크고 튼튼한 흑인 남성이었다. 나는 이 남성의 시신도 가라앉을 거라고 확신했다. 흑인은 백인보다 뼈의 밀도가 높기 때문이다. 하지만 이 시신은 나를 놀라게 했다. 첫 번째 시신처럼 이 시신도 자연스럽게 떠올랐기 때문이다.

타일러는 다섯 달 동안 시신들을 물속에 놔두었다. 그즈음이 되니 살이 완전히 썩어버려서 더 연구할 것이 거의 없었다. 하지만 그 과정에서 그는 몇 가지 흥미로운 현상을 관찰했다. 그중 가장 흥미로웠던 부분은 이렇다. 시랍은 시체 전체에 균일하게 생기는 것이 아니라 수면 위아래로 대략 5센티미터에서 8센티미터 사이에 형성됐다. 우리는 분명 물과 산소가 동시에 필요하기 때문에 생기는 현상이라 추정했지만 확신할 수는 없었다. 좋은 연구 프로젝트가 대부분 그렇듯이 타일러의 연구는 해답보다 더 많은 의문을 남겨주었다.

그때까지만 해도 시랍 형성에 관한 연구는 실험실에서 소량의 조직 표본을 물병에 넣어 관찰했던 것밖에 없었다. 타일러의 프로젝트는 자연적인 조건 아래서 시랍의 형성을 연구하는 진정 선구적인 연구였다. 타일러는 꼼꼼하게 노트에 적고 수많은 사진을 찍었다. 거기에 더해서 대학교의 동영상 촬영 부서에서 나와서 실험 장면을 영상에 담았다. 영상 속 이미지들은 끔찍했지만 과학적으로 매우 유익한 내용이어서, 나는 테네시 법집행 부속기관 아카데미Law Enforcement Satellite Academy of Tennessee, LESAT라는 이름으로 진행하는 테네시대학교 평생교육 프로그램의 일환으로 법집행관들을 위해 만든 교육용 비디오에 그 영상을 포함시켰다.

안타깝게도 내슈빌의 한 텔레비전 방송국 기자가 LESAT에 발표를 하러 왔다가 우연히 그 비디오를 보았다. 그리고 끔찍한 장면에 그 여성은 몸서리를 쳤다. 놀랄 일도 아니다. 매일 죽은 사람과 부패한 시신을 만나며 사는 나도 그 장면을 보는 게 고역이니까 말이다. 나는 수술 장면을 담은 영상을 보는 것도 힘들다. 하지만 그렇다고 그 수술을 집행하는 외과의사가 나쁜 짓을 하고 있는 것은 아니다. 하지만 지금 돌이켜 보면 그 텔레비전 방송국 기자가 마음속으로 우리를 블랙리스트에 올려놓고 공격의 빌미를 호시탐탐 노리고 있었던 것이라고 결론 내릴 수밖에 없다.

오래지 않아 그녀에게 기회가 찾아왔다. 이즈음 테네시 검시관들은 찾는 이 없는 무연고 시신들을 꾸준히 내게 공급해주고 있었다. 그런 시신 중에는 노숙자도 있었고, 내가 모르는 사이에 재향군인도 몇 명 포함되어 있었던 모양이었다.

한국전쟁 동안에 나는 육군에서 복무했다. 나는 우리 조국을 지킨 이들을 대단히 존경하고 있고, 살아 있는 사람이든 죽은 사람이든 재향군인에게 의도적으로 무례한 행동을 할 생각은 추호도 없다. 하지만 내슈빌 채널4 방송에서 명예롭게 제대한 재향군인들이 시체농장의 땅바닥에서 썩어가고 있다는 뉴스가 나왔을 때, 그런 마음가짐만으로는 아무것도 달라질 것이 없었다.

골치 아픈 일이 생길 거라는 첫 신호는 한 기자가 내게 인터뷰를 요청하는 전화를 걸어온 것이었다. "좋습니다. 이쪽으로 오세요." 내가 대답했다. 그해 가을 내내 나는 녹스빌에서 480킬로미터 정도 떨어진 테네시 북서부의 또 다른 주립대학인 테네시대학교 마틴 캠퍼스에서 학생들을 가르치고 있었다. 그 기자와 촬영기사는 내슈빌에서 마틴까지 240킬로미터를 달려왔다. 그들이 카메라와 조명을 설치하고 있는 동안 기자가 말하기를 녹스빌의 신문사에서 그동안 나에 대해 보도했던 기사들을 모두 조사해보았다고 했다. 하지만 카메라가 돌아가기 시작하자 그녀의 질문은 수십 가지 이야기 중에서 딱 한 가지 이야기만 파고들었다. 1985년에 시체농장에서 S.I.C.K.(녹스빌 주민의 걱정거리 해결을 위한 모임)라는 지역 단체가 벌인 시위였다. 그 시위와 다른 반대 활동에 대한 질문이 45분간 이어졌다. 그러고 나서 그 기자는 수업을 촬영해도 괜찮겠느냐고 말했다. "물론이죠." 내가 이렇게 말했고, 그들은 촬영을 했다. 그 후로 다시 45분간 그녀는 카메라로 나를 들들 볶았다. 나는 〈60분60 Minutes〉(미국의 심층 시사 보도 프로그램 - 옮긴이) 기자를 마주하며 가시방석에 앉아 있는 사람들의 기분이 어떤 것인지 이해하기 시작했다.

몇 주 후 채널4 방송국에서 나온 내 친구들이 초청 강연에 따라오며 나를 카메라에 담았다. 마치 스토킹을 당하는 기분이었지만 나는 그 이유를 알 수 없었다. 마틴 캠퍼스에서 이루어진 인터뷰에서 그들의 적대적인 말투를 겪으며 나는 이 사람들이 무언가 숨은 의도를 갖고 있지 않나 두려워지기 시작했고, 슬슬 걱정이 됐다. 그래서 시체농장을 촬영하고 싶다는 그들의 요청을 거절했다.

몇 주가 더 흐른 어느 날, 캠퍼스 경찰로부터 전화가 걸려왔다. 내게 인류학 연구소로 나와줄 수 있느냐고 했다. 그곳에 가보니 그들이 채널4 방송국에서 나온 촬영기사를 막아서고 있었다. 그 촬영기사는 차량을 연구소의 나무문 앞까지 몰고 온 다음 그 위에 삼각대와 카메라를 설치하고 울타리 안쪽으로 보이는 것을 모두 촬영하기 시작했다.

나는 불같이 분노했다. 방송국에서 처음 접촉했을 때 나는 개방적이고, 솔직하고, 협조적이고, 공적인 태도를 보이려고 최선을 다했다. 그들도 나와 같은 태도를 보였다면 기꺼이 협조를 이어갔을 것이다. 하지만 이때는 배신당한 느낌을 받았다. 이제는 그들이 일종의 마녀사냥을 하고 있다는 판단이 들었다. 촬영기사가 채널4 방송국의 상관에게 전화를 했고, 방송국에서는 자기네 변호사를 불렀고, 방송국 변호사는 테네시대학교의 변호사를 불렀다.

게릴라식 촬영이 있고 2주 후에 채널4 방송국에서는 마침내 뉴스를 보도했다. 〈마지막 권리Last Rights〉라고 이름 붙은 이 4부작 방송은 시체농장에서 사망한 재향군인들의 시신을 학대하고 있다는 취지로 우리를 매도했다. 영상 중에는 그들이 우리네 나무 울타리 꼭대기에서 촬영한 장면도 있었지만 대부분은 LESAT 교육 동영상, 특히 그중에서도 수중에 잠긴 시신에서 시랍이 형성되는 과정에 대해 연구한 타일러 오브라이언의 연구에서 따온 영상이었다.

내 눈에는 왜곡되고 선정적인 보도로 보였지만, 아마도 방송국 사람들은 이것이 인간의 존엄성과 품위에 대한 심각한 타격이며, 이 방송을 내보낸다고 해서 시청률에 문제가 생길 일도 없다고 생각했던 것 같다. 그들의 의도가 무엇이었든 이 방송의 영향력은 막강했다. 방송이 이루어지고 며칠 동안 화가 난 재향군인들, 분개한 가족들, 격분한 시민들이 끝없이 내게 전화했다. 대중의 부정적인 반응에 놀란 대학 관계자에게서도 전화가 왔다. 뒤돌아보면 언제고 이런 일이 발생할 수밖에 없었다는 생각이 든다. 여러 해 동안 우리는 죽은 사람을 대하는 사회의 일반적 관습에서 한발 비켜서야 하는 연구를 진행해왔다. 여러 해 동안 우리는 우리 연구가 범죄 해결에 도움을 주었을 때 소박하나마 언론으로부터 긍정적인 주목을 받았고, 최근에는 베스트셀러 살인 사건 미스터리 소설이 출간되면서 전국적인 주목을 받았다. 이렇게 화제의 중심에 서다 보니 어디선가 그 누군가는 우리의 콧대를 좀 꺾어주어야겠다는 생각이 들었을지도 모른다.

나는 이 골치 아픈 상황이 빨리 해소되기를 바랐지만, 그런 바람은 곧 산산이 부서지고 말았다. 알고 보니 처음의 격렬한 반응은 오히려 폭풍 전의 고요였다. 테네시주 재향군인청장이 이 싸움에 뛰어들었기 때문이다. 그가 주 의회의 몇몇 의원을 설득해서 우리가 검시관으로부터 무연고 시신을 받아서 연구를 진행하지 못하게 막는 법안을 발의하게 만들었다. 그런 시신이 우리 실험 대상 중 상당히 큰 비율을 차지하고 있기 때문에 이는 엄청난 타격이 될 수밖에 없었다.

문제가 이렇게 커지는 것을 보고 나는 깜짝 놀랐다. 이곳은 전 세계에 단 하나밖에 없는 과학연구시설이다. 연구를 시작하고 한두 해 만에 우리는 사람 시신의 부패 과정과 타이밍에 대해 선구적인 데이터를 발표했고, 그 기본 데이터가 전 세계적으로 사용되고 있다. 이 데이터는 경찰과 검사들이 수십 명의 살인자를 철창에 가둘 수 있게 도와주었다. 나 자신도 수십 건의 살인사건 재판에 나가 전문가 증인으로서 증언을 했고, 몇몇 살인범을 감옥에 보내는 데 도움을 주었다. 내가 가르쳤던 대학원생들은 이제 과학자가 됐고, 시체농장에서 진행했던 연구를 통해 자기 분야에서 최고의 전문가로 자리매김하기 시작했다. 우리는 이제 막 겉핥기만 시작했을 뿐이다. 우리가 연구해야 할 변수도, 우리가 개발하고 다듬어야 할 기술도 너무나 많았다.

이 싸움을 나 혼자 치를 수는 없음을 알았다. 하지만 누가 나를 도울 수 있을지 알지 못했다. 과학자들과 싸워본 적은 있었지만 법안 입안자와 싸워본 적은 한 번도 없었다. 이 싸움에서 진다면 시체농장은 대담한 시도였으나 결국 실패한 실험으로 전락해 역사의 뒤안길로 사라질 터였다.

그때 검사들이 떠올랐다. 그들이 열쇠가 되어줄지도 모른다는 생각이 들었다. 테네시에는 31명의 지방검사가 있었다. 이들은 법집행관일 뿐 아니라 선출된 관료였다. 이들은 범죄와의 싸움에 기여한 공로를 인정받아 투표를 통해 공직에 오르고, 또 그 자리를 유지하고 있는 사람들이다. 나는 여러 지방검사를 직접 도왔었다. 사실 몇 년 전에는 녹스빌에서 검사보를 살해한 남자를 잡게 도와준 적도 있었다.

나는 테네시 법집행 공무원 명부를 꺼내 전화기의 다이얼을 돌리기 시작했다. 그들에게 내 시각에서 바라본 재향군인들의 이야기를 전하고, 우리 연구소의 역사에 대해 간략히 전하고, 우리의 시체농장 연구를 위축시킬 법안이 통과될 경우 그것이 나뿐 아니라 경찰과 검찰에 어떤 영향을 미칠지에 대해서도 설명했다.

채널4 방송국에서 〈마지막 권리〉를 방송으로 내보내고 3개월 후에 상원위원회에서 시체농장 반대 법안이 표결에 부쳐졌다. 이 법안의 발의자 중 두 명이 그 위원회에서 활동하고 있어서 상황이 암울해 보였다. 하지만 그때 또 다른 상원위원이 이 법안에 대한 발언을 요청했고, 그 법안에 대한 반대 의사를 열정적으로 표출했다. 그는 이 법안이 통과되면 시체농장은 사실상 문을 닫게 될 것이고, 법집행기관의 노력을 방해하게 되리라 주장했다. 그는 이렇게 말했다. "고인의 유해에 대한 우려보다는 범죄자 검거 실패에 대한 우려가 먼저입니다." 위원회 투표는 5 대 4로 법안 보류를 결정했다. 우리는 간발의 차이로 재앙을 피했다.

얼마 후에 나는 우연히 테네시 주지사가 참석한 모임에 나가게 됐다. 모임이 끝나고 주지사가 나를 한쪽으로 데려가 내 귀에 대고 조용히 이렇게 말했다. "듣자 하니 우리 재향군인청장이 할 일이 별로 없나 봅니다." 나는 그 말을 시체농장을 두고 벌어진 논란이 이것으로 마무리되리라는 뜻으로 받아들였다. 적어도 당장은 말이다. 나로서는 그것이 영원한 마무리이기를 바랄 뿐이었다.

16

어떤 아내의 죽음

테네시에서는 여름 뒤뜰 바비큐 파티가 인기다. 나도 수백 번 가보았는데, 그중 한 번은 정말 굉장했다.

1997년 7월 21일에 데니스 대니얼스Dennis Daniels라는 테네시 수사국 요원이 녹스빌에서 65킬로미터 정도 떨어진 유니언 카운티의 한 시골에서 내게 전화해 그곳으로 와서 사람의 것으로 보이는 뼈를 좀 확인해줄 수 있느냐고 물었다. 대니얼스는 유니언 카운티 보안관실 수사관 데이비드 트립David Tripp, 래리 다이크스Larry Dykes와 함께 매트 로저스Matt Rogers라는 21세 남성의 집에 있었다.

나는 법의학 대응팀 소속이었던 두 명의 대학원생, 조앤 베넷Joanne Bennett과 로런 록홀드Lauren Rockhold를 데리고 유니언 카운티로 향했다.

1997년 들어 그때까지 22건의 법의학 사건을 맡았다. 그래서 이번 것은 97-23호 시신이었다. 우리는 메이너드빌에 있는 카운티 법원에서 보안관보를 만나 그를 따라 시골 지역으로 갔다. 진짜 시골이었다. 도로가 숲, 척박한 농장, 황폐해진 집, 녹슨 트레일러 집을 가로지르며 구불구불 나 있었다. 우리는 짐 타운Jim Town이라는 다 쓰러져가는 작은 마을 어디쯤에 도착했다.

매트 로저스의 집은 작은 목재 구조로 되어 있었다. 아주 오래전에 칠을 해놓았지만 페인트가 대부분 벗겨져 나가면서 풍파에 시달린 판자가 은회색으로 바뀌어 있었다. 경관들이 집 옆으로 돌아 그 뒤에 있는 도구창고로 나를 안내했다. 경관들이 가리키기도 전에 나는 그들이 내가 살펴봐 주었으면 하는 것이 무엇인지 당장 알아차릴 수 있었다. 옆에 큰 총알구멍이 난 200리터짜리 녹슨 기름통이 있었다. 시골 사람들은 이것을 '소각통burn barrel'이라고 부른다. 여기에 굴뚝을 달아서 도시로 옮겨놓으면 '소각장incinerator' 대접을 받을 것이다. 내 눈을 끈 것은 소각통 꼭대기 밖으로 튀어나와 있는 큰 뼈의 끝부분이었다.

대니얼스 요원이 말했다. "매트의 말로는 동물의 뼈라더군요. 키우는 개가 죽은 염소를 뜰로 끌고 왔다고 합니다." 이 테네시 수사국 요원이 매트의 말을 믿지 않고 있음을 한눈에 알 수 있었다.

대니얼스가 의심할 만했다. 매트의 아내인 27세 패티Patty가 11일 전부터 실종 신고되어 있었다. 그리고 패티의 실종을 신고한 사람이 매트가 아니라 패티의 친한 친구인 앤지Angie였다는 사실도 의심의 불씨를 더 키웠다. 앤지는 7월 7일 야외 바비큐 파티에서 패티를 마지막으로 봤다고 했다. 야외 바비큐 파티에서 패티는 앤지에게 다음 날 매트와 헤어질 계획이라고 말했다. 하지만 패티가 그 이야기를 앤지에게만 한 것이 아니었다. 여기서부터는 막장 드라마처럼 이야기가 복잡해진다. 패티가 앤지의 오빠 마이클Michael과 바람을 피우고 있었던 것 같다. 야외 바비큐 파티가 있던 그날 밤 패티와 마이클이 매트에게 두 사람이 사귀고 있다는 사실을 얘기하면서 내일부터는 둘이 함께 있고 싶다고 했다. 패티와 매트는 심하게 말다툼을 하며 파티 장소를 떠났다.

앤지는 이틀 동안 패티의 연락이 없자 걱정이 됐다. 두 사람 사이도 워낙 가까웠던 데다 패티가 말했던 내용이 마음에 걸렸기 때문이다. 그런데 매트에게서 전화가 왔고, 앤지는 정말 무서워졌다. 그가 패티를 보았냐고 물어왔다. 그의 말로는 야외 바비큐 파티가 있던 날 새벽 2시쯤에 패티가 집에서 뛰쳐나갔는데, 그 후로 패티를 보지 못했다는 것이다.

다음 날 앤지는 보안관 사무실로 찾아가 패티를 실종 신고했다. 원래 그녀는 매트에게 실종 신고를 하라고 설득했었지만 그는 거절했다. 매트는 만약 보안관에게 연락하게 되면 사람들이 찾아오기 전에 집 안을 좀 정리해야 하니 자기에게도 알려달라고 했다. 하지만 앤지는 실종 신고를 하면서 매트에게 그 사실을 알리지 않았다. 보안관보 래리 다이크스가 매트 로저스의 집에 가서 보니 패티의 지갑, 자동차 열쇠, 담배가 조리대 위에 올려져 있었다. 여성이 3일이나 집을 떠나면서 그런 물품들을 가지고 가지 않았다는 것이 이상하게 느껴졌다. 게다가 아이까지 두고 갔다.

패트는 계속 실종 상태였고, 딸아이는 매트의 부모와 함께 지내게 됐다. 7월 21일에 실종 신고 사건이 데이비드 트립 형사에게로 넘어갔다. 그는 사건을 조사할수록 패티가 남편과 아이를 버려두고 그냥 집을 나간 것이 아니라는 확신이 강해졌다. 이제 아무도 패티를 보지 못한 지 2주가 지난 상태였다. 트립 형사와 다이크스 보안관보는 다시 돌아와 매트를 신문했다. 이번에는 테네시 수사국 대니얼스도 함께 왔다. 그리고 사체 탐지견도 함께 데리고 왔다.

매트 로저스는 자신의 이야기를 고수했다. 트립과 대니얼스가 집 안을 수색할 수 있게 허락을 구하자 그는 흔쾌히 허락했다. 사체 탐지견 조련사가 수색을 벌이는 동안 매트는 뜰에 있는 바위 위에 앉아서 그 과정을 지켜보았다.

대니얼스 요원은 집 아래쪽에 신경이 쓰였다. 각각의 모서리와 다른 몇 군데에서 기둥이 떠받치고 있어서 집이 몇십 센티미터 정도 땅 위로 떠 있었다. 하지만 그 아래로 닫혀 있는 공간이나 바닥밑공간은 따로 없었다. 대니얼스가 차에서 전등을 가지고 와 어두운 마루 아래를 들여다보기 시작했다.

한편 트립은 뜰 옆쪽에서 쓰레기 구덩이와 쓰레기 소각통을 발견했다. 양쪽 모두 최근에 불을 피웠던 흔적이 있었다. 평생 시골에서 살아왔던 그는 시골 사람들이 무언가를 버려야 할 때는 보통 파묻거나 태운다는 것을 알고 있었다. 트립이 소각통을 들여다보고 대니얼스를 불렀다. "사체 탐지견은 이제 쉬게 하세요. 여자를 찾은 것 같아요." 그때 바위 위에 앉아 있던 매트가 나서서 그 개와 염소 이야기를 꺼냈다. 그리고 그때 대니얼스가 내게 전화를 해서 법의학 대응팀을 데리고 유니언 카운티로 올 수 있는지 물어본 것이다.

그들이 매트의 염소 뼈 이야기를 의심한 이유를 알 것 같았다. 나도 믿지 않았다. 나는 사람의 골격만 40년이나 연구했다. 소각통 밖으로 삐져나온 사람의 넙다리뼈를 보면 바로 알아볼 수 있다. 이 넙다리뼈는 아주 심하게 불에 타서 표면이 회백색으로 갈라져 있었다. 뜨거운 불에서 아주 오랫동안 탄 것이다. 그렇다 하더라도 사람의 뼈라는 것은 분명했다.

불이 크게 일어났던 곳은 소각통만이 아니었다. 한쪽으로 몇 미터 떨어진 곳에 매트리스, 아니 한때는 매트리스였던 것이 놓여 있었다. 그것이 지금은 검게 그을려 구부러진 스프링들과 그을린 깡통, 배터리, 깨진 접시, 기타 생활 쓰레기들이 함께 흩어져 있는 쓰레기장이 되어 있었다. 몸을 숙여서 더 가까이 들여다보니 잔해들 사이에서 불에 탄 작은 뼛조각으로 보이는 것이 있었다. 딱 우리가 전공인 일이 기다리고 있었다. 이미 늦은 오후여서 어두워지기 전에 넓고 복잡한 현장에 흩어져 있는 뼛조각들을 발굴하고 수습할 수 있는 시간이 세 시간 정도 남아 있었다.

조앤과 로런이 트럭에서 땅을 파는 데 사용할 삽과 모종삽, 자갈을 걸러낼 때 사용할 철망 체, 카메라, 버니어 캘리퍼스, 증거 보관용 종이봉투 등 장비를 내렸다. 잔해가 가로 3.4미터, 세로 1.8미터 정도의 꽤 넓은 영역에 흩어져 있었다. 무엇을 찾았고, 어디서 찾아냈는지 추적하기 쉽도록 나는 측량용 테이프를 이용해서 그 영역을 동일한 크기의 직사각형 격자 12개로 나누었다.

조앤은 한쪽에서 격자들을 하나씩 조사해나갔고, 로런은 반대쪽에서 진행했다. 그리고 그동안 나는 소각통을 발굴하면서 가끔씩 일을 멈추고 두 학생의 진척 상황을 확인했다. 학생들의 매트리스 격자 작업 진행 과정을 보니 처음에는 시신을 매트리스 위에 올려놓고 태웠다는 것이 분명하게 드러났다. 뼛조각들이 대략 해부학적인 순서를 따라 배열되어 있었기 때문이다. 그리고 이어서 불에 잘 타지 않은 부분들을 소각통으로 가져와서 다시 한번 태운 것으로 보였다. 대부분의 사람은 시신을 불로 태워서 없애는 것이 얼마나 힘든 일인지 알지 못한다. 불을 이용하면 살인사건의 희생자를 쉽게 없앨 수 있을 것 같지만, 그렇지 않다.

소각통에는 내가 처음 찾아냈던 넙다리뼈 말고도 뼈가 풍부하게 들어 있었다. 그 넙다리뼈(왼쪽)는 많이 타기는 했지만 상대적으로 온전한 상태였다. 통 속에 들어 있던 나머지 뼈들은 대체로 그렇지 못했다. 대부분 손만 대도 부서질 것 같은 회색 조각이 되어 있어서, 부러지지 않도록 조심스럽게 다루어야 했다. 나는 소각통을 옆으로 누인 다음 머리를 그 속에 넣고 뼈를 찾아 그 안의 내용물들을 꼼꼼하게 살펴보았다. 어깨뼈, 정강뼈, 다른 긴뼈, 엉치뼈 대부분, 그리고 척추뼈 몇 개 등 많은 뼈를 찾아냈지만 모두 조각나 있었다. 척추뼈 몇 개는 소각통 바닥으로 떨어져 최악의 화염은 피할 수 있었다. 그래서 살짝 그을리기는 했지만 여전히 연조직이 조금씩 붙어 있었다. 머리덮개뼈의 큰 조각 하나도 바닥에 떨어져 있어서 다른 뼈처럼 심하게 타지 않았다. 소각통 주변의 땅바닥 위에 더 많은 뼈가 흩어져 있었다. 또 다른 긴뼈 조각들, 엉치뼈와 엉치엉덩관절의 조각들, 갈비뼈와 척추뼈에서 나온 조각들, 발가락 뼈 하나, 머리뼈 조각 두 개도 더 찾아냈다.

내가 소각통을 조사하는 동안 조앤과 로런은 매트리스 넓이의 직사각형 격자 12개를 체계적으로 조사하고 있었다. 처음에 두 사람은 지표면을 눈으로 훑어보며 뼛조각을 여러 개 찾아냈다. 그렇게 눈에 보이는 것들을 모두 골라낸 후에는 맨땅이 나올 때까지 재로 남은 것들을 모두 체로 치면서 조사했다. 12개 격자 중 세 개에는 쓰레기만 있고 뼈는 없었다. 나머지 아홉 개에서는 수천 개의 뼛조각이 나왔다. 현장 발굴을 모두 마무리할 무렵 어둠이 내려왔다. 세 시간 동안 작업해서 우리는 점심 도시락 크기의 증거 보관용 종이봉투 32개를 뼛조각으로 채웠다.

우리는 다시 녹스빌로 돌아왔고, 매트 로저스는 유니언 카운티 교도소로 가서 1급 살인 혐의로 기소됐다.

자기 아내를 없애려고 무슨 짓이든 하는 남자도 있다. 반면 나는 애넷만 곁에 살려둘 수 있다면 무슨 짓이든 했을 것이다.

그것은 아무런 낌새도 없이 우리를 덮쳤다. 1996년 새해 전날, 애넷의 빗장뼈를 따라 림프절 두어 개가 부어올라 있는 것을 발견했다. 날이 밝은 1월 2일 이른 아침, 그녀는 병원에 가서 엑스레이를 촬영했다. 진단은 암울했다. 폐암이 이미 4기까지 진행되어 있었다. 방사선 치료를 받은 후에 암은 사라졌다.

하지만 불과 5개월 만에 애넷도 세상을 떠났다. 그녀가 어느 날 아침 호흡을 힘들어하며 잠에서 깼다. 나는 구급차를 불렀다. 병원으로 가는 길에 그녀의 심장이 멈췄지만 구급대원이 다시 뛰게 만들었다. 하지만 심장이 다시 멈추었다. 폐암이 복수를 하듯 맹렬히 다시 도졌다. 구급차가 응급실 입구로 미친 듯이 달려 들어가고 있는 순간에도 애넷은 죽어가고 있었다. 나는 구급차를 뒤따라 1, 2분 정도 후에 응급실로 뛰어 들어갔지만, 그녀가 이미 떠난 뒤였다.

평생 나는 독실한 기독교인이었다. 물론 신에 대한 의심이 아예 없지는 않았다. 생각이 있는 사람이라면 어떻게 그런 의심이 전혀 없을 수 있겠는가? 그래도 나는 사랑이 넘치는 신의 존재를 믿었었다. 나는 교회에서 자랐고, 오랜 세월 일요일 주일학교에서 아이들을 가르쳤다. 그리고 여름 선교 프로젝트를 위해 청소년들을 데리고 멕시코에 다녀오기도 했다. 하지만 응급실에서 애넷이 죽는 순간 내 종교적 믿음도 함께 죽는 것 같았다.

그 후로 암울하게 며칠, 몇 주 동안 생각을 거듭하다 보니 나는 성경이 거꾸로 되어 있다는 생각이 들었다. 어쩌면 신이 우리를 그의 형상을 따라 창조한 것이 아니라 우리가 우리의 형상을 따라 신을 창조해낸 것인지도 모른다. 약 2500년 전 즈음에 그리스의 한 철학자도 같은 결론에 도달했었다. 크세노파네스Xenophanes는 이렇게 적었다. "에티오피아 사람들은 그들의 신이 들창코에 흑인이라 말한다. 트라키아 사람들은 자기네 신이 밝은 파란색 눈을 가지고 있고, 빨강머리를 하고 있다고 말한다. 만약 소나 말이나 사자에게도 손이 있어서 사람처럼 그림을 그릴 수 있다면, 각자 자기가 가지고 있는 몸의 형상을 따라 말은 말의 형상으로, 소는 소의 형상으로 신을 그렸을 것이다."[5]

사랑이 넘치는 아버지. 이것이 내가 손이 아닌 마음으로 그린 신의 모습이었다. 그것이 65년 전에 아버지의 사무실에서 총성이 울렸던 그날 이후로 내가 원하고, 내가 필요로 했던 신의 모습이었다. 하지만 어떻게 전지전능하고 사랑이 넘치는 하늘에 계신 아버지가 착하디착한 내 아내 둘을 암으로 죽게 내버려둘 수 있단 말인가? 애나는 식품영양학자여서 스스로도 건강한 식단을 고집했고, 수천 명의 다른 사람에게도 건강한 식단을 가르쳤다. 하지만 그녀는 소화관에 생긴 암으로 죽었다. 폐암으로 죽은 애넷은 평생 한 모금도 담배를 피워본 적이 없었다. 그녀가 의학적으로 저지른 잘못이라면 애연가와 30년 동안 결혼생활을 한 것밖에 없었다.

결국 모든 것은 한낱 화학과 유전학으로 귀결되는 것인지도 몰랐다. 애나와 애넷은 그냥 세상을 가득 채우고 있는 발암물질에 대한 생리학적, 유전학적 저항 능력이 부족했다. 그런 능력이 넉넉한 사람도 있지만, 이 두 여인은 그렇지 못했다. 어쩌면 이것이 그 두 사람이 세상을 등져야 했던 냉정하고 객관적인 이유일 것이다.

애나의 죽음은 피를 말리는 느린 과정이었다. 그래서 나는 그 과정이 끝나기도 전에 죽음에 대처하기 시작했다. 애넷의 죽음은 갑작스럽고 충격적으로 다가왔다. 그리고 평생 가깝게 지냈던 내 어머니가 돌아가시고 두 달 만에 일어난 일이었다. 그 슬픔의 무게를 견딜 수 없어서 텅 빈 내 집에 발을 들이기가 무서워지기까지 했다. 나는 예고도 없이 흐느껴 울기 시작했고, 한번 둑이 터진 눈물샘은 그칠 줄을 몰랐다. 그 몇 달은 내 인생에서 가장 암울한 시간이었다.

이제 내게 남은 삶의 의미는 일밖에 없었다. 바로 이런 사건들이었다. 이번 사건에서는 한 남자가 자신의 아내를 살해해서, 토막 내고, 불에 태운 혐의를 받고 있었다. 세상이 이런 잘못된 일로 가득 차 있는 것 같았다.

다음 날 경기장 지하의 뼈 해부학 실험실에서 우리는 불에 탄 그림 맞추기 퍼즐처럼 뼛조각들을 맞추어가기 시작했다. 우리는 골격만이 아니라 아무래도 패티 로저스로 보이는 이 사람의 죽음과 관련된 이야기 조각도 맞출 수 있기를 바랐다.

그 이야기 역시 이 뼈와 마찬가지로 심하게 조각나 있을 것을 나는 이미 알고 있었다. 현장에서 우리는 딱 하나만 빼고 사실상 몸속의 모든 뼛조각을 수습했다. 약간의 광대뼈를 제외하면 얼굴의 모든 뼈와 치아가 사라져 있었다. 치아는 내구성이 강하다. 심지어 화장을 한 경우에도 상태가 꽤 온전하게 남아 있는 경우가 많다. 따라서 치아와 얼굴의 뼈가 없다는 것은 희생자의 신원 확인이 불가능하도록 머리뼈에서 이 부분이 의도적으로 제거되었음을 말해주었다. 나는 신원 확인이 불가능하다고 순순히 물러날 생각은 없었지만, 분명 쉽지는 않을 것이었다.

다른 사건들과 마찬가지로 이 사건에서도 우리는 성별, 나이, 인종, 신장을 식별하는 일부터 시작했다. 인종을 구분할 수 있는 얼굴의 구조가 없고, 긴뼈도 온전하게 남아 있는 것이 하나도 없어서(사실 그렇게 따지면 온전히 남아 있는 뼈가 아예 없었다) 인종이나 신장을 판단할 수는 없음을 이미 알고 있었다. 반면 성별과 나이는 우리가 확보한 뼈를 통해서 알아낼 수 있을 것이었다.

다행히도 볼기뼈 한 조각에 궁둥패임이 포함되어 있었다. 이것은 궁둥신경 sciatic nerve이 척추를 빠져나와 다리를 따라 내려갈 때 통과하는 틈이다. 여성에서는 이 궁둥패임이 현저하게 더 넓다. 그 위에서 볼기뼈가 더 넓게 퍼지기 때문이다(궁둥패임과 볼기뼈의 관계는 길게 늘어진 귓불과 머리 옆면의 관계와 비슷하다). 성인 남성에서는 궁둥패임이 손가락 끝이 들어갈 수 있는 정도의 공간밖에 안 된다. 반면 성인 여성에서는 그보다 두세 배 큰 공간이 있다. 이 97-23호 시신의 경우 궁둥패임이 넓었다. 이는 이것이 여성의 시신임을 분명하게 말해주고 있었다. 그럼 한 가지 의문은 해소되었고, 한 가지가 남았다. 이 여성의 나이는 얼마나 될까?

추정 연령을 확인하는 제일 좋은 방법은 두덩뼈의 구조와 질감을 분석하는 것일 때가 많다. 하지만 이 경우에서는 그런 특성들이 불에 타서 사라지고 없었다. 우리는 나이를 말해줄 표지를 찾아 다른 곳을 뒤져보았다. 다행히 뼈들이 부러지고 조각나 있어도 뼈의 끝부분이 뼈 몸통과 융합하는 접합부인 뼈끝epiphysis들은 상대적으로 온전히 남아 있었다. 뼈끝을 통해 나이에 대해 꽤 많은 부분을 밝힐 수 있다. 매트 로저스의 소각통 밖으로 삐져나와 있던 넙다리뼈를 예로 들어보자. 이상하게 들리겠지만 만 15세가 되었어도 넙다리뼈는 사실 서로 분리된 다섯 개의 뼈로 이루어져 있다. 다만 뼈끝에서 연골에 의해 하나로 결합되어 있을 뿐이다.

미성숙한 넙다리뼈 다섯 조각 중에서 본체는 뼈 몸통이다. 넙다리뼈 몸통의 위쪽에 달린 몸쪽 뼈끝proximal epiphysis에는 둥근 넙다리뼈 머리가 붙어 있다. 볼기뼈절구acetabulum, 즉 관절오목에 들어가 관절을 이루는 부분이다. 전날에 매트 로저스의 소각통에서 제일 먼저 내 눈을 사로잡았던 것이 바로 이 넙다리뼈 머리였다. 넙다리뼈 머리 아래로는 큰돌기greater trochanter가 있다. 이것은 다리가 상체와 만나 경첩을 이루는 부위에서 넓적다리 윗부분 가쪽lateral, 즉 바깥쪽에 현저하게 돌출되어 있는 뼈 혹이다. 큰돌기 바로 반대쪽인 넙다리뼈 몸통 안쪽medial에는 훨씬 작은 혹인 작은돌기lesser trochanter가 있다. 마지막으로 먼쪽 끝부분distal end에는 무릎 관절 중 넙다리뼈 쪽 절반을 이루는 관절융기condyle가 있다.

끝부분을 이용해서 희생자 나이의 범위를 좁힐 수 있다. 이 부분은 연골이 뼈로 변하는 골화가 서로 다른 나이에 이루어진다. 넙다리뼈의 끝부분 중 마지막에 융합하는 것은 무릎 바로 위에 있는 먼쪽 끝부분이다. 경우에 따라서는 먼쪽 끝부분이 22세까지 골화하지 않기도 한다. 우리가 확보한 불에 탄 여성 시신의 먼쪽 끝부분은 골화가 마무리되어 있었기 때문에 분명 적어도 22세 이상이었다.

이 여성의 나이 범위를 좁혀줄 수 있는 다른 무언가가 또 있을까? 두덩결합은 심하게 손상되어 있었지만, 다행히 볼기뼈의 다른 연령 표지는 불에서도 살아남았다. 엉덩뼈의 귓바퀴면auricular surface(엉덩이에서 귀처럼 넓게 생긴 위쪽 부분의 표면)의 질감이 더 고왔다. 거기에 엉덩뼈가 엉치뼈와 융합해서 생기는 능선이 분명하게 드러나는 것으로 보아 25세에서 35세 사이임을 알 수 있었다. 따라서 지금까지 적어도 이 사람이 27세 백인 여성 패티 로저스임을 부정할 만한 단서는 나오지 않았다.

처음부터 우리 모두는 이 유해가 아마도 패티리라 예상하고 있었지만, 오랜 세월의 경험을 통해 나는 잘못된 가정이 생각을 흐리게 만들어 과학적 오류와 개인적 망신으로 이어질 수 있음을 배웠다. 이 교훈은 남군 장교 샤이 대령의 사망 후 경과시간을 거의 113년이나 틀리게 판단하는 바람에 톡톡히 망신을 당하면서 배운 것이었다. 부정확성 부분에서 이것은 나의 개인 기록이다. 시신의 신원이 밝혀지면서 강력계 수사관들이 깜짝 놀라는 경우도 몇 건 있었다. 모건 카운티에서 저명한 도급업자가 와트버그에서 실종되는 일이 있었다. 그리고 그 후로 몇 년 동안 누군가의 뼈가 발견될 때마다 경찰은 마침내 그를 찾았다고 가정했지만, 아니었다. 특히 최근에 발견된 뼈가 중년의 남성 도급업자가 아니라 18세의 여성이라고 알려주었을 때는 더욱 놀랐다.

그래서 나는 열린 마음을 유지하려고 노력하면서 97-23호 시신의 산산조각 난 뼈에서 단서를 찾기 시작했다. 하지만 자꾸 기어드는 비관적인 생각들을 막기는 어려웠다. 온전한 뼈가 하나도 없었다. 머리뼈도 대부분 행방불명이고, 모든 뼈가 새까맣게 타버렸다. 아니, 수정한다. '모든'이 아니라 '거의 모든'이다. 소각통 바닥에 떨어져 있던 척추뼈 몇 개는 대체로 멀쩡한 상태로 나왔고, 머리뼈의 오른쪽 윗부분에 있던 마루뼈도 상태가 대체로 좋았다. 우리가 수집한 다른 뼈들과 마찬가지로 마루뼈도 부러져 있었지만 산산이 부서진 다른 뼈들과 달리 마루뼈의 골절선은 불에 타지 않았다. 이 머리뼈를 골절시킨 것은 불길이나 머리뼈 속의 액체가 증발하면서 생긴 내부 압력이 아니었다. 사망 당시에 강력한 외력 등 다른 무언가가 머리뼈를 산산조각 낸 것이었다.

다른 머리뼈 조각을 살펴보다가 나는 그 강력한 힘이 무엇인지 강력하게 암시해주는 것을 찾아냈다. 왼쪽 마루뼈, 그리고 머리뼈바닥에서 나온 뒤통수뼈 조각 두 개 등 세 개의 서로 다른 머리뼈 조각 내부

표면에 검회색 물질의 흔적이 보였다. 금속의 흔적으로 보였다. 나는 그게 무엇인지 감이 왔고, 엑스레이 촬영을 통해 그 감이 사실임을 확인할 수 있었다. 그 물질은 엑스레이 사진에서 완전한 하얀색으로 나타났다. 방사선 불투과성 물질이었기 때문이다. 이것은 총알에서 튄 납이었다. 97-23호 시신 희생자는 머리에 총을 맞은 다음 시신이 불태워진 것이다.

하지만 시신 97-23호가 우리가 생각하는 그 여성, 즉 매트 로저스의 실종된 아내 패티임을 입증할 수 있을까? 얼굴의 특징이나 치아를 확보할 수 없으니 신원 확인을 할 방법은 DNA 검사밖에 없었다. DNA 검사는 1990년에서 1991년에 일어난 걸프전의 영향으로 5년 전부터 폭넓게 사용되고 있었다. 하지만 이 경우는 유전자 검사가 효과 있을 수도, 없을 수도 있었다. DNA는 뜨거운 열을 가하면 파괴되는데, 이 뼈들은 사실상 화장하는 것이나 다름없는 강력한 열에 노출되었다. 우리는 목뼈나 오른쪽 마루뼈의 불에 타지 않은 덩어리(총알이 머리뼈를 강타할 때 부러진 것으로 보이는 그 조각)에 패티의 혈연 가족에게서 채취한 표본과 비교해볼 수 있을 정도로 충분한 양의 DNA가 들어 있기를 바라는 수밖에 없었다. 우리는 척추뼈 조각 중 하나를 사설 법의학 실험실에 보내고, 경찰이 DNA 비교에 사용하기 위해 패티의 부모로부터 혈액 채취를 요청하는 모습을 지켜보면서 기도했다.

검사 결과를 기다리는 동안 우리는 뼈에 대한 조사를 다시 이어갔다. 내가 답을 구하고 싶은 더 중요한 질문이 하나 남아 있었다. 이 여성은 언제 사망했을까? 조앤은 그 해답을 구하는 데 도움을 줄 수 있는 이상적인 조수였다. 한 해 전에 그녀는 인류학 석사학위 과정을 마무리했다. 그리고 불에 의해 뼈가 어떻게 바뀌는지를 주제로 학위논문을 작성했다.

조앤의 연구는 두 가지 상황을 설정하고 불에 탄 뼈를 들여다보았다. 첫 번째 설정에서는 고고학적 설정을 재현하기 위해 선사시대 뼈들을 땅에 매장한 다음 그 위쪽 땅에서 모닥불을 피웠다. 이는 고대의 뼈가 매장되고 오랜 시간이 흐른 후에 어떤 변화가 생길 수 있는지, 즉 현대의 고고학자들이 고대 유적지를 발굴할 때 유적을 발견하고 해석하는 방법을 알기 위해 필요한 변화가 무엇인지 밝히기 위한 것이었다.

매트 로저스 사건과 직접적으로 연관이 있는 것은 두 번째 실험이었다. 이 실험에서는 현실적인 법의학적 설정을 재현했다. 조앤은 집 아래 있는 바닥밑공간에 뼈를 집어넣고, 집을 완전히 불태웠다(혹시 내 학생을 방화범이라 생각할 사람이 있지 않을까 싶어서 첨언한다. 그 집은 안전하지 못한 것으로 진단을 받은 상태였고, 조앤이 아니라 소방서에서 불을 질렀다. 소방서 측에서 친절하게도 그 집의 불길을 조앤이 연구에 사용할 수 있도록 허락해준 것이다. 이렇게 소방서의 협조를 끌어낼 수 있었던 것은 조앤이 지금은 남편이 된 소방관과 당시 연애 중이었다는 사실과 조금 관련이 있을지도 모르겠다).

조앤은 테네시에서 쉽게 구할 수 있고 사람의 뼈와 매우 유사한 사슴 뼈를 연구 표본으로 사용했다. 그녀는 일부 뼈는 바닥밑공간의 흙바닥 위에 놓아두었고, 일부 뼈는 표면 아래 2.5센티미터 깊이로 묻고, 일부 뼈는 5센티미터 깊이로 묻었다. 그리고 넉넉하게 뿌려놓은 휘발유의 힘을 빌려 집을 불태우기 시작했다.

집은 빠른 속도로 타들어갔다. 불과 두 시간 반 만에 목재주택은 연기만 모락모락 피어오르는 불씨만 남았다. 조앤은 하룻밤 동안 불의 열기를 식히고, 다음 날에 다시 돌아가 뼈와 열 탐침thermal probe을 회수해 왔다. 이 열 탈침은 뼈가 노출된 최고 온도를 측정하기 위해 설치해놓은 것이다. 바닥밑공간 자체의 온도는 섭씨 920도 정도까지 치솟았다. 땅속 2.5센티미터 깊이에서는 온도가 섭씨 680도까지 올라갔다. 그리고 5센티미터 깊이에서는 그나마 훈훈한 온도인 섭씨 580도까지 올라갔다. 강렬한 열기가 뼈에, 특히 그 표면에 수많은 균열을 만들어냈다. 표본들은 세로 방향(길이 방향)과 횡단 방향으로(옆 둘레를 따라) 골절이 가득했다.

조앤이 학위논문에 사용한 뼈 표본은 살을 발라내고 건조한 것이었다. 하지만 학위를 받은 후에 그녀는 살점으로 아직 덮여 있는 생뼈로 추가적인 실험을 진행했다. 그 실험은 사망한 지 오래되지 않은 시신을 불태울 때는 현저하게 다른 골절 패턴이 생길 수 있음을 암시했다. 생뼈는 불에 탈 때 휘어지는 경향이 있어서 횡단 골절이 그냥 뼈 몸통을 둘러싸는 것이 아니라 휘어지거나 심지어 나선형을 그리기도 한다.

조앤과 나는 매트 로저스의 뒤뜰에서 나온 불에 탄 뼛조각들을 조사하면서 그것을 그녀의 실험 표본, 그리고 나중에 진행한 실험에서 태운 생뼈의 사진과 비교해보았다. 그리고 매트 로저스의 뜰에서 나온 뼈가 휘어지지 않았고, 그 횡단 골절 역시 휘거나 나선형을 이루지 않는다는 점을 알아차리고 크게 놀랐다. 97-23호 시신의 경우 골절 패턴이 조앤의 학위논문 표본, 즉 살을 발라내고 건조시킨 후에 태운 뼈와 닮아 있었다. 조앤과 나는 예상치 못했으나 피할 수 없는 결론에 도달했다. 그 시신이 불타기 전에 이미 부패한 상태였다는 것이다. 하지만 어떻게 그렇게 빨리 부패했을까? 그리고 또 어디서? 그 질문이 내 뇌리를 떠나지 않고 괴롭혔다.

나는 발견한 내용을 보고서로 작성해서 그 복사본을 테네시 수사국 요원 대니얼스, 보안관실 수사관, 지방검사에게 보냈다. 그리고 오래지 않아 나를 괴롭히던 질문에 대한 답을 얻었다. 매트 로저스가 체포된 다음 날 대니얼스가 매트 로저스와 패티 로저스의 한 친구로부터 진술을 받았다. 크리스 워커Chris Walker라는 친구가 대니얼스에게 말하기를 패티가 실종되고 약 일주일 후에 매트 로저스의 차를 탄 적이 있었다고 한다. 그런데 그 차에서 지독한 악취가 났다. 워커의 말로는 무언가 죽은 것의 냄새였다고 한다. 그가 무슨 냄새인지 물었더니 매트는 패티의 애완용 거북이가 차 안에서 길을 잃고 죽었다고 했다. 워커의 말에 따르면 악취가 너무 지독해서 차창 밖으로 머리를 내밀고 숨을 쉬어야 했다고 한다. 작은 거북이 한 마리에서 나오는 것치고는 엄청난 강도의 악취였다.

워커가 테네시 수사국 요원에게 말하기를 악취가 심한 차에 타고 며칠 후에 그 차가 녹스빌 방향으로 도시를 빠져나와 견인되고 있는 것을 보았다고 한다. 집에 돌아온 워커는 그 차를 어디로 가져갔는지 알아내려고 녹스빌의 견인차 회사 몇 곳에 전화를 돌려보았지만, 운이 따라주지 않았다.

워커의 진술은 우리가 발견한 내용과 완전히 맞아떨어졌다. 뼈에서 드러난 골절 패턴을 보면 시신이 한두 주 정도 7월의 무더위에 자동차 트렁크에 들어가 있었을 때 예상할 수 있는 패턴과 정확히 일치했다. 짙은 색깔의 자동차(이 경우는 파란색 뷰익 리걸Buick Regal)의 트렁크 온도는 여름 한낮에는 섭씨 38도를 훌쩍 넘을 수 있다. 그런 뜨거운 환경에서 한 주 정도 있으면 부패 속도가 엄청나게 빨라질 것이다. 그리고 크리스 워커가 느꼈듯이 차에서도 끔찍한 악취가 날 것이다.

사라진 차를 찾으려고 애쓴 사람이 워커만은 아니었다. 그의 진술을 받아낸 이후로 테네시 수사국과 유니언 카운티 보안관실 수사관들은 그 차를 찾아내려 했지만 헛수고였다. 소문에 따르면 그 차는 녹스빌 고철처리장으로 끌려가 단돈 몇 달러에 팔려 신속하게 해체되었다고 한다. 나는 그 차를 조사해볼 기회가 없었던 것이 늘 안타까웠다. 그 차가 있었다면 내 학생이었던 법의화학 천재 아르파드 바스가 휘발성 지방산의 도말 표본을 채취해서 그 자동차 트렁크에서 시신이 부패했음을 입증할 수 있었을 것이다.

차 안에서 부패한 것으로 보이고, 뒤뜰에서 불에 태워진 것이 분명한 그 시신은 실제로 패티 로저스로 밝혀졌다. 우리가 검사를 위해 보냈던 뼈 표본에서 패티의 부모에게서 채취한 표본과 비교해볼 수 있는 충분한 양의 DNA가 검출됐다.

예비심문에서 매트 로저스는 자신의 아내 패티의 사망에 대한 1급 살인 기소에 대해 무죄를 주장했다. 하지만 재판 전날 그는 자기에게 불리한 법의학적 증거들에 대해 곰곰이 생각해보았다. 우리 보고서에서는 머리에 난 총상, 부패 기간, 얼굴과 치아만 사라지고 나머지 골격은 거의 빠짐없이 재구성되어 있는 점 등을 자세하게 보고하고 있었다. 만약 그 상태로 재판에 나서서 유죄 판결이 이루어진다면 가석방 없는 종신형을 선고받을 수도 있었다.

패티의 불에 탄 뼈가 그녀의 집 뒤뜰에 있는 소각통과 쓰레기 구덩이에서 수습된 지 5개월 후인 1997년 12월 19일에 매트 로저스는 2급 살인에 대한 유죄를 인정했다. 그리고 25년형을 선고받았다.

생전에 패티 로저스는 불행하고 문제가 많은 여성이었다. 그녀는 중독에서 벗어났다고는 하지만 한때 코카인 중독자였다. 그리고 진지하게 자살을 생각한 적도 있었다. 하지만 실종되기 불과 2주 전 한 친구에게 보낸 편지에서 그녀는 절실히 바라던 살찌우기도 성공했고, 치아도 치료받았다고 했다. 그녀는 이어서 이렇게 말했다. "언젠가 사람들을 놀라게 만들 거야. 너희 모두가 나를 자랑스러워하게 만들겠어." 소름 돋게도 그 편지에는 이런 부탁도 함께 들어 있었다. "언젠가 신께서 나를 데려가신다면 내 아이들을 돌봐주겠다고 약속해줘." 듣자 하니 패티의 딸들은 그녀의 첫 번째 남편이었던 아빠가 데려가서 플로리다에서 함께 살고 있다고 한다.

한편 매트는 현재 복역 중이다. 아마도 힘든 시간을 보내고 있을 것이다. 그는 브러시 마운틴 주립교도소Brushy Mountain State Penitentiary에 있다. 이곳은 한 세기 전에 험준한 절벽 기슭에 돌로 세워진 암울한 요새 같은 감옥이다. 브러시 마운틴은 탈출이 불가능한 곳으로 유명하다. 지금까지 딱 한 명의 죄수가 탈출에 성공했다. 마틴 루서 킹 주니어Martin Luther King Jr.를 살해한 혐의로 유죄 선고를 받은 제임스 얼 레이James Earl Ray다. 그는 결국 교도소를 둘러싸고 있는 춥고 가혹한 산악 지형에서 블러드하운드 경찰견과 간수들에게 붙잡혔는데, 오히려 붙잡힌 것을 다행이라 여기는 듯했다.

남편에게 살해당해서 불태워진 패티 로저스가 자신이 발견된 것을 두고 사후에라도 감사히 여길 것이라 말할 수는 없을 것 같다. 하지만 법의인류학자로서 나는 그녀를 발견하고, 신원을 확인하고, 적어도 그녀를 위해 최소한의 정의를 실현하는 데 도움이 될 수 있었다는 것에 감사한다. 그녀의 이야기는 내가 처음에 걱정했던 것처럼 조각조각 단편적이지는 않았다. 아무리 상상력을 동원해봐도 이것을 해피엔딩이라 할 수는 없을 것이다. 하지만 암울하게나마 만족스러운 결말이지 않나 싶다. 살인사건에서는 이것이 우리가 얻을 수 있는 최선의 해피엔딩이니까 말이다.

17

우연을 가장한 설계자

죽음과 범죄에는 국경이 없다. 그리고 죽은 자의 뼈는 그것이 녹스빌에서 발견됐든, 뉴욕 또는 멕시코에서 발견됐든 상관없이 보편적 언어로 말한다.

텍사스 샌안토니오에서 남쪽으로 160킬로미터 떨어진 곳에 인구 300만 명 정도의 도시인 멕시코의 몬테레이가 있다. 멕시코 누에보레온Nuevo León주의 주도인 몬테레이는 사람들로 북적거리는 산업의 중심지로, 스페인어를 많이 사용하고 창백한 피부의 백인이 드물다는 점을 제외하면 미국의 도시로 착각하기 쉽다.

1999년 1월 17일에는 내가 창백한 피부로 몬테레이 국제공항에 도착했다(나는 비행기 여행을 무서워하는 사람이다). 나는 존 깁슨John Gibson

이라는 보험 조사관을 만나기 위해 멕시코로 여행을 해야 했다. 운이 따라준다면 그를 만나 700만 달러짜리 질문에 대한 해답을 찾을 수 있을 것이다.

몬테레이 동쪽 가장자리에 위치한 교외인 과달루페Guadalupe의 경찰 압수물 보관소의 철조망 울타리 안쪽에 쉐보레 서버밴Chevy Suburban 차량의 잔해가 놓여 있었다. 6개월 전인 1998년 6월에 이 서버밴 차량은 사람의 시신을 몇 줌의 검게 탄 뼛조각으로 만들 만큼 강력한 열기를 내며 불탔다.

다른 많은 사건과 마찬가지로 이번 사건도 벽에 막혀 막막해진 보험 조사관의 전화 한 통으로 시작됐다. 샌안토니오에 적을 둔 깁슨은 대형 보험회사인 켐퍼 생명보험사Kemper Life에 고용되어 보험 계약자 중 한 명의 사망에 대해 조사하게 됐다. 깁슨은 이미 그 차량을 살펴보고 그 안에 타고 있던 사람이 거의 남아 있지 않다는 것을 알고 있었다. 이제 그와 켐퍼 생명보험사는 그 유해의 신원을 확인하기 위해 나의 도움이 필요했다.

깁슨은 공항에서 나를 만나 쉐라톤 앰배서더 호텔로 데리고 갔다. 이곳은 검정 유리로 번쩍이는 고층 건물로, 로스앤젤레스나 투손Tucson 같은 곳에 있어도 잘 어울렸을 것 같았다. 호텔 식당에서 이른 저녁식사를 하며 깁슨은 그 사건의 세부적인 내용을 알려주었다.

이 보험 계약자는 매디슨 러더퍼드Madison Rutherford라는 미국인으로 코네티컷 출신의 34세 투자자문이었다. 매디슨과 그의 아내 라이니Rhynie는 댄베리Danbury 외곽에 2만 제곱미터의 식민지 시대 농장을 소유하고 있었다. 부부는 숲이 우거진 땅에서 개, 고양이, 닭 등을 키웠다.

라이니는 매디슨이 가입한 생명보험의 유일한 보험금 수령인이었다.

이 일을 하다 보면 사람마다 삶과 죽음에 부여되는 가치가 참으로 다양하다는 사실을 새삼 떠올리게 된다. 어떤 사람은 너무도 가난하고, 너무도 외롭고, 너무도 가진 것이 없이 죽음을 맞이해서 그 시신이 아무도 찾는 사람 없이 시체안치소에 보관되어 있다가 결국 카운티 검시관이나 코로너 검시관에 의해 극빈자용 무덤에 묻히게 된다. 반면 사랑하는 가족, 사회적 지위, 두둑한 보험금으로 축복받은 사람은 슬픔과 영광, 금전적 풍요로움 속에서 세상과 작별한다. 우리는 대부분 그 중간 어디쯤에 해당한다. 지난번에 누군가 내게 물어봤을 때 나는 내가 생명보험에 가입했다는 사실조차 기억하지 못하고 있었는데, 아내 캐럴Carol이 내가 생명보험에 가입했다는 사실을 알려주었다. 하지만 변변치 않은 액수다. 나는 죽을 가치도 별로 없고, 죽일 가치도 별로 없는 사람이다.

반면 매디슨 러더퍼드는 죽음의 가치가 무려 700만 달러나 되는 사람이었다. 그중에서 400만 달러는 켐퍼 생명보험사를 통해 가입한 것이고, 300만 달러는 또 다른 생명보험사인 CNA를 통해 가입한 것이었다. 이 정도면 분명 그를 죽일 만한 가치가 있다고 생각할 사람이 나올 법하다.

매디슨과 한 친구가 7월 10일 즈음에 몬테레이에 도착했다. 들리는 얘기로는 동쪽으로 160킬로미터 정도 떨어진 도시 레이노사Reynosa에 있는 개 사육자에게 가는 길이었다고 한다. 매디슨은 그곳에서 이국적인 브라질 견종을 한 마리 구입할 계획이었다. 마스티프의 변종인 필라Fila라는 종이었다. 매디슨은 몬테레이에서 자전거를 하나 사서 차에 실었다. 그의 말로는 그 개 사육자를 위한 선물이라고 했다.

7월 11일 밤에 매디슨은 친구를 호텔(깁슨과 내가 지금 머물고 있는 바로 그 쉐라톤 호텔)에 두고 레이노사로 출발했다. 7월 12일 동트기 전 몬테레이로 돌아오던 길에 그가 렌트한 서버밴 차량이 고속도로를 벗어나면서 경사면을 들이받아 화염에 휩싸였다. 경찰과 소방관들이 현장으로 급히 달려갔지만 화염이 너무 강력해서 손을 쓸 방법이 없었다. 마침내 불이 잦아들었을 때 그들이 차량 내부를 들여다보았지만 그 안에는 아무것도, 아무도 보이지 않았다.

그날 오전 늦게 경찰이 렌터카 업체와 접촉해봤고, 그 업체는 다시 매디슨의 친구에게 연락했다. 그 친구는 토머스 피에트리니Thomas Pietrini라는 코네티컷주 은퇴 경찰이었다. 피에트리니는 렌터카 업체 직원에게 불에 탄 서버밴 차량을 가져다 놓은 과달루페의 압수물 보관소로 함께 가자고 요청했다.

일단 그곳에 도착한 피에트리니는 조수석 쪽으로 몸을 기울여 바닥에 있는 불에 탄 잔해들을 뒤적거려 보았다. 그리고 검게 그을린 손목시계를 가지고 나왔다. 시계 뒤쪽에는 검댕이가 묻은 글자가 새겨져 있었다. "매디슨에게 - 사랑을 담아 라이니가." 조금 더 수색을 해보니 의료 경고용 팔찌가 나왔다. 팔찌 착용자, 즉 매디슨 러더퍼드가 페니실린에 알레르기가 있음을 알리는 팔찌였다. 피에트리니는 뼈도 찾아냈다. 더 정확히 말하면 완전히 재가 된 뼈의 파편이었다. 나는 그 차량에 내가 찾을 만한 것이 과연 남아 있을지 궁금해졌다.

내가 도착한 다음 날인 월요일에 깁슨이 나를 차에 태우고 과달루페에 있는 압수물 보관소로 데리고 갔다. 지난 30년간 나는 수십 대의 불에 탄 차량을 발굴해봤지만 이렇게 철저하게 타버린 차량은 처음이었다. 유리는 사라지고 없었다. 원래 짙은 파란색 페인트가 칠해져 있었던 것 같은데 그 페인트도 완전히 벗겨져 녹슨 강철만 남았다. 차의 지붕 한구석이 부분적으로 녹아서 무너져 있었다. 차량의 내부에는 좌석 프레임과 코일 스프링, 차량 자체의 불에 그을린 뼈대 등 금속 말고는 사실상 아무것도 살아남은 것이 없었다. 차가 입은 손상을 보니 뼈에 대한 깁슨의 설명을 듣고 이미 의심하고 있던 부분을 눈으로 확인할 수 있었다. 이것은 정말 엄청나게 믿기 어려울 정도로 강렬한 화염이었다.

사람의 몸을 완전히 재로 만들려면 엄청난 열이 필요하다. 사람의 몸은 무게로 따지면 거의 대부분이 물이기 때문에 시신을 불태우는 것은 축축하게 젖은 나무에 불을 붙이는 것과 비슷하다. 하지만 일단 불이 붙기만 하면 사람의 몸은 놀라울 정도로 잘 탄다. 한 가지 이유는 우리 몸에 들어 있는 탄소 때문이다. 그리고 우리 몸에 들어 있는 지방도 또 하나의 이유다.

몇 년 전에 우리 법의학 대학원생 중 한 명이 '자연발화$_{spontaneous\ combustion}$' 사건에 기여하는 요인들을 연구했다. 이것은 사람의 몸에 불이 붙어 모두 타버리는 현상을 말한다. 물론 이 발화는 사실 자발적인 발화와는 거리가 멀다. 사람의 몸에서 불이 시작되려면 발화원(예를 들면 불붙은 담배꽁초)과 외부 연료원(예를 들면 침대 매트리스나 소파)이 모두 필요하다. 하지만 일부 사례에서, 특히 희생자가 지독히 비만인 경우에는 그 기름기 때문에 거대하고, 뜨겁고, 그을음투성이인 불이 붙을 수 있다. 나는 이 학생의 연구에서 섬뜩한 교훈을 얻을 수 있다면 그것은 바로 체중 감량에 신경 쓰고 침대 위에서는 담배를 태우지 말라는 것이 아닐까 싶다(나는 한 가지는 어느 정도 하고 있고, 한 가지는 절대 하지 않고 있다).

테네시대학교 인류학과 대학원생들은 실제로 기증 받은 시신과 절단된 팔다리를 불에 태워 시신이 불에 탈 때 정확히 무슨 일이 일어나는지에 관한 과학적 자료를 수집했다. 그 과정을 직접 관찰하고 사진 기록으로 남김으로써 이 연구자들은 시신이 불에 타는 정상적인 과정을 판단하는 기준이 될 자료를 수집할 수 있었다. 이런 자료로 무장하면 경찰이 비정상적이거나 의심스러운 패턴을 찾아내는 데 도움을 줄 수 있다.

예를 들면 불에 타는 시신은 일반적으로 '투사형 자세'라는 것을 하게 된다. 근육과 힘줄이 가열되면 수분이 모두 증발하면서 그 결과로 수축이 일어나고 손은 주먹을 쥐게 된다. 팔도 구부러지면서 마치 권투선수가 가드를 올리는 것처럼 주먹이 어깨 쪽으로 움직인다. 다리도 살짝 구부러지고 등도 살짝 아치형으로 굽는다. 시체가 실제로 움직이며 권투선수의 자세로 변하는 모습을 보면 섬뜩한 기분이 든다. 마치 저승사자를 상대로 필사적인 최후의 저항을 하는 모습처럼 보인다. 섬뜩함을 제외하면 이것은 과학적 이해를 도와주는 현상이다. 실제 법의학 수사에서 불에 탄 시신이 투사형 자세를 하고 있지 않다는 것은 희생자가 사망 당시 팔이 등 뒤에 묶여 있거나 했다는 단서가 될 수 있다.

하지만 이번 경우에는 그런 단서를 찾아낼 가능성이 제로였다. 우선 이미 몬테레이 검시관 소속 직원들이 서버밴에서 유해를 치워버렸다. 둘째로 열이 워낙에 강렬했기 때문에 대부분의 뼈가 조각만 남기고 모두 타버렸다. 그래서 바스러지기 전에 팔이 구부러져 있었는지, 펴져 있었는지, 아니면 자유롭게 풀려 있었는지, 묶여 있었는지 판단할 방법이 없었다.

나는 폐허가 된 자동차 옆에 무릎을 꿇고 앉아 운전석 문 안쪽으로 몸을 들이밀고 바닥에 남은 뼈나 치아를 찾아 불에 탄 잔해들을 뒤지기 시작했다. 그리고 곧이어 잔해 깊숙한 곳에서 휘어진 작은 회색의 뼛조각을 발견했다. 크기가 20~25제곱센티미터밖에 안 되는 작은 것이었지만 머리덮개뼈의 꼭대기 부분임을 알아볼 수 있었다. 매끄러운 안쪽 표면은 불에 타 사라지고 스펀지 같은 뼈의 내부가 드러나 있었다.

잔해 속에서 뼈를 찾아냄으로써 나를 걱정시키던 한 가지 의문에 대한 답을 구할 수 있었다. '시신이 실제로 서버밴에서 탄 것일까, 아니면 이미 타버린 시신을 차량이 불타기 전이나 불타는 동안에 그냥 던져 넣은 것일까'라는 의문이었다. 불에 탄 다른 물체들이 그 주변을 감싸고 있는 것으로 보아 시신이 실제로 서버밴 안에서 불탄 것임을 확인할 수 있었다.

하지만 머리덮개뼈 조각을 찾음으로써 한 가지 중요한 의문은 지금 막 해결됐지만 마찬가지로 중요한 또 다른 질문이 다시 막 생겨났다. 대체 머리뼈 위쪽이 잔해 더미 바닥에서 무엇을 하고 있던 것일까? 그리고 왜 윗면이 아래로 향하고 있었을까? 물론 이론적으로는 불이 타고 있는 동안이나 그 후에 검시관 소속 직원들이 발굴하는 과정에서 뼈가 높은 곳에서 떨어졌거나, 아니면 거칠게 움직여서 그렇게 됐을 수도 있다. 하지만 그렇게 해서는 뼛조각의 위치와 상태를 설명할 수 없다. 오목한 머리뼈덮개 안쪽 표면은 불에 타서 사라진 반면 머리 제일 꼭대기의 바깥쪽 표면은 상대적으로 손상을 덜 입었기 때문이다. 그것의 의미는 단 하나, 불이 타는 동안 시신이 운전석 바닥에 머리를 박고 있었다는 뜻이다.

다음에 자동차 운전석에 앉을 일이 있으면 실험을 하나 해보자. 머리가 가속페달 옆에 가도록 자세를 뒤집는 것이다. 쉽지 않을 것이다. 내가 직접 해봐서 안다. 차가 구르는 일 없이 도로에서 벗어나 도랑에 처박혔을 때 자세가 그렇게 뒤바뀔 수 있는 시나리오를 상상할 수 있겠는가? 화석생성학적으로taphonomically 말이 안 된다.

사람의 유해, 유물, 그리고 흙, 나뭇잎, 곤충의 껍질 같은 자연적 요소의 상대적 위치 배열을 연구하는 학문인 화석생성학taphonomy은 범죄 현장에서 법의인류학자에게 가장 중요한 정보원 중 하나다. 시신이나 골격 주변에 기름기 많은 검정색 얼룩이 남아 있는가? 그렇다면 그것은 사망과 부패가 동일한 장소에서 일어났음을 말해주는 신호다. 아니면 땅바닥이 깨끗하고 주변 식물도 건강해 보이는가? 이는 시신을 다른 장소에서 옮겨 왔거나 끌고 왔음을 말해주는 신호다. 뼈가 옷 속에 들어 있는가, 옆에 놓여 있는가? 머리뼈 속에 말벌 집이 있거나, 흉곽을 뚫고 어린 묘목이 자라났는가? 이런 것들 모두 화석생성학 퍼즐에서 중요한 조각들이다. 이런 정보는 사람이 언제, 어떻게 죽었는지에 관해 많은 것을 밝혀줄 수 있다.

매디슨 러더퍼드 사건의 경우에는 화석생성학이 온통 뒤죽박죽이었다. 만약 매디슨이 고속도로를 벗어나 도랑에 처박혀 그 충격으로 사망했거나 의식을 잃었다면 운전석 앉은 자리에서 그대로 불에 탔을 것이다. 하지만 그의 시신은 위아래가 뒤집어진 상태에서 불에 탔다. 그가 안전벨트를 하고 있지 않았다 하더라도 사망이나 의식불명을 일으킬 정도의 강한 충격이라면 에어백이 작동해서 그의 움직임을 제한했을 것이다. 화석생성학적 관점에서 보면 그의 자세는 무언가 이상한 냄새가 난다는 경고 신호였다.

머리덮개뼈 조각을 봉투에 담고 라벨을 적은 후에 차량의 나머지 부분을 조사해봤지만 더 이상 뼈나 치아는 나오지 않았다. 그 머리뼈 조각을 제외하면 검시관의 직원들이 서버밴 발굴 작업을 철저하게 진행한 것으로 보였다.

차량에서 무엇을 발견했느냐만큼 중요한 것이 무엇이 발견되지 않았느냐는 것이다. 매디슨이 구입했다는 자전거가 사라지고 없었다. 한편으로 보면 자전거가 없다는 것은 매디슨이 그의 계획대로 개 사육자의 집에 도착해서 그 자전거를 선물로 주었다는 얘기가 될 수 있었다. 하지만 한편으로 보면 서버밴 안에는 개 뼈도 없었다. 따라서 개가 불길을 피하는 재주가 사람보다 훨씬 뛰어나다고 증명되지 않는 한, 발견되었어야 하는 것과 실제로 발견된 것 사이에 불일치가 존재했다. 이것이 또 다른 단서가 되어주었다.

화재에 의해 차량이 입은 손상 역시 또 하나의 단서였다. 기름통에 들어 있는 연료를 제외하면 차량에는 가연성 재료가 그리 많이 들어 있지 않다. 불이 붙을 것이라고는 약간의 카펫과 좌석 커버, 차량 내부에 덧대는 천 정도가 고작이다. 하지만 이 서버밴은 놀라운 열기로 불타올랐다. 불길이 어찌나 강했는지 소방관들이 불길을 그냥 보고만 있어야 할 정도였다. 나는 방화사건 수사관은 아니지만 불에 탄 차량을 여럿 발굴해보았고, 방화사건 전문가와도 많은 대화를 나누어봤기 때문에 그에 관한 기초적인 지식은 갖고 있었다. 차량에 가해진 파괴적 손상의 정도로 판단할 때 서버밴 안에 들어 있는 인화성 물질의 양(수사관들은 '연료 적재량 fuel loading'이라 부른다)이 일반적인 경우보다 훨씬 많았다. 이것은 다량의 가연성 촉매제가 화재를 더 키웠으며, 그중 상당 부분이 차량의 뒤편 오른쪽 구석에 집중되었음을 말해주었다. 그쪽 차량 지붕이 강력한 열기에 무너져 있었기 때문이다.

황폐화된 서버밴 위로 산들바람에 휘날리는 다른 붉은 깃발이 경고 신호를 보내고 있었다. 매디슨의 차는 고속도로를 벗어나 도랑에 빠지면서 경사면을 아주 세게 들이받아 불이 난 것으로 추정된다. 하지만 차량 앞쪽에 손상이 거의 없었다. 그리고 사고 현장을 찾아가 본 깁슨의 말에 따르면 그 경사면이 아주 살짝만 긁혀 있거나 충격 부위만 살짝 파여 있었다고 한다. 한마디로 그 차량 충돌은 사람이 멀쩡히 걸어서 나오거나 후진으로 빠져나올 수 있을 만큼 경미한 수준이었다는 의미다.

하지만 몬테레이 법의학센터로 차량을 가지고 와서 보니 그 안에 뼈가 들어 있었다. 매디슨 러더퍼드로 추정되는 누군가가 바퀴 네 개 달린 그 지옥 불에서 걸어 나오지 못했다는 분명한 증거였다.

몬테레이 법의학센터는 새로 지어서 비까번쩍한 시설이었다. 녹스빌 테네시대학교 메디컬센터에 추가로 지어진 지역법의학센터Regional Forensic Center보다 훨씬 크고 웅장했다. 존 깁슨과 내가 그 시설에 도착했을 때 몬테레이와 멕시코 정부 관료들로 구성된 작은 사절단이 우리를 맞이해주었다. 나 말고는 모두 스페인어로 대화하고 있어서 나는 그들이 누구인지 알 수 없었지만, 깁슨의 유창한 스페인어 덕분에 나는 곧 실험실에 도착해서 일에 착수할 준비를 할 수 있었다. 검시관 소속 직원 중 한 명인 호세 가르자Jose Garza 박사가 뼈, 치아, 그리고 서버밴에서 발굴한 다른 항목들을 가져다주었다. 한때는 건장했던 한 남성이 여섯 개 정도의 작은 비닐봉지에 퍼 담겨 봉인되어 있었다.

당연한 얘기지만 봉투에 담겨 있는 뼈들은 대부분 소성되어 있었다. 그 안에 들어 있던 유기물질이 완전히 타버렸다는 의미다. 이 소성 뼛조각들은 분필 같은 질감에 가볍고 잘 부서지는 회색 물질로 변해 있었다. 아주 강렬한 화재에서 예상되는 바로 그런 모습이었다. 하지만 자동차에서 발견된 의료 경고용 팔찌는 놀라울 정도로 손상이 없었다. 이 팔찌는 의학의 상징 카두세우스caduceus(두 마리 뱀이 꼭대기에 날개가 달린 지팡이를 감고 올라간 형상 - 옮긴이)가 붉은색 에나멜 물감으로 그려져 있는 스테인리스 재질의 팔찌였다. 그리고 놀랍게도 착용하고 있던 흔적도 보이지 않았다. 걸쇠가 열려 있었기 때문이다.

뼈를 소성시킬 정도로 뜨거운 불이면 유전물질이 버틸 수 없다. 그래서 소성 뼈에서 DNA 표본을 추출해 신원 확인에 사용하기는 불가능했다. 하지만 대부분의 뼈가 소성되기는 했지만 모두가 그런 것은 아니었다. 예를 들어 내가 발견한 머리뼈 조각은 분명 검사할 수 있을 정도의 DNA가 나올 것이다. 그리고 검시관이 수습한 치아 네 개 중에도 검사가 가능한 것이 하나 이상 있을 것이다. 이 DNA를 아직 살아 있는 매디슨 러더퍼드의 부모에게서 추출한 표본과 비교하면 이것이 매디슨의 뼈인지 여부를 거의 확실하게 알아낼 수 있을 것이다. 하지만 문제가 있었다. 깁슨의 말에 따르면 매디슨의 부모가 표본을 제공하지 않았다고 한다.

내게는 아들이 세 명 있다. 만약 한 아들이 사망한 것으로 의심되는 경우라면 아들로 추정되는 시신이 정말 내 아들이 맞는지 확실히 알고 싶을 것이다. 신원 확인이 가져다줄 슬픔이 아무리 크더라도 그것을 거부할 부모가 있으리라고는 상상하기 힘들다. 비교해볼 DNA 표본이 없다는 게 또 하나의 경고 신호였다. 이제 이 사건은 중국의 열병식보다도 더 많은 붉은 깃발이 펄럭이고 있었다.

현대적인 DNA 검사 기법을 이용해서 불에 탄 시신의 신원을 확인할 수 없다면 구식의 자연인류학 검사 기법에 의존할 수밖에 없다. 나는 뼈에서 그 이야기를 알아내야 했다. 머리뼈를 재구성하기 시작하자 이야기가 복잡해지기 시작했다. 나는 골화가 시작되는 안쪽 면에서 머리뼈 봉합이 융합되기 시작한 것을 볼 수 있으리라 기대했다. 그럼 이 봉합이 어둡고 구불구불한 선으로 드러나 있어야 했다. 하지만 봉합은 거의 완전하게 골화해 간신히 알아볼 수 있을 정도로 살짝 솟아 있을 뿐, 마치 조인트 컴파운드joint compound를 발라 덮은 석고판 이음매처럼 매끄러운 뼈로 되어 있었다. 다른 뼛조각들도 잘 발달된 근육 부착부를 가진 튼튼한 뼈이고, 관절염이 광범위하게 진행되고 있었음을 보여주었다.

"매디슨이 서른네 살이라고 하셨던가요?" 내가 깁슨에게 묻자 그가 고개를 끄덕였다.

서버밴 차량 바닥에서 치아 네 개가 수습됐다. 앞니 세 개와 제2대구치 하나였다. 어느 치아에도 충전물로 치료한 흔적은 보이지 않았다. 적어도 거기까지는 매디슨의 치과 진료 기록과 맞아떨어졌다. 하지만 상악 전치 두 개에 치료하지 않은 큰 충치가 있었다. 돈 많은 투자자문의 치아에서 볼 수 있는 성질의 것이 아니었다. 대구치는 심하게 닳아 있었다. 마치 내가 선사시대 무덤에서 발굴한 치아 같았다. 선사시대 치아의 주인은 평생 돌로 간 곡물을 먹으면서 자신의 치아도 꾸준히 함께 갈아냈다. 전치에는 다른 두 가지 눈에 띄는 특성이 있었다. 치아가 납작한 정사각형의 삽처럼 생기고, 안쪽에는 U 자 모양의 테두리가 보였다. 그리고 가장자리가 닳아 있는 형태를 통해 전형적인 유형의 교합을 갖고 있음을 알 수 있었다.

나는 깁슨을 불러서 치아를 보여주며 말했다. "여기 마모 패턴이 보입니까? 교합마모occlusal wear라는 겁니다. 치아들끼리 서로 딱딱 부딪히고 문질러지면서 생기는 것이죠. 이 경우 이 윗니들의 가장자리가 아랫니의 가장자리와 거의 정확하게 맞물립니다. 이런 경우를 절단교합edge-to-edge bite이라고 합니다. 유럽 혈통의 사람에게서는 이런 유형의 교합이 생기지 않죠."

"그럼 어떤 사람한테 생기는데요?" 깁슨이 물었다.

"아시아인, 에스키모인, 아메리카 원주민 같은 몽골 혈통 사람들이요."

깁슨이 나를 빤히 쳐다보며 말했다. "그러니까 그 말씀은 여기 이 치아가……?"

닳은 치아, 보이지 않는 봉합 등의 퍼즐 조각이 모두 제자리를 찾아 갔다. 그리고 그렇게 맞춰진 그림은 이것이 매디슨 러더퍼드의 시신이 아님을 말해주었다. "이것은 서른네 살의 코네티컷 증권중개인의 시신이 아닙니다. 이것은 50세나 60세쯤 된 멕시코 노동자의 시신이에요." 내가 깁슨에게 말했다.

이 불에 탄 뼈의 신원 확인에 막대한 돈이 걸려 있었다. 켐퍼 생명보험사의 보험 상품은 '사고'가 일어나기 불과 6개월 전에 나온 것이었고, 매디슨은 그 보험에 가입하면서 켐퍼 생명보험사에 CNA 보험은 해지할 거라고 말했다. 하지만 그는 오히려 CNA의 보험료를 두 배로 올렸다.

이제 매디슨이 자동차 사고로 사망한 것도 아니고 무자비하게 살해된 것도 아님이 분명해졌다. 그는 교묘하게 자신의 사망을 꾸며냈다. 그의 비극적인 죽음은 700만 달러를 노린 정교한 사기극이었다. 내가 찾아낸 사실을 바탕으로 켐퍼 생명보험사는 매디슨의 '유족' 라이니에게 400만 달러 보험금 지급을 거부했다. 보험업계의 공식적 표현으로는 "사망자가 피보험자가 아니다"라는 것이 그 이유였다.

라이니는 켐퍼 생명보험사를 상대로 소송을 걸었다. 그리고 CNA를 상대로도 소송을 걸었다. CNA 역시 300만 달러의 보험금 지급을 망설이고 있었다. 법의학적 증거는 분명 보험회사의 손을 들어주고 있었다. 하지만 이 사건의 맞은편에는 멕시코 당국으로부터 사망진단서를 받은 한 여성이 있었다. 이 여성은 남은 유해의 일부를 화장해서 뿌렸고, 지금은 누가 봐도 혼자 살고 있었다. 배심원단이 과학적 증거에 눈감고 라이니가 주장하는 버전으로 사건을 받아들일 위험도 있었다. 슬픔에 빠진 유족이 피도 눈물도 없는 무정한 보험회사들에게 학대를 당하고 있다는 버전 말이다. 양쪽 보험회사 모두 법정 밖에서 합의를 보았다. 켐퍼 생명보험사는 보험금 중 일부만 지불하기로 했고, CNA도 그보다는 많지만 어느 정도 절충한 금액을 지급하기로 합의했다.

한편 매디슨 러더퍼드, 그러니까 살아 숨 쉬고 있는 매디슨 러더퍼드는 불에 타 재만 남은 것보다도 철저하게 허공으로 사라져버렸다. 그리고 그것으로 끝인 것 같았다. 한동안은 말이다.

나는 조작된 사망에 관한 파일을 치우고 현실의 삶으로 돌아왔다. 애넷의 갑작스러운 죽음 이후에 찾아온 슬픔의 잿더미에서 차츰 벗어나자 다시 한번 행복이 찾아왔다. 그렇게 상황이 바뀌게 된 데는 막내아들 짐의 역할이 컸다. 애넷이 세상을 뜨고 몇 달 동안 슬픔에 잠겨 있었는데, 어느 날 짐이 애틀랜타에서 나를 보러 왔다. 그리고 나는 막내에게 너무 외롭다고 말했다. 그랬더니 난데없이 짐이 이렇게 말했다(이것은 질문이 아니라 제안이었다). "캐럴 리 아주머니하고 결혼하는 거 어때요?" 일단 듣고 나니 '내가 왜 진작 그 생각을 못 했지?'라는 말이 떠오를 만큼 기발한 아이디어였다.

캐럴 리 힉스Carol Lee Hicks와 나는 버지니아에서 함께 자랐다. 그녀는 나보다 아홉 살 어렸지만, 마을이 작고 가족끼리도 가까웠기 때문에 우리는 자주 함께 놀았다. 사실 1944년 7월 어느 날에 캐럴의 할머니 집에서 그녀와 함께 놀았던 기억이 있다. 숨바꼭질 놀이를 하다가 신나는 닭 쫓기 놀이를 했다(1944년에 버지니아 남부에서는 놀거리가 있는 곳이면 어디서든 그것을 갖고 놀았다). 점심시간이 되어갈 때 도로를 따라 캐럴의 아빠가 운영하는 제분 공장으로 달려가고 있었는데, 캐럴이 옆구리와 다리가 아프다고 했다. "거의 다 왔어. 여기서 멈추지 마." 내가 이렇게 말하고 그녀를 보았는데, 눈에 들어온 모습에 이런 말이 절로 나왔다. "좋아. 여기 둑에 잠시 앉아서 쉬자."

그날 오후에 캐럴은 열이 나기 시작했다. 그리고 다음 날에는 상태가 악화해 오한이 들었다. 그녀의 담당 의사는 소아마비에 대한 학술지 기사를 막 본 상태였고, 캐럴이 소아마비 초기 단계라는 것을 신속하게 알아보았다. 그가 캐럴을 린치버그에 있는 병원에 바로 보낸 덕에 캐럴이 지금까지 살아 있는 것인지도 모른다.

캐럴은 두 발로 걸어서 병원에 들어갔다. 하지만 3일 후에 열이 내렸을 때는 이미 허리 아래로 마비가 찾아와 있었다. 캐럴은 병원에서 7, 8개월 정도를 보냈고, 1945년 초가 되어서야 다시 걸을 수 있었다. 캐럴은 운이 좋았다.

지금은 소아마비가 거의 잊힌 병이지만, 20세기 전반부만 해도 소아마비는 거의 성경에 나오는 것 같은 엄청난 규모의 전염병이었다. 죄 없는 수만 명의 아동과 젊은 성인이 죽거나 장애 또는 마비가 생겼다. 강력한 형태의 바이러스성 뇌수막염인 소아마비는 미국의 한 세대 전체를 무자비하게 휩쓸고 지나갔다.

캐럴은 질병 자체와의 싸움에서는 빠르게 승리를 거두었지만, 그것이 남긴 손상을 극복하기까지의 과정은 몇 년에 걸친 물리치료와 12번의 복잡한 수술을 필요로 하는 길고 고된 싸움이었다. 버지니아와 애틀랜타, 그리고 프랭클린 루스벨트 대통령이 자기와 처지가 비슷한 소아마비 환자들을 돕기 위해 설립한 의료기관이 있는 조지아의 웜스프링스Warm Springs에서 의료진이 건강한 근육을 위축된 다리에 이식하고, 줄어든 힘줄을 늘리거나 잘라내고, 불안정한 발목뼈를 융합시키는 등 캐럴에게 많은 노력을 기울였다. 버지니아대학교를 다니는 동안에 나는 버지니아대학교 병원에 있는 캐럴에게 자주 병문안을 갔었다. 그곳에서 캐럴은 열세 살 때부터 재건수술을 받기 시작했다.

수년 동안 우리는 긴밀하게 연락하면서 지냈다. 열여섯 살에 그녀는 나와 애나의 결혼식에서 들러리를 섰다. 캐럴은 자라서 현지에서 만난 남자와 결혼해 아들 제프Jeff를 두었다. 나중에 캐럴 부부와 제프는 우리와 함께 사우스다코타에서 인디언 무덤을 발굴하며 2주간 여름을 보내기도 했다. 결국 그녀는 남편과 이혼해서 의사들로 가득한 사무실에서 일을 하게 됐다. 그녀의 긍정적인 태도와 짓궂은 유머감각 덕분에 병원에는 항상 활기가 돌았다. 우리는 버지니아에 갈 일이 있을 때마다 그녀를 보러 갔다.

그러다 캐럴이 테네시로 찾아오기 시작했다. 우리 어머니의 건강이 나빠지자 캐럴이 돌보려고 찾아온 것이다. 그리고 애넷이 암에 걸렸을 때도 캐럴이 찾아와 돌봐주었다. 이번에는 내가 돌봄이 필요한 사람이 됐다. 그때 막내아들 짐이 그 똑똑한 질문을 내게 던진 것이었다. "캐럴 리 아주머니하고 결혼하는 거 어때요?" 그래서 그렇게 했다. 그녀와 함께하자 다시 삶의 가치가 느껴졌다.

캐럴한테는 어떤 상황에서도 나보다 먼저 죽으면 안 된다고 단단히 일러두었다. 그 말에 그녀는 눈을 반짝이며 분명 자기보다 내가 먼저 세상을 뜰 거라 장담했다. 그녀의 말이 옳을 것이다. 다만 나 몰래 700만 달러짜리 생명보험 증권을 어딘가에 숨겨놓고 하는 말이 아니기만을 바란다.

보스턴 노스엔드North End는 고층 아파트와 예술가, 닷컴회사 들로 가득한, 최첨단 기술과 창의성이 넘쳐나는 지역이다. 2000년 가을에 더블데커 스튜디오Double Decker Studios는 보스턴에서 제일 잘나가는 웹 디자인 회사 중 한 곳이었다. 이 회사의 고객은 보스턴의 대중교통 기관에서 거대 언론 기업인 아메리카 온라인America Online에 이르기까지 다양했다. 회사에 대한 평판이 고공행진하면서 현금 흐름도 급증하고 있었다.

토머스 해밀턴Thomas Hamilton은 이 신생 기업의 재무적 성장을 돕고 있었다. 그는 한두 해 전에 재무관리자로 더블데커에 입사했다. 그 후로 업무 성과가 좋아서 최고재무책임자CFO 자리로 승진할 기회도 잡게 됐다. 고액 연봉과 함께 막중한 책임이 따르는 자리였다.

켐퍼 생명보험사는 뉴잉글랜드에서 매디슨의 흔적을 찾기 위해 프랭크 루데비츠Frank Rudewicz라는 코네티컷의 사립탐정을 고용했다. 한편 매사추세츠의 형사 마이크 개리건Mike Garrigan은 토머스 해밀턴에 대해 수사하고 있었다. 다른 것은 모두 문제가 없었는데 한 가지 이상한 점이 있었다. 해밀턴이 매디슨의 아내 라이니 러더퍼드 명의의 차를 몰고 있었던 것이다. 이 탐정과 형사가 어찌 만나게 되어 서로의 수사 노트를 바꾸어 읽어보니 매디슨과 해밀턴의 행적이 섬뜩할 만큼 온갖 우연의 일치로 얽혀 있었다. 사진을 교환해서 확인한 순간 그 이유를 알 수 있었다. 토머스 해밀턴이 바로 매디슨 러더퍼드였다. 매디슨은 멕시코에서 사망을 조작한 후에 몰래 국경을 넘어 뉴잉글랜드로 돌아와 이름을 바꾸고 다른 금융 관련 직책을 맡아 일하고 있었다.

두 사람이 밝혀낸 것은 거기서 그치지 않았다. 토머스 해밀턴은 러더퍼드가 처음 만들어낸 가명이 아니었다. 사실 '매디슨 러더퍼드'라는 이름 자체가 수년간 써먹은 가명이었다. 이 미꾸라지 같은 사기꾼이 태어나서 얻은 첫 이름은 '존 패트릭 샌키John Patrick Sankey'였다. 그는 세금 신고서를 위조하고, 2만 제곱미터 부동산으로 모기지 대출을 받고, 생명보험에 가입하기 위해 일찍이 1986년부터 매디슨 러더퍼드라는 이름을 사용하기 시작했다. 그는 여권 신청이 거부된 후에야 멕시코로 가기 불과 몇 달 전에 이름을 샌키에서 러더퍼드로 법적인 절차를 거쳐 변경했다. 그와 라이니는 겉으로는 잘살고 있는 것처럼 보였지만 사실 빚에 허덕이고 있었다. 매디슨은 파산 신청을 한 상태였고, 생명보험 사기는 깊은 빚의 구덩이에서 빠져나오기 위한 처절한 몸부림이었다.

개리건 형사는 도움이 될 만한 또 다른 정보를 하나 찾아냈다. 보스턴에서 새로 시작된 매디슨의 삶에 적어도 두 명의 새 여자친구가 등장한 것이다. 이 사실을 안 후로 라이니는 슬픔에 젖은 유족이 아니라 멸시받아 분노에 휩싸인 여자로 바뀌었다.

두 사람의 제보를 받은 FBI가 신속하게 행동에 나섰다. 2000년 11월 7일 오후, '토머스 해밀턴'이 더블데커 스튜디오의 자기 사무실에서 나오는 순간 FBI 요원들이 그를 덮쳐 체포했다. 미국 정부는 자신의 죽음을 조작하고 보험회사를 사취한 금융사기 혐의로 그를 기소했다. 자기에게 불리한 증거가 산더미처럼 쌓여 있고, 원한을 품은 라이니의 증언도 있었기 때문에 매디슨은 사기 혐의에 대해 자신의 유죄를 인정하고 법정 최고형인 5년 징역형을 선고받았다. 연방판사는 그에게 이렇게 말했다. "이것은 내가 이 법정에서 목격한 것 중 가장 심각한 범죄 중 하나입니다. 이 사건은 수많은 사람에게 수많은 고통을 안겨주었습니다."

그가 보스턴에서 멀쩡히 살아서 부유히 지내고 있었다는 것이 밝혀짐에 따라 매디슨 러더퍼드의 운명과 행방에 관한 미스터리는 해소됐다. 하지만 또 다른 감질나는 미스터리가 미해결 상태로 남아 있었다. 1998년 7월 12일 동트기 전에 몬테레이 외곽의 쉐보레 서버밴에서 불탄 그 시체는 누구의 것일까? 한 가지는 분명했다. 매디슨이 길가 묘지에서 오래된 골격을 파내어 사용한 것은 아니라는 점이다. 불에 탄 뼈에 생긴 골절 패턴을 보면 그 시신은 사망한 지 얼마 안 돼서 불에 탔음을 알 수 있다. 그럼 그다음 질문은 이렇다. 매디슨은 그 신선한 시신을 어디서 얻었을까? 일단 수사에 협조하기 시작한 후로 라이니가 정부 관료들에게 말하기를 매디슨이 묘지에 몰래 들어가서 시신을 훔쳤다는 말을 한 적이 있다고 했다. 정말로 그가 그곳에서 시신을 구했다면 그 무덤에 30대 백인 남성의 시신이 들어 있지 않던 것이 정말 다행이 아니었나 싶다. 만약 그런 시신이 들어 있었다면 매디슨은 그 상황을 용케 빠져나갔을 것이고, 700만 달러만큼 더 부자가 된 '토머스 해밀턴'이 감옥 생활 대신 보스턴의 호화로운 펜트하우스에서 사치스러운 삶을 살고 있었을지도 모를 일이니까 말이다.

18

순수한 악의 심연

중대 살인사건 재판의 결과가 법의인류학에 달려 있을 경우에는 거기서 오는 압박감이 상당하다. 한편으로는 무고한 사람을 가스실로 보내도록 도와줄 위험이 있고, 또 한편으로는 잔혹한 살인마를 자유롭게 풀어줄지도 모르는 현실적인 가능성이 있다. 최근에 내가 접해본 것 중 가장 비정한 살인사건 하나를 기소한 지방검사에게서 도와달라는 전화를 받고 이런 위험한 딜레마를 절실히 느낀 적이 있다.

그 전화는 1999년 5월에 미시시피주 파이크 카운티의 행정 중심지인 매그놀리아의 지방검사 사무실에서 온 것이었다. 서밋과 이웃한 작은 도시에서 한 젊은 가족이 잔혹하게 살해당했다. 26세 남성과 그의 아내인 23세 여성이 여러 번 칼에 찔렸고, 이들의 어린 딸은 목이 졸려 죽었고, 성추행을 당한 것으로 보였다. 선혈이 낭자한 상태로 심하게 부패해 있던 이들의 시신은 1993년 12월 16일에 도시 외곽의 한 오두막에서 발견됐다. 내게 전화를 건 검사는 빌 굿윈Bill Goodwin이라는 지방검사보였다. 그는 그 가족이 일찍이 가을에 살해됐다는 것은 알고 있었지만, 그 일찍이 얼마나 일찍이었느냐가 문제였다. 죽은 지 얼마 만에 시신이 발견된 것일까? 이것은 25만 달러가 걸린 질문이었다.

사망 후 경과시간 추정치가 정확하게 나오느냐에 따라 사건이 성립할 수도, 깨질 수도 있다. 동물원 사나이 사건은 내가 절대 잊지 못할 방식으로 그것을 입증해 보였다. 어쩌면 나는 그 망신을 평생 씻어 낼 수 없을지도 모른다. 희생자 네 명 중 세 명은 분명 용의자인 '동물원 사나이' 허스키가 풀려나 있는 동안에 살해됐다. 하지만 사망한 지 얼마 되지 않아서 내가 검사하기에는 부적절해 보인다며 검시관에게 넘겼던 네 번째 사망자 퍼트리샤 앤 존슨의 사망 시각이 뜨거운 논란의 중심이 됐다. 만약 허스키가 퍼트리샤 앤더슨의 살인 혐의로 체포된 이후에 존슨이 죽은 것이 맞다면 분명 동물원 사나이는 네 건의 카하바 레인 살인사건 중 하나에 대해서는 철벽같은 알리바이를 확보하게 된다. 스스로도 자기가 죽였다고 자백하고, 닐 해스컬의 곤충학 분석 역시 그런 알리바이와는 다른 이야기를 전하고 있더라도 말이다.

1999년 5월은 내가 법의학 사건을 담당한 지 40년이 넘고, 그 시간 중 거의 절반 동안 시신 부패 연구를 진행하고 있을 때였다. 1981년에 빌 로드리게스의 선구적인 곤충학 연구를 시작으로 시체농장에서는 다양한 조건 아래서 수십 건의 부패 연구를 진행해왔다. 우리는 시신을 숲에 숨겨보았다. 그리고 자동차의 트렁크와 뒷좌석에 가두어두기도 했다. 그리고 얕은 무덤에 매장해보기도 했고, 물에 담가놓기도 했다. 그러고 나서 우리는 사망 직후부터 몇 주, 몇 달이 지나 뼈 말고는 아무것도 남지 않을 때까지 그 시신에서 일어나는 모든 일을 연구하고 기록했다. 우리는 사람 시신의 부패 과정을 시간표로 작성해서 사망 후 경과시간 데이터베이스를 구축하고 있었다. 이것은 세계 최초이자 유일한 데이터베이스다. 이 데이터베이스를 구축하는 목표는 간단했다. 실제로 살인사건 희생자가 발견되었을 때 그 시신이 어떤 환경, 어떤 부패 단계에 있든지 간에 경찰에게 그 사람의 사망 시각을 과학적으로 확실하게 말해주고 싶었다.

이즈음에는 대학원생들과 내가 시체농장에서 부패를 추적한 시신의 수가 300구를 넘기고 있었다. 따라서 빌 굿윈이 전화를 걸어 사망 후 경과시간을 알아내는 것이 중요한 사건이 있는데 도와줄 수 있는지 물어왔을 때 나는 꽤 자신에 찬 목소리로 이렇게 말했다. "도와드릴 수 있을 겁니다."

하지만 그 후로 내 확신은 흔들리고, 사람들은 내 신뢰성을 의심하게 됐고, 법정에서 일어난 사건들은 나를 더욱 놀라게 만들었다.

이번 사건에서 성인 희생자의 이름은 대릴 페리Darryl Perry와 애니 페리Annie Perry였다. 그리고 네 살밖에 안 된 그 딸의 이름은 크리스탈Krystal이었다. 이 사건이 살인이 일어난 지 거의 6년 만에 재판에 회부되었다는 사실만으로도 분명 어려운 사건임을 직감할 수 있었다.

경찰은 이미 용의자의 신원을 파악해서 기소했지만, 그게 문제가 아니었다. 정황증거는 그가 범죄자임을 가리키고 있었고, 살인의 동기도 분명히 있었다. 하지만 그 용의자를 살인사건과 연결해줄 결정적인 증거가 없었다. 연기가 피어오르는 총도, 오염된 칼도, 피 묻은 지문도, 목격자도 없었다. 게다가 그에게는 시신이 발견되기 전 2주의 기간에 강력한 알리바이가 있었다. 재판에서 사망 후 경과시간이 중요해진 이유가 바로 그 때문이었다. 만약 피고인 측이 그 2주 동안 어느 때든 가족이 살아 있었음을 배심원단에게 설득할 수 있다면 용의자가 풀려날 상황이었다.

살인범을 제외하면 이 살인사건의 목격자는 죽은 세 사람밖에 없었다. 나는 페리 부부 당사자들로부터 진실을 알아내야 했다. 하지만 어떻게? 내가 전화를 받을 즈음 시신은 이미 오래전에 매장한 상태였고, 오두막은 깨끗이 치워서 팔린 상태였다. 이 젊은 가족이 어떻게 죽었고, 또 더 중요한 부분인 언제 죽었는지에 관해 말해줄 수 있는 것은 사진과 노트 기록밖에 없었다. 그래서 나는 굿윈에게 범죄 현장에 관한 사진, 특히 희생자의 시신에 관한 구체적인 사진들을 모두 보내달라고 했다. 전화를 끊으면서 나는 내 임무를 다할 수 있도록 그 사진에서 충분한 법의학적 증거를 찾을 수 있기를 바랐다.

이틀 후에 사진이 UPS를 통해 도착했고, 나는 봉투를 찢어서 열었다. 무언가 앞뒤가 맞지 않는다는 것을 알아차리는 데는 오랜 시간이 걸리지 않았다. 내 눈에 이게 보였다면 피고인 측 변호사, 또는 적어도 그의 법의학 자문의 눈에도 보였을 거라 확신할 수 있었다.

법의학 사진 중 절반은 모호함 없이 선명했다. 사진을 보니 대릴,

애니, 크리스탈의 시신이 기괴하게 부풀어 올라 있었다. 내게는 이것이 예전에도 수백 번은 보았던 익숙한 장면이었다. 시신이 발견됐을 무렵에는 세균들이 위와 내장부터 시작해서 내부의 장기들을 한창 액화시키는 중이었다. 세균은 연조직을 소화하는 과정에서 가스를 방출하는데, 이 가스 때문에 복부가 풍선처럼 부풀어 오른다. 시신 아래와 그 주변으로는 조직이 분해하면서 방출하는 휘발성 지방산 때문에 생긴 기름기 많은 검은 얼룩이 보였다. 머리카락도 우리가 '머리카락 뭉치hair mat'라고 부르는 전형적인 덩어리 형태로 머리에서 벗겨지기 시작하고 있었다.

크리스탈의 사진은 내가 보았던 가장 가슴 아픈 사진 중 하나였다. 벌거벗은 상태로 있는 크리스탈의 모습은 이 아이가 얼마나 어리고, 작고, 무방비 상태였는지 보여주고 있었다. 크리스탈의 생식기 부위는 심하게 부패해 있었다. 부검 보고서에 따르면 이 아이가 성추행을 당했는지 여부는 알 수 없다고 했다. 연조직이 너무 심하게 부패해 파악이 불가능했다. 어쨌거나 사진은 이것이 분명 잔혹한 성폭행 현장임을 여실히 보여주고 있었다.

일반인들은 이런 사진을 보면 '맙소사, 너무 끔찍한 장면이야'라고 생각하며 재빨리 고개를 돌릴 것이다. 하지만 나에게는 이것이 완전히 다른 경험으로 다가온다. 오해하지는 않기 바란다. 나는 죽음을 혐오한다. 나는 암으로 두 아내를 잃었고, 그런 힘든 시기를 겪으면서 죽음을 혐오하고, 장례식을 경멸하게 됐다. 하지만 이런 범죄 현장을 조사할 때면 나는 이것을 죽음으로 받아들이지 않는다. 엄밀하게 말해 내게는 이것이 하나의 사건일 뿐이다. 내가 보고 냄새 맡는 모든 것은 진실을 발견할 열쇠가 될 수 있는 데이터의 원천이다. 한번은 집에 화재가 나서 어린 아동 몇 명이 불에 타 죽은 사건을 조사한 적이 있다. 나를 울컥하게 만든 것은 불에 그을린 아이들의 시신이 아니었다. 뜰에 흩어져 있는 세발자전거 하나와 몇 가지 장난감이었다. 그것들이 화재 때문에 꺼져버린 아이들의 삶을 떠올리게 했기 때문이다.

페리 가족 살인사건 현장의 사진들을 들여다보며 나는 피부 미끄러짐skin slippage, 뼈의 노출, 머리카락 상실, 곤충의 활동 등을 확인해 가족이 사망한 지 얼마나 오래됐는지 파악하려 했다. 모든 사건과 마찬가지로 이것 역시 과학 퍼즐이었다. 그리고 나는 모든 조각을 하나로 이어 붙이기 시작했다. 비유적으로, 그리고 문자 그대로 그 퍼즐을 구성하는 각각의 조각을 확대해 들어가며 나는 사건의 연대표를 작성하고 있었다. 이렇게 하는 것이 사진들이 그려내고 있는 공포로부터 나를 지켜주는 역할도 함께했다.

시체농장에서 수십 년 동안 연구하면서 나는 시체 부패의 과정이 예측이 가능한 일관된 순서대로 일어난다는 것을 알게 됐다. 전 세계 어디서 일어났고, 어느 시기에 일어난 살인사건이든 이 순서만큼은 차이 없이 모두 동일하다. 하지만 타이밍에서는 극적인 차이가 나타난다. 그리고 타이밍에 영향을 미치는 가장 중요한 변수는 온도다.

물론 어떤 면에서 보면 상식적으로 당연한 얘기다. 따듯한 시신이 차가운 시신보다 당연히 빨리 부패할 테니까 말이다. 나는 예전에 학생들에게 이렇게 말했었다. "그래서 고기를 찬장이 아니라 냉장고에 보관해야 하는 거지." 시신이 부패하는 동안에 온도가 높으면 세균들의 작업 속도가 빨라진다. 그리고 곤충의 활동도 촉진된다. 곤충들도 사람과 마찬가지로 여름 소풍을 좋아한다. 하지만 상식을 과학으로 끌어올리기 위해서는 부패 속도, 온도와 습도에 따른 부패 속도의 변화 등을 수년간 연구해야 했다. 그리하여 마침내 우리의 모든 관찰 내용을 수량화하는 수학 공식을 유도해냈다. 그 공식을 범죄 현장의 날씨 데이터와 결합해서 사용하면 온도가 아무리 변덕스러웠어도 사망 후 경과시간을 계산할 수 있다.

여기서 핵심은 누적도일accumulated degree days(도일degree day이란 기준 온도와 일평균 외부 온도 사이의 차이를 측정한 값이다. 누적도일은 특정 기간에 걸쳐 그 도일의 값을 모두 더한 것을 말한다 - 옮긴이)이라는 측정 단위다. 간단히 말하면 일일 평균 온도를 모두 합한 것이다. 예를 들어 여름에 연속으로 10일 동안 70도일이 이어졌다면 총 700누적도일이 된다. 그리고 평균 35도일인 겨울날이 20일 이어진 경우도 700누적도일이 나온다. 여름이든 겨울이든 700누적도일에 놓아두었던 시신은 부풀어 오름, '마블링marbling'(정맥이 팽창하면서 진홍색으로 착색되는 것), 피부 미끄러짐, 휘발성 지방산의 침출 등 비슷한 부패 징후를 나타낸다. 시체농장에서 실험을 하면서 우리는 사망 순간부터 시간의 흐름에 따라 누적도일을 측정했다. 그리고 각각의 부패 단계가 어떤 누적도일 수치와 대응하는지 기록했다. 실제 법의학 사건에서는 동일한 과정을 뒤집어서, 누적도일이 범죄 현장에서 발견된 시신의 실제 부패 상태에 대응하는 날짜에 도달할 때까지 범죄 현장의 날씨 데이터를 역추적해 들어간다.

이번 사건의 경우 범죄 현장 사진을 통해서 페리 가족의 시신은 부풀어 올랐던 것이 가라앉고 조직의 분해와 액화가 대부분 진행된 만큼 부패 단계가 상당히 진행되어 있음을 알 수 있었다. 내 최선의 판단으로는 페리 가족 시신의 부패 상태가 대략 800누적도일에 해당하는 것으로 생각할 수 있었다. 이제 그다음 단계는 이 시신들이 발견되기 전 몇 주 동안 미시시피의 날씨가 어땠는지 알아내는 것이었다.

나는 빌 굿윈에게 11월과 12월의 매그놀리아 지역 온도 기록을 보내달라고 했다. 그 수치를 보니 꽤 쌀쌀한 가을이었음을 알 수 있었다. 11월 중순과 12월 중순 사이에 밤 기온이 영하로 떨어진 날이 8일이나 됐다. 시간과 온도를 역추적해보니 이 가족은 시신이 발견되기 25일 전에서 35일 전 사이에 살해되었다는 결론이 나왔다.

하지만 이 그림과 어울리지 않는 것이 한 가지 있었다. 구더기였다. 시신들이 검정파리의 구더기 유충으로 뒤덮여 있었다. 세균은 시신을 안쪽부터 파먹고 들어가는 반면, 검정파리는 바깥쪽부터 파먹고 들어간다. 현미경을 동원해야 보이는 작은 세균과 눈으로도 보이는 큰 벌레들이 대단히 효율적인 방식으로 우리를 자연으로 되돌려 보내는 것이다. 테네시의 무더운 여름에는 갓 사망한 시신이 불과 2주 만에 맨뼈만 남을 수 있다. 구더기 떼가 대릴과 애니의 얼굴을 뒤덮고 있었다. 살이 많이 사라져서 그 아래 머리뼈가 드러나 있었다. 구더기는 다른 장소에도 대량으로 모여 있었다. 그 부위가 부검에서 확인된 칼에 의한 상처 부위, 즉 피가 난 부위와 일치했다.

검정파리는 피를 좋아해서 몇 킬로미터 떨어진 곳에서도 그 냄새를 맡을 수 있다. 피가 많이 나 있고 날씨도 따뜻한 경우에는 시신 한 구에 검정파리가 수천 마리씩 꼬이기도 한다. 이들은 시신을 먹이로 삼고 알도 낳는다. 그럼 그 알은 불과 몇 시간 후에 구더기로 부화한다.

대릴은 손에 방어흔이 있었고, 가슴과 복부에는 치명상이 있었다. 애니는 몸 곳곳에 여덟 개의 찔린 상처가 있었다. 이런 곳들 모두 구더기의 활동이 활발했다. 크리스탈의 생식기도 마찬가지였다. 이것은 그냥 곤충들이 좋아하는 어둡고 습한 구멍이라서 생긴 현상이다. 크리스탈의 나머지 몸은 부모처럼 심하게 부패하지 않은 상태였다. 여기에는 두 가지 이유가 있다. 크리스탈은 부모보다 체구가 작고 날씬하기 때문에 원래 부패 속도가 느리다. 이것은 시체농장에서 연구하면서 여러 번 관찰했던 현상이다. 그리고 칼에 찔리지 않고 목이 졸려 죽었기 때문에 피도 나지 않았다. 그래서 파리와 구더기의 관심을 덜 끌었다.

범죄 현장 사진에서 본 구더기 중에는 길이가 12밀리미터 정도 되는 것도 있었다. 곤충학자들은 이 단계를 3령 third instar 구더기라고 부른다. 쉬운 말로 하면 완전히 성숙해서 번데기로, 이어서 성충 파리로 변태할 시간이 가까웠다는 의미다. 그럼 이 구더기는 약 2주 전에 낳은 알에서 부화해 나왔다는 말이 된다. 이것은 1980년대에 시체농장에서 진행했던 연구를 통해 알고 있는 내용이었다. 내 박사 과정 학생이었던 빌 로드리게스가 사람의 시신에서 일어나는 곤충 활동의 순서와 타이밍에 관해 몇 달에 걸쳐 연구한 바 있다.

하지만 맨눈으로도 확인하고 확대경까지 동원해서 아무리 가까이 들여다보아도 사진에서 한 가지 보이지 않는 것이 있었다. 빈 번데기 껍질이 하나도 없었던 것이다. 그 바람에 상황이 복잡해졌다. 부패 상태를 보면 페리 가족은 11월 중순에 살해된 듯싶었다. 하지만 구더기는 있는데 번데기 껍질이 없는 것으로 봤을 때 살인 시점은 12월 2일 즈음이었다. 그리고 피고인인 용의자는 12월 2일부터는 확실한 알리

바이가 있었다. 검찰은 수사에 어려움을 겪었다. 나도 마찬가지였다.

굿윈이 내게 처음 전화를 한 것은 5월 18일이었다. 그리고 2주 후에 나는 페리 가족을 살해한 혐의를 받고 있는 남자의 재판에 참석하기 위해 10시간 동안 차를 몰아 미시시피주로 갔다.

대릴, 애니, 크리스탈은 뉴올리언스 교외의 마레로Marrero라는 곳에서 살았다. 그리고 대릴의 엄마 도리스 루벤스타인Doris Rubenstein과 그녀의 남편이자 택시운전사인 마이클 루벤스타인Michael Rubenstein도 그곳에 살았다. 마이클은 1990년대 초에 북쪽으로 200킬로미터 떨어진 해발 130미터의 서밋에 조용한 주말 별장으로 쓸 요량으로 작은 오두막을 구입했다. 그리고 1993년 11월에 페리 가족은 그 오두막에서 머물려고 그곳을 찾아갔다.

1993년 11월 5일 마이클이 이 가족을 그 오두막으로 데려다주었다. 젊은 부부는 결혼생활에 문제가 있어서 해결하려면 가족끼리만 조용히 머물 곳이 필요하다고 말했다. 서밋은 사생활을 충분히 누릴 수 있는 곳이었다. 마을을 양분하는 고속도로를 제외하면 포장도로도 몇 개밖에 없었고, 해질 무렵이 되면 인도에 사람도 보이지 않았다. 그리고 오두막에는 전화기도 없었다.

마이클은 이들이 집으로 돌아올 준비가 되어 있는지 보려고 11월에 두 차례 서밋으로 다시 가보았다. 하지만 두 번 모두 오두막은 불이 꺼진 채로 잠겨 있었고, 그도 여분의 열쇠를 갖고 오는 것을 깜박했다. 그의 말에 따르면 두 번째 방문했을 때 한 이웃이 말하기를 페리 부부가 녹슨 갈색 밴에 올라타서 마약상처럼 수상해 보이는 남자 두 명과 차를 몰고 떠났다고 했다. 그리고 그 이후로 아무도 그들을 보지 못했다. 마침내 12월 16일이 되어 마이클이 이번에는 복사한 열쇠를 가지고 돌아왔다. 오두막에 들어선 그는 거실 바닥에 쓰러져 있는 대릴과 애니의 시신과 침대 위에서 팔다리를 벌리고 누워 있는 크리스탈의 시신을 발견했다.

마이클은 전화기가 있는 제일 가까운 곳을 찾아갔다. 도로를 따라 400미터 정도 떨어진 편의점에 전화기가 있었다. 그리고 그곳에서 파이크 카운티 보안관실에 전화했다. 보안관보가 오두막에 도착했을 때 마이클은 오두막 뒤쪽에 있었다. 마이클이 보안관보에게 말했다. "아이들이 안에 있어요. 죽었어요. 눈이 없어요."

보안관보가 도착하고 바로 이어서 앨런 애플화이트Allen Applewhite라는 미시시피 고속도로 순찰대 경찰관이 도착했고, 그가 이 사건의 수석 수사관이 됐다. 애플화이트는 오두막에서 본 광경에 충격을 받았다. 시신은 심하게 부패해 있었고 썩은 살 냄새가 견딜 수 없이 강했다. 대릴과 애니의 시신은 피에 절여진 채 부풀어 올라 있었다. 크리스탈의 시신은 벌거벗은 채로 누워 있었고, 얼굴과 생식기는 이미 구더기가 파먹어 사라져 있었다. 애플화이트에게도 딸이 둘 있었다. 그는 뚜렷한 이유 없이 살육당한 이 어린 소녀의 이미지가 뇌리를 떠나지 않았다.

하지만 이런 사건이 일어나게 된 그럴듯한 이유를 찾는 데까지는 오랜 시간이 걸리지 않았다. 그리고 충격적인 용의자가 드러났다. 마이클 루벤스타인은 911로 경찰에 신고를 하고 24시간 후에 생명보험사에 25만 달러짜리 보험금을 청구했다. 피보험자는 마이클 루벤스타인의 네 살배기 손녀 크리스탈이었다.

보험에 가입되어 있다는 사실을 알게 된 애플화이트는 당장 보험증권 사본을 받아왔다. 마이클과 도리스 부부는 크리스탈이 두 살이었던 1991년 9월에 25만 달러짜리 보험에 가입했다. 보험증권에 적힌 깨알 같은 글씨를 읽어가던 애플화이트는 무언가를 읽고 피가 거꾸로 솟구치는 것 같았다. 보험에 가입하고 2년 뒤부터 보장이 개시되도록 2년의 유예기간이 설정되어 있었다. 보험금 수령이 가능해진 지 겨우 3개월 만에 크리스탈이 죽었다. 훌륭한 형사라면 돈에 관련된 범죄에서는 돈 냄새를 쫓아가야 한다는 것을 안다. 그리고 그 흔적은 마이클 루벤스타인과 도리스 루벤스타인으로 곧장 이어져 있었다.

여성이 자기 아들과 손녀를 죽이는 일에 가담했을 가능성은 낮아 보였다. 하지만 경찰에서는 그 가능성도 고려해야 했다. 애플화이트가 도리스 루벤스타인에 대해 알아낸 내용으로 보아 그녀는 냉혈한 살인범의 이미지와는 맞지 않았다. 도리스가 어머니의 사랑과 할머니의 보살핌을 보여주는 모범적 사례는 아니었다. 그녀가 주로 사랑한 대상은 술과 마약인 듯했다. 그녀는 술이나 약에 취해 멍할 때가 많았지만, 무능하고 한심해 보이기는 할지언정 자기 말고 다른 사람에게 해를 가할 인물은 아니었다.

하지만 주 경찰이 도리스의 남편 마이클 루벤스타인을 조사해보았더니 전혀 다른 그림이 드러났다. 아주 유능하고 영악하며 치명적인 남자의 모습이 나타난 것이다. 마이클은 의심스러운 화재 보험금 청구, 연출된 자동차 사고, 다수의 출연자가 연루된 가짜 부상 사건 등 오랜 보험사기 전력이 있었다. 한 소름 끼치는 사건도 있었다. 여러 해 전 대릴 페리라는 이름의 열두 살 소년 앞에서 펼쳐진 사건이었다. 당시는 마이클 루벤스타인의 아내가 아니라 여자친구였던 도리스 페리의 아들이었다.

해는 1979년이었다. 마이클은 해럴드 코너Harold Connor라는 새로운 사업 파트너를 맞이했다. 두 사람은 마이클이 지역 실업청과 접촉해서 그가 지역 방송 일정을 실은 타블로이드 신문을 제작, 배포하는 데 도움을 줄 만한 구직인의 명단을 요청해서 처음 만나게 됐다. 마이클은 코너에게 일을 가르쳐준다는 이유로, 그리고 경험이 전혀 없는 파트너를 고용하는 모험을 한다는 이유로 코너에게 마이클을 보험금 수령인으로 지정하는 생명보험에 가입할 것을 요구했다. 코너의 목숨값은 24만 달러였다.

보험증권은 1979년 8월에 발행됐다. 석 달 후에 마이클은 코너를 사슴 사냥에 초대했다. 코너는 거절했다. 그는 사냥을 해본 경험이 전혀 없었고, 가족에게는 동물을 죽이기 싫다는 얘기도 했었다. 하지만 마이클은 고집을 부렸다. 새로운 파트너와의 관계를 원만하게 유지하기 위해 코너는 마지못해 함께 가기로 했다. 추운 11월 아침에 그들은 루이지애나주의 에반젤린 패리시Evangeline Parish로 차를 몰고 가서 론 파인 도로Lone Pine Road에 주차하고 숲으로 들어갔다. 그 사냥에는 도리스의 또 다른 아들인 데이비드 페리David Perry, 얼마 전에 연방감옥에서 가석방으로 풀려난 마이클 포니에Michael Fornier라는 남자, 그리고 어린 대릴도 함께 갔다.

코너는 처음이자 마지막인 사냥 여행에서 시체 운반용 부대에 담겨 돌아왔다. 마이클과 다른 사람들이 전한 이야기는 비극적인 사냥 사고의 전형이었다. 포니에가 쓰러진 나무를 기어오르다가 12게이지 산탄총을 놓쳤다. 그리고 총의 개머리판이 땅에 떨어지는 순간 총이 격발됐다. 그리고 포니에 바로 앞에 있던 코너가 등에 정통으로 총을 맞았다. 산탄이 그의 가슴과 심장을 갈기갈기 찢어놓았다.

마이클은 이 이야기를 수렵구 관리관에게 이야기한 다음 경찰에도 말했다. 그리고 24만 달러짜리 보험증권을 발행해주었던 뉴욕 뮤추얼 생명보험사Mutual of New York의 보험청구 담당자에게도 말했다. 하지만 보험회사에서는 마이클에게 안 좋은 소식을 전했다. 사망 보장의 효력이 아직 발효가 안 된 것이었다. 많은 생명보험 상품과 마찬가지로 이 생명보험도 2년의 유예기간이 설정되어 있었다. 코너의 죽음이 21개월이나 너무 서둘러 찾아왔던 것이다.

마이클은 그런 유예기간에 대한 정보를 듣지 못했다며 뉴욕 뮤추얼 생명보험사에 소송을 제기했다. 소송이 재판으로 이어지자 생명보험사에서는 전문가 증인을 증인석에 세웠다. 탄도학을 전문으로 하는 텍사스의 법의병리학자 로널드 싱어Ronald Singer 박사였다. 싱어 박사는 탄환 사입구와 사출구의 각도를 지적하며 개머리판이 땅에 부딪혀서 격발되었을 가능성은 없다고 했다. 싱어 박사에 따르면 총이 어깨 높이에서 지면에 수평한 상태로 발사되었어야만 코너가 입은 치명상이 생길 수 있었다. 한마디로 총을 실수로 떨어뜨려 격발된 것이 아니라는 소리다. 정조준하고 방아쇠를 당겨 격발한 것이었다.

애플화이트 경관은 코너의 죽음과 보험에 대한 이야기를 듣고 크리스탈 페리의 죽음과 너무도 유사하다는 것에 충격을 받았다. 그리고 한 가지 핵심적인 차이에도 충격을 받았다. 크리스탈의 경우 소름 끼치는 사망과 그에 따르는 보험 청구가 2년의 유예기간이 끝난 직후에 일어났다는 것이다. 애플화이트가 보기에는 마이클이 1979년의 실수를 통해 배운 바가 있어서 두 번째 살인에서는 더 신중하게 일을 처리한 것으로 보였다. 놀랍게도 나의 법의학 보고서에서는 살인이 11월 15일 즈음에 일어난 것으로 나왔다. 이는 그가 스스로 인정한 오두막 방문 일자와 거의 일치했다.

애플화이트는 마이클 루벤스타인을 법정에 세우기 위해 1년을 준비했다. 그는 자신이 수사한 자료를 파이크 카운티 지방검사에게 가져가 마이클을 체포해야 한다고 촉구했지만, 그가 바랐던 반응이 돌아오지 않았다. 지방검사 던 램프턴Dun Lampton은 애플화이트에게 페리 사건을 기소하려면 확실한 증거가 필요하다고 했다. 하지만 애플화이트가 가진 것이라고는 정황증거밖에 없었다. 물론 25만 달러짜리 보험은 강력한 살인 동기임이 분명했다. 그리고 마이클은 뒤가 구린 사업 거래와 보험사기 전력이 있었고, 심지어 사람을 죽였을 수 있다고 의심받고 있었다. 그리고 마이클은 페리 가족을 죽일 기회도 충분히 많았다. 결국 그 오두막도 그의 것이었고, 자기가 페리 가족을 직접 그곳에 차로 데려다주었다. 그리고 그 뒤로 두 번에 걸쳐 오두막에 찾아갔었다는 점도 인정했다. 하지만 마이클 루벤스타인의 유죄를 증명해줄 결정적인 증거는 없었다.

애플화이트는 충격과 실망을 감출 수 없었다. 그가 대릴의 친부인 맥 페리Mack Perry에게 마이클을 기소할 수 없다고 말하자 맥은 흐느껴 울었다. 하지만 애플화이트는 이 문제를 이대로 포기하지 않겠다고 약속했다. 그는 계속해서 마이클의 보험사기와 다른 사기를 추적해 들어갔고, 증거가 산더미처럼 계속 쌓여갔다. 1995년 9월에 그는 마이클의 삶에 끼어든 또 다른 사람이 슬픈 운명을 맞이했다는 사실을 알고 깜짝 놀랐다. 그의 새로운 사업 파트너였던 래런 로슨Laron Rosson이 마이클과 차에 올라탔다가 흔적도 없이 사라진 것이다. 사라지기 직전에 그는 마이클에게 부도 수표로 구입한 한 트럭분의 값비싼 골동품들을 선물했었다.

1998년 7월에 애플화이트는 마침내 한 줄기 희망의 빛을 보았다. 그달에 미시시피주 배심원단에서 네 살배기 아들을 익사시킨 혐의로 한 남성에게 유죄 평결을 내린 것이다. 그리고 그 평결은 순전히 정황 증거를 바탕으로 나온 것이었다. 이 남성의 동기는 10만 달러짜리 보험이었다. 애플화이트는 램프턴 검사의 지방검사보인 빌 굿윈을 찾아갔다. 그가 바로 이 사건에서 승소한 검사였다. 그리고 그에게 간청했다. "빌, 여기 그것보다 훨씬 유리한 사건이 있습니다. 이번에는 10만 달러가 아니라 25만 달러짜리 사건이고, 희생자가 한 명도 아니고 세 명이나 됩니다."

두 달 후 검찰은 애플화이트의 증거를 대배심에 넘겼다. 마이클 루벤스타인은 페리 가족의 살인과 사기 혐의로 기소되어 루이지애나주에서 미시시피주로 관할이 넘어갔다. 그리고 이 사건은 1999년 6월 재판에 회부됐다.

검찰이 마주한 문제는 확실한 증거의 부족 말고도 또 있었다. 이 사건에서 사망 후 경과시간이 그토록 중요해진 한 가지 이유는 마이클이 편리하게도 자신의 조카딸 태냐 루벤스타인Tanya Rubenstein을 목격자로 내세웠기 때문이다. 그녀는 애니 페리가 뉴올리언스의 한 술집에서 건강하게 살아 있는 모습을 목격했다고 증언했다. 그리고 그 날짜는 시신이 발견되기 14일 전인 12월 2일이었다. 그리고 마이클 루벤스타인은 12월 2일과 16일 사이에 물 샐 틈 없는 알리바이를 확보하고 있었다. 만약 대릴, 애니, 크리스탈이 12월 2일에 실제로 살아 있었다면 마이클이 그들을 죽였을 가능성은 없었다. 만약 법의학을 통해 그들이 그 시점에서 이미 죽어 있었음을 입증할 수 있다면 그 조카딸의 증언, 그리고 그와 함께 마이클이 내세운 알리바이의 신빙성은 산산조각 나게 된다.

하지만 변호인 측이 싸워보지도 않고 그런 일이 일어나게 놔둘 리는 없었다. 그리고 이 싸움은 구더기를 중심으로 벌어졌다.

범죄 현장 사진을 처음 본 이후로 나는 번데기 껍질이 보이지 않는 것 때문에 초조해졌다. 껍질이 보였다면 구더기 활동이 12월 2일보다 한참 전부터 시작되었다고 분명히 알 수 있었을 것이다. 하지만 껍질이 보이지 않으니 구더기가 시신에 있었던 기간이 2주라고 말할 수밖에 없었다. 분명 낮은 온도가 검정파리와 구더기의 활동을 둔화시켰을 것이다. 검정파리는 섭씨 11도 아래서는 휴면에 들어간다. 그리고 이 사건에서 논란이 되는 그 기간의 기온은 대부분 그보다 훨씬 낮았다. 그래서 나는 25일에서 35일이라는 나의 추정치가 옳다고 확신하고 있었다. 하지만 과연 배심원도 나처럼 확신해줄까? 그것이 걱정스러운 부분이었다. 특히 변호인단에서 내가 곤충학자가 아니라는 사실을 집중적으로 공격한 후로는 걱정이 더 커졌다.

몇 시간에 걸친 숙의 끝에 배심원단은 판사에게 11 대 1로 교착상태에 빠져 평결을 내리지 못했다고 알렸다. 그래서 판사는 미결정 심리를 선언했고, 기소는 원점으로 돌아가 재심리를 준비하게 됐다. 검찰 측의 주장에 힘을 보태기 위해 굿윈과 램프턴은 곤충학 전문가를 보강하기로 했다. 내 학생이었던 빌 로드리게스였다. 그는 이제 사람의 시신에서 일어나는 곤충의 활동에 관해서는 세계 최고의 전문가 중 한 명으로 꼽히고 있었다.

재심리는 2000년 1월 21일에 시작됐다. 며칠 후에 굿윈이 내게 전화를 해서 증인석에 서달라고 요청했다. 우리는 시체농장에서의 연구를 비롯해서 나의 자격증들을 검토해보았고, 나는 다시 법의인류학 전문가로 받아들여졌다. 그리고 첫 번째 재판에서 했던 것처럼 나는 새로운 배심원단에게 내가 어떻게 그런 사망 후 경과시간 추정치를 내놓게 됐는지 설명했다.

나를 반대신문할 차례가 되자 변호인은 신속하게 내 추정치의 근거를 깎아내리기 시작했다. 예측했던 부분이지만 제일 먼저 그는 내가 사망 후 경과시간을 거의 113년이나 틀리게 판단했던 샤이 대령 사건을 들먹였다. 나는 그 사건이 내가 시체농장을 만들어 연구 프로그램을 시작하게 된 이유였다고 설명했다. 그리고 이어서 내가 예상했던 대로 변호사는 구더기들이 2주 단계였다는 사실에 초점을 맞추었다. 나는 낮은 온도 때문에 구더기들의 발달 속도가 느려졌을 거라고 지적했지만, 그는 계속해서 14일이라는 숫자를 집중 공략했다.

나는 고려해야 할 요소가 한 가지 더 있다고 주장했다. 범죄 현장에 대해 조사하면서 분명하게 드러난 요소였다. 구더기가 14일 단계인 것은 맞았다. 하지만 시신은 오두막 안에 갇혀 실내에 있었다. 그리고 이 오두막은 울퉁불퉁한 통나무와 진흙으로 만들어 바람이 숭숭 들어오는 구조물이 아니었다. 이 오두막은 사실 튼튼한 각목으로 만들어져 있었다. 2×4인치 각목을 평평하게 차근차근 쌓아올렸는데, 이 오두막을 지은 사람은 목재 야적장에서 일해서 아마도 2×4인치 각목을 공짜로, 아니면 거의 공짜로 얻을 수 있었던 것으로 보인다. 그래서 오두막 전체를 그런 각목으로 지을 수 있었다. 심지어 내부 벽도 촘촘히 쌓아올린 2×4인치 각목으로 만들어져 있었다. 그래서 곤충이 통과해 들어올 만한 구멍이 별로 없었다.

나는 부패의 증거와 곤충의 증거가 겉보기에는 일치하지 않는 듯 보이지만 사실 알고 보면 이것이 꼭 모순은 아니라고 설명했다. 검정파리가 집 내부에서 풍겨오는 죽음의 냄새를 감지하는 데 시간이 걸렸을 것이고, 촘촘히 쌓아올린 나무판을 뚫고 들어오는 데는 더 오랜 시간이 걸렸을 것이다. 따라서 검정파리의 활동 기간에서 2주는 하방한계, 즉 사망 후 경과시간의 절대적 최소치를 규정하고 있을 뿐이다. 다른 부패 표지가 분명하게 보여주고 있듯이 실제 사망 후 경과시간은 아마도 그보다 훨씬 길 것이다.

나의 증언에 이어 내 학생이었던 빌 로드리게스의 증언이 뒤따랐다. 나와 독립적으로 조사한 빌 역시 사망 후 경과시간을 대략 한 달 정도로 추정했다. 그 역시 추운 날씨와 곤충이 시신에 도달하기 어려운 환경을 이유로 들었다. 굿윈은 두 사람의 증언을 통해 곤충 문제가

다 해소되었기를 바랐다. 검찰이 이틀 후에 증거 제출을 마무리했을 때 나는 녹스빌로 돌아와 있었다. 이제는 변호인 측의 차례였다.

빌 굿윈 모르게 변호인단에서는 깜짝 증인을 준비하고 있었다. 얼마 전 나와 함께 녹스빌 동물원 사나이 사건에서 검찰의 증언을 뒷받침했고, 1998년에 시체농장으로 돌아와 사람 시신과 돼지 사체에서의 곤충 활동을 비교하는 연구를 진행했던 곤충학자 닐 해스컬이었다. 이번에는 닐이 살인사건에서 나와 반대편에서 증언을 하게 됐다. 있을 수 있는 일이다. 법의학 전문가의 세계는 아주 좁다. 그래서 한 사건에서 자기와 함께 일했던 사람이 머지않아 반대편에 서서 자기에게 문제를 제기하는 경우가 얼마든지 일어난다. 하지만 빌 굿윈이 내게 전화해서 판사실에서 오간 대화에 대해 들려준 이야기는 내가 전혀 생각도 못 했던 내용이었다. 깜짝 증인으로 해스컬이 나오는 것에 굿윈이 반대했을 때 일어난 일이었다. 변호사 말로는 해스컬이 12월 2일에 사망했다는 주장을 뒷받침하는 증언만 하는 것이 아니라 내가 동물원 사나이 사건에서 위증을 했다는, 즉 검사들을 돕기 위해 거짓말을 했다는 증언도 함께 준비하고 있다고 했다.

과학적 의견 차이와 위증 혐의는 엄연히 다른 문제다. 이것은 내 개인적, 직업적 신념 모두를 부정하는 모욕적 행위였다. 수십 년 전에 윌턴 M. 크로그먼 박사는 기본 중의 기본인 윤리적 법칙을 내 머릿속에 각인시켜주었다. 사건에서 내가 맡는 역할은 검사나 변호인을 위해 복무하는 것이 아니다. 하나밖에 없는 나의 역할은 진실을 밝혀냄으로써 희생자를 대변하는 것이었다. 그래서 빌 굿윈이 처음 내게 페리 가족 살인사건의 사망 후 경과시간 추정치를 물었을 때 나는 곧바로 그에게 검찰 측이 가정하고 있는 이론이나 시간표에 대해서는 말을 꺼내지 말라고 했고, 그도 내 말을 따랐다. 만약 내가 페리 가족이 12월 2일 이후에 살해됐다고 생각했으면 그렇게 얘기하고 그 결과를 그대로 받아들였을 것이다. 하지만 해스컬이 나의 도덕성을 공격하고 있다는 말을 들으니 불같이 화가 났다.

하지만 내 개인적, 직업적 신념을 모욕당하는 것보다 더 걱정스러운 부분은 해스컬의 증언이 검찰의 사건 기소에 미칠 악영향이었다. 만약 배심원단이 해스컬의 주장을 믿는다면 강력한 법의학적 증거가 무시될 수도 있었다. 반대편 수화기에서 내가 분개해서 쏟아내는 일장 연설을 묵묵히 듣고 있던 굿윈은 비행기를 타고 미시시피로 와서 위증 혐의를 반박하자고 했다. 이제 나를 말릴 수 있는 사람은 없었다.

매그놀리아의 법정으로 돌아온 나는 자리에 앉아 내 명예를 지킬 기회를 기다렸다. 알고 보니 해스컬은 내가 위증이나 거짓말을 했다는 것이 아니라 그저 퍼트리샤 앤 존슨의 사망 후 경과시간을 잘못 추정했었다고 증언하러 나온 것이었다. 아마도 변호인이 허풍을 떨었는데 빌 굿윈이 그 말을 잘못 이해한 것 같았다. 이유야 어쨌건 나는 당시 상황을 어서 빨리 설명하고 싶었다. 나는 퍼트리샤 앤 존슨의 시신이 사망한 지 얼마 되지 않아 내가 검사하기에는 적절하지 않다고 말하고, 경찰관이 질문으로 압박하는 바람에 그녀가 거기 있은 지 하루 이틀밖에 안 된 것 같다고 추측했던 날에 카하바 레인에서 있었던 사건들을 설명하고 싶었다. 그리고 허스키 재판에서 그랬던 것처럼 나는 그녀의 시신을 검사하지도, 심지어 건드리지도 않고 바로 검시관에게 넘겼다는 사실을 강조하고 싶었다. 나는 그날 그런 잘못된 추측을 한 것을 적어도 100번은 후회했을 것이다. 그 일은 이후로도 끈질기게 나를 쫓아다니며 괴롭혔다.

그리고 잔뜩 걱정을 하며 기다리고 있을 때 정말 놀라운 일이 일어났다. 마이클 루벤스타인의 변호사가 카운티 검시관 사무실의 병리학자를 증인석으로 불렀다. 그 병리학자는 증언을 하는 동안 부검 사진을 확대해서 보여주었다. 내가 보지 못했던 사진이었다. 그 순간까지 그런 사진이 있는지도 모르고 있었다.

그런데 갑자기 그 사진에서 그것이 보였다. 크리스탈의 얼굴과 머리를 확대한 사진 속, 아이의 모근 속에 자리 잡고 있는 그것이 내 눈에 들어왔다. 야생 벼 알곡과 비슷한 모양과 크기를 한 작은 갈색 물체였다. 더 가까이 들여다보니 그것들이 더 많이 보였다. 법정 좌석에서 나는 난간 너머로 몸을 기울여 빌 굿윈에게 속삭였다. "이 재판을 중단시키세요. 그리고 나를 다시 증인석에 세워야 합니다."

굿윈은 우리가 논의할 시간을 벌기 위해 재빨리 휴정을 요청했다. 나는 사진 속에서 찾아낸 것에 대해 들뜬 마음으로 그에게 설명했다. 내가 내내 찾아 헤맸던 그 빈 번데기 껍질이었다. 구더기들이 자신의 생활사를 마무리하고 파리로 변태하면서 남기고 간 그 껍데기였다. 나비 애벌레가 고치를 만들고 그 안에서 나비가 되어 나오는 것처럼 구더기도 자신의 분비물로 보금자리를 만들어 그 안에 둥지를 틀고 날개가 돋아나기를 기다린다. 참 역설적인 일이다. 우리는 나비 애벌레는

귀엽고 나비는 아름답다 생각하지만, 구더기는 역겹고 파리는 끔찍하다고 생각한다. 하지만 내가 보기에 구더기와 파리는 자기만의 아름다움을 갖고 있다. 특히 이번 사건에서 그랬다. 이들은 기도에 대한 응답처럼 법정에서 내 앞에 나타났다.

이 번데기 껍질들은 검정파리가 시신 위에서 2주 이상 시신을 먹이로 먹으면서 알을 낳았음을 과학적으로 입증해주었다. 검정파리가 들어갈 빈틈이 없이 지어진 그 추운 오두막 안으로 어떻게든 뚫고 들어가 바로 알을 낳기 시작했다고 가정해도 애니 페리가 12월 2일에 뉴올리언스의 술집에 있었을 리는 없다는 의미였다. 12월 2일에 애니는 대릴과 크리스탈처럼 이미 죽어서 그 오두막 안에서 부패하고 있었다. 우리는 결국 곤충학적 증거를 확보했다. 이제 모든 법의학적 그림이 완벽하게 맞아떨어졌다.

2000년 2월 3일에 배심원단은 숙의를 위해 퇴장했다. 그리고 단 다섯 시간 만에 평결문을 가지고 돌아왔다. 배심원단은 세 건의 1급 살인에 대해 마이클 루벤스타인에게 유죄를 선고했다. 그리고 대릴 페리와 애니 페리의 살인에 대해서는 종신형을 선고했다. 그리고 굿윈과 애플화이트가 '돈벌이용 아이money child'라고 부른 크리스탈의 살인에 대해서는 사형을 선고했다. 어쩐지 어울리는 판결로 보였다. 배심원단은 마이클이 자신의 가족 세 명, 자기를 잘 알고 신뢰하고 있던 세 사람을 처형했으니, 이제는 그가 처형당할 차례라고 확신하고 있었다.

무릇 모든 살인사건은 어떤 식으로든 잘못된 것이고 잔인한 것이지만, 이번 사건은 철저한 계산 아래 저질러진 무자비하고 비인간적 행위라는 점에서 특히나 충격적이었다. 마이클 루벤스타인은 자기 아내의 아들을 칼로 찔러 죽였다. 그리고 자기 며느리도 칼로 찔러 죽였다. 그리고 네 살배기 아이를 목 졸라 죽였다. 아마 사업 파트너 두 사람도 그의 손에 죽었을 것이다. 내 전문지식이 이런 사악한 인간을 하나라도 없애는 데 도움이 된다면, 오랜 세월의 공부와 연구가 헛되지 않을 것이다.

재판이 진행되는 동안 내 아내 캐럴과 나는 대릴 페리의 친아버지와 새어머니가 묵는 민박집에 함께 있었다. 그들은 대릴, 애니, 크리스탈을 잃고 분명 마음이 황폐화되어 있었다. 어느 날 아침 내가 법정으로 떠난 후에 수줍음 많고 말이 없는 사람인 페리 씨가 부엌에 있던 캐럴에게 다가왔다. 고개를 숙여 마루를 보며 그가 캐럴에게 말했다. "남편께 이곳에 찾아와 우리를 도와주셔서 감사하다는 말을 꼭 전해주십시오." 캐럴이 고개를 들어 바라보니 페리 씨의 뺨에 눈물이 흘러내리고 있었다.

도리스 루벤스타인은 마이클이 자기 아들, 며느리, 손녀를 살해한 혐의로 유죄 판결을 받은 후에 이혼 소송을 제기했다. 그래서 실제로 이혼했는지는 모르겠지만, 그녀가 남은 생을 즐기며 살지 못했다는 것은 알고 있다. 얼마 전에 그녀는 심부전으로 사망한 채 발견됐다.

마이클 루벤스타인이 현재 사형 선고에 대해 항소심을 진행 중이어서 소송과 변론이 수년간 이어질 것이다. 하지만 대릴, 애니, 크리스탈은 자신의 목숨에 대해 항소할 길이 영영 사라지고 말았다는 사실을 생각하지 않을 수 없다. 마이클을 사형시킨다고 해서 그가 죽인 사람들이 되살아나지는 못하겠지만, 다른 사람들이 같은 운명을 맞이하는 것을 막는 데는 도움이 될 것이다.

이 사건에서 마이클 루벤스타인을 심판하는 데 법의학 이상으로 큰 역할을 한 영웅이 한 명 있다면, 바로 이 사건을 끝까지 포기하지 않은 미시시피 고속도로 순찰대의 앨런 애플화이트다. 애플화이트는 몇 년 동안 끈질기게 이 사건에 매달렸다. 마이클을 재판에 세울 희망이 전혀 없어 보였는데도 말이다. 그는 마이클의 유죄를 보여주는 증거를 산더미처럼 파헤쳐 냈다. 그가 나중에 내게 말하기를 자기는 마이클을 '순수한 악'으로 여기게 됐다고 했다. 애플화이트는 마이클 루벤스타인에게서 발견한 어둡고 깊은 위협과 타락에 충격을 받아, 아직도 경찰차에 그의 사진을 갖고 다니면서 살인자를 수사하는 것이 얼마나 위험한 일인지 떠올린다고 한다. 애플화이트는 첫 번째 배심원단이 교착상태에 빠져 판사가 미결정 심리를 선언했을 때도 울었고, 두 번째 배심원단이 마이클 루벤스타인에게 유죄를 선고했을 때도 집에 돌아가 자신의 네 살배기 딸을 꼭 끌어안고 울었다.

19

재가 되지 못한 시체들

로이드 하든Lloyd Harden은 테네시 동부의 농부였다. 그의 가족과 친구들은 그를 '치거Chigger'라고 불렀다. 그와 다른 하든 가족들은 버치우드Birchwood의 하든 로드Harden Road에서 나고 자랐다. 이것은 녹스빌에서 채터누가까지 160킬로미터나 이어지는 테네시강 계곡 중간의 넓고 비옥한 땅 여기저기에 흩어져 있는 몇 채의 농가에 붙은 이름이었다.

치거의 여덟 형제자매는 바람에 불려 온 한 줌의 풀씨처럼 계곡 여기저기에 흩어져서 살았지만 치거는 하든 로드를 지켰다. 그의 삶은 평탄하지 않았다. 학교는 7학년(한국의 중학교 1학년에 해당 - 옮긴이)을 넘기지 못했고, 열일곱 살에는 평생 가슴에 담고 살아가야 하는 뼈아픈 교훈도 얻었다. 열아홉 살이었던 그의 형과 카드 패를 두고 다투다가 치거가 패했고, 형이 들고 쏜 총에서 날아온 22구경 총알이 가슴에 박혔다. 그는 다행히 살아남았지만 총알이 심장과 너무 가까워서 안전하게 제거할 방법이 없었다. 그래서 그는 가슴에 총알을 그대로 묻고 27년을 살았다. 이 총알은 그에게 카드놀이의 위험성, 삶의 위태로움, 그리고 총알과 심장 사이의 관계에서 2센티미터가 만들어내는 결정적 차이를 떠올려주는 대상이었다.

2000년 봄, 농장 노동자로서의 삶은 치거를 건장한 사내로 만들어 놓았다. 근육만이 아니라 뼈까지도 튼튼해졌다. 해마다 실어 나르는 짐의 무게를 견디기 위해 그의 뼈는 두껍고 튼튼해졌다. 딸기 묘목을 심겠다고 손톱에 때가 낀 굵은 손가락과 펑퍼짐한 엄지손가락으로 그 작은 식물을 잡고 있는 모습이 우스꽝스러워 보일 정도로 그는 분명 거대한 체구를 갖고 있었을 것이다. 이제 44세가 된 치거는 더 이상 젊은이가 아니었다. 허리도 쑤셔왔고, 더 깊은 곳에 박힌 다른 상처도 그대로 안고 있었다. 2000년 4월 17일 밤에 치거는 진통제를 먹었다. 몇 개나 먹었는지는 알 수 없지만 분명 두 개 이상을 먹었을 것이다. 그런데 그 진통제가 잡으라는 통증은 잡지 않고 오히려 그를 잡고 말았다.

치거는 예전에 자기 형제들에게 사반세기 전 자기를 총으로 쏘았던(가족들의 말로는 사고였다고 했다) 형이 그랬던 것처럼 자기도 죽으면 화장을 하고 싶다고 말한 적이 있었다. 그의 여동생 수지Suzy가 근처 장례식장에 부탁해서 그의 유골을 담을 멋진 황동 단지를 구입했다. 치거의 여자친구가 임신 중이었기 때문에 수지는 언젠가는 치거의 아이에게 아빠의 유골이 담긴 그 단지를 물려주고 싶었다.

가족은 장례식에서 그의 죽음을 애도했고, 장례식이 끝난 후에 그의 시신은 대기 중이던 영구차에 실려 화장터로 향했다. 장례식과 화장에 들어가는 비용은 거의 800달러에 이르는 가연성 천을 씌운 관의 가격을 포함해서 3110달러 59센트였다. 몇 주 후에 화장을 하고 재로 남은 유골이 비닐봉지에 담겨 돌아왔다. 그리고 장례식장에서 나온 직원이 그 유골을 황동 단지에 옮겨 담았다. 수지는 한동안 벽난로 선반에 그것을 보관하고 있다가 치거의 여자친구에게 전해 주었다.

22개월 후에 그의 가족은 전국 방송을 타고 펼쳐지는 섬뜩한 이야기를 공포에 떨며 지켜보았다. 조지아주 노블의 트라이스테이트 화장터의 땅바닥에서 불에 타지 않고 그대로 부패 중인 시신들이 발견된 것이다. 2년 전에 치거의 시신을 보내서 화장했던 곳이 바로 이 트라이스테이트였다.

트라이스테이트 화장터의 문제점이 처음으로 대중에게 알려진 것은 2002년 2월 15일이었다. 제보를 받고 출동한 미국 환경보호청Environmental Protection Agency에서 나온 조사관들이 트라이스테이트의 부지를 조사하다가 땅바닥에서 사람의 머리뼈 하나를 발견했다. 환경보호청 조사관이 기병대를 불렀고, 머지않아 보안관보와 조지아 수사국Georgia Bureau of Investigation의 요원 수십 명이 현장에 모여들었다. 그리고 몇 시간 만에 시신 수십 구를 발견했다. 그 후로 끔찍하게 흘러간 며칠 동안 시신을 수백 구 더 찾아냈다. 총 339구의 시신이 얕은 구덩이에 묻혀 있거나, 금속 납골함에 처박혀 있거나, 장작 다발처럼 주변 숲에 쌓여 있거나, 심지어 고장 난 영구차 안에서 썩어가고 있었다.

제보는 트라이스테이트의 프로판가스 탱크를 채워주던 트럭 운전사로부터 우회적으로 들어왔다. 매일같이 가스를 배달하던 그 운전사가 부지에서 시신을 발견한 것이다. 하지만 그가 그다음에 배달을 갔을 때 당장 꺼져서 자기 일이나 신경 쓰라는 말을 들었다는 것을 보면, 아무래도 그 트럭 운전사가 호기심을, 또는 충격을 감출 수 없었던 모양이었다.

트라이스테이트는 가족 사업이었다. 레이 마시Ray Marsh와 클라라 마시Clara Marsh가 1982년에 화장터를 열었고, 노블에서 북서쪽으로 약 30킬로미터 떨어져서 경계를 맞대고 있는 조지아, 앨라배마, 테네시 세 개 주에서 빠른 속도로 고객을 끌어들이기 시작했다. 트라이스테이트는 다른 화장터보다 요금을 꾸준히 낮게 책정했고, 다른 대부분의 경쟁사들과 달리 계약된 장례식장에서 시신을 직접 영구차로 실어 가고, 하루나 이틀 후에 유골을 다시 가족들에게 되돌려주는 서비스도 함께 제공했다.

1996년에 레이와 클라라는 이 사업을 아들인 레이 브렌트Ray Brent 에게 물려주었다. 사업은 여전히 바쁘게 돌아갔다. 2002년 초에 트라이스테이트는 3200구 정도의 시신을 화장했다. 적어도 모두 그렇게 생각하고 있었다. 그러다 2월 15일에 끔찍한 진실이 수면 위로 떠오르기 시작한 것이다.

환경보호청 조사관들은 도착한 지 몇 시간 만에 다양한 부패 단계에 있는 수십 구의 시신을 찾아냈다. 그리고 다음 날 조지아 주지사는 워커Walker 카운티에 비상사태를 선포했고, 당국에서는 발견한 시신이 수백 구에 이를 수 있다는 암울한 전망을 내놓았다. 처음에 진행된 일련의 기나긴 법적 소송을 통해 브렌트 마시는 체포되어 실제로 수행하지 않은 화장 서비스에 대해 비용을 받은 다섯 건의 '기망에 의한 절도'

중범죄 혐의로 기소됐다. 그다음 주 일요일 즈음에는 수습된 시신의 수가 100구에 가까워졌고, 브렌트 마시는 추가로 형사 고발을 당했다. 환경보호청부터 조지아 보건국 조사관, 카운티 보안관, 조지아 수사국과 FBI 요원, 그리고 연방과 주 기관에서 파견된 재난 관리 전문가에 이르기까지 수백 명의 조사관이 트라이스테이트로 몰려들었다.

미국공중보건국U.S. Public Health Service으로부터 후원을 받아 운영되는 잘 알려지지 않은 비상대응 프로그램이 하나 있다. 디모트Disaster Mortuary Operational Response Team, D-MORT, 즉 '재난 시 영안실 운영 대응팀'이라는 음울한 이름의 조직이다. 검시관, 법치의학자, 수색견 조련사, 법의인류학자, 장의사, 그리고 어떤 식으로든 죽음과 관련된 일을 담당하는 다른 전문가 등 다양한 자원봉사 전문가로 구성된 디모트 대응팀은 비행기 추락 사고처럼 대량으로 사망사고가 일어난 현장에 호출되어 불려 간다(녹스빌 경찰서에 있는 내 친구 아서 보해넌도 몇 년 전에 시체 운반용 완전 방수 부대를 개발하기 위한 노력의 일환으로 디모트 대응팀 업무차 시체농장에서 연구를 진행한 바 있다. 아직까지 이 연구는 완전한 성공을 거두지 못하고 있다).

디모트가 담당했던 가장 힘든 임무 중 하나는 1995년 4월에 있었다. 오클라호마시티의 뮤러 연방정부청사가 폭탄 트럭에 파괴된 것이다. 내 대학원생 세 명이 디모트 자원봉사자들을 도와 건물의 돌무더기 잔해에서 끌어낸 시신의 신원 확인을 진행했다. 하지만 디모트가 나서야 했던 더 크고, 더 슬픈 임무는 2001년 9월 11일 테러리스트 공격의 여파로 찾아왔다. 수백 명의 자원봉사자가 부상의 위험을 무릅쓰고 뉴욕 세계무역센터의 그라운드제로에서 잔해를 수색했고, 다른 디모트 팀원들은 펜타곤에서 사망자의 위치를 파악하고 신원 확인을 도왔다.

9/11 테러가 있고 다섯 달이 지났을 때 트라이스테이트 화장터 뒤쪽의 소나무 밭을 수색하던 남동부 지역 디모트 팀원들은 무언가를 찾아내고 소스라치게 놀랐다. 2월 17일 일요일에 내 대학원생 중 한 명인 릭 스노Rick Snow가 디모트 간부로부터 당장 조지아로 와달라는 요청을 받았다. 몇 달 앞서 디모트 자원봉사자로 등록한 릭에게는 이번 일과 특히나 관련이 깊은 경력이 있었다. 그는 얼마 전에 보스니아의 유엔 전범재판소에서 진행한 해외 활동을 마치고 돌아왔다. 보스니아에서 8개월 동안 릭은 집단묘지를 발굴하면서 '인종 청소'라는 명목으로 살해된 민간인 수천 명의 신원 확인을 도왔다. 반면 조지아에서 일어난 일은 정치적인 일도 아니었고 동기도 사뭇 달랐다. 게으름, 부주의, 프로판가스비를 아껴보겠다는 구두쇠 근성 말고는 이 일을 합리적으로 설명할 방법이 없었다. 하지만 이 사건과 관련된 시신의 수와 작업 범위는 릭이 발칸반도에서 경험했던 것과 유사했다.

릭은 시신의 수습과 신원 확인을 돕기 위해 2월 18일 월요일에 도착했다. 그는 노블에서 울타리 너머로 발을 딛는 순간 분명 발칸반도와 텔레비전 드라마 시리즈 〈환상특급Twilight Zone〉 사이의 어딘가로 순간이동된 듯한 느낌을 받았을 것이다. 숲이 우거진 부지 전체에 시신들이 흩어져 있었다. 일부는 매장되어 있었고, 일부는 녹슬고 있는 차량과 금속 납골함에 처박혀 있었다. 어떤 시신은 그냥 나무 밑, 폐기 처분된 가전제품 옆에 버려져 있었다. 부패 중인 이들의 시신은 썩어가는 골판지, 나뭇잎, 솔잎으로만 뒤덮여 있었다. 릭이 그곳에 도착한 날에는 발견된 시신의 수가 139구에 이르렀고, 그중 29구는 망연자실한 가족들에 의해 이미 신원이 확인되어 있었다. 현장에서 유일하게 집단묘지 현장 경험이 있었던 릭은 수색과 수습 작업을 지휘하는 데 핵심적인 역할을 맡았다. 부지 대부분을 뒤덮고 있는 나무와 덤불 때문에 일의 진척이 크게 느려지고 있었다. 그래서 릭의 제안으로 대원들이 체인톱과 불도저를 동원해서 나무를 자르고 조지아의 붉은 진흙이 드러날 때까지 부지를 정리하기 시작했다.

릭이 현장에 합류한 날 조지아 수사국은 화장터 단지 입구에 자리 잡은 브렌트 마시의 집을 수색해서 부지에 숨겨져 있을지 모를 시신의 수와 신원을 밝히는 데 도움이 될 만한 기록을 찾았다. 그리고 집을 수색하는 동안 뒤뜰에서 더 많은 시신이 발견됐다.

한편, 남동부 전역의 장례식장에 걱정에 휩싸인 사람들의 전화가 쏟아지고 있었다. 이들은 모두 장례식장이 사랑하는 이의 시신을 트라이스테이트 화장터로 보냈는지, 보냈다면 벽난로 선반 위나 묘지에 있는 유골이 진짜 유골인지, 아니면 비싼 비용을 내면서 장례식을 치른 사랑하는 이가 실제로는 트라이스테이트 화장터 땅바닥 위에서 썩고 있는 것인지 물었다.

사건이 터지고 겨우 닷새가 지난 수요일까지만 따져봐도 수색에 들어간 비용은 500만 달러까지 치솟았고, 발견된 시신의 숫자는 242구로 늘어났다. 체인톱과 불도저의 도움을 받은 수색대원들은 그 후로 6일 동안 거의 100구의 시신을 추가로 찾아냈다. 그리고 12일째 되던 날 이후로는 더 이상 끔찍한 시신이 발견되지 않았다.

트라이스테이트에서 최종 집계된 시신의 수는 339구였다. 그리고 그 시신 중 하나가 자신의 아버지, 어머니, 형제, 또는 자식인 것을 알게 되었거나, 그럴까 봐 겁에 질린 가족들의 심적 고통은 헤아릴 수 없는 것이었다. 339구 중 75구 정도는 첫 2주 안으로 신원이 확인됐다. 이들은 대부분 사망한 지 상대적으로 얼마 안 된 시신들이었다. 신원을 확인하기는 쉽지만 감히 쳐다보기는 힘든 상태의 시신들이었다. 하지만 트라이스테이트에서 수습한 시신 중에 사랑하는 이가 포함되어 있음을 확인한 사람들은 고통스러울지언정 일을 신속하게 종결하거나 아니면 종결할 방법을 도모할 기회라도 생겼다. 수백 명의 다른 사람은 모든 것이 불확실한 상태에서 고통스러운 시간에 기약 없이 끌려다니게 될 터였다.

환경보호청 조사관들이 머리뼈 하나를 발견한 지 며칠 만에 법정 소송이 시작됐다. 일부는 트라이스테이트를 상대로, 일부는 이 화장터와 계약한 장례식장을 상대로 한 것이었다. 그때부터 변호사들로부터 내게 연락이 들어오기 시작했다.

2월 21일에 테네시 클리블랜드의 변호사인 윌리엄 브라운William Brown으로부터 트라이스테이트에서 치거 하든의 가족에게 보낸 유해를 분석해달라고 요청하는 이메일이 날아들었다. 이해할 만한 일이었다. 가족들이 그 유골이 치거의 것이 아닐지도 모른다는 생각에 두려워졌을 테니까 말이다.

3주 후에 윌리엄 브라운이 유골을 내게 가지고 왔다. 두 겹의 비닐봉지 속에 짙은 회색의 재가 몇 줌 들어 있었다. 비닐봉지를 포함해서 전체 표본의 무게는 1650그램이었다. 양이 너무 적다고 느껴졌다. 화장한 유골의 무게에 대해 다룬 최근의 연구를 보면 유골의 평균 무게가 남성은 2895그램, 여성은 1840그램으로 나오기 때문이다(이 주제에 흥미를 느낀 나는 자체적으로 연구를 시작했다. 그 후로 다섯 달에 걸쳐 일주일에 몇 번씩 근처에 있는 협조적인 화장터를 찾아가 유골을 가족이나 장례식장으로 돌려보내기 전에 무게를 측정해보았다. 그렇게 해서 남성의 유골 50세트와 여성의 유골 50세트를 측정해보니 남성은 평균 3452그램, 여성은 2770그램이 나왔다).

브라운이 지켜보는 가운데 나는 비닐봉지에 들어 있던 내용물을 깨끗한 금속 트레이에 쏟아내고 4밀리미터 철망으로 체를 쳤다. 이것을 사용하면 제일 작은 조각들 빼고 나머지는 다 걸러진다. 그 봉지에는 분명 불에 탄 사람의 뼛조각이 들어 있었다. 조각의 크기가 작기는 했지만 일부 조각이 매끄럽게 휘어진 표면을 가지고 있는 것을 보고 넙다리뼈의 머리나 위팔뼈의 머리에서 나온 것임을 알아볼 수 있었다. 손에서 나온 뼛조각, 발에서 나온 조각, 발허리뼈metatarsal, 갈비뼈, 넙다리뼈, 정강뼈에서 나온 조각도 들어 있었다.

하지만 체에 걸러진 것 중에는 사람의 몸에서 나올 수 없는 물질이 많았다. 금속 스테이플러심도 하나 있었다. 종이를 스테이플러로 찍을 때 사용하는 그런 종류가 아니라 장례식장에서 시신을 화장터로 운반하기 위해 골판지 상자를 조립할 때 사용하는 종류의 크고 무거운 것이었다(일반적으로 시신을 화장할 때는 시신을 운반용 상자 안에 그대로 놓아둔 채 그냥 상자 전체를 소각실로 밀어 넣는다. 그렇게 하면 다루기도 편하고, 소각이 끝난 다음에 남은 상자를 생물학적 유해 폐기물로 따로 버려야 하는 문제도 해결할 수 있다. 그 후에는 강력한 자석을 이용해서 이런 스테이플러심 같은 금속 물체들을 제거한다). 철망 체에 불에 탄 나무와 검은 천

조각으로 보이는 것들도 걸러졌다. 천 조각을 보고 놀라지 않을 수 없었다. 천은 보통 섭씨 몇백 도 정도만 돼도 불이 붙는다. 그런데 화장용 소각실의 온도는 그보다 훨씬 뜨거운 섭씨 900도에서 1000도 정도까지 올라간다. 하지만 가장 당혹스러운 것은 솜털 같은 하얀 물질로 만들어진 여러 개의 구슬 크기 구체였다. 이것을 묘사하려니 솜털 공fuzz ball 말고는 다른 표현이 떠오르지 않았다. 그 솜털 공은 사실상 무게가 없는 것이나 마찬가지였지만 표본의 부피에서는 상당한 비율을 차지하고 있었다. 이것은 실수로 들어간 오염 물질일까, 아니면 고의로 집어넣은 충전재일까? 한 번도 본 적이 없는 것이라 브라운에게도 그렇게 말했다. 나는 그에게 테네시대학교 실험실에서 검사를 해보면 어떻겠느냐고 제안했다. 그는 좋은 생각인 것 같다면서 내게 고맙다 말하고 자리를 떴다.

나는 수화기를 들어 아는 직물 과학자에게 전화를 했다. 그가 그 솜털 공을 한번 살펴보겠다고 했다. 테네시대학교의 임산물센터에 있는 한 교수는 목재로 보이는 조각을 분석해주기로 했다. 나는 그들에게 표본을 보냈다.

이 검사를 통해 4밀리미터 철망 체로 걸러낸, 사람의 것이 아닌 조각의 정체는 정확히 파악할 수 있을 것이다. 하지만 나머지 표본, 철망에 걸러지지 않은 1.35킬로그램 정도의 입자와 고운 가루는 그대로 남아 있었다. 이 물질은 내가 지난 40년 동안 가끔 보았던 사람의 유골보다는 색이 더 짙어 보였지만, 법정에서 다투려면 이것이 무엇인지, 또는 무엇이 아닌지 더 정확하게 알고 있어야 했다.

브라운이 처음 내게 연락했을 때 트라이스테이트에서 나온 유골에 시멘트 가루가 포함되어 있을지 모른다고 했었다. 당국이 시설을 수색했을 때 수많은 시멘트 부대가 나왔기 때문이다. 시멘트 가루는 사람의 뼈를 소각하고 분쇄했을 때 나오는 재와 아주 비슷해 보인다. 따라서 화장터 측에서 유족에게 보낼 진짜 유골이 없을 때는 시멘트 가루 봉지를 보냈을 가능성이 있었다. 나는 시멘트의 존재 여부를 쉽게 판별할 방법이 있는지 과학 문헌을 뒤져보았다.

시멘트는 대부분 석회석 가루 아니면 탄산칼슘 가루다. 지질학자들이 바위가 석회석인지 여부를 판별할 때 간단하게 사용하는 방법 중 하나가 염산을 한두 방울 바위에 떨어뜨려보는 것이다. 액체가 바위에 떨어졌을 때 '쉬익' 하고 거품이 나면 그 바위는 석회암이다.

나는 희석한 염산 용액을 조금 얻어서 스포이드 병에 담아 가져왔다. 그러고는 조심스럽게 스포이드의 고무로 용액을 몇 방울 빨아들인 다음 금속 트레이 위에 올려놓은 작은 가루 무더기 위로 떨어뜨렸다. 용액 방울이 가루에 닿자마자 쉬익거리면서 거품이 올라왔다. 시멘트나 석회암 가루인 것 같다는 생각이 들었다.

마지막으로 내가 여러 해 동안 알고 지내며 존경해왔던 테네시대학교의 화학과 교수 알 하자리 Al Hazari 박사에게 전화했다. 알 하자리 박사가 그 가루에 대해 더 구체적으로 화학 분석을 해주기로 했다. 나는 큰 조각이 들어가지 않고 더 균일하게 섞이도록 유골을 다섯 번 더 체로 걸렀다. 그리고 42그램을 떠서 작은 유리병 속에 담고 단단히 뚜껑을 닫은 다음 화학과로 가져갔다.

운이 따라준다면 우리는 하든 가족에게 더 일찍 결과를 알려줄 수 있을 것 같았다.

임산물센터의 동료로부터 소식을 듣기까지 시간이 오래 걸리지 않았다. 내가 그에게 가져다준 표본은 합판이라고 했다. 이것은 놀랄 일도, 심란한 일도 아니었다. 보통 시신을 담아 소각할 때 사용하는 골판지 상자는 얇은 합판으로 바닥을 댄다. 그래야 상자를 들어 올릴 때 시신의 무게를 버틸 수 있기 때문이다. 그것이 없으면 상자가 찌그러지거나 찢어질 수 있다. 특히 시신에서 체액이 흘러나온 경우는 더욱 그렇다.

솜털 공에 대한 보고서를 작성한 전문가는 그것이 합성소재인 폴리프로필렌일 가능성이 크다고 했다. 폴리프로필렌은 믿기 어려울 정도로 용도가 다양한 플라스틱이다. 성형이나 주조 과정을 거쳐 단단하게 만들면 식기세척기에서 사용할 수 있는 음식 저장 용기에서 자동차 범퍼에 이르기까지 다양한 물건을 만들 수 있다. 섬유로 뽑아낸 경우에는 야외용 카펫, 부유식 해상 로프, 찢어지지 않는 소포용 봉투 등을 만들 수 있다.

폴리프로필렌은 가볍고, 강하고, 질기고, 다재다능하지만 내열성은 부족하다. 녹는점이 섭씨 160도 정도로, 시신을 태우는 데 사용하는 강력한 불길은 고사하고 초콜릿칩 쿠키를 구울 때 사용하는 온도보다도 낮다. 실수로든, 고의로든 솜털 공은 치거 하든의 시신이 화장된 이후에 추가된 것이 분명했다.

이것도 치거의 시신이 정말로 화장된 경우에 해당하는 이야기다. 분명 그 표본에는 불에 탄 사람의 뼛조각들이 들어 있었다. 하지만 그것은 치거 하든의 뼈일까, 아니면 다른 누군가의 뼈일까? 만약 소각하는 과정에서 DNA가 살아남을 수 있다면 분명한 대답을 내놓을 수 있었을 것이다. 하지만 안타깝게도 화장은 제대로 이루어진 경우 뼛속에 들어 있던 모든 유기물질을 태워버린다. 소성이라는 과정을 통해 뼈는 미네랄 성분의 주요 구성요소인 칼슘으로 환원된다. 골판지 관이나 면 셔츠 속에 들어 있는 탄소처럼 탄소를 기반으로 만들어진 DNA 분자는 완전히 타서 사라져버린다. 화학적으로 보면 인간의 삶과 신원의 모든 흔적이 연기가 되어 사라진다. 따라서 녹슨 스테이플러심과 불에 그을린 천 조각, 솜털 공을 제외하고 남은 1.3킬로그램 정도의 재로는 이것이 치거 하든이 맞는지 여부를 알 수 없었다. 그저 이 가루의 대부분이 사람, 또는 사람이었던 것이라고 말할 수 있을 뿐이다.

4월 30일에는 화학 분석 결과를 받아볼 수 있었다. 내 화학과 동료 알 하자리 박사가 이 물질이 사람의 것이 맞는지 판단할 수 있는 기발하고 간단한 검사법을 생각해냈다. 사람의 몸은 꽤 일관된 화학적 조성을 갖고 있다. 학교를 다니면서 사람들은 인체가 대부분 물로 이루어져 있다는 것을 배운다. 무게로 따지면 대략 60퍼센트를 차지한다. 나머지 40퍼센트는 주로 칼슘과 탄소 같은 다른 원소들로 이루어져 있다(만약 사람에게도 식료품 가게에서 파는 포장 식품처럼 식품 라벨이 붙어 있다면 우리의 성분 목록은 수분, 칼슘, 탄소…… 이런 식으로 시작될 것이다).

우리 몸의 성분 목록에서 사실상 맨 마지막에 나올 성분은 규소, 즉 실리콘이다. 평균적으로 사람의 몸에는 겨우 18그램의 실리콘이 들어 있다. 만약 화장용 소각로에서 시신의 수분을 모두 증발시키고, 탄소 성분도 모두 불태워 없애고 나면 2.2~2.7킬로그램 정도의 유골이 남는다. 그중에서 실리콘이 차지하는 양은 무게로 1퍼센트 미만이다.

하자리는 내가 보낸 42그램의 표본을 다시 녹스빌에 있는 공인된 상업연구소인 갤브레이스 연구소Galbraith Laboratories("1950년 이래로 정확하고 빠른 서비스 제공")로 보냈다. 대학 화학실험실에서 자신이 직접 검사할 수도 있었지만 공인받은 연구소에서는 정확성을 자주 검증받아 기록으로 남기기 때문에, 우리는 법정에서 효력이 있는 분석 결과를 얻고 싶었다. 갤브레이스의 한 기술자가 그 표본으로 'ICP-OESinductively coupled plasma optical emission spectroscopy'(유도결합 플라즈마 분광분석기)로 분광분석 검사를 진행했다. 이 과정 중 ICP 부분에서는 약 섭씨 1만 도의 아르곤가스로 미지의 물질을 모두 연소시킨다. 그다음에는 OES 장비가 표본의 '지문'을 채취한다. 이것은 표본이 불에 타면서 나오는 빛의 파장을 판독하는 것이다. 마지막 단계는 표본에서 채취한 광학적 지문을 알려진 원소의 광학적 지문과 비교하는 것이다. 이것은 FBI의 지문 분석가가 범죄 현장에서 채취한 지문을 알려진 범죄자들의 지문 목록 데이터베이스와 대조해보는 과정과 비슷하다.

갤브레이스 연구소의 분석에 따르면 트라이스테이트에서 치거라고 신원을 확인해준 유골은 실리콘 성분이 15퍼센트 이상을 차지하고 있었다. 치거가 죽기 직전에 엄청난 양의 흙을 퍼먹은 것이 아니라면 이것은 원래 나왔어야 할 수치보다 훨씬 높은 값이었다. 이 유골에는 콘크리트, 석회암 가루, 또는 그냥 맨 모래 같은 충전재가 들어 있을 가능성이 커 보였다.

정체가 무엇이었든 이것은 옳지 않았다. 트라이스테이트 화장터에서 돌아온 유골은 법정에 서는 모든 증인이 맹세하는 3부 선서와 마찬가지로 세 가지 검증을 통과할 수 있어야 한다. 하든 가족이 돌려받은 황동 단지에 치거가 들어 있을 것, 치거의 전체가 들어 있을 것, 그리고 치거가 아닌 것은 아무것도 들어 있지 않을 것. 이렇게 세 가지다.

치거, 그리고 다른 모든 시신에 실제로 무슨 일이 일어난 것일까? 2002년 6월 20일에 나는 직접 눈으로 보고 그것을 알아낼 수 있는 또 한 번의 기회를 얻게 됐다.

테네시 채터누가는 녹스빌에서 남서쪽으로 160킬로미터 떨어진 곳에 있다. 그리고 채터누가에서 30킬로미터 정도 남동쪽, 하지만 문화적으로는 한참 더 떨어진 곳에 자치제 인가를 받지 못한 조지아의 공동체 노블Noble이 있다. '노블'은 '고결한', '귀족 출신의' 등의 의미인데 지금 보니 참 아이러니한 이름 같다.

미국의 27번 국도가 노블을 통과하기까지는 오랜 시간이 걸리지 않았다. 이 4차선 도로에는 신호등 한 개, 두세 곳의 주유소, 그리고 휘발유와 식료품, 철물점과 미용실, 각양각색의 구원을 약속하는 교회들까지 몇 가지 필수 상품과 서비스를 제공하는 기타 시설이 드문드문 자리 잡고 있다.

주의 깊게 살펴보지 않았다면 센터 포인트 로드Center Point Road를 절대 알아차리지 못했을 것이다. 센터 포인트 로드는 27번 국도를 벗어나 동쪽으로 이어지는 차선 없는 아스팔트 도로다. 표지판 하나가 신자들에게 길을 따라 몇백 미터 가다가 오른쪽에 있는 센터 포인트 침례교회("예수님이 왕인 자리")로 가는 길을 안내하고 있다. 왼쪽으로는 로이 마시 레인Roy Marsh Lane 도로가 나오고 그 뒤로 클라라 마시 레인Clara Marsh Lane 도로로 이어진다. 그 너머 길 건너편에 브렌트 마시의 집으로 이어지는 길게 휘어진 진입로가 있고, 더 들어가면 살짝 비탈 아래로 트라이스테이트 단지가 자리 잡고 있다.

집은 작은 프레임 구조물이었다. 아마도 침실 세 개짜리 목장건물일 것이다. 집 앞에는 골동품처럼 낡은 에소Esso 주유펌프가 있었다. 그 집 바로 뒤편으로 안쪽이 보이지 않게 만든 목재 울타리가 쳐져 있었다. 다른 여러 부분에서도 그렇지만 이 점에서도 트라이스테이트의 부지는 시체농장과 놀라울 정도로 닮아 있었다. 큰 차이점이라면 그 의도였다. 시체농장에서 우리가 시체를 부패하게 놔두는 이유는 오직 이 과학 분야를 발전시킬 방법이 그것 말고는 없기 때문이다. 모순처럼 들릴 수도 있지만, 우리는 법의학 연구와 살인자 추적에 둘도 없는 귀한 기여를 한 시신 기증자들을 대단히 존경하고 있다.

트라이스테이트의 울타리는 헛간처럼 생긴 큰 건물 두 개를 둘러치고 있었다. 하나는 작은 사무실용 오두막이고, 하나는 한쪽 끝에 녹슨 금속 무더기가 튀어나와 있는 차고처럼 생긴 건물이었다. 여기에 화장터가 자리 잡고 있다. 큰 건물 쪽에는 콘크리트와 금속 납골함이 들어 있다. 내가 방문하기 4개월 전에는 그 납골함에 부패 중인 시신들이 채워져 있었다. 지금은 비어 있었다.

건물 한편으로 숲 가장자리에 타이어가 펑크 난 채 그늘 아래서 녹슬고 있는 고장 난 영구차가 있었다. 차 문을 열어보니 부패의 악취가 확 풍겨왔다. 지난 2월 이 부지를 급습하기 전에 여러 달 동안 시신 한

구가 차 뒷좌석에 타고 있었다는 것을 나중에 알게 됐다. 그 근처에 이동식 트레일러 주택이 하나 서 있고, 그 앞에 또 다른 고물 영구차가 세워져 있었다. 그 트레일러 옆에는 상업용 크기의 바비큐 그릴이 놓여 있었다. 그것이 흥미로운 의문을 불러일으키기도 했고, 운영을 멈춘 화장터의 아이러니를 보여주는 것도 같았다.

화장터 건물에는 화장용 가마만 달랑 있고 다른 것은 사실상 아무것도 없었다. 검게 그을린 내화 벽돌로 만들어진 거대한 가마였다. 산업용으로 만들어진 것 같았다. 가마 뒤쪽으로는 2차 연소실이 있었다. 이 공간에서는 주 연소실에서 타지 않고 남은 유기 물질을 태운다. 2차 연소실도 몇 군데가 녹이 슬어 구멍이 나 있었고, 그 위로 뻗은 연통도 마찬가지였다.

가마 문을 위로 밀치고 손전등으로 주 연소실 내부를 들여다보았다. 안에는 시신이 없었다. 나는 벽과 천정, 그리고 내화 벽돌과 콘크리트로 이루어진 바닥만 보여서 안심했다. 벽돌과 콘크리트 중에는 금이 가고 부서진 것이 많았다. 가마 밑바닥은 검게 그을리고 기름기가 많았고, 흙, 자갈, 적어도 한 개의 불에 타지 않은 작은 사람의 척추뼈가 흩어져 있었다. 아이의 것이었다. 조지아 수사국과 디모트 팀이 부지를 수색할 때 놓쳤던 듯했다.

이 무더운 여름날에 트라이스테이트를 조사하러 온 사람이 나만은 아니었다. 오늘은 트라이스테이트를 상대로 소송을 제기한 모든 고소인, 마시 가족, 여러 장례식장이 '발견의 날'로 정한 날이었다. 고소인과 피고인이 고용한 변호사들도 모두 시설을 조사하기 위해 전문가 증인을 데리고 왔다. 내 예전 학생 몇 명도 인사를 하러 왔다. 그중 한 명인 톰 보드킨Tom Bodkin은 채터누가의 검시관 밑에서 일한다. 그리고 토니 팔세티Tony Falsetti는 플로리다대학교에서 인류학을 가르친다. 뉴욕 법치의학자를 대동하고 온 뉴욕시의 저명한 법의병리학자 마이클 베이든Michael Baden도 보였다. 노블에 모여든 법의학 인력의 밀도가 실로 놀라웠다.

채터누가에서 온 톰 보드킨이 자동차 진입로 근처에서 몸을 굽히고 흙바닥에 누워 있는 불에 타지 않은 사람의 뼈를 찾아내는 바람에 방문이 중단됐다. 변호사와 과학자 무리를 지켜보며 서 있던 한 보안관보가 무전으로 본부에 지시를 내려달라고 했다. 그리고 무전기에서 치직거리며 현장을 봉쇄하라는 지시가 내려왔다. 그가 우리를 모두 부지 밖으로 내보냈고, 몇 분 안으로 보안관 순찰차의 캐러밴과 조지아 수사국의 검정색 세단들이 도착했다. 마치 법의학 장례 행렬처럼 보였다. 나는 트라이스테이트와 그 화장용 가마는 이미 둘러볼 만큼 본 상태였다. 그 장비가 어떤 모양으로 생겼는지 확인할 수 있었고, 제조사로부터 정기적인 관리 서비스를 받지 않은 것도 분명해 보였다.

플로리다에 위치한 '산업장비 및 엔지니어링 컴퍼니Industrial Equipment and Engineering Company, IEE'라는 밋밋한 이름의 회사는 화장 산업계에서 제너럴모터스라고 불리는 곳이다. 노블의 이야기가 처음 세상에 알려지기 9개월 전인 2001년 여름에 나는 올랜도 외곽의 작은 도시 어팝카Apopka에 있는 IEE를 방문했었다.

IEE의 파워팩Power-Pak은 이 회사에서 주력 상품으로 내놓은 화장용 가마였다. 사람들에게 보여주기 위해 우아하게 제작되는 장례식용 관과 달리 화장용 가마는 분명 중장비에 해당한다. 손잡이를 몸쪽 아래로 당기는 여닫이문을 열고 보니 파워팩은 헨젤과 그레텔을 생강 쿠키로 구울 뻔했던 그 오븐보다 세 배 정도 깊고 튼튼한 버전의 오븐처럼 생겼다. 바닥은 평평하고, 위쪽은 둥근 아치형이고, 문에서 뒤쪽 벽까지 2.5미터 정도 뻗어 있는 덮개 전체가 내화 벽돌이나 내화 콘크리트로 내부 마감되어 있다.

시신은 보통 영구차에 실려 도착한다. 대부분의 화장터에서는 영구차가 차고 문까지 후진으로 들어오면 판지 상자에 담긴 시신을 바퀴 달린 들것으로 옮겨 실은 후에 그것을 다시 가마 문까지 밀고 간다. 바퀴 달린 들것에서 가마로 상자를 밀어 넣고 문을 닫은 후에 가스불을 붙이는 것은 한 사람이면 충분한 간단한 일이다.

첫 번째 단계는 강력한 팬의 스위치를 켜서 가마의 주 연소실에 지속적인 공기 흐름을 만들어 배기 굴뚝으로 내보내는 것이다. 일단 팬이 돌아가기 시작하면 작업자는 연소 시간을 조절하는 타이머를 설정한다. 타이머는 가스 밸브와 스파크 점화 장치도 조절한다. 이것은 가정용 가스레인지에 들어 있는 것과 아주 비슷하다.

제일 먼저 점화하는 버너는 '애프터버너afterburner'다. 가마의 뒤쪽에 자리 잡고 있는 이것은 두 가지 역할을 담당하는 작은 버너다. 우선 가마의 내부를 천천히 예열해서 내화 벽돌에 가해지는 열 스트레스와 갈라짐을 최소화한다. 그리고 본격적인 화장이 이루어지는 동안에는 연소되지 않은 가스를 굴뚝으로 올라가기 전에 모두 태운다.

일단 가마가 예열되면 가마 지붕에 설치되어 있는 저강도 버너인 '점화 버너ignition burner'가 아래 방향으로 불꽃을 내뿜는다. 점화 버너의 역할은 딱 하나, 시신을 담고 있는 판지 상자나 시체 운반용 부대를 소각하는 것이다. 판지는 섭씨 260도에서 불이 붙는다. 위에서 뿜어져 나오는 화염에 휩싸인 판지는 몇 초 안으로 불이 붙는다.

몇 분 후면 판지 상자가 모두 타서 재만 남게 되고, 그럼 시신 자체에 대한 화장을 시작할 수 있다. 이번에는 더 강력한 버너인 '화장 버너cremation burner'가 시신으로 화염을 내뿜는다. 대부분의 경우 가마의 온도는 섭씨 870도에서 980도 사이에서 유지된다. 하지만 극단적으로 비만인 시신의 경우 그보다 훨씬 높은 섭씨 1650도에서 탈 수도 있다.

IEE에서는 이런 조건에서도 견딜 수 있는 튼튼한 가마를 만들고 있다. 이 회사에서는 또한 매년 점검, 청소, 온도기 보정을 진행하고 고객의 요청에 따라 수리도 해준다. 대부분의 화장시설에서는 1년에 적어도 한 번 정도는 점검과 보정을 요청한다. 그런데 내가 듣기로 트라이스테이트는 단 한 번의 점검이나 청소도 요청한 적이 없었다고 한다. 보고서에 따르면 IEE 기술자가 트라이스테이트를 방문한 것은 조지아 수사국에서 회사 측에 브렌트 마시의 주장이 맞는지 확인해달라고 요청했을 때밖에 없었다. 브렌트 마시가 가마가 고장 나는 바람에 작업이 늦어졌다고 주장했기 때문이다. 하지만 IEE 기술자에 따르면 가마는 제대로 작동했다고 한다.

노동절 다음 날인 2002년 9월 3일에 치거 하든의 가족 중 한 명이 트라이스테이트 수사를 지휘하는 조지아 수사국 요원 그렉 레이미Greg Ramey로부터 전화를 받았다. 339구의 시신에서 채취한 DNA 표본을 메릴랜드에 있는 공군 DNA 연구소에서 분석 중이라고 했다. 연구실에서 조지아 수사국이 확보한 표본을 가족이 기증했거나 의료기관에서 확보한 유전물질과 비교해보았다. 치거의 가족 중에서도 혈액 표본을 제공한 사람이 있었는데, 알고 보니 그럴 필요가 없었다. 치거를 부검할 때 채취한 조직 표본이 지역 병원에 보관되어 있었던 것이다.

레이미 요원은 DNA 비교를 통해 치거의 시신이 2월 화장터 부지에서 발견된 339구의 시신 중 하나와 일치했다고 말해주려고 전화를 한 것이었다. 조지아 수사국에서 시신 218번으로 지정한 치거의 시신은 거의 2년 동안 조지아의 숲속에 누워 부패하고 있었다. 2월 이후로 그의 시신은 조지아 수사국에서 노블 근처에 설치한 저온보관시설에 있었다. 레이미는 가족들에게 그의 시신을 어떻게 처리하기를 원하는지 물었다.

하든 가족은 여전히 치거의 소원대로 그의 시신을 화장하고 싶었다. 하지만 먼저 그들은 그 시신이 정말 치거가 맞는지 확실하게 확인하고 싶어 했다. 그들이 고용한 변호사 윌리엄 브라운이 내게 그 시신을 검사해달라고 요청했고, 검사와 화장을 신속하게 이어서 진행할 수 있는 장소로 그 시신이 운반될 수 있게 처리해주었다.

어느 상쾌한 10월 오후 나는 이스트테네시 화장 회사East Tennessee

Cremation Company가 입주해 있는 작고 깔끔한 건물에 도착했다. 그 건물은 녹스빌 공항 근처의 산업단지 가장자리에 자리 잡고 있었다. 그리고 몇 분 후에 윌리엄 브라운이 조수 리사 스코긴스Lisa Scoggins, 아들 앤디Andy와 함께 도착했다. 앤디는 시신과 내 검사 과정을 사진과 동영상으로 촬영하러 왔다. 법정 소송에 필요한 영상 기록을 남기기 위한 것이었다.

화장터의 운영자 헬렌 테일러Helen Taylor가 나를 차고지로 안내해주었다. 그곳에는 두 개의 IEE 화장용 가마가 들어와 있었고, 둘 다 티끌 하나 없이 깨끗했다. 한쪽 가마 앞에는 바퀴 달린 들것이 놓여 있었고, 그 위에는 하얀색 시체 운반용 부대가 올라가 있었다. 부대의 지퍼를 열어보니 시신은 여기저기 조직이 조금씩 남아 있기는 했지만 거의 백골화가 진행되어 있었다. 그리고 머리뼈 옆에는 더는 붙어 있지 않았지만 머리카락 뭉치가 있었다. 리사가 가져온 치거의 사진에서 본 어깨높이까지 내려온 갈색 머리카락과 똑같이 길고 숱이 많은 갈색 머리카락이었다.

시신은 나체 상태였다. 옷은 조지아 수사국에서 벗겨내어 따로 비닐봉지에 담아놓았다. 유해와 옷 여기저기에 낙엽과 솔잎들이 흩어져 있었다. 시신이 야외에 꽤 오랫동안 누워 있었다는 뜻이다. 비강과 귀에 흙이 들어가지 않은 것으로 보아 시신을 땅에 파묻은 적은 한 번도 없었음을 알 수 있었다. 여기저기서 썩어가는 작은 판지 조각들이 보였고, 죽은 수시렁이 딱정벌레dermestid beetle들도 보였다. 뼈에 말라붙은 살점을 뜯어먹기 좋아하는 녀석이다.

골격은 대체로 온전한 상태였다. 하지만 아래턱과 오른 다리 아래쪽 뼈가 보이지 않았다. 아마도 청소 동물이 물고 갔을 것이다. 나는 머리뼈를 자세히 들여다보았다. 크고 널찍했다. 눈썹 융선이 발달해 있었고, 머리뼈바닥에 바깥뒤통수뼈융기가 두드러지게 튀어나와 있었다. 내게 뼈 해부학 수업을 듣는 학생이라면 이것이 남성의 머리뼈임을 수월하게 알아볼 수 있을 것이다. 치아는 앞으로 튀어나오지 않고 수직으로 나 있었다. 따라서 이 머리뼈는 분명 코카서스 인종의 것이고, 머리덮개뼈 봉합에서는 40대 남성에서 전형적으로 나타나는 수준의 융합이 보였다. 골격에서 조지아 수사국의 신원 확인과 일치하지 않는 점은 보이지 않았다.

DNA 표본은 왼쪽 넙다리뼈 중앙에서 채취한 뼛조각에서 얻은 것이었다. 브라운 변호사는 정부에서 말한 결과를 독립적인 DNA 연구소를 통해 교차 확인할 수 있도록 또 다른 뼈 표본을 채취해달라고 요청했다. 나는 인류학과에서 가져온 부검용 스트라이커Stryker 톱을 꺼내서 전기 코드를 꽂았다.

스트라이커 톱은 정말 기발한 도구다. 넙다리뼈를 몇 초 만에 씹어 먹을 수 있지만, 아이의 팔에 닿으면 피부도 상하지 않고 그냥 윙윙거리기만 한다. 그 비밀은 쇠톱의 톱니 크기만 한 섬세한 톱니가 불과 1.6밀리미터밖에 안 되는 짧은 왕복 거리로 앞뒤 진동한다는 사실에 있다. 시신의 뼈나 팔에 바른 석고 깁스처럼 단단한 물체에 닿으면 그 톱니는 물체를 신속하게 파먹고 들어간다. 하지만 팔처럼 부드러운 물체에 가볍게 갖다 대면 톱니가 피부를 앞뒤로 흔들기만 할 뿐, 파고들지 못하기 때문에 간지럽기만 하다.

나는 조지아 수사국의 스트라이커 톱이 남긴 홈 바로 옆에서 넙다리뼈를 자르고 들어갔다. 길이 5센티미터, 폭 2.5센티미터의 원기둥 표본 4분의 1을 파내는 데 1분도 걸리지 않았다. 나는 독립적인 DNA 연구소로 보낼 수 있게 그것을 브라운에게 건네주었다. 그리고 최후의 예방조치로 손가락뼈도 하나 봉투에 넣어 그에게 주었다. 혹시나 언젠가 세 번째 검사가 필요해질 때를 대비한 것이다.

이어서 나는 시체 운반용 부대 발치에 쑤셔 넣어져 있던 옷이 담긴 비닐봉지를 열었다. 시신 자체는 악취가 별로 없었지만 옷에서는 부패한 냄새와 암모니아 냄새가 심하게 났다. 옷감이 썩고 얼룩이 져 있었지만 청바지 한 벌은 쉽게 알아볼 수 있었다. 셔츠도 바스러지고 있었지만 빨간색과 초록색의 격자무늬로 보였다. 리사의 말로는 하든 가족이 장례식장에 치거가 좋아하던 청바지와 격자무늬 셔츠를 그에게 입혀달라 요청했다고 한다.

운이 따라준다면 치거의 시신에서 신원 확인을 위한 최후의 퍼즐 조각을 찾을 수 있을 것이다. 25년 전에 형이 그의 가슴에 남긴 총알이다. 지금 유해를 수색하려면 어렵기도 어렵고 시간도 많이 걸릴 것이다. 그래서 화장을 한 다음에 재를 체로 쳐서 조사해보는 것이 발견 확률이 더 높겠다는 판단이 섰다.

붉은색과 황금색으로 물든 테네시의 언덕 위로 해가 낮게 내려앉자 나는 곰팡이가 핀 골격 위로 다시 흰색 시체 운반용 부대를 덮었다. 그리고 가마의 깊숙한 안쪽으로 그 부대를 신속하게 밀어 넣었다. 헬렌 테일러가 문을 닫아서 고정시키고 팬의 스위치를 켰다. 곧이어 가스불이 붙으면서 부드럽게 '쿵' 하는 소리가 들렸다.

다음 날 아침은 안개가 자욱하고 추웠다. 다시 이스트테네시 화장

회사의 차고지로 들어간 나는 가마의 벽돌에서 아직도 열기가 올라오는 것을 느낄 수 있었다. 화장하는 데는 두 시간밖에 걸리지 않았지만, 내가 현장에서 불에 탄 뼈를 직접 조사할 수 있게 시신을 가마 안에 밤새 그대로 두고 식혔다. 나는 가마의 문을 밀어서 열고 손전등으로 길고 어두운 연소실 내부를 살펴보았다. 그 안에 들어 있는 뼈는 여전히 선명한 사람 골격 윤곽 그대로였다. 팔과 다리의 뼈들은 골절되었지만 온전한 상태였고, 골반의 구조도 온전했다. 그리고 부서져 내린 흉곽의 잔해가 여전히 가슴의 형태를 그려내고 있었다. 그중 사람이라 알아보기 제일 쉬운 것은 머리뼈였다. 머리뼈는 내가 손을 대자마자 작은 조각으로 부서졌다.

헬렌 테일러가 손잡이가 긴 빗자루와 커다란 쓰레받기로 뼛조각과 재를 퍼내어 내가 체로 쳐볼 수 있도록 배기 후드 아래 있는 작업대에 펴놓았다. 뼛조각들과 부드러운 재 사이로 수십 개의 녹슨 강철 스테이플러심이 숨어 있었다. 2년 전에 시신을 트라이스테이트까지 담고 왔던 판자 상자를 이어 붙이고 있던 것들이다. 헬렌이 내게 크고 무거운 자석을 건네고는 그것을 유골 사이로 끌고 다니며 스테이플러심을 찾는 법을 보여주었다.

자석의 무게는 제일 큰 뼛조각 말고 나머지는 모두 으스러뜨릴 정도로 무거웠다. 가볍고 잘 부서지는 것으로 보면 이 뼛조각들은 계란 흰자에 설탕을 넣고 휘저어서 구워낸 가볍고 잘 부서지는 머랭 쿠키와 비슷했다. 유골 여기저기 무정형의 유리 같은 작은 물질들이 흩어져 있었다. 아마도 옷에서 나온 단추나 다른 인공물이 시신과 함께 불타며 녹아서 생긴 것 같았다. 분명 사람의 유골이 아닌 조각들을 찾기 위해 재를 계속 휘젓고 체로 치면서 눈에 힘을 주고 총알, 더 정확히는 녹아내린 납덩이를 찾아보려 했다. 그렇게 한때 총알이었을지 모를 무언가를 찾아보려 했지만 그 비슷한 것도 보이지 않았다.

화장에서 마지막 단계는 남아 있는 뼛조각들을 가루로 만드는 것이다. 내가 분석한 트라이스테이트의 유골 중에는 큰 뼛조각이 들어 있는 것도 있었다. 언론 보도에 따르면 마시 가족은 톱밥제조기wood chipper나 그냥 큰 판자를 이용해서 커다란 조각을 부수었다고 한다. 그래서 나는 윌리엄 브라운 변호사로부터 받은 다른 유골을 가지고 유골 처리 실험을 직접 진행해보았다. 불에 탄 뼈를 일부 가져다가 아내 캐럴의 구식 믹서기에 넣고 스위치를 켜보았다. 그러자 덜컥거리며 끔찍한 소리가 났다. 일부는 믹서기에서 나오는 소리였고, 일부는 캐럴에게서 나는 소리였다(아마도 내가 애나에게 두 번이나 새 가스레인지를 사주면서 더는 연구 목적으로 가전제품을 사용하지 말아야겠다는 교훈을 배웠으려니 생각했을 것이다. 두말하면 잔소리지만 부엌 조리대에는 머지않아 새로운 믹서기가 자리를 차지했다. 그리고 오염된 믹서기는 창고에 처박혔다).

이스트테네시 화장 회사는 불에 탄 뼈를 가루로 만드는 훨씬 정교한 수단을 갖고 있었다. 음식물 쓰레기 처리기 위에 수프 솥을 접목시킨 것처럼 보이지만 가격은 무려 4000달러나 하는 IEE 가공처리기였다. 헬렌이 유골을 솥에 담아 그 위에 무거운 뚜껑을 닫고 스위치를 켰다. 그러자 뼛조각들은 60초 만에 고운 가루가 되어 사라졌다. 그러고서 그녀는 가루가 된 유골을 사각형 플라스틱 상자 안에 펼쳐진 비닐봉지에 쏟아부었다. 거의 딱 맞게 들어갔다. 그녀는 비닐봉지를 플라스틱 케이블 타이로 빡빡하게 봉인한 다음 그 상자를 내게 건넸다. 하든 가족이 2년여 전에 받았다고 생각했을 그 유골이 지금 내 손에 들려 있었다. 나는 그 상자를 트럭 뒷좌석에 넣고 집으로 향했다.

처음에 받았던 치거 하든의 가짜 유골은 무게가 1650그램이었다. 이것은 수백 개의 유골을 내가 직접 측정해서 나온 남성의 평균 유골 무게의 절반도 안 되는 값이었다. 하지만 지금 내가 가지고 있는 유골은 그 주인이 건장한 체격의 농부였음을 말해주고 있었다. 비닐봉지의 무게를 포함하면 무려 3670그램이나 나갔다. 아마도 그가 이 세상에 처음 태어났을 때의 무게와 비슷할 것이다. 유골의 무게를 잰 다음 나는 비닐봉지를 열어 깨끗한 플라스틱 필름 통에 그 표본을 채우고 봉지를 다시 봉인했다. 나는 이 표본을 다른 것들처럼 갤브레이스 연구소로 보냈다.

결과가 나왔을 때 나는 놀랐다. 유골에 5퍼센트의 실리콘이 들어 있었다. 내가 예상한 것보다 대략 10배나 많은 양이었다. 어쩌면 그 실리콘들은 시신이나 옷에 달라붙어 있던 흙에서 나왔거나, 아니면 가마의 안쪽에 발라진 콘크리트에서 얇은 조각이 벗겨져 나온 것일지도 모른다. 갤브레이스가 같은 시간에 분석했던 다른 유골 표본에는 0.5퍼센트의 실리콘만 들어 있었다. 이것은 사람 신체의 일반적인 비율에 훨씬 가까운 값이다. 하지만 이제 가장 근본적인 의문에 대한 해답은 나와 있었다. 우리는 조지아 수사국과 공군으로부터 그의 시신이 맞다는 신원 확인을 받았고, 골격을 인류학적으로 조사해서 그것이 치거의 나이, 인종, 성별, 머리카락의 길이 및 색깔과 일치함을 확인했다. 그리고 독립적인 DNA 연구소에 내가 스트라이커 톱으로 채취한 넙다리뼈 조각을 의뢰해서 다시 신원 확인을 했다.

하지만 여전히 나를 괴롭히는 미해결 과제가 하나 있었다. 해답을 구하지 못한 이 한 가지 의문점 때문에 여전히 이 사건을 마무리하지 못하고 있었다. 나는 트럭에 올라타 테네시대학교로 향했다. 내 테네시 수사국 배지를 운전석 계기판 위에 잘 보이게 해놓고 불법 주차구역(이런 곳 말고는 주차 자리를 찾을 수 없었다)에 차를 대고는 테네시대학교 학생용 클리닉 지하에 있는 방사선과로 들어갔다. 몇 년 동안 그곳의 방사선기사와 의사는 내가 이상한 것들을 들고 가서 엑스레이를 촬영하고 싶다고 해도 언제나 친절하게 응해주었다. 그 사람들도 내 일에 흥미를 느끼는 것 같다. 그리고 내가 부패 중인 시신을 엑스레이로 찍자고 가져가지는 않는다는 사실도 이해하고 있는 것 같다. 나는 테네시대학교 메디컬센터의 적재장에 있는 휴대용 엑스레이 장치로 유골을 스캔했다.

내가 들고 간 판지 상자에서 치거의 유골을 나누어 담아 놓은, 가로세로 대략 30센티미터 정도의 납작한 비닐봉지 두 개를 꺼냈다. 균일한 두께로 펼쳐놓으니 각각의 비닐봉지에서 2.5센티미터 두께의 정사각형 층이 만들어졌다.

방사선기사가 납보호구 뒤에 서서 셔터를 열었다. 그녀가 처음 가져다준 네거티브 필름은 거의 깨끗했다. 노출이 심하게 부족했다는 의미였다. 보아하니 그녀가 표본의 두께를 과잉 보정한 것 같았다. 두 번째 노출은 정확했다. 갈린 뼛조각들이 다양한 음영의 회색으로 나타났다. 작은 하얀색의 치아 비슷한 물체 수십 개가 이미지에 점점이 박혀 있었다. 조지아에서 시신을 담아 와서 화장할 때 함께 들어간 시체 운반용 부대의 금속 지퍼이빨이었다.

네거티브 필름을 보니 다른 방사선 불투과성 물체 하나가 보였다. 크기는 1센트 동전만 하고 굵기는 두 배쯤 되는 거의 완벽한 원반 형태의 물체였다. 뒤져서 그 물체를 꺼내보았다. 납처럼 무거운 원반이었다. 유골에서 이것을 눈이나 촉감으로 확인하지 못했지만 이것은 내내 그 안에 들어 있었을 것이다. 드디어 치거의 총알을 찾아냈다.

하든 가족이 보내고 있던 불확실성의 시간도 이렇게 막을 내렸다. 총알을 찾아냈다는 것이 꼭 반가운 소식은 아니었지만, 그래도 가족들은 감사하게 생각했다. 실종자나 사망자의 가족들을 만나면서 이런 반응을 여러 번 보았다. 십중팔구, 불확실함과 두려움을 계속 떠안고 지내는 것보다는 차라리 상실을 최종적으로 확인하는 편이 감당하기 수월하다.

나는 사람들에게 사랑하는 이를 돌려보내 줄 수는 없다. 그들의 행복이나 결백을 회복시켜줄 수도, 예전의 삶을 돌려줄 수도 없다. 하지만 진실은 줄 수 있다. 그럼 그들은 그 후로는 망자를 위해 자유롭게 목 놓아 슬퍼하고, 새로운 삶을 다시 시작할 수 있다. 그런 진실이야말로 한 명의 과학자가 선사하는 소박하고 신성한 선물이 될 수 있다.

20

그리고 내가 죽는 날

법의인류학자로 살아온 첫 40년 동안 나는 수백 구의 시신과 수천 구의 골격을 봤다. 나는 모든 각도에서 죽음을 면밀히 지켜봤다. 그러니까 딱 한 각도만 빼고 말이다. 어느 날 나는 식당 바닥에 등을 대고 납작하게 누워 죽음과 정면으로 시선을 마주한 적이 있었다.

아내 캐럴과 나는 내슈빌에서 녹스빌로 차를 몰아 돌아오고 있었다. 차로 세 시간 거리라 우리는 중간에 쿡빌Cookeville에 들러 점심식사를 하기로 했다. 우리는 40번 주간고속도로에서 빠져 나와 내가 좋아하는 식당인 로건스 로드 하우스로 향했다. 이곳에서는 내가 정말 좋아하는 구운 감자 요리를 한다.

내슈빌에 갔던 것은 장기기증 전문가를 대상으로 한 강의 때문이었다. 그런데 사실 전날 밤부터 몸이 별로 좋지 않았다. 요령이란 게 있었으면 그때 바로 강의를 취소했을 테지만 그러지 못해서 나는 내슈빌로 갔고, 결국 강의를 하게 됐다. 배스 가문에는 우리 스스로는 결단력이라 부르는 특성이 오랜 전통으로 남아 있다. 듣자 하니 남들은 그것을 똥고집이라 부른다고 한다.

그곳에서 사람들에게 법의인류학 입문에 관한 슬라이드 강의를 했다. 그 강의는 자기 차에 불을 질러 자살한 텍사스 남성의 사건에서 시작해서 자동차 화재로 자기의 죽음을 조작한 매디슨 러더퍼드의 사건으로 옮겨 갔다. 이 강연을 수십 번 했었지만, 그날 오전에는 끝까지 서 있는 것조차 버거웠다. 보통 나는 사람들 앞에 서면 활력이 샘솟는다. 에너지와 흥분이 차오르면서 온갖 이야기와 농담이 줄줄 흘러나온다. 하지만 이번에는 분명 내 몸의 엔진이 제대로 돌아가지 않고 있었다. 어쨌거나 다행히도 강의는 그럭저럭 마무리했다. 나는 내 밋밋한 강연에 대해 남부 사람들이 예의상 하는 칭찬의 말을 들은 후에 급하게 인사를 하고 캐럴을 재촉해서 서둘러 차에 올랐다. 그리고 가다가 중간에 구운 감자 요리를 먹으면 다시 기운이 나리라 기대하며 차를 몰았다. 우리가 로건스 로드 하우스에 들어간 지 몇 분 만에 버터 향기를 내며 김이 모락모락 올라오는 구운 감자 요리가 나왔다.

감자를 두 입 정도 먹은 것까지는 기억이 난다. 갑자기 눈앞이 캄캄해졌다. 그릇을 옆으로 치우며 캐럴에게 말했다. "나 기절할 거 같아." 그 말과 함께 나는 머리를 식탁에 처박았다. 그 후로 있었던 일은 기억에 없다. 지금부터는 캐럴과 다른 사람들에게 들은 이야기를 전하는 것이다.

응급구조사들이 곧 도착했고, 그 카운티의 검시관인 설리번 스미스Sullivan Smith 박사도 도착했다. 그는 911 호출이 왔을 때 근처에서 차를 몰고 있었다. 응급상황 안내원emergency dispatcher이 경찰에 무선 연락하는 내용을 차 안에서 들은 그는 내가 쓰러진 식당으로 부리나케 달려왔다. 만약 그가 1분만 늦게 왔어도 내 사망 보고서를 작성할 뻔했다. 하지만 다행히도 그는 그 상황을 되돌리는 싸움에 동참하게 됐다.

스미스 박사와는 그가 녹스빌 테네시대학교 메디컬센터에서 레지던트로 있을 때부터 여러 해 동안 알고 지냈다. 나는 그를 미국 최고의 검시관 중 한 명이라 생각한다. 그리고 그동안 나는 응급실 의료인력을 대상으로 개최된 그의 세미나에서 여섯 번 넘게 강의를 했었다. 스미스는 내 뒤통수만 보고도 나를 한눈에 알아봤다(이것이 그의 눈썰미가 그만큼 예리하다는 의미인지, 아니면 내 머리가 그렇게 이상하게 생겼다는 의미인지는 잘 모르겠다).

"배스 박사! 배스 박사! 내 말 들려요?" 그가 이렇게 묻고 아직 내 맥박을 확인 중이었던 응급구조사에게로 시선을 돌렸다. 응급구조사는 고개를 저었다. "배스 박사, 지금 바로 당신을 바닥에 눕혀야겠어요." 마치 내가 알아듣기라도 하는 것처럼 스미스 박사가 말했다.

이들은 휴대용 제세동기를 꺼내 패들을 내 가슴에 부착하고 내게 전기 충격을 줄 준비를 했다. 내 심장을 다시 뛰게 만들기 위한 최후의 필사적 노력이었다. 그 순간 몸서리를 치면서 내 심장에 다시 생명이 돌아왔다. 의식을 차리고 시력도 돌아온 나는 내가 수십 개의 발에 둘러싸여 바닥에 누워 있는 것을 보았다.

"배스 박사, 내 말 들려요?" 알 듯 말 듯 익숙한 목소리였다. 무릎을 끓고 나를 내려보고 있는 얼굴도 왠지 익숙해 보였다. "…… 설리번 스미스입니다." 그가 그렇게 말하고 있는 것 같았다.

"설리번 스미스? 아, 알지요. 알아요. 그분한테 강의한 적이 있는데……." 내가 작은 소리로 속삭이듯 말했다.

"배스 박사. 저 설리번 스미스예요." 그가 말했다. 마침내 머리에 끼어 있던 안개가 걷히고 나는 그를 알아보았다. 그 순간 그가 여기에 와 있다는 것이 너무도 감사했다. 스미스가 말하기를 1, 2분만 늦었어도 나를 되살릴 수 없었을지도 모른다고 했다.

몇 시간 안으로 스미스는 구급차를 불러 나를 녹스빌 테네시대학교 메디컬센터로 이송해주었다. 구급대원과 나는 차를 타고 가는 두 시간 내내 법의학 사건에서 테네시대학교 미식축구팀까지 다양한 주제에 대해 수다를 떨었다. 우리가 말하지 않은 주제가 있다면 딱 한 가지, 내가 거의 죽을 뻔했던 상황에 대해서는 이야기하지 않았다.

심장병 전문의 존 애커John Acker 박사는 내 심장 근육 자체는 괜찮다고 했다. 문제는 심장 근육의 수축을 조절하는 전기 시스템이었다. 다행히도 그것을 고치는 방법은 간단했다. 정교한 심장 모니터와 미니 제세동기를 1달러 은화만 한 원반에 집어넣은 심박조율기를 장착하면 된다. 내 심장이 제대로 일하고 있을 때는 심박조율기가 아무 일도 하지 않는다. 하지만 심박수가 분당 50회 이하로 떨어지면 심박조율기가 작동을 시작한다.

환자가 되어 테네시대학교 병원에 있으려니 기분이 이상했다. 나는 1971년에 녹스빌로 이사한 후로 그곳에서 수천 시간을 보냈다. 녹스빌 카운티 시체안치소와 지역법의학센터가 그 병원에 들어와 있었기 때문에 나는 그곳에서 수백 구의 시신과 골격을 검사했었다. 이제는 나 자신이 무덤 가장자리에 한발을 디뎠다는 사실 때문에 그 지하 부검실이 굉장히 가깝다는 게 너무도 생생하게 다가왔다. 며칠 후에 나는 심박조율기 이식 수술을 받았다.

한때는 나도 사후세계를 믿었다. 나는 아버지가 총으로 자살한 이후로 꼬박 60년 동안 그렇게 믿어왔다. 그리고 애나가 세상을 떠나고, 이어서 애넷마저 세상을 뜨자, 갑자기 내가 자라면서 신과 천국에 대해 믿었던 것들이 더는 말이 안 된다고 느껴졌다. 우리는 살아 있는 유기체다. 우리는 수정되고, 태어나고, 살고, 죽고, 부패한다. 하지만 우리는 썩는 과정에서 식물, 벌레, 세균 등 살아 있는 것들의 세계를 먹여 살린다.

내가 세 살 때 아버지가 총으로 자살하는 바람에 아버지를 제대로 알 기회가 없었지만, 아버지를 아는 사람들은 호기심이 많고, 머리가 좋고, 다정하고, 친절한 것도 그렇고, 무언가에 굉장히 집중하고 있을 때 혀를 살짝 내미는 것도 그렇고 내가 여러모로 아버지를 참 많이 닮았다고 한다. 다 자란 내 아들들에게서도 그와 똑같은 특성이 보이고, 손녀딸 중 하나도 색칠 놀이를 하거나 캐럴이 가르쳐준 뜨개질을 할 때 전형적인 배스 집안의 전통대로 혀를 내미는 것을 볼 때면 아주 마음이 뿌듯하다. 그런 것을 보면 우리 중 일부가 우리가 남기고 간 후손들 안에서 계속 살아남는 것 같다. 우리 유전자, 버릇, 그리고 공통의 경험, 그리고 입에서 입으로 전해지는 역사를 통해서 말이다.

　남는 것이 그게 전부일까? 거의 전부이기는 하겠지만 완전한 전부는 아니라 생각한다. 내가 법의학 사건을 처음 접했던 것은 찰리 스노 교수님 덕분이었다. 우리는 렉싱턴 외곽에서 불에 탄 시신을 발굴해서 신원을 확인한 적이 있다. 어떤 면에서 보면 내가 범죄 현장에 도착해서 보고 냄새 맡는 것들을 이해하려고 할 때마다 그 찰리 스노 교수님은 여전히 내게 살아 있다. 뼈 탐정 윌턴 M. 크로그먼 교수님도 마찬가지다. 나의 일부는 영원히 그와 함께 차를 타고 펜실베이니아대학교로 통근하고 있다. 나는 마음속으로 최근의 사건들에 대해 그와 함께 검토하면서 나만의 결론을 요약하고, 이 위대한 인물이 던지는 어떤 질문에도 척척 대답하고, 반대 의견에도 반박할 수 있도록 논거와 참고문헌을 모은다. 많은 세월이 지났지만 크로그먼 교수님이 사건을 담당했다면 혹시 간과했을지도 모르겠다 싶은 것을 찾아내면 뿌듯한 기분이다.

　아마 내 학생들도 그렇게 될 것이다. 부디 내가 죽어서도 항상 그들의 어깨 너머로 산산이 부서진 머리뼈, 불에 탄 뼈, 증거가 되어줄 곤충들을 함께 지켜보며 항상 그들에게 질문을 던지고, 문제를 제기하고, 가끔은 영감도 줄 수 있기를 바란다. 내가 가장 자랑스럽게 생각하는 과학적 창작물인 시체농장에도 나의 일부는 계속해서 살아남게 될 것이다. 지난 사반세기를 돌아보면 어떻게 그렇게 초라하게 시작한 시설에서 그처럼 다양한 선구적 연구가 나올 수 있었는지 놀랍기만 하다. 그것은 버려진 돼지축사에서 시작했다. 오늘날까지도 인류학 연구소는 높은 목재 울타리(최근에 퍼트리샤 콘웰의 도움으로 확장해서 다시 지었다) 뒤에 처박혀 있는 금속 창고와 나무, 인동초 덩굴이 고작인 시설이다. 거기에 총명하고, 탐구심 많고, 죽음의 비밀을 파헤치고 싶어 안달이 난 한 세대의 젊은이들이 더해졌다. 분명 그곳에 유명한 시설을 만들어보겠다고 시작한 일은 아니었다. 그저 나를 괴롭히고 있던 질문에 대한 해답을 찾으려고 시작한 일일 뿐이다. 과학도 삶과 다를 것이 없다. 한 가지가 다른 한 가지로 이어지고, 알지도 못하는 사이에 전에는 상상도 해보지 못했던 위치에 서 있는 자신을 발견하게 된다.

특히 기자들한테 자주 받는 질문이 있다. "돌아가시게 되면 시신을 시체농장에 기증할 생각이십니까?" 내가 입으로 뱉은 말들을 실천에 옮길 것이냐는 질문이다. 분명 그렇게 하겠다고 마음먹고 있던 때가 있었다. 본인도 과학자인 내 첫 아내 애나와 이 부분을 얘기했을 때 그녀는 진심으로 찬성해주었다. 내 두 번째 아내 애넷은 여러 해 동안 내 비서로 일해왔고, 그 시설과 그곳에서 하는 연구에 대해 너무도 잘 알고 있었기 때문에 이렇게 말했다. "절대로 안 돼요!" 캐럴의 경우는 이 윌리엄 배스 박사를 위해 좀 더 전통적이고, 적어도 그녀의 사고방식으로는 더 품격 있는 마지막 쉼터를 마련해주는 쪽으로 마음이 기울고 있는 듯하다. 나는 마지막 결정은 캐럴과 아들들에게 맡기려 한다. 내 안의 과학자는 시신 기증 서류에 서명하기를 원하고 있다. 하지만 나의 나머지는 내가 끔찍이 싫어하는 파리 떼를 좀처럼 잊지 못하고 있다.

이쪽이든 저쪽이든, 나는 결국 죽을 때 시체농장에 있게 될 것이다. 하지만 당분간은 그러고 싶지 않다. 지금은 죽고 싶지 않다. 아직 할 일이 너무 많다. 써야 할 책도 있고, 함께 놀아주어야 할 손자들이 있고, 잡아야 할 살인자들이 있으니까 말이다.

◆ 부록 I ◆

사람의 골격을 구성하는 뼈

| 인체 골격의 일반적 요소 |

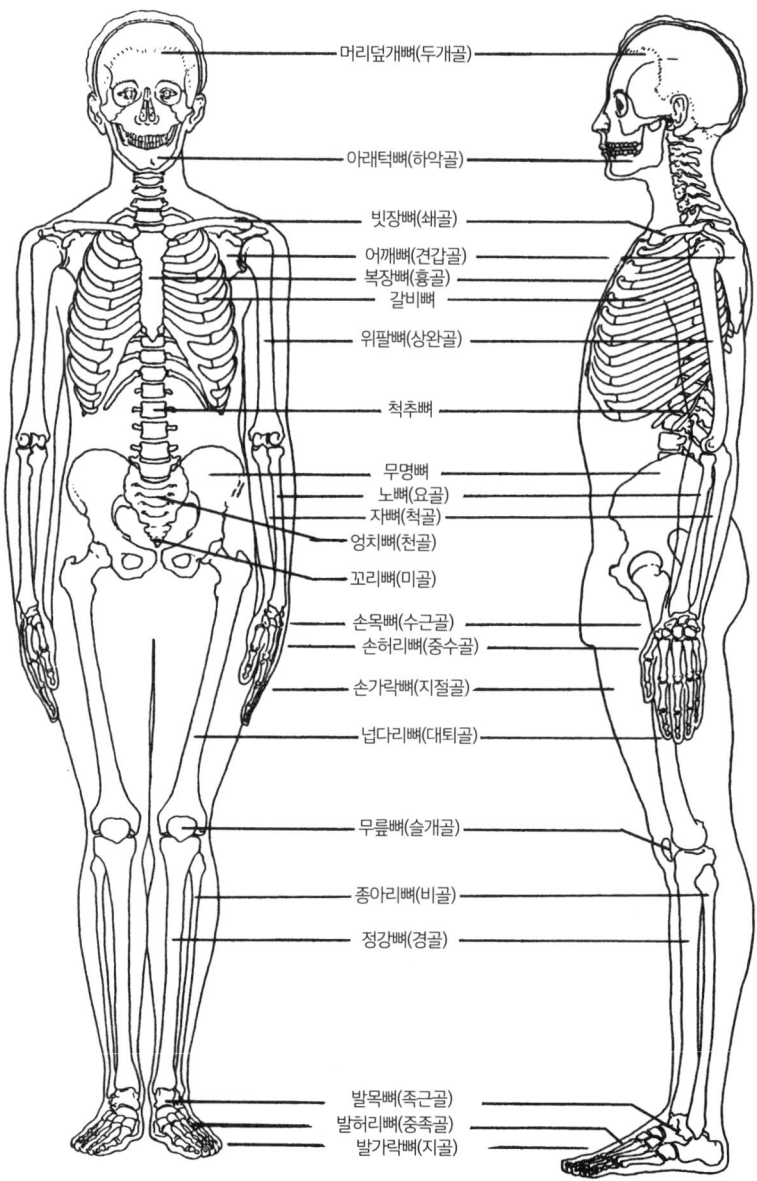

| 머리뼈 정면 |

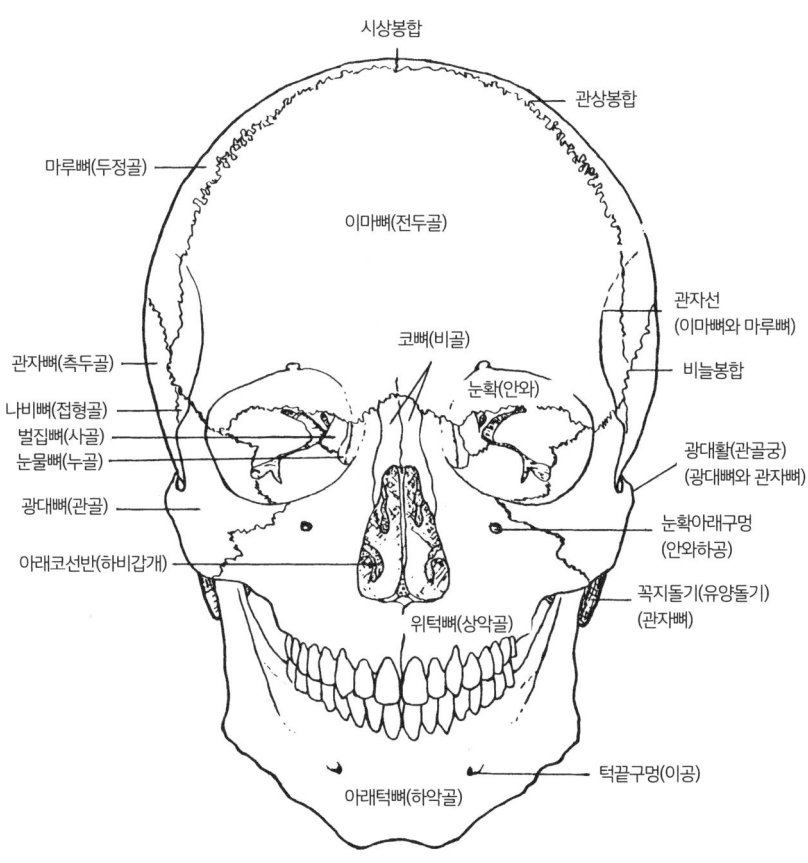

| 머리뼈 옆면 |

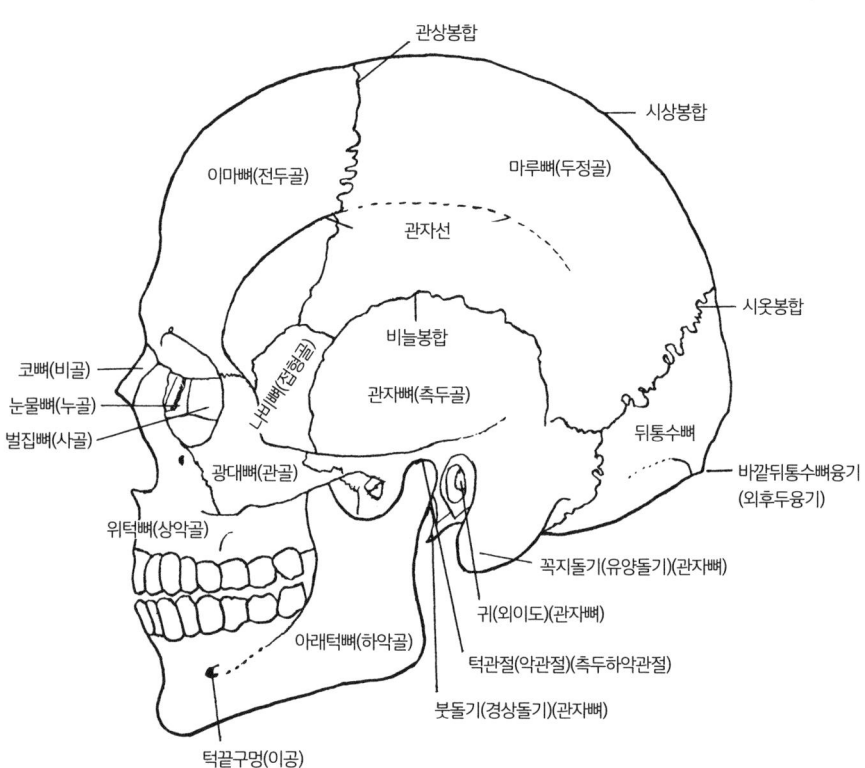

- 이 부록의 그림은 허락을 받아 윌리엄 배스의 *Human Osteology: A Laboratory and Field Manual* (Fourth Ed.)© Missouri Archaeological Society, Inc., 1995에서 인용하였다.

◆ 부록 II ◆

법의인류학 용어 해설

ㄱ

- **가쪽**lateral: 몸의 옆쪽 방향. 안쪽의 반대말.
- **검시관**medical examiner: 법집행관과 함께 일하면서 사망 원인을 밝히는 의사.
- **검정파리**blowfly: 검정파리과Calliphoridae에 속하는 형광의 초록색 또는 파란색 파리 몇몇 종을 지칭하며, 죽은 지 얼마 안 된 시신에 모여들어 구멍과 상처에 알을 낳는다. 이 알이 부화하여 나온 구더기가 연조직을 먹는다.
- **곤충학자**entomologist: 곤충을 전문으로 연구하는 과학자.
- **골반**pelvis: 골반은 말 그대로 뼈로 된 대야를 의미하며, 무명뼈와 엉치뼈에 의해 만들어지는 구조물이다.
- **골변연**osteoarthritic lipping: 노화와 관련해 일어나는 퇴행성 변화로 관절의 표면에 뼈 물질이 추가로 달라붙으면서 가장자리가 지그재그 형태로 변한다.
- **골화**ossify: 뼈로 변하는 것. 태어날 때는 골격이 연골로 이루어졌다가 차츰 칼슘과 다른 광물질이 연골을 강화하면서 골화해 뼈로 변한다.
- **관상봉합**coronal suture: 머리 꼭대기를 한쪽(마루뼈)에서 반대쪽까지 가로지르는 머리덮개뼈의 관절.
- **관자뼈**temporal bone: 귀를 둘러싸고 있는 뼈.

- 관절융기condyle: 둥글게 튀어나와 있는 뼈의 끝부분. 보통 다른 뼈와 관절을 이룬다(예를 들면 넙다리뼈와 정강뼈의 두 관절융기가 만나 무릎의 경첩을 이룬다).
- 광대뼈zygomatic: 광대를 이루고 있는 뼈.
- 구더기maggot: 파리의 애벌레.
- 구멍foramen: 뼈에 나 있는 구멍. 혈관이나 신경이 지나가는 통로다.
- 궁둥뼈ischium: 볼기뼈에서 아래쪽 부분. 의자에 앉을 때 닿는 부분.
- 궁둥패임sciatic notch: 볼기뼈에 있는 틈으로 아래쪽 척수에서 나온 궁둥신경이 이곳을 지나간다. 남성보다 여성이 넓다.
- 귓바퀴면auricular surface: 엉치엉덩관절 부위의 볼기뼈 표면.
- 꼬리뼈coccyx: 제일 아래쪽 척추뼈 세 개에서 다섯 개로 이루어진 뼈.

ㄴ

- 나비뼈sphenoid bone: 머리뼈바닥의 가운데 부분을 이루고 있는 U 자 모양의 뼈.
- 넙다리뼈 머리femoral head: 넙다리뼈의 몸쪽 끝에 있는 공 모양으로 생긴 머리.
- 넙다리뼈femur: 허벅지의 뼈.
- 노뼈radius: 아래팔의 가쪽(엄지손가락 쪽) 뼈.
- 누적도일accumulated degree day: 일평균 온도를 누적한 값. 부패 단계나 곤충의 발달 단계를 누적도일과 결합하면 사망 후 경과시간을 계산할 때 기온의 변화를 함께 고려할 수 있다.
- 눈확orbit: 안구가 들어가 있는 뼈 구멍.

- 닌히드린ninhydrin: 사람의 잠재지문을 드러내는 데 사용하는 화학물질. 지문에 들어 있는 기름 성분과 작용하면 보라색으로 변한다.

ㄷ

- 두덩결합pubic symphysis: 왼쪽과 오른쪽의 두덩뼈가 골반의 정중선에서 만나는 결합 부위. 두덩결합의 특성을 통해 골격의 나이에 대해 많은 것을 알 수 있다.
- 두덩뼈pubic bone, pubis: 두 볼기뼈가 복부의 정중선에서 만나는 무명뼈의 앞부분.
- 뒤쪽posterior: 몸의 뒤쪽 방향.
- 뒤통수뼈occipital bone: 머리뼈의 뒤쪽과 바닥을 형성하는 뼈.

ㄹ

- 령instar: 1령, 2령, 3령 등 구더기의 세 가지 발달 단계를 지칭하는 용어. 해부학적 특성에 의해 서로 구분이 가능해서 사망 후 경과시간을 추정할 때 유용하다.

ㅁ

- 마루뼈parietal bone: 머리뼈의 양쪽 측면을 형성하고 있는 뼈.
- 머리덮개뼈calvaria: 머리를 덮고 있는 뼈.
- 머리뼈뒤쪽postcranial: 머리덮개뼈 아래. 일반적으로 머리뼈뒤쪽 골격 postcranial skeleton, 즉 목 아래로 있는 모든 골격을 지칭한다.
- 먼쪽distal: 뼈에서는 몸의 중심에서 멀리 있는 쪽을 말한다(몸쪽의 반

대말). 예를 들면 '넙다리뼈의 먼쪽 끝부분'.

- 목뿔뼈hyoid bone: 목 앞쪽에 자리 잡고 있는 U 자 형의 작은 뼈. 목 졸라 죽이는 사건에서는 깨져 있는 경우가 많다.

- 몸쪽proximal: 가까운 쪽. 뼈에서는 몸의 중심부에 가까운 쪽을 말한다 (먼쪽의 반대말). 예를 들면 '넙다리뼈의 몸쪽 끝부분'.

- 무딘 톱니 모양crenulated: 올록볼록하거나, 홈이 파여 있거나, 물결 모양의 형태. 인류학에서는 일반적으로 니그로이드 인종의 대구치(큰어금니)의 위쪽 표면을 묘사할 때 사용한다.

- 무명뼈innominate bone: 엉덩뼈, 궁둥뼈, 두덩뼈가 융합되어 만들어지는 볼기뼈.

ㅂ

- 바깥뒤통수뼈융기external occipital protuberance: 머리뼈의 뒤통수뼈 바닥에 튀어나와 있는 혹처럼 생긴 뼈. 보통 남성에서는 눈에 띄게 튀어나와 있지만 여성은 그렇지 않다.

- 발꿈치뼈calcaneus: 발에서 제일 큰 뼈.

- 발허리뼈metatarsal bone: '발등 너머'라는 의미. 발목과 발가락 사이에 위치한 발을 구성하는 다섯 개의 긴뼈.

- 번데기 껍질puparia: 곤충의 유충이 성충으로 성숙될 때 그 안에 들어가는 딱딱한 고치 같은 껍질. 검정파리의 번데기 껍질은 부패한 시신이나 골격 위나 그 근처에서 수천 개씩 발견되는 경우가 많다.

- 번데기pupa: 유충 단계에서 성충 단계로 전환 과정에 있는 곤충.

- 병리학자pathologist: 질병, 특히 병든 조직과 기관을 전문으로 하는 의

사. 법의병리학자는 사망 원인과 사망의 종류를 판단하기 위해 부검을 시행한다.
- 복장뼈sternum: 흉골. 흉곽의 앞쪽 한복판에서 흉곽의 앞 벽을 이루는 뼈.
- 볼기뼈절구acetabulum: 엉덩이에 있는 관절오목. 넙다리뼈 머리가 이 안에서 움직인다.
- 봉합suture: 이 책에서는 머리뼈에 있는 몇 개의 관절을 지칭한다.
- 부검autopsy: 법의병리학자가 시신을 사후 검사하는 것.
- 부유시체floater: 물속에서 부패 중에 발견된 시신.
- 부패decomposition: 시신이 썩어서 해체되는 것.
- 블루멘사트의 선Blumensaat's line: 무릎 바로 위쪽 넙다리뼈의 안쪽 경계선. 이것을 발견한 독일 의사의 이름을 따서 지어진 이름이며, 현재는 인류학자들이 니그로이드 인종의 넙다리뼈를 다른 인종의 넙다리뼈와 구분하는 데 사용된다.
- 빗장뼈clavicle: 쇄골이라고도 한다. 가슴 위쪽에서 어깨까지 수평으로 걸쳐 있는 뼈 한 쌍.
- 뼈 해부학osteology: 말 그대로 뼈를 연구하는 뼈의 과학.
- 뼈끝epiphysis: 보통 뼈끝에 있는 뼈의 일부분으로 뼈 몸통과 연골로 분리되어 있다. 특정 뼈끝은 일관적이고 예측 가능한 시간대에 골화가 이루어지기 때문에 골격 발달 단계나 나이를 말해주는 중요한 지표로 사용된다.

ㅅ

- 사망 당시perimortem: 사망 전후의 시간.

- 사망 전antemortem: 사망하기 전 시간.
- 사망 후 경과시간time since death, TSD: 사망한 후 발견되기까지 사후에 경과한 시간 간격.
- 사체부패putrefaction: 특히나 세균에 의해 연조직이 분해되는 것.
- 사후postmortem: 사망 후.
- 손가락뼈, 발가락뼈phalanges: 손가락과 발가락의 뼈.
- 시랍adipocere: 말 그대로 시체에서 생긴 밀랍이라는 뜻으로, 지방 조직이 습한 환경에서 부패할 때 형성되는 비누 비슷한 기름질 물질.

───────────── ㅇ ─────────────

- 아래턱뼈mandible: 아래쪽의 턱뼈.
- 안쪽medial: 몸의 중심부 방향. 가쪽의 반대말.
- 앞쪽anterior: 몸의 앞쪽 방향.
- 어깨뼈scapula: 견갑골.
- 엉덩뼈ilium: 볼기뼈 혹은 무명뼈의 넓은 위쪽 부분.
- 엉치뼈sacrum: 세 개에서 다섯 개 정도의 척추뼈가 융합되어 생긴 삼각형의 뼈. 엉치뼈는 골반의 뒤쪽 부분이다.
- 엉치엉덩능선sacroiliac crest: 엉치뼈가 엉덩뼈와 결합하는 부위 볼기뼈의 이음매. 보통 성인 여성에서는 넓고, 더 올라와 있고, 더 두드러진다.
- 위턱뼈maxilla: 위쪽의 턱뼈.
- 위팔뼈humerus: 위쪽 팔을 이루는 뼈.
- 유골cremain: 화장하고 남은 사람의 유해.
- 이마뼈frontal bone: 이마와 눈확 위쪽 가장자리를 이루는 뼈.

ㅈ

- **자가분해**autolysis: 말 그대로 '스스로를 소화하는 것'. 세포 내부의 화학적 변화의 결과로 신체의 연조직이 분해되는 것.
- **자뼈**ulna: 아래팔의 안쪽에 있는 뼈. 팔꿈치의 날카로운 혹이 포함되어 있는 뼈다.
- **작은돌기**lesser trochanter: 넙다리뼈 머리 바로 아래 있는 안쪽의 더 작은 뼈끝.
- **정강뼈**tibia: 아래쪽 다리에서 안쪽에 있는 더 큰 뼈.
- **종아리뼈**fibula: 아래쪽 다리의 가쪽에 붙어 있는 작은 뼈.

ㅊ

- **척추뼈**vertebra: 척추를 이루는 뼈.

ㅋ

- **코로너 검시관**coroner: 사망자를 조사해서 사망진단서를 발급하는 공무원. 이들은 의학적 수련을 받을 수도 있고, 안 받을 수도 있다.
- **큰구멍**foramen magnum: 뒤통수뼈 바닥에 난 큰 구멍으로 이곳을 통해 뇌줄기brain stem와 척수가 빠져나온다.
- **큰돌기**greater trochanter: 넙다리뼈 머리 바로 아래에 있는 가쪽의 더 큰 뼈끝.

ㅎ

- **흉부**thoracic: 가슴 부위.

◆ 감사의 말 ◆

이 책이 세상에 나오기까지 너무도 많은 분이 도움을 주셨습니다. 제일 먼저, 아버지가 돌아가신 후 1997년에 아흔다섯 살의 나이로 돌아가실 때까지 저를 끌어주신 어머니, 제니 배스 여사에게 감사의 말씀을 전하고 싶습니다. 이어서 세 명의 제 훌륭한 아내에게 감사드립니다(한꺼번에 세 아내를 둔 것은 아닙니다). 세 아들의 어머니 애나 오언, 1993년 애나가 세상을 떠난 후 현명한 조언자로 큰 위로가 되어준 애넷 블랙본, 그리고 어릴 적부터 서로 알고 지냈던 친구 캐럴 리 힉스입니다. 애나와 애넷과 모두 아는 사이였던 캐럴은 1997년 애넷이 사망했을 때도 녹스빌로 와서 저를 돌봐주었고, 고맙게도 그 후로도 계속 저와 함께 이곳에 머물고 있습니다.

저는 펜실베이니아대학교, 네브래스카대학교, 캔자스대학교, 테네시대학교에서 제 수업을 들어준, 그리고 많은 교육상을 안겨준 수천, 아니 수만 명의 학생에게 큰 빚을 지고 있습니다. 저는 늘 저에게는 두 개의 가족이 있다고 말해왔습니다. 하나는 세 명의 아들로 이루어진 제 생물학적 가족이고, 또 하나는 내가 이런 선구적인 연구를 할 수 있게 해주었고 이 책에서 만나보지 못한, 대학원생으로 이루어진 학술적 가족입니다. 그리고 테네시대학교 인류학과의 유능한 비서 중 한 명인 도나 패튼 그리핀에게도 감사드립니다. 그녀는 내가 대학에 있는 동안에 보고서를 타이핑해주고, 수백 건의 법의학 사건에 관한 기록을 보관해주었습니다. 테네시대학교 행정가들의 지속적인 지원이 없었다면 시체농장은 결코 현실화되지 못했을 것입니다. 저는 인류학과를 포함하고 있는 인문과학대학의 학장들부터 시작해서 각각의 녹스빌 캠퍼스의 총장들, 전체 테네시대학교의 총장들에 이르기까지 모든 이로부터 최고의 지원을 받았습니다. 상사를 존중하고 존경할 수 있는 환경에서 일을 한다는 것은 정말 축복입니다.

범죄 드라마를 보면 늘상 법의학자가 함께 일하는 경찰, 지방검사, 검시관, 코로너 검시관과 갈등하는 장면이 등장합니다. 하지만 저는 지역, 주, 전국, 국제적인 법집행기관의 사람들과 50년 동안 함께 일하면서 단 한 번도 나쁜 일을 겪었던 기억이 없습니다. 방화사건 분석, 탄도학, 사법 제도, 그리고 내가 일을 하면서 배워야 했던 다른 분야에 대해 많은 것을 가르쳐주신 그분들 모두에게 감사드립니다.

특히 세 아들, 찰리, 빌리, 짐에게 감사하고 싶습니다. 이 아이들은 항상 내게 힘을 주었지만 특히 애나와 애넷의 사망 이후에 큰 힘을 주었습니다. 그리고 세 아들 모두 크게 성공했습니다. 아이들을 가르치는 데 들인 돈이 결국은 그 값을 했나 봅니다!

마지막으로 존 제퍼슨에게 감사드립니다. 그의 글쓰기는 내가 흥미로운 이야기를 집필하는 데 큰 도움을 주었습니다. 존은 배스 가족의 진정한 친구이자 한 명의 구성원으로 자리 잡았습니다.

— 윌리엄 배스

괴테는 이렇게 말했습니다(이보다는 조금 더 우아하게 표현했지만). 다리를 불태우고 무언가를 향해 몸을 던지는 순간 마법이 일어난다고 말이죠. 그렇게 섭리가 움직이며 문이 열리고 우연이 더해져 운명으로 이어집니다. 이 책이 그것을 증명하고 있습니다. 나와 만나기 오래전에 신디 로빈슨은 기억에 남을 한 교수님과 함께 연구해야겠다는 선견지명을 발휘했고, 20년 후에는 윌리엄 배스 박사와 그의 시체농장에 관한 이야기를 내게 들려주었습니다. 그 시간 동안 나 역시 이 여자와 결혼해야겠다는 선견지명과 큰 행운을 누렸죠. 내가 아는 최고의 독자이자 가장 예리한 비평가인 신디는 내가 이 책을 훨씬 좋은 책으로 만드는 데 도움을 주었습니다.

내가 죽은 자들의 땅을 걷는 동안 많은 사람이 나와 함께하며 용기를 북돋아주었습니다. 그중에는 저를 산 자들의 땅으로 데리고 와준 두 분도 포함되어 있습니다. 빌 제퍼슨과 글로리아 제퍼슨은 자신의 아들이 이렇게 죽은 자들의 땅에 발을 딛게 되리라고는 꿈도 꿔보지 않았을 겁니다. 하지만 두 분은 내가 그 땅에서 방황하는 동안에도 관심을 잃지 않고 내내 격려해주었습니다. 그리고 두 자녀 벤과 애나도 큰 격려가 되어주었습니다. 이 아이들도 나처럼 남들이 가지 않는 길을 좋아하는 것 같습니다.

가까운 친구이자 동료 기자 스티브 키바는 윌리엄 배스 박사와 그가 해결에 도움을 주었던 살인사건에 관한 내 첫 이야기를 출판해주었습니다. 스티븐은 또한 내가 내셔널지오그래픽 소사이어티에서 법의학 다큐멘터리를 제작할 수 있도록 문을 열어주었고, 나의 믿음과 희망이 흔들릴 때마다 거듭해서 내게 새로운 믿음과 희망을 채워주었습니다. 항상 귀를 열고 얘기를 들어주는 좋은 친구이자 현명한 상담자인 존 후버 역시 그렇게 해주었습니다. 그리고 존 크레이그, J. J. 로셀, 웬디 스미스, 데이비드 브릴 등 웬즈데이 나이트 프레이어 그룹Wednesday Night Prayer Group의 내 맥주 친구들 역시 내 흔들리지 않는 기둥이 되어주었습니다. 훌륭한 작가이자 관대한 친구인 데이비드는 나를 뛰어난 에이전트인 자일스 앤더슨에게 소개해주었습니다. 이 프로젝트에 대한 그의 에너지와 열정은 전염성이 있어서 내게 큰 영감을 주었습니다. 그리고 자일스는 다시 우리를 뛰어난 국제 에이전트인 대니 바러에게 데려다주었습니다.

퍼트넘Putmam의 편집자 데이비드 하이필은 우리가 처음에 무심코 약속했던 책을 세상에 내놓을 수 있도록 발 벗고 나서주었습니다. 로버트 로퍼는 내게 많은 조언을 해주고 내가 많은 함정을 피해 갈 수 있게 안내해주었습니다. 낸시 영은 내가 도저히 글을 못 쓰겠다는 수많은 핑계로부터 벗어나야 할 순간에 자신의 안락한 오두막과 캐롤라이나의 산들을 아낌없이 빌려주었습니다.

법의학 전반, 그리고 특히 그중에서도 시체농장을 조명하는 데 있어서 퍼트리샤 콘웰의 기여는 아무리 강조해도 지나치지 않을 것입니다. 그 흐린 날 우리를 헬리콥터에 태워 시체농장 나무 꼭대기 위를 함께 맴돌았을 때처럼 그녀는 밀물처럼 우리에게 다가와 우리의 배를 드높이 띄워주었습니다.

그리고 누구보다 윌리엄 배스 박사님, 그리고 우아하면서도 점심시간을 활기차게 만들어주는 동반자인 그의 사랑스러운 아내 캐럴에게 감사드리고 싶습니다. 배스 박사님이 이 책을 처음 제안한 것은

3년 전이었습니다. 그와 공동 집필을 진행하게 된 것은 저의 큰 행운이었습니다. 그와 함께하는 작업은 보기 드문 특권일 뿐 아니라 끝없는 즐거움의 원천이었습니다. 세계 최고의 과학자 중 한 명인 그는 정말 겸손하고, 솔직하고, 명예로운 사람이기도 합니다. 언제나 쾌활함을 잃지 않고 열정에 넘치며, 항상 긍정적인 배스 박사님은 심박조율기를 착용하고 있음에도 생명으로 가득한 이 아름다운 행성 어디서도 찾아보기 힘든 최고의 심장을 갖고 있습니다.

— 존 제퍼슨

◆ 주 ◆

1. 출판사와 뢰브 고전 도서관 신탁 관리인의 허가를 받아 다음의 자료로부터 재인쇄. VITRUVIUS—ON ARCHITECTURE, Vol. I, Loeb Classical Library Vol. L251, translated by Frank Granger, Cambridge, Mass.: Harvard University Press, 1931. The Loeb Classical Library®은 President and Fellows of Harvard College의 등록상표입니다.

2. Sung Tz'u, *The Washing Away of Wrongs*, Brian McKnight 옮김, University of Michigan Center for Chinese Studies, 1981. 허락을 받아 인용.

3. Sung Tz'u, *The Washing Away of Wrongs: Forensic Medicine in Thirteenth-Century China*, Brian McKnight 옮김, University of Michigan Center for Chinese Studies, 1981. 허락을 받아 인용.

4. 시신 기증을 비롯해서 테네시대학교의 법의인류학 프로그램에 관한 추가적인 정보는 다음의 웹사이트를 참고하라. https://fac.utk.edu/.

5. *The Presocratic Philosophers*, by G. S. Kirk, J. E. Raven, M. Schofield; © Cambridge University Press, 1988.

부패의 언어

초판 1쇄 인쇄 2025년 9월 30일
초판 1쇄 발행 2025년 10월 22일

지은이 윌리엄 배스, 존 제퍼슨
옮긴이 김성훈
펴낸이 최순영

출판2 본부장 박태근
지식교양 팀장 송두나
편집 송두나
디자인 함지현

펴낸곳 ㈜위즈덤하우스 **출판등록** 2000년 5월 23일 제13-1071호
주소 서울특별시 마포구 양화로 19 합정오피스빌딩 17층
전화 02) 2179-5600   **홈페이지** www.wisdomhouse.co.kr

ISBN 979-11-7171-445-2 03300

- 이 책의 전부 또는 일부 내용을 재사용하려면 반드시 사전에 저작권자와 ㈜위즈덤하우스의 동의를 받아야 합니다.
- 인쇄·제작 및 유통상의 파본 도서는 구입하신 서점에서 바꿔드립니다.
- 책값은 뒤표지에 있습니다.